Wirtschaftswerbung

von

Dr. habil. Carl Hundhausen

Hon.-Prof. an der Technischen Hochschule Aachen

Sammlung Göschen Band 5007

Walter de Gruyter & Co.

Berlin 1971

ISBN 3 11 001922 1

Inhaltsverzeichnis

Einleitung

Die Ergebnisse der umfangreichen Untersuchung über das Eindringen des Begriffs „Reklame“ in die deutsche Sprache, zu der die Anregung von dem Zeitungswissenschaftler Karl d’Ester gegeben wurde, sind in dem Buch „Wirtschaftswerbung“ (S. 47–129) veröffentlicht worden. Dort wird nachgewiesen, daß der Begriff „Reklame“ zwar schon lange in der deutschen Sprache bekannt gewesen ist, ehe er als Hinweis auf Bücher und später auch auf Waren und Dienstleistungen in Anwendung kam.

Der übersteigerte Gebrauch dieser Bezeichnung aber hat den Begriff „Reklame“, soweit er für Ideen, Sachen oder Dienste angewendet wurde, in Verruf gebracht; wenn der Begriff heute noch gebraucht wird, dann nur in abwertendem Sinne für Marktschreierei.

In dem Göschen-Band 1231 werden die in der deutschen Sprache bereits im hohen Mittelalter nachgewiesenen Begriffe „werben“ und „Werbung“ nach drei wichtigen Wirkungsbereichen festgelegt; einer davon ist durch den Bezug auf wirtschaftliche Ziele oder wirtschaftliche Funktionen gekennzeichnet. Diesen Wirkungsbereich nennen wir

Wirtschaftswerbung.

Dem Gesamtkomplex der Verbindung des Grundbegriffes „Werbung“ zu wirtschaftlichen Aufgaben, Funktionen oder Zielsetzungen ist dieser Göschen-Band gewidmet.

A. Die Wirtschaftswerbung in der Dynamik des Wettbewerbs

I. Die Wirtschaftswerbung als Mittel des Wettbewerbs

Die Werbung einer auf wirtschaftliche Ziele gerichteten Unternehmung ist wie folgt zu kennzeichnen:

> Die Werbung einer auf wirtschaftliche Leistungen gerichteten Unternehmung umfaßt alle ihre Äußerungen, die sie an diejenigen richtet, deren Aufmerksamkeit diese Unternehmung für ihre Leistungen auf die Dauer gewinnen will.

(Vgl. Göschen-Band 1231, S. 36, 39, 46, 49.)

Diese Leistungen müssen sich durch Wirtschaftlichkeit auszeichnen, d. h., für die Unternehmung, die sie erbringt, muß der Aufwand für diese Leistungen geringer sein als der Ertrag, den diese Unternehmung für diese Leistungen erzielt.[1]

Gleiche oder artverwandte Leistungen (Waren, Produkte, Erzeugnisse, Dienste) werden in einer Wettbewerbswirtschaft in aller Regel von mehr als einer Unternehmung erbracht und

[1] Über den Begriff der „Wirtschaftlichkeit" sei auf die vier Göschen-Bände von Professor Dr. Konrad Mellerowicz [105] verwiesen, woraus folgendes zitiert sei: „Das Ziel des Betriebes ist in den einzelnen Wirtschaftssystemen verschieden, während in allen Wirtschaftssystemen das *Mittel zur Erreichung dieses Zieles* dasselbe ist: die größte *Wirtschaftlichkeit*. Das bedeutet etwas Doppeltes: größten Wirkungsgrad der Technik und zweckmäßigsten Einsatz der Mittel, also beste Zweckwahl. Selbst größter technischer Wirkungsgrad am unrechten Ort (Stellen geringen oder fehlenden Bedarfs) ist von Wirtschaftlichkeit weit entfernt. Die Wirtschaftlichkeit ist deshalb für den Betrieb das Mittel an sich, um sein Ziel zu erreichen und ist an kein Wirtschaftssystem gebunden" (Band 1008, Seite 19).

„Wirtschaftlichkeit ist der Idee nach Ziel eines jeden Betriebes, unabhängig davon, welchem Zweck der Betrieb selbst dient. Der sozialisierte Betrieb und die private Unternehmung unterscheiden sich in dieser Hinsicht nicht voneinander. Unabhängig von Betriebsform, Betriebsordnung und Betriebsverfassung ist das Kriterium für die betriebswirtschaftliche Beurteilung des Betriebes das Ausmaß an erzielter Wirtschaftlichkeit" (Band 1008, Seite 47).

„Die Betriebspolitik ist die Kunst, bei gegebenen Verhältnissen im Betriebe und im Markt das Bestmögliche zu erreichen, mit größter Wirtschaftlichkeit und mit höchstem Erfolge zu arbeiten. Sie ist also die Kunst des Möglichen und des Notwendigen, sie ist aber zugleich die Kunst, Zustände im Betriebe und im Markte zu schaffen, die die größte Wirtschaftlichkeit und den höchsten Erfolg ermöglichen" (Band 1008, Seite 52).

in den Märkten dafür angeboten. Diese Unternehmungen stehen miteinander in einem Leistungswettbewerb, d. h. ihre, die Leistungen betreffenden Bemühungen sind auf das gleiche Ziel gerichtet: sie suchen einen oder mehrere Verwender (Konsumenten, Käufer, Kunden, Benutzer) zu gewinnen.

Um solche gleichartigen oder artverwandten Leistungen (bei denen es sich im Vergleich mit bisher bekannten Leistungen auch um verbesserte Leistungen handeln kann) voneinander zu unterscheiden, werden die individuellen Leistungen der in Wettbewerb stehenden Unternehmungen kenntlich gemacht oder markiert. Man spricht in den Märkten für Bedarfsgüter oder Waren dann z. B. auch von „Marken" oder von „Markenartikeln" (vgl. Abschnitt A IV). Es muß aber sogleich festgestellt werden, daß natürlich nicht alle Waren oder Erzeugnisse in dieser Form „markiert" sein müssen. Als statistische Größen sind aber die so gekennzeichneten Waren leichter zu erfassen, wie Tabelle 1[1] zeigt.

Die Tabelle 1 erfaßt, wenn auch nicht im vollkommenen Querschnitt der gesamten Wirtschaft, Waren aller Art (allerdings meist Konsumgüter), Dienstleistungen (Luftfahrtgesellschaften), Gebrauchsgüter (Elektrische Haus- und Küchen-

[1] Frau Liselotte Aschpurwis, [3] von der Firma Schmidt & Pohlmann, Gesellschaft für Werbestatistik in Hamburg, hat 1965 (Absatzwirtschaft, Heft 5) eine Übersicht über die Entwicklung der Werbeaufwendungen und die Anzahl der Marken in verschiedenen Industriebereichen für die Jahre 1961 bis 1964 veröffentlicht, und sie hat diese Übersicht für die Jahre 1965 bis 1968 (Absatzwirtschaft, 1. Juniausgabe 1969) fortgeführt. Durch diese Tabellen ist für die Diskussion über Sinn und Wert der Wirtschaftswerbung ein ganz hervorragendes Beweisstück geliefert worden.

In der Tabelle 1969 sind eine Reihe von Bereichen oder Gruppen, die in der Tabelle 1965 noch getrennt aufgeführt worden waren, zusammengefaßt worden; so umfaßt die Tabelle 1969 in dem Bereich „Nahrungsmittel" Back- und Puddingpulver, Mehl, Brot, Dauerbackwaren, Suppen, Würzen und Saucen. Die Bereiche Strümpfe, Wäsche und Mieder wurden ebenfalls zu einer Gruppe zusammengefaßt. Ähnliche Zusammenfassungen und/oder Änderungen wurden in der Gruppe Waschmittel und in der Gruppe Putzmittel vorgenommen.

Erfaßt wurden in der Tabelle 1965 insgesamt 80 Bereiche und in der Tabelle 1969 insgesamt 76 Bereiche; diese Zahlen sind wichtig bei der Beurteilung der letzten Zeile der hier veröffentlichten Tabelle, nachdem aus dieser Tabelle diejenigen Gruppen eliminiert worden sind, die in beiden Tabellen (1965 und 1969) nicht mehr miteinander vergleichbar sind. *Fortsetzung der Fußnote Seite 11*

Tabelle 1. Anzahl der Marken und Werbeaufwand

Bereich	*Werbeaufwendungen in Mill. DM* 1961	1962	1963	1964	1965	1966	1967	1968
Alkoholfreie Getränke	15,34	19,57	23,67	22,36	25,83	34,16	36,70	42,12
Autopflegemittel	1,67	2,26	3,58	5,07	3,74	4,54	4,67	3,83
Büromaschinen und Büromöbel	7,49	8,83	8,41	11,72	14,44	15,73	15,14	17,64
Chem.-pharm. Publikumswerbung	71,30	79,73	81,53	78,08	83,88	90,51	94,05	91,34
Elektrische Haus- u. Küchengeräte	79,80	90,16	89,74	93,44	129,67	125,98	98,43	99,61
Feinseifen u. medizinische Seifen	23,63	27,69	29,91	26,13	26,58	30,38	26,25	25,89
Foto und Optik	14,92	15,85	18,03	21,27	19,71	22,99	20,04	23,18
Füllhalter und Schreibgeräte	3,35	4,88	4,19	4,26	5,97	6,70	7,37	7,19
Frauenhyg., Papier u. Zellstoff	8,30	8,12	9,15	9,57	9,64	10,75	10,10	16,82
Gemeinschaftswerbung	50,68	61,53	72,59	77,35	91,00	100,40	106,22	113,84
Kaffee, Tee, Kakao	68,77	81,48	88,37	96,59	86,82	89,02	91,68	86,44
Kosmetik	112,51	133,98	147,58	141,43	160,60	173,21	179,14	190,98
Kraftfahrzeuge	59,51	63,30	94,77	105,11	129,98	114,77	119,89	121,84
Kraft- u. Schmierstoffe	24,42	23,80	30,89	39,79	35,37	33,52	23,36	43,00
Luftfahrtgesellschaften u. Flugzeuge	10,95	12,74	14,14	18,07	20,55	24,55	25,55	24,84
Markisen und Jalousien	0,32	0,76	0,94	1,44	1,63	2,41	1,59	1,81
Milch und Milcherzeugnisse	25,90	31,33	25,74	29,45	27,65	33,21	32,50	41,45
Pflanzliche und tierische Fette	33,10	35,78	41,63	47,79	51,13	49,61	53,70	49,88
Rasierklingen und -apparate	15,12	19,45	24,13	26,99	32,70	32,72	35,66	39,17
Reifen	10,21	8,58	9,69	10,88	12,11	13,73	13,22	15,97
Rundfunk-, Fernsehger., Plattensp.	22,66	22,19	22,70	23,99	30,71	30,12	31,61	36,24
Sekt und Wein	15,61	19,49	22,67	30,72	37,31	44,48	40,16	41,38
Schuhe	7,21	9,24	9,70	9,22	10,73	13,19	12,35	17,15
Schokolade und Süßwaren	21,73	28,52	34,22	41,13	38,88	51,78	56,01	76,00
Spirituosen	79,68	101,83	116,47	110,77	112,75	121,37	118,80	121,91
Zahn- und Gebißpflegemittel	27,87	31,74	33,25	41,02	45,72	45,02	46,64	48,84
26 Bereiche	811,69	942,83	1057,69	1123,64	1245,10	1314,85	1300,83	1398,36
Alle Bereiche	1563,12	1777,43	2022,14	2200,68	2491,05	2707,60	2749,41	2945,48

Bereich	Anzahl der Marken							
	1961	1962	1963	1964	1965	1966	1967	1968
Alkoholfreie Getränke	103	110	124	124	137	172	174	194
Autopflegemittel	21	34	36	47	49	51	48	51
Büromaschinen und Büromöbel	100	114	129	140	165	205	219	247
Chem.-pharm. Publikumswerbung	382	387	404	431	432	508	492	510
Elektrische Haus- u. Küchengeräte	293	312	323	344	642	733	783	547
Feinseifen u. medizinische Seifen	28	33	38	42	37	34	30	43
Foto und Optik	219	234	233	236	224	225	240	288
Füllhalter und Schreibgeräte	72	74	85	91	105	102	116	112
Frauenhyg., Papier u. Zellstoff	39	38	46	52	47	52	58	51
Gemeinschaftswerbung	142	171	194	199	231	239	259	294
Kaffee, Tee, Kakao	192	198	197	213	193	172	185	206
Kosmetik	463	535	548	560	560	628	624	689
Kraftfahrzeuge	158	171	170	185	370	380	398	285
Kraft- u. Schmierstoffe	96	87	101	103	130	140	122	138
Luftfahrtgesellschaften u. Flugzeuge	54	63	76	72	83	93	100	107
Markisen und Jalousien	11	13	11	13	9	15	20	29
Milch und Milcherzeugnisse	60	62	59	66	62	81	114	151
Pflanzliche und tierische Fette	67	73	78	79	75	72	86	89
Rasierklingen und -apparate	23	25	22	25	32	33	34	45
Reifen	43	50	53	58	60	67	63	80
Rundfunk-, Fernsehger., Plattensp.	94	94	99	107	128	174	210	237
Sekt und Wein	79	90	93	103	112	114	128	143
Schuhe	53	55	59	56	55	74	72	117
Schokolade und Süßwaren	65	80	90	88	103	131	156	198
Spirituosen	293	311	333	323	319	347	343	350
Zahn- und Gebißpflegemittel	48	56	62	66	71	66	67	95
26 Bereiche	3 198	3 470	3 663	3 823	4 431	4 908	5 141	5 296
Alle Bereiche	8 775	9 382	9 955	10 666	12 409	14 014	15 222	17 415

geräte) und Investitionsgüter (Büromaschinen, Kraftfahrzeuge). Besonders bei dem Übergewicht an Waren, die sehr stark von der Werbung getragen werden, das sind in der Regel Konsumgüter, konnten in etwa 80 Wirtschaftsbereichen im Jahre 1968 mehr als 17 000 Marken für gleichartige oder artverwandte Waren gezählt werden.

Durch diese doch sehr große Zahl von 17 000 Marken wird in sinnfälligster Weiser jener Bereich unseres Lebens und unserer Gesellschaft deutlich gemacht, in dem wir das Phänomen wahrnehmen, analysieren und erforschen können, das wir Wirtschaftswerbung nennen.

Mitte 1967 erschien eines der bedeutendsten Bücher über das Fachgebiet der Wirtschaftswerbung von Jules Backman [5]. Backman ist Forschungsprofessor für Wirtschaftswissenschaften an der New York University. Diese Analyse über „Werbung und Wettbewerb" ist seit jenem Klassiker von Neil H. Borden [15], der in Wien mit der Victor Mataja-Medaille ausgezeichnet worden ist, eines der bedeutendsten Werke über den Fachbereich der Wirtschaftswerbung.

Backman geht von einem Axiom aus, also von einem Satz, der keines Beweises bedarf; dieser Satz lautet: „Advertising cannot be considered in a vacuum." Dieser Satz, daß die Wer-

Vergleichbar geblieben sind 26 Bereiche, die (gemessen am Werbeaufwand) immerhin noch fast 50 % des Werbeaufwandes aller Bereiche umfassen.

Während sich in 8 Jahren der Werbeaufwand von DM 811 Mio. auf DM 1398 Mio., also um 73 %, für die 26 Bereiche erhöht hat, hat sich der Werbeaufwand für alle Bereiche von DM 1563 Mio. auf DM 2945 Mio., also um 81 %, erhöht. Unter den als nicht-vergleichbar ausgeschlossenen Bereichen (einschließlich der Gruppe „Verschiedene Bereiche") befinden sich also Bereiche mit einer überproportionalen Werbeintensität.

Interessant ist auch die Entwicklung der Anzahl der Marken. Die Anzahl der Marken in den über 8 Jahre hinweg vergleichbaren Gruppen betrug in diesen Jahren ungefähr $^1/_3$ aller erfaßten Bereiche. Es sind also in diesen 26 Bereichen, wenn man die Relation des Werbeaufwandes mitberücksichtigt, sehr werbeintensive Gruppen vertreten.

Die Anzahl der Marken bei den vergleichbaren 26 Bereichen stieg von 3198 in 8 Jahren auf 5296 Marken, also um etwa 70 %; die Anzahl der Marken in allen Gruppen stieg von 8775 auf 17 415, also um fast 100 %.

Frau Liselotte Aschpurwis hat in ihrer Veröffentlichung 1969 bereits auf die „immer größer werdende Zahl der Handelsmarken neben den Herstellermarken" hingewiesen.

bung nicht in einem luftleeren Raum betrachtet oder analysiert werden kann, ist auch für diese Darstellung gültig.

Ein Ausschnitt aus der Tabelle 1 soll noch einmal erhärten, worum es geht: In acht Jahren, von 1961 bis 1968, stieg die Anzahl der Marken

bei Büromaschinen und Büromöbeln	von 100 auf 247
bei Feinseifen und medizin. Seifen	von 28 auf 43
bei Foto und Optik	von 219 auf 288
bei Kosmetik	von 463 auf 689
bei Reifen	von 43 auf 80
bei Schuhen	von 53 auf 117

Insgesamt stieg die Zahl von 8775 Marken im Jahre 1961 auf 17 415 Marken im Jahre 1968.

In dieser Dynamik, die kein Vakuum ist, vollzieht sich das, was wir Wirtschaftswerbung nennen. Von hier aus allein, und nicht von erkenntnistheoretischen Denkmodellen aus, muß die analytische Auseinandersetzung mit der Wirtschaftswerbung beginnen.

Die Auseinandersetzung mit der Wirtschaftswerbung muß sich also an den tatsächlichen Wettbewerbsverhältnissen orientieren, sie muß an der Wirklichkeit orientiert sein. Sie muß aber auch zeitorientiert sein, wie das E. P. Ehrlich [35] erstmals ausgesprochen hat: „Die Vorstellungen über die Werbung aus dem Jahre 1908 haben im Marktgeschehen von 1968 keinen Platz mehr.“

Seit den Tagen von Werner Sombart vollzieht sich diese Auseinandersetzung in der Form der Kritik, ja auch heute oft noch in Formen der schärfsten Kritik.

In das weite und facettenreiche Gebiet der Wirtschaftswerbung führt eine Auseinandersetzung mit der breitgefächerten Kritik an der Wirtschaftswerbung am besten ein; hierdurch wird dann nicht nur die ganze Dynamik dieser Prozesse aufgerissen, sondern auch vieles von ihren Methoden, Techniken und eingesetzten Mitteln muß dabei zur Darstellung kommen.

1. Auseinandersetzung mit der Kritik an der Wirtschaftswerbung

Für eine solche Auseinandersetzung sind drei Gruppen von Ansätzen zu unterscheiden:

(1) Kritik wegen des Verhaltens der Werbungtreibenden
(2) Kritik wegen Benachteiligung der Umworbenen
(3) Kritik wegen Schädigung der Interessen der Allgemeinheit

(1) Kritik wegen des Verhaltens der Werbungtreibenden

Ansatz 1: Kritik wegen (verdeckter) Unwahrhaftigkeit

Die Ergebnisse des jahrzehntelangen Kampfes unter dem Stichwort „Truth in Advertising" sind in den „Internationalen Verhaltensregeln für die Werbepraxis" aus dem Jahre 1966 festgelegt worden (vgl. Göschen-Band 1231, S. 80 ff.).

Unter Berücksichtigung dieser Dokumentation läßt sich sagen, daß *offene* Unwahrhaftigkeiten in der Wirtschaftswerbung heute kaum noch zu finden sind. Da sich die Wirtschaftswerbung auf Waren oder Dienstleistungen richtet, hat jeder Umworbene sofort die Möglichkeit, selbst nachzuprüfen, was wahr oder was falsch ist.

Wie steht es aber mit den *verdeckten* Unwahrhaftigkeiten? Sind Anzeigen der internationalen Eisenbahnen, die uns versichern, daß wir mit der Eisenbahn immer bei „grüner Welle" reisen können, oder die sagen, daß die Eisenbahnen nicht vom Wetter abhängen, wenn sie ihre Dienstleistungen für uns ausüben, – sind solche Ankündigungen aber noch die ganze und die reine Wahrheit? Hier wird mit Recht unterstellt, daß jeder Reisende selbst die Wettereinflüsse strenger Wintertage mit ihren Zugverspätungen und oft kalten Abteilen wegen zugefrorener Heizungen zur Genüge kennt, ohne daß solche Ausnahmen betont werden.

In einer Anzeige der Beratungsstelle für Stahlverwendung mit der Schlagzeile: „1000 Schrauben und zwei Mann" wird schon im ersten Satz gesagt: „Ganz stimmt das nicht. Vielleicht ein paar Schrauben weniger – vielleicht ein paar Mann mehr ...". Damit ist aber noch nicht alles an „Ungenauigkeiten" korrigiert! In dieser Anzeige fehlt der Hinweis darauf, daß die Vor-Fertigung von Stahlhochstraßen in den mechanischen Werkstätten tausende an Arbeitsstunden erfordert und, daß die Fundamente an den Straßenkreuzungen, die mit einer Hochstraße überquert werden sollen, doch auch vorher gesetzt sein müssen, ehe dann „200 Meter Hochstraße über Nacht" aufgestellt werden können.

Wenn wir aber dahin gedrängt würden, den Umworbenen jede Arbeit des Mitdenkens abzunehmen, – wenn wir dahin kämen, daß unsere Wirtschaftswerbung sich „nach der Aufnahmefähigkeit des Beschränktesten unter denen, an die sie sich zu richten gedenke", orientieren würde, dann würden wir einem Analphabetentum zustreben, das jede selbständige Regung ersticken würde.

Ansatz 2: Kritik wegen Verfolgung von Eigeninteressen

Die Legitimation zur Verfolgung von Eigeninteressen auch für die Werbungtreibenden ist aus dem bereits zitierten Werk von Neil H. Borden [15] zu entnehmen, der in dem Buch „Wirtschaftswerbung" (S. 179) wie folgt zitiert wird: „Er hat mit Recht darauf hingewiesen, daß sich der Werbungtreibende in der Rolle eines Anwaltes und nicht in der Rolle eines Richters befindet; er habe den Fall seines Klienten wie ein guter Anwalt zu vertreten. Niemand auf der Welt verarge es aber einem Anwalt, wenn er nur die guten Seiten seines Klienten hervorhebe; nur der Richter habe die objektive Wahrheit zu suchen. Der Werbungtreibende steht nicht in den Schuhen eines Richters, er hat in sachlicher Beweisführung die Vorteile der eigenen Leistung darzustellen. Niemand erwartet von ihm, daß er sich auch über die Nachteile auslasse! Dem mutmaßlichen Verbraucher dieser Leistung – der auch ein Richter ist! – wird es überlassen, daß er sich mit diesen Darlegungen von Vorteilen kritisch auseinandersetze; daß er frei und vor sich selber diese Unterrichtung prüfe und, daß er sich dann entscheide."

Diese Vertretung eigener Interessen ist ein gutes und durchaus legitimes Recht. Die Verfolgung von Eigeninteressen ist oft mehr ein Problem der zukünftigen Entwicklung, als ein Problem des augenblicklichen Zustandes. Theodore Levitt von Harvard leitet in seinem Buch [98] einen Abschnitt mit folgender Geschichte ein: Der Richter am Obersten Gerichtshof der USA, Oliver Wendell Holmes, konnte im Eisenbahnabteil bei der Kontrolle der Fahrtausweise seinen Fahrschein nicht finden. Der Kontrolleur, der ihn erkannte, sagte, er brauche keinen Fahrschein, er möge ihm nach Beendigung der Fahrt, wenn er den Fahrschein wiedergefunden habe, ihn einfach einschicken. Darauf Richter Holmes: „Mein lieber Mann, darum geht es überhaupt nicht. Es ist kein Problem, wo meine Fahrkarte vielleicht steckt, – das Problem, um das es geht, lautet: Wohin ich eigentlich fahre."

Dieses „WOHIN" ist für viele Werbungtreibende das eigentliche Zentrum eigener Interessen, die um der nackten Existenz der Unternehmung willen weiter verfolgt werden müssen. Es geht um die Weiterentwicklung von Systemen und Verfahren, von Produkten und Dienstleistungen, die gegenwärtig die Unternehmung mit Leben erfüllen, mehr aber noch geht es um die Erkenntnis und Übernahme neuer Systeme und Verfahren, die die Zukunft sichern, die vielleicht aus völlig anderen Wissenschaftsbereichen (in Prozessen des „spin-off" oder der Innovation) übernommen und in die industrielle Praxis umgesetzt werden müssen. Wie stark haben sich Eigeninteressen durchsetzen müssen, als jener Stoff NYLON oder jenes Leichtmetall ALUMINIUM entwickelt worden waren! Im Bereich der ELEKTROGERÄTE haben wir die gleichen Probleme, obwohl man seit Erfindung der Glühbirne geglaubt hat, hier würde sich niemals etwas ändern können. Welche Eigeninteressen wurden freigesetzt, als sich durch das Aufkommen der SUPERMARKETS in der Warendistribution eine wahre Revolution ankündigte, die in den CASH und CARRY-Zentralen einen Kulminationspunkt fand! Hier haben Prozesse der Wirtschaftswerbung berechtigte eigene Interessen vorzubereiten, zu vertreten, zu erläutern und einfach durchzusetzen gehabt.

Neben der Konkurrenz der Systeme und Verfahren haben wir eine starke und unerbittliche Substitutionskonkurrenz der Werkstoffe und Materialien. Warum sollte nicht ein „klassischer Werkstoff" wie der Stahl von sich sagen „... alles spricht für Stahl"?

Als der Hermes-Turm auf dem Messegelände in Hannover errichtet wurde, hat die Stahlindustrie ein Plastik-Modell ausgestellt, in dem das ganze innere Gerüst der Beton- und Torstähle sichtbar war, und damals lautete der Werbe-Slogan: „Ohne Stahl geht es nicht".

Die Wirtschaftswerbung hat nun einmal eigene Interessen wahrzunehmen, und in einer echten Wettbewerbswirtschaft treibt dieser Prozeß ganz klar zum Fortschritt.

Ansatz 3: Kritik wegen Differenzierung und Diskriminierung von Bedarfsgütern

Die Gleichsetzung der beiden Begriffe „Differenzierung" (Unterscheidung, Abstufung) und „Diskriminierung" (Herabsetzung, Herabwürdigung) ist in der Kritik an der Werbung nicht selten zu finden.

Wir haben in der Werbung für Waren des unmittelbaren Verbrauchs oder des schnellen Aufgebrauchs (wie bei Seife, Zahnpasta, Reinigungsmitteln usw.) oft differenzierende textliche Zusätze wie: „mit Wirkstoff X/Y" oder „X/Y-Marke NEU" oder Zusätze mit Adjektiven, die auf eine Verbesserung hinweisen sollen; diese Differenzierungen haben nur geringe

Beweiskraft. Viele textliche Formulierungen dieser Art, z. B. bei Waren des einfachen und alltäglichen Bedarfs, zeugen entweder von einem bemerkenswerten Grad der Einfallslosigkeit bei denen, die sie „kreiert" haben, oder von einer Unterschätzung der Intelligenz der Zielpersonen.

Um die differenzierende und diskriminierende Werbung noch deutlicher zu machen, ist auf einige andere Beispiele noch hinzuweisen. Die Substitutionskonkurrenz ist (unter dem Einfluß der modernen Chemie und Metallurgie) nirgendwo größer als im Bereich der Werkstoffe. In den Werkstoffen des Bauwesens gibt es z. B. den (diskriminierenden und auf direkten Austausch drängenden) Wettbewerb von Beton gegen Stahl, von stählernen Schalungsträgern im Betonbau gegen Einschalungen aus Holz, von Stahl gegen Aluminium, von Kunststoff gegen Holz, von Plastikfolien gegen Papier usw. Zwei Anzeigen, die eine für Fensterkonstruktionen aus Aluminiumprofilen, die andere für den gleichen Zweck aus Kunststoffprofilen geben Anlaß, das Problem der Diskriminierung deutlich zu machen. Ohne es ausdrücklich zu sagen, wird in beiden Anzeigen mit sachlichen Beweisführungen auf die Eigenschaften von zwei modernen Werkstoffen aufmerksam gemacht. Mit den Argumentationen „kein Verziehen" oder „wasserunquellbar" wird das Holz als Werkstoff für Fenster unausgesprochen und mit „kein Anstrich" oder „anstrichfrei" werden Fenster-Profile aus Stahl erwähnt.

Solche sachlichen Hinweise auf den technologischen Fortschritt sind notwendig, denn ohne Werbung sind technische Entwicklungen einfach nicht bekanntzumachen.

Aus einer hervorragend konzipierten und ausgezeichnet gestalteten Druckschrift des Vereins Deutscher Maschinenbau-Anstalten e. V. (VDMA) [143], in der 17 Beispiele von „Rationalisierungs-Investitionen" ausführlich dargelegt werden, wird das Beispiel Nr. 10 entnommen.

Zu einer *Verpackungsmaschine* heißt es: „Vergleichen wir zwei Verpackungsanlagen aus den Jahren 1957 und

1967 zum Abfüllen von Zucker in einfache Papierbeutel. Der Vorgang ist in beiden Fällen der gleiche: von einer Rolle wird das Papier abgetrennt und um einen Dorn herum zur Packung geformt. Der Zucker wird elektrisch-mechanisch gewogen, abgefüllt und der Beutel verschlossen. Der Unterschied: die Anlage des Jahres 1957 arbeitet im Taktverfahren. Zur Ausführung jedes Arbeitsganges muß das „Werkstück" – in unserem Fall die Packung – im Ruhestand verharren. Auf der Anlage des Jahres 1967 dagegen werden die Arbeitsoperationen während des Transports zur nächsten Bearbeitungsstation ausgeführt.

Ergebnis:

- Die Verpackungsleistung erhöhte sich bei gleichbleibender Arbeitskräftezahl um 300 %.
- Die Kosten des Verpackungsvorganges konnten um 32 % gesenkt werden."

Die Investitionen bei der Verpackungsmaschine betrugen statt DM 200 000,– im Jahre 1957 zehn Jahre später das Vierfache, nämlich DM 800 000,–. Statt sich an Vorgängen der Diskriminierung zu ereifern, sollte man erkennen, daß sich solche Maschinen ohne Werbung nicht bekanntmachen und absetzen lassen. Das Bessere ist nun einmal der Feind des Guten, – aber auch das Bessere muß bekanntgemacht werden.

Diese Beispiele führen zu ganz neuen Perspektiven der Produktdifferenzierung, wobei Produkte zunächst für völlig andere Zwecke entwickelt worden sind. Die Erkenntnisse bei ihrer Anwendung haben dann oft als „spin-off" oder im Prozeß der Innovation für andere Lebens- oder Wirtschaftsbereiche eine revolutionierende Bedeutung erlangen können.

Die schöpferischen Menschen in der Werbung verdienen mit Recht jene Charakteristik, daß sie nicht nur „die Nase am Wind haben", sondern daß es zu ihrem Metier gehört, Entwicklungen vorwegzunehmen, um sie dadurch noch zu akzelerieren. Wo sind nun „Neuerer" besonders am Werk, und wo zeichnen sich solche „Innovationsprozesse" heute schon ab?

Die Europäische Industriegruppe für Raumfahrtstudien, ein internationaler Verband solcher Firmen und Verbände, die sich für Raumfahrt interessieren, hat in einer Reihe von Berichten (Eurospace-Hefte) solche „Innovationen" nachgewiesen. Einige stichwortartige Beispiele sollen zeigen, worum es geht [38]:

Biologie und Medizin

Die starke Beschleunigung der Fortschritte in der Verfeinerung und Miniaturisierung der elektronischen, optischen und anderweitigen Wissenschaft und der elektronischen Datensammlung und -verarbeitung haben ihre Ursachen hauptsächlich in der Raumfahrtforschung und -technik.

Die neuen Geräte ermöglichen (a) umfangreichere biologische Grundlagenforschung – z. B. über das Arbeiten der Zellen –, (b) klinische Untersuchungen und die zentrale Überwachung der Kranken sowie die Kontrolle ihres Zustandes in der Narkose.

Ernährungsphysiologische Untersuchungen im Hinblick auf die Ernährungsprobleme bei langdauernden Raumfahrten unter besonderer Berücksichtigung der erhöhten Neigung zu Verdauungsstörungen versprechen wichtige Beiträge für die Ernährung der Kranken bei langdauernder Bettlägerigkeit und zur Frage der optimalen Zugabe von Vitaminen und anderen Wirkstoffen.

Elektrizität und Elektronik

Ein Wetter- oder Nachrichtensatellit muß seine Aufgabe für mindestens ein Jahr oder noch länger ohne jegliches Versagen erfüllen. Untersuchungen zur Verbesserung der Zuverlässigkeit, d. h. zur Verlängerung der Zeit bis zu einem Geräteausfall, wurden äußerst wichtig.

Im Jahre 1945 fiel ein typisches elektronisches Gerät mit 350 Bauteilen im Mittel nach 90 Betriebsstunden aus. Die ausfallfreien Betriebsstunden betrugen 1950 bereits 300 und 1955 schon 400 Stunden. 1959 konnten 2000 Stunden erreicht werden und 1966 lagen aufgrund der Entwicklungsarbeiten an

Raumfahrtgeräten die Zahlen etwa bei 20 000 Stunden, und 1970 will man das angestrebte Ziel von 200 000 Stunden (d. h. von 25 Jahren!) erreichen.

Offensichtlich haben die zur Erzielung dieser Ergebnisse entwickelten Verfahren Rückwirkungen auf die Güte von Bauteilen der elektronischen Geräte, die nicht für die Raumfahrt bestimmt sind, einschließlich aller Haushaltgeräte.

Maschinenbau

Die besonderen Anforderungen von Navigation, Steuerung und Flugführung in der Raumfahrt haben zur Entwicklung von Infrarot-, Sonnen- und Sternsensoren geführt. Die kommerzielle Anwendung von Infrarotsensoren führte zur Entwicklung eines Geräts zur Fernmessung der Dicke von rotglühenden Stahlblöcken, während sie durch das Walzwerk laufen, und zwar mit einer vorher unerreichten Genauigkeit.

Im Bereich der metallischen Werkstoffe (Aluminium und dessen Legierungen, ultrafeste Stähle, Magnesium und dessen Legierungen, Titan und dessen Legierungen), bei den hochschmelzenden Metallen und den nichtmetallischen Werkstoffen zeigen sich ähnliche Ansätze und Perspektiven.

Die Beschränkung auf nur drei wichtige Gebiete und die Beschränkung auf nur wenige Andeutungen aus diesen Bereichen wird natürlich dem fast unübersehbaren Komplex von Innovationen allein aus dem Bereich der Raumfahrtindustrie nicht gerecht. Es mußten hier unberücksichtigt bleiben: das weite Gebiet der Chemie und der Antriebe, und es müssen Auswirkungen auf die Volkswirtschaft, auf Erziehung und Wissenschaft im allgemeinen außer Betracht bleiben.

Viele dieser Innovationen bedürfen der Bekanntmachung; die Menschen, mit denen wir leben, müssen mit ihnen vertraut gemacht werden. Diese Aufgaben der Unterrichtung aber fordern von der Werbung, daß sie in dem funktionalen Prozeß dieser lebendigen Dynamik die hochtechnischen Prozesse anderen verständlich macht.

(2) Kritik wegen Benachteiligung der Umworbenen

Soweit die Werbung die unmittelbaren Lebensbereiche der Menschen berührt, werden ihr mancherlei Vorwürfe gemacht. Die hier zu erwähnenden wichtigsten Ansätze zur Kritik an der Werbung (Beeinflussung, Manipulation und Monotonisierung) werden sehr oft in einem Atemzuge gebraucht.

Ansatz 4: Kritik wegen Beeinflussung der Umworbenen

Wenn wir unter „Beeinflussung" die tätige Einwirkung im Sinne der *Ausübung* eines Einflusses verstehen, dann werden wir nicht nur an zahlreiche Definitionen aus Lehrbüchern über die Werbung erinnert. Die Kritiker an der Werbung wiederholen also nur das, was in vielen Büchern über die Werbung zu lesen ist.

Wichtig aber ist die Tatsache, daß der Umworbene die Freiheit hat, sich auch *gegen* diese Beeinflussungen zu entscheiden.

In den neueren Wörterbüchern der englischen Sprache finden wir nun auch den Ausdruck, der uns in politischen Diskussionen schon seit langem begegnet: „brainwashing". Dieser Ausdruck wird nicht nur mit „indoctrination" übersetzt, sondern mit „the systematic alterations of personal convictions, beliefs, habits and attitudes". Keine Form der Wirtschaftswerbung macht aus den Umworbenen durch ihre Beeinflussung willenlos gefügige Opfer.

Wie lauten nun die Ansätze zur Kritik an der Werbung in diesem Zusammenhang? (1) Willensbeeinflussung der Zielpersonen und (2) Wiederholung von Behauptungen, für die jeder wirkliche Beweisversuch ausbleibt.

Es ist bemerkenswert, daß diejenigen, die diese Kritik aussprechen, meist nur den Ansatz in sehr werbeintensiven Sparten des Güterangebots finden: bei Kosmetika, Waschmitteln oder Zigaretten. Die Torheiten, die sich bei diesen Formen der Werbung oft finden, können nicht als gut bezeichnet werden. Wenn aber ein Verbraucher unter 560 Marken kosmetischer

Erzeugnisse, unter 137 Marken von Waschmitteln oder unter 74 Zigaretten-Marken einer einzigen Marke die Treue hält, weil er sich von bestimmten Eigenschaften durch immer erneute Prüfungen überzeugt hat, dann ist er nicht ein Opfer der Werbung geworden, sondern er folgt der eigenen Erfahrung und der immer erneuten Erfahrung. Dazu hat er die Freiheit, sein Verhalten jederzeit zu ändern und jederzeit neue Erfahrungen mit anderen Erzeugnissen gleicher Art zu sammeln.

Ansatz 5: Kritik wegen Manipulation der Umworbenen

Beeinflussung (in dem von der Kritik an der Werbung bevorzugten Sinne) und Manipulation der Umworbenen sind sehr eng miteinander verwandt.

In dem Buch „Die Wiedertäufer der Wohlstandsgesellschaft" (Köln, 1968), dieser Auseinandersetzung mit den Dogmen der „Neuen Linken", spielt die „totale Manipulation" eine große Rolle. Scheuch [136] spricht von „Manipulation" als von einem agitatorischen Begriff (a. a. O. S. 121). In dieser sehr lebhaften Diskussion wird gerade der Begriff „Manipulation" selbst immer wieder manipuliert.

Die Kritik an der Werbung behauptet, die Werbung manipuliere die Nachfrage und die Verbraucher. Von einer Manipulation der Nachfrage nach Industriebedarf und nach Investitionsgütern wird in aller Regel nicht gesprochen.

J. K. Galbraith [43], dessen Buch sich in zahlreichen Passagen wie eine Apologie der Werbung liest, faßt die wesentlichsten Einwände gegen die Manipulation zusammen:

> „Die Kontrolle oder Manipulation der Nachfrage hat sich inzwischen zu einem ausgedehnten, rasch wachsenden Industriezweig entwickelt. Er umfaßt ein gewaltiges Netz von Kommunikationsmitteln, ein großes Aufgebot von Verkaufsorganisationen, fast die gesamte Werbebranche, zahlreiche Dienstleistungsunternehmen für Forschung, Schulung und verwandte Gebiete und manches mehr. Von dieser großen

Maschinerie und den verschiedenartigen Talenten, deren sie bedarf, sagt man, sie sei mit dem Verkauf von Waren befaßt. Ehrlicher ausgedrückt, heißt das, sie befaßt sich mit der Manipulation derer, die Waren verkaufen. Der Schlüssel zur Manipulierung der Nachfrage ist eine wirksame Beeinflussung der Kaufentscheidungen der Endverbraucher.“ S. 225)
„Obgleich man sicher die Werbung für das zentrale Merkmal dieser Manipulierung hält und obgleich sie tatsächlich von großer Bedeutung ist, *gehört doch noch mehr dazu.* Zu den Bedarfsmanagern zählen auch die Leute, die Waren verkaufen oder die Verkaufsstrategie bestimmen.
Dazu gehört jedoch auch die Gestaltung des Produktes selbst, oder die Entwicklung von Merkmalen dieses Produktes, an denen sich die Verkaufsstrategie orientieren kann. Gestaltung des Produktes, Änderungen des Modells, die Verpackung und sogar die Wirkungsweise zeigen schon, wie notwendig es ist, sogenannte zugkräftige Verkaufsargumente zu liefern. Diese werden ebenso Bestandteil der Nachfragesteuerung wie die Werbemaßnahmen.“ (S. 228/229)

„Das Management der Nachfrage ist, wie wir hieraus erkennen, in jeder Hinsicht eine bewunderungswürdig subtile Einrichtung unseres Sozialgefüges. Es wirkt nicht auf den einzelnen, sondern auf die Massen. Jedes willensstarke und entschlußfreudige Individuum kann sich seinem Einfluß entziehen. Deshalb kann man auch nicht behaupten, der einzelne würde zum Kauf irgendeiner Ware gezwungen. An alle, die dagegen sind, gibt es eine einfache Antwort: „Es steht euch frei, nicht mitzumachen!“ (S. 235)

Ansatz 6: Kritik wegen Egalisierung von Bedarfsvorstellungen

Kritik an der Werbung wird geübt – wie unter den Stichworten der Beeinflussung und der Manipulation bereits ausgeführt – weil sie einen Zustand der Unsicherheit bei den Menschen dadurch hervorruft, daß sie immer neue Erzeugnisse gleicher Art anbietet und daß die Umworbenen durch Werbeappelle, Werbebotschaften und Kaufanreize unfähig gemacht werden, zwischen konkurrierenden artverwandten Produkten noch zu unterscheiden. Der Werbung wird vorgeworfen, daß sie zur Konformität zwinge und daß schließlich die vielgepriesene Wahlfreiheit nur noch formalen Charakter habe.

Diese Klagen sind nicht neu; vor mehr als vier Jahrzehnten hat Stefan Zweig in seinem Essay [157], Seite 155 ff. folgendes gesagt:

„Stärkster geistiger Eindruck von jeder Reise in den letzten Jahren, trotz aller Beglückung: ein leises Grauen vor der Monotonisierung der Welt. Alles wird gleichförmiger in den äußeren Lebensformen, alles nivelliert sich auf ein einheitliches kulturelles Schema ... nie war dieser Niedersturz in die Gleichförmigkeit der äußeren Lebensformen so rasch, so launenhaft wie in den letzten Jahren. Seien wir uns klar darüber! Es ist wahrscheinlich das brennendste, das entscheidendste Phänomen unserer Zeit."

Es ist zu fragen, ob wir heute überhaupt noch ein anderes Leben führen könnten als mit vorfabrizierten, konfektionierten oder industriell hergestellten Erzeugnissen der Massenproduktion, die die modernen Mittel zur Befriedigung unserer Bedürfnisse sind?

Vielleicht ließe sich selbst Stefan Zweig noch auf die Diskussion ein, ob wir heute überhaupt noch in der Lage wären, diese heute lebenden Menschenmassen z. B. mit Schuhen zu versorgen, wenn wir dabei auf die persönlichen Wünsche jedes einzelnen Verbrauchers eingehen müßten. Aus diesem einfachen Beispiel – das hundertmal zu vervielfältigen ist – geht hervor, daß die Lebensvorstellungen, wie sie Stefan Zweig noch vor vier Jahrzehnten skizzierte, und wie sie heute noch von Menschen, die nicht einmal Träumer zu sein brauchen, für ideal gehalten werden, endgültig und für immer vorbei sind.

Die „Demokratisierung der Bedürfnisse“ kennt praktisch keine Grenzen mehr, und persönliche Wünsche und Anforderungen an die Verbrauchsgüter werden einfach in den Bereich des Luxusbedarfs verwiesen. Es ist nicht vermessen, nicht nur Maßschuhe, sondern auch Maßanzüge, Maßwäsche und ähnlichen Bedarf, der „auf den Leib geschnitten wird“, in die Sphäre des Luxusbedarfs einzuordnen.

Darauf, daß unser Bedarf nur noch durch industrielle Erzeugnisse gedeckt wird, werden wir niemals mehr verzichten können, und die Erzeugnisse unserer industriellen Produktion werden in einem immer stärkeren Ausmaß der Deckung des menschlichen Bedarfs dienen müssen.

Klagen über die Egalisierung von Bedarfsvorstellungen oder über die „Monotisierung unserer Welt“ werden einmal dadurch widerlegt, daß wir in jeder Bedarfssparte echte und vielfältige Wahlmöglichkeiten haben (für 1964 nennt die 1. Tabelle 56 Schuhmarken!) und ferner dadurch, daß die noch zu Lebzeiten von Stefan Zweig vom Bauhaus ausgehende Bewegung der Industriellen Formgebung in gestalterischer und in farblicher Ausdruckskraft der Dinge in der ganzen Welt einen großen Wandel herbeigeführt hat, den die Kritiker der Werbung überhaupt noch nicht wahrgenommen haben. Die in vielen Sparten der Industrie nach den Entwürfen von weltbekannten „Designer“ hergestellten Gebrauchsgüter aus Holz, Stahl, Glas, Keramik, Porzellan, Kunststoff – für die natürlich geworben wird! – sind eine Bereicherung für jeden, der sie besitzt, obwohl sie industriell und in Serien hergestellt werden.

(3) Kritik wegen Schädigung der Interessen der Allgemeinheit

Die Kritik wegen Konzentration wirtschaftlicher Macht wird nicht selten verstärkt durch Beschwörungen extremer Profite und die Behauptungen über Verzerrungen des Wettbewerbs haben regelmäßige Behauptungen über Preisverteuerungen durch die Werbung im Gefolge. Wie sieht das im einzelnen aus?

Ansatz 7: Kritik wegen Konzentration wirtschaftlicher Macht

Die Kritik an der Werbung, daß sie ein Mittel zur Erlangung wirtschaftlicher Macht sei, läßt allgemein außer Betracht die Erfindungspatente, durch die einem Erfinder das Recht beurkundet wird, eine technische Erfindung ausschließlich und allein zu verwerten. Deshalb brauchen hier die Wandlungen im Patent- und Gebrauchsmusterwesen nicht näher dargestellt zu werden, obwohl ein echtes Patent für eine gewisse Zeit tatsächlich die Form eines Monopols sein kann.

Wir kennen viele Beispiele dafür, daß solche „Erfindermonopole" für Wettbewerber geradezu eine Herausforderung sind, diese Ausschließlichkeits-Oasen zu umgehen oder zu unterwandern. Nicht selten vollzieht sich ein solcher Prozeß dadurch, daß sogar etwas Besseres an die Stelle des Bisherigen (durch Patentschutz gesicherten) gesetzt wird. Für die Betrachtung mit Bezugnahme auf die Werbung könnte es genügen, das Monopol als Gegenteil des Wettbewerbs anzusehen. Wichtig aber ist es, daß wir uns die Gradunterschiede der Marktbeherrschung klarmachen.

In der Tabelle 1 von Liselotte Aschpurwis [3] werden für 1964 im Bereich der Waschmittel 137 verschiedene Marken genannt. Die Zeitschrift „w & v – werben und verkaufen" veröffentlichte am 7. September 1967 folgende Daten über Marktanteile der Henkel-Gruppe im Markt für Waschmittel:

Tabelle 2. Marktanteil für Waschmittel

	Sept. 1967	Aug./Sept. 1968
Persil	33 %	26 %
Weißer Riese	10 %	7 %
Dixan	9 %	8 %
Dato	4 %	3 %
Fakt		13 %
Gesamte Henkel-Gruppe	56 %	57 %

Vier Marken (von 137) haben 1968 rund 57 % des Marktes für sich gewinnen können; keine Einzelmarke hat aber nur annähernd einen Marktanteil oder eine monopolistische oder marktbeherrschende Stellung in diesem Markt erreicht. Die Verbraucher hatten doch noch mehr als 130 andere Marken zur freien Auswahl.

Ein Erzeugnis der Kosmetik unter der Marke „badedas" hat sich eine eigene Marktposition schaffen können. Ein ähnliches Erzeugnis hat es vorher nicht gegeben; es ist eine ursprüngliche Erfindung des UHU-Werkes. Die Motivation der Verbraucher von Bade-Artikeln beziehen sich einmal auf die Reinigung und Gesunderhaltung; durch dieses Erzeugnis aber sind für den Bereich des Badens völlig neuartige Anforderungen an echte Genußempfindungen gestellt und erfüllt worden. Nach der ersten Einführung im Jahre 1956 und einer neuen Konzeption der Werbung seit 1957 kamen die Nachahmer auf, und heute lassen sich die Marktanteile des Gesamt-Bade-Marktes, mit einem Umsatz von etwa DM 100 Millionen, wie folgt schätzen:

Tabelle 3. Marktanteile für Badezusätze

25 %	badedas
15 %	vier weitere bekannte Marken
60 %	450 Wettbewerbs-Marken

Ein allererstes Erzeugnis hat jahrelang eine ausgesprochene Allein- und Monopolstellung in einem Markt, der nicht einmal entwickelt war; dieses Erzeugnis hat andere Wettbewerber hervorgelockt und dem Pionier ist nur ¼ des Gesamtumsatzes geblieben. Nicht einmal der Schatten eines Monopols für einen Pionier!

Nach einem nicht lebenswichtigen Erzeugnis, mit sicher angenehmen Eigenschaften für den Verbraucher ist ein Gebrauchsgegenstand, der wegen seiner leistungsfähigen Zuverlässigkeit für die meisten Menschen unserer Zeit sehr wichtig ist, zu erwähnen.

Die Zündkerze im Auto war „zu Beginn der Kraftfahrt“ nur eines von zwei Bosch-Erzeugnissen für das Auto. Im Markt für die verschiedenen Teile des Automobils, d. h. im Markt für die Kraftfahrt, gibt es heute mehr als ein Dutzend internationaler Marken für Zündkerzen. Das Automobil hat in sieben Jahrzehnten die ganze Welt erobert; alle Märkte, auch die Märkte der Ersatzteile, sind heiß umkämpft. Bosch hat seinen Anteil erweitert durch Qualitätsanforderungen an die eigene Leistung, die zwar einen sehr hohen Ruf aber kein Monopol begründen konnten.

Um eine solche Marktposition in der Vorstellung der Verbraucher zu erringen, ist wahrhaftig mehr erforderlich als Werbung. Die Kritiker an der Werbung übersehen, daß eine immer wieder erprobte Qualität der Erzeugnisse die bessere Grundlage abgibt als eine Dauerberieselung mit Werbebotschaften. Diesen Kritikern sollte immer wieder vorgehalten werden, was Karl Knies schon vor einem Jahrhundert sagte:

„Der Annoncirende tritt ja gleichsam auf eine öffentliche Plattform, auf der ihn die sehen sollen und können, deren Augen er auf sich richten will, aber auch die wahrnehmen, die viel lieber selbst statt seiner oder wenigstens doch womöglich neben ihm stehen wollen. Die Annonce ist in so vielen Fällen an sich Wettbewerb und provocirt weiteren Wettbewerb, wer sie wagt, muß die Zuversicht haben, daß er die Gunst des gesuchten Publikums auf offenem Streitfelde gegen seine Concurrenten gewinnen oder bewahren kann.“

Die Überzeugung von der eigenen Stärke kann soweit gehen, daß ein Anbieter aus diesem Bewußtsein heraus (vielleicht sogar mit einem Gefühl des Stolzes) sagen kann: Fragen Sie doch ruhig auch einmal unsere Konkurrenz! Wie in einer Anzeige für Heizkessel: „Fragen Sie dazu mindestens drei führende Hersteller. Einer davon ist Viessmann, der Spezialist unter den Großen.“

Professor Backman beruft sich auf amtliche Statistiken [5], die nachweisen, daß in fünfzig Wirtschaftszweigen von den je vier größten Unternehmungen (the Big Four) im Jahre 1947 nur in 13 Fällen die gleichen Unternehmungen wie im Jahre 1958 ihren Platz behielten. Nur eine dieser 13 Unternehmungen hatte Aufwendungen für Wirtschaftswerbung von mehr als 3 % vom Umsatz aufzuweisen. Bei den 37 anderen Wirtschaftszweigen, in denen die „Big Four" im Jahre 1958 ersetzt worden waren, gab es 12 Unternehmungen mit einem Werbeaufwand von mehr als 3 % vom Umsatz. In der Regel behalten zwei ihre erste Position, wenn sie auch die Rangordnung manchmal tauschen. Die „Big Four" sind keine exklusiven Klubs; die Mitgliedschaft ändert sich oft und manchmal sehr schnell. Um die Mitgliedschaft zu erhalten, müssen die Unternehmungen wachsam sein, nach neuen Möglichkeiten Ausschau halten, eine intensive Forschung betreiben und sich um die Entwicklung alter und neuer Erzeugnisse nachhaltig bemühen. Jedenfalls müssen sie vieles anderes tun, als nur werben. Trotz aller Finanzstärke bei einzelnen Wettbewerbern sind immer wieder neue Wettbewerber in die Festung der Großen eingebrochen und haben die zeitweiligen Machtpositionen führender Unternehmungen im Markt überrannt. Professor Backman stellt fest, daß es zuverlässige Meßdaten für den Grad der wirtschaftlichen Konzentration kaum gibt.

Ansatz 8: Kritik wegen Monopolpreisen und extremen Profiten

Das Beispiel der „Big Four" führt zu der Kritik an der Werbung, daß sie die werbungtreibenden Unternehmungen dazu verleite oder in die Lage versetze, Monopolpreise zu fordern, um dadurch unangemessene Profite zu sichern. Wenn auch hie und da die Zielsetzungen für eine Unternehmung mit dem Streben nach „befriedigendem Gewinn" (satisfactory profit, Katona) bezeichnet werden, so ist bei der Kritik an der Werbung kaum von einer solchen Abflachung der Vorwürfe etwas zu merken. Warum sollte für eine wirtschaftliche Unternehmung das Streben nach einem optimalen Gewinn etwas Verwerfliches oder gar Anrüchiges sein?

Ein nicht lebenswichtiges Erzeugnis wie „badedas" hat 10 Jahre nach dem ersten Erscheinen im Markt bei den großen Packungen Preiserhöhungen von etwa 4 % bis 7 % vorgenommen, zu einer Zeit als hunderte neu in den Markt drängender Wettbewerber dem ersten Erzeugnis mit billigen Preisen das Leben schwer machten. Bei gleichen Preisen für die kleineren Packungen wie vor fast 15 Jahren, hat das Erzeugnis aber seine Ansprüche an eine hohe Qualität nicht herabgemindert.

Aus der Tabelle 1 geht hervor, daß in einer Wettbewerbswirtschaft die Kräfte, die auf den Preis drücken, zahlreich und sehr stark sind. Der Verbraucher jedoch hat (da es kein perfektes und vollkommenes Monopol gibt!) immer die freie Wahl, auf preisgünstigere einander ähnliche Produkte auszuweichen.

Der Preis muß selbstverständlich auch die Kosten der Werbung decken; aber wir haben in fast allen Märkten auch solche Erzeugnisse, die ihren Marktanteil durch den Preis und *nicht* durch die Werbung zu erlangen suchen.

Welchen Anteil haben nun die besonders durch die Werbung getragenen Produkte in dem Verbrauchsbudget der Konsumenten? Es sind keine zuverlässigen Zahlen aus dem deutschen Sprachbereich bekannt, deshalb seien noch einmal Zahlen aus der Studie von Backman (Orig. S. 27) genannt. Backman stützt sich dabei auf Zahlen des U. S. Department of Commerce.

Backman wägt die verschiedenen Warengruppen und den Werbeaufwand für sie ab, und er kommt zu dem Ergebnis, daß bei einer Familie mit mittlerem Einkommen damit zu rechnen sei, daß die durch einen Aufwand für Werbung angebotenen Waren an diesem Familienbudget etwa 5 % bis 6 % ausmachen dürften.

Da sich die Kritik an der Werbung immer wieder an diesen Warengruppen entzündet, ist zu fragen, ob die erhobenen An-

Tabelle 4. Werbeaufwand im Preisindex für Verbraucher

Erzeugnis	Werbeaufwand in Prozent vom Umsatz 1962	Gewicht im Preis-Index für Verbraucher im Dezember 1963
	(in Prozent)	
Toilettenartikel	14,72	1,52
Seifen	12,55	-,26
Waren, die in Drug-Stores verkauft werden (Herstellermarken)	9,39	-,50
Bier und Malzerzeugnisse	6,89	1,06
Tabakerzeugnisse	5,28	1,74
		5,08

klagen angesichts der verschwindenden Bedeutung, die sie in einem Familienbudget haben, nicht doch außerhalb jeder Proportion stehen.

Ansatz 9: Kritik wegen Verzerrungen des Wettbewerbs[1]

Gegen die Werbung, die der sog. selektiven Nachfrage dienen soll, d. h., die für bestimmte Marken oder Hersteller-Namen eingesetzt wird, wird der Vorwurf erhoben, daß sie die (primäre) Nachfrage nach der betreffenden Warenart verzerre.

Diesen Kritikern an der Werbung wäre zu empfehlen, sich einmal mit den Problemen der primären und sekundären Motivation zu befassen. In seiner Studie [55] vergleicht D. O. Hebb den menschlichen Organismus mit einem Auto, bei dem die Steuerung von der eigentlichen Kraftquelle oder dem Antrieb getrennt ist, und er sagt dann: „Der Organismus ist wahrscheinlich mit drei oder mehr verschiedenen Energiequellen ausgestattet. Sobald man sie einzeln aufzählt, wird man fünf auf jeden Fall berücksichtigen müssen: Hunger, Durst, Schmerz, Muttertrieb, Sexus."

[1] Vgl. hierzu [80].

Wenn auch die Steuerungsfunktion unterschiedlichen Grades sein kann, „indirekt wird die Steuerungsfunktion der Antriebe durch das ‚Erfolgsgesetz' stark vergrößert. Diesem Gesetz zufolge werden Gewohnheiten (Steuerungsfunktionen) allein in Verbindung mit der Einwirkung von Antrieben erworben. ... Einmal werden zusätzliche Antriebsarten (Aktivitätstrieb, exploratorisches Bedürfnis, Betätigungsdrang usw.) postuliert, zum anderen erworbene oder gelernte Antriebe, die ihre Energie sozusagen aus Assoziationen mit primären Antrieben erhalten". Es ließen sich hier noch andere Ordnungen der Motivationen, wie die ausgezeichnete von R. Rohrbacher [124], anführen.

Glauben diejenigen, die Kritik an der Werbung üben, wirklich, daß wir Menschen alles mit jenen „primären" Motivationen, die zur „primären Nachfrage" führen, von Natur aus mitbekommen haben?Vielleicht auch die Nötigungen zur Reinhaltung, zur Sauberkeit und zur Hygiene? Die lehrbaren und lernbaren Motivationen, die in der Werbung für Seifen und Waschmittel sichtbar werden, führen zwar zur „selektiven" Nachfrage aber niemals zu einer Verzerrung von Märkten für diese Güter.

In einer Anzeige für drei Sorten einer weltbekannten Feinseifenmarke (Badeseife, Seife für Kleinstkinder und eine hautschonende Seife) lautet das tragende Lehr- und Lernelement der Textgestaltung: „Feine Seifen für jede Haut." Im einzelnen heißt es: Die Badeseife mit natürlichem Lavendelöl überfettet; die Baby-Seife ist überaus mild und reizlos und – für die dritte Sorte – sie reinigt hautschonend. Hier werden Antriebselemente in einer sehr verdichteten Sprache lehrhaft dargeboten, und zwar aus der klaren Erkenntnis heraus, daß solche (sekundären) Motivationen im Verlauf der täglichen Prozesse des Lernens aufgenommen und angewöhnt werden können.

Es ist zu verstehen, daß manchem die massierte Werbung für Waschmittel buchstäblich „auf die Nerven" geht; aus solchen Ressentiments werden dann aber Ansätze zur Kritik an der Werbung hergeleitet. Nachdem (über die Urtriebe hinaus!) eine primäre Nachfrage nach Sauberkeit und nach den Hilfsmitteln dazu geschaffen worden ist, versuchen nun mehr als hundert Hersteller eine „sekundäre“ Nachfrage (und zwar nach ihren Marken!) zu schaffen.

Bei aller Kritik aber wird dann übersehen, daß gerade diese Werbung zu persönlicher Sauberkeit, zur Pflege der Wäsche und zur Hygiene bei Krankheiten erzieht. Diese Sekundärmotivationen kommen in diesen vielen Anzeigen der Werbung für Waschmittel klar zum Ausdruck; das gleiche gilt für viele Anzeigen für Zahnpflegemittel u. ä. Erzeugnisse.

In diesem Zusammenhang von Verzerrungen in den Absatzmärkten zu sprechen, heißt zugleich, wichtige Lehr- und Erziehungs-Wirkungen gerade der Wirtschaftswerbung nicht zu beachten.

Mit zahlreichen Beispielen wurde nachzuweisen versucht, daß es keine Verzerrungen der Märkte dadurch gibt, daß angeblich durch die Werbung für bestimmte Marken und durch ihre Marktanteile Barrieren gegen neue Wettbewerber und neue artähnliche Erzeugnisse errichtet werden. Nach dem ersten Aufkommen von „badedas“ hätten es die Wettbewerber (meist sind es nur Nachahmer) bestimmt leichter gehabt, mit einem ähnlichen Erzeugnis herauszukommen. Heute ist es natürlich schwerer, denn in einer echten Wettbewerbswirtschaft haben wir Bedingungen der Konkurrenz wie dort, wo die Auslese noch nach den Unerbittlichkeiten des Naturrechts vor sich geht.

Dieser mitleidlose Wettbewerb wird auch in dem Markt für löslichen Bohnenkaffee sichtbar. Die große Marke in diesem Bereich hatte (nach zuverlässigen Schätzungen) folgende Marktanteile. Die drei nächststärkeren Marken sind nur mit X, Y und Z bezeichnet (s. Tab. 5, S. 31).

Ab 1959 kommt eine neue Marke (Z) auf, die 1967 bereits einen Anteil des Marktes von etwa $^1/_8$ erreicht hat. Für die Marke NESCAFE, die der Pionier in diesem Markt für löslichen Bohnenkaffee gewesen ist, bedeutet ein Marktanteil von

Tabelle 5. Marktanteile für sofort löslichen Kaffee

Marke	Marktanteile (mengenmäßig) 1957	1962	1967
NESCAFE	79	52	34
X	12	18	14
Y	2	2	5
Z	–	12	12
Etwa 2000 andere (Handels-)Marken	7	16	35
	100	100	100

34 % (1967) natürlich ein anderes Umsatzvolumen als der Marktanteil von 1957 in einem erst „aufbrechenden" Markt mit 79 %.

Die Gruppe „andere Marken", die heute mehr als 2000 Marken (meist Handelsmarken) umfaßt, hat sich im Laufe der Vergleichszeit von etwa 7 % auf etwa 35 % in einen neuen und heute noch stark in Bewegung befindlichen Markt hineindrängen können.

Dieser Unerbittlichkeit im Wettbewerb begegnen wir besonders auf internationalen Märkten mit internationaler Konkurrenz. Hierzu scheint noch ein weiteres Beispiel unerläßlich zu sein.

Nach zuverlässigen Schätzungen waren 1968 in der Welt ca. 75 000 Datenverarbeitungsanlagen installiert, davon

in den USA	ca. 50 000	in der BRD	ca. 3850
in Westeuropa	ca. 15 000	in Japan	ca. 3600

Die USA haben einen Anteil von ca. 90 % in der westlichen Welt; der Anteil der IBM wird auf 75 % geschätzt. Wir haben hier also einen Markt vor uns, in dem die führende Marke einen gewaltigen Vorsprung hat. Die Auswertung der Computer-Statistik der Diebold Deutschland GmbH. ergibt für den deutschen Markt folgende Übersicht (s. Tab. 6, S. 32).

Eine Anzeigenserie der Siemens AG läßt die Argumente erkennen, mit denen diese Unternehmung versucht, in einen stark umkämpften und hochtechnischen Markt einzudringen.

Tabelle 6. Marktanteile für EDV-Anlagen

Hersteller	*Marktanteil bezogen auf den Wert der inst. + best. DVA*			
	Stand 1. 1. 65 in %	Stand 1. 1. 66 in %	Stand 1. 1. 67 in %	Stand 1. 1. 68 in %
IBM	72	72,5	67	63,9
Siemens	5,2	6,6	8,2	10,7
Univac	7,6	6,0	7,2	7,0
Bull:GE	4,0	3,8	4,8	5,4
AEG/Telefunken	1,5	1,4	1,8	2,7
Honeywell	0,4	1,1	2,3	2,4
Zuse	2,4	2,1	1,9	1,8
CDC	1,4	1,5	1,8	1,5
NCR	1,3	1,5	1,3	1,3
Philips/Electrologica	1,4	0,9	1,0	0,7
ICT	0,8	0,7	0,7	0,5

In den vielen Äußerungen der Kritiker an der Werbung kann man vergeblich nach Beispielen dieser Art suchen. Sie hängen ihre Kritik nicht nur an Konsumgütern breitesten Massenbedarfs auf; sie sind auch befangen durch bestimmte Werbemittel, und zwar durch Fernsehen, Rundfunk und Anzeigen in Publikumszeitschriften. Daß oft wissenschaftlich redigierte, technische Druckschriften eines der Hauptwerbemittel sind und daß sich ein Wettbewerber, der in einen hochtechnischen Spezialmarkt eindringen will, eine eigene wissenschaftliche Zeitschrift schafft und daß gerade in dieser Form des Wettbewerbs die „nonprice-elements" ein wichtiges Argument sein können, das ist von den Kritikern an der Werbung bisher nicht erwähnt worden.

Das Gerede, die Werbung errichte Marktbarrieren zum Schutze der Großen, sollte doch einmal anhand solcher Beispiele aus den Bereichen der Industrien, die an Aufgaben der Zukunft arbeiten, nachgeprüft werden.

Viele Kritiker an der Werbung sind persönlich überzeugte Anhänger des Leistungssports, in dem es auch nur eine Gold-, eine Silber- und eine Bronze-Medaille gibt, und sie scheinen zu vergessen, daß sich dieser Sport auch nicht im Vakuum vollzieht.

Ansatz 10: Kritik wegen Preisverteuerungen durch die Kosten der Werbung

Zu der wohl schwerwiegendsten Kritik an der Werbung, daß durch ihre Kosten die Preise verteuert werden, ist noch Stellung zu nehmen.

Es gibt Beispiele, bei denen Preisüberlegungen nur eine geringe, vielleicht nur eine zweitrangige Rolle spielen; bei denen die Nebeneffekte allein den Ausschlag geben. Ein solches Beispiel sind umsetzbare Stahlhochstraßen für die inzwischen ein neuer Markt entstanden ist. Zahlreiche Projekte dieser Art wurden ausgeführt, andere sind in der Ausführung oder in der Planung.

Es gibt nicht nur Beispiele aus dem Bereich der ausgesprochenen Investitionsgüter, sondern auch Beispiele aus den Bereichen der Verbrauchs- und Gebrauchsgüter.

Im Jahre 1950 wurden in der Schrift „werben oder beherrschen", die in zwei Auflagen erschienen ist, viele Beispiele dafür gebracht, daß die Kritik wegen einer angeblichen preissteigernden Wirkung der Werbung in vielen Fällen keine Berechtigung hat; dort sind Beispiele für Preissenkungen und Qualitätssteigerungen zu finden für

- Markenartikel
- Automobile
- Kühlschränke
- Landwirtschaftl. Erzeugnisse
- Fotokameras
- Konserven
- Autoreifen
- Radioapparate

Eine weitere, sehr große Anzahl von Beispielen wurde in dem Buch „Wesen und Formen der Werbung" im Jahre 1954 veröffentlicht. Diese Beispiele sind damals der amerikanischen Werbepraxis entnommen worden.

In dem Buch „Wirtschaftswerbung", das 1963 erschien, sind erstmals einige Beispiele aus der Wirtschaft der BRD publiziert worden. Eines dieser Beispiele ist ergänzt worden in Tabelle 7. Dazu ist die Bemerkung eines Herstellers über die technische Weiterentwicklung von Kühlschränken zu wieder-

Tabelle 7. Preisentwicklung für Haushalt-Kühlschränke
*Haushaltskühlschränke bis 160 bzw. 180 l (Kompressor)**
BRD einschließlich West-Berlin

Jahr	Produktion 1.000 Stück	1.000 DM	Produktionswert je Stück in DM	Index 1953 = 100
1953	122	69.586	570	100
1954	241	117.117	486	85
1955	335	156.717	468	82
1956	531	228.436	430	75
1957	720	289.057	401	70
1958	1.228	463.982	378	66
1959	1.553	554.056	357	63
1960	1.927	628.186	326	57
1961	1.773	543.209	306	54
1962	1.568	457.171	292	51
1963	1.519	427.051	281	49
1964	1.893	501.040	265	46
1965	1.612	421.884	262	46
1966	1.264	306.732	243	43
1967	1.566	359.695	230	40
1968	1.742	393.176	225	39
1969	1.652	392.096	237	41

* bis 1962 160 l, ab 1963 180 l (Nomenklaturänderung)
Quelle: ZVEI (nach amtl. Produktionsstatistik)

holen: „Die gleiche Entwicklung wird in dem Geschäftsbericht der Robert Bosch GmbH., Stuttgart, über das Geschäftsjahr 1960, Seite 11, deutlich gemacht: ‚Unsere Kühlschrankpreise ermäßigten wir Anfang September 1960 erneut; im Mittel betrug die Preissenkung etwa 5 %. Auf die Kühlraumeinheit bezogen kosten danach unsere Kühlschränke nur noch rund 40 % des Preises im Jahr 1951. Seit 1951 sind andererseits Löhne und Gehälter in einem solchen Ausmaß gestiegen, daß ein Lohn- und Gehaltsempfänger für den Erwerb einer Kühlraumeinheit heute nur noch den Gegenwert von etwa 25 % der

Arbeitszeit aufzuwenden hat, die er 1951 für den gleichen Zweck aufwenden mußte.'" (Wirtschaftswerbung, Seite 39).

Es muß ein Markt für Neubedarf und für Ersatzbedarf von jährlich 1,5 Millionen Stück dieses Typs lebendig gehalten werden; die Preise liegen infolge dieser Marktentwicklung nur noch bei 40 % der Anfangspreise und dennoch klagen die Kritiker an der Werbung darüber, daß die Kosten der Werbung noch durch die Preise gedeckt werden müssen. Vielleicht klagen sie auch, daß das Saatgut der Bauern Kosten verursacht oder darüber, daß die Rekonvaleszenten für Medikamente und Kuraufenthalte und für die Honorare der Ärzte, wodurch sie gesund wurden, Aufwendungen zu machen haben.

Für viele durch die Werbung entwickelte Märkte und für sehr viele von der Werbung getragene Erzeugnisse ließen sich solche überzeugenden Nachweise zusammentragen. Unsere Wirtschaft sollte nur den Mut haben, den Schleier einer übertriebenen Geheimnistuerei zu zerreißen.

2. Die Werbung im Schema der Absatzwirtschaft oder des Marketing[1]

Die voraufgegangene Auseinandersetzung mit der Kritik an der Werbung berichtete über alle Formen der Werbung, alle Erzeugnisarten, Waren, Dienstleistungen und Systeme, auf die die Werbung gerichtet ist. Diese oft nur punktuellen Konfrontationen sind im einzelnen noch zu vertiefen; sie haben aber mitten in das weite Gebiet geführt, in dem die (Wirtschafts-) Werbung lebt und webt.

Im Rahmen einer werbungtreibenden Unternehmung führt die Werbung aber kein Eigenleben; für sie gibt es kein „l'art pour l'art". Die Wirtschaftswerbung ist ein Element der Ab-

[1] Vgl. hierzu den grundlegenden Artikel von Hanns Linhardt, „Marktorganisation" im Handwörterbuch der Organisation [99].

satzwirtschaft; sie ist ein Teilstück in dem Prozeß der Hinführung von Erzeugnissen vom Ort ihrer Herstellung zum Markt. Im industriellen Vertrieb ist die Werbung ein Hilfsmittel; im „marketing" ist sie nur ein Element unter vielen Elementen.

Woher kommt das Wort „Marketing" in unsere Sprache, und woher kommt der weitere, geradezu erklärende Begriff „Marketing Mix"? Woher kommen diese Begriffe und was bedeuten sie?

Der Autor des 1942 erschienenen Buches „The Economic Effects of Advertising", der Professor (em.) an der Harvard University, Neil H. Borden [15], dessen grundlegendes Werk zu den klassischen Werken unseres Faches gehört und immer gehören wird und dessen wissenschaftliche Leistungen auch im deutschen Sprachbereich durch die ihm 1964 verliehene Victor-Mataja-Medaille geehrt worden sind, hat in der Zeitschrift „Journal of Advertising Research" vom Juni 1964 einen Aufsatz über „The Concept of the Marketing Mix" veröffentlicht.

In diesem Aufsatz sagt Professor Borden, daß sein Kollege (associate) Professor James Culliton im Jahre 1948 in einer Studie über „The Management of Marketing Costs" den obersten Leiter einer Unternehmung, d. h. den „business executive" als „decider" (als jemand, der Entscheidungen zu treffen hat), als „artist" (als jemand, der intuitiv – wie ein Künstler handelnd – entscheidet) und als „mixer of ingredients" (als Mixer/Mischer von Entscheidungs-Elementen/Zutaten/Bestandteilen) bezeichnete. Dieser oberste Leiter bediene sich der Vorschläge (recipes), die von Dritten stammen; er mache im Verlauf eines Prozesses von Entscheidungen selbst solche Vorschläge; er adaptiere vorhandene Vorschläge mit den sofort verfügbaren Entscheidungselementen oder er mache einen Versuch mit Elementen, die noch niemand vor ihm erprobt hat. Borden sagt dann: „Mir hat die Formulierung gefallen, einen Mann der Absatzwirtschaft einen Mischer von

Elementen zu nennen“ (I liked his idea of calling a marketing executive a „mixer of ingredients“).

Über diese „elements“ oder „ingredients“ in der Absatzwirtschaft (d. h. im „marketing“) sagt Borden in seinem Werk „The Economics Effects of Advertising“ folgendes:

„Bei all den oben angeführten anschaulichen Fällen soll man sich der Tatsache bewußt sein, daß Werbung keine Verfahrensmethode ist, die als etwas Gesondertes angesehen wird und deren Wert man getrennt bemißt. Eine fähige Betriebsführung fragt nicht: ‚Sollen wir werben oder nicht?‘, ohne das Erzeugnis oder andere Verfahrensentscheidungen der Leitung in Betracht zu ziehen. Vielmehr besteht immer das Problem, eine Formel für die Leitung zu finden, bei der die Werbung in der Verbindung von Herstellungsmethoden, der Produktform, der Preisgestaltung, der Verkaufsförderung und der Verkaufs- und Verteilungsmethoden den richtigen Platz erhält. Wie kurz vorher erwähnt, können verschiedene Formeln, d. h. verschiedene Verbindungen von Methoden durch konkurrierende Erzeuger gewinnbringend angewendet werden“.

In dem vorstehend erwähnten Aufsatz (in deutscher Sprache, erschienen in der Zeitschrift „ZV und ZV“, Heft 2–3, 1966, Seite 45 ff) entwickelt Borden seine Vorstellung über die Elemente und die auf sie wirkenden Einflüsse wie folgt:[1]

„Um sich von diesem Begriff ein Bild zu machen, bedarf es nur:

1. einer Liste von wichtigen Elementen, aus der sich Marketing-Programme zusammensetzen;
2. einer Liste von Einflüssen, die auf das Marketing-Vorgehen einer Firma Bezug haben und an die sich der Marketing-Manager auf der Suche nach einem erfolgversprechenden Programm anpassen muß.

[1] Nachdruck mit Genehmigung des Verfassers.

Die Liste der Elemente des Marketing in solch einer bildhaften Darstellung kann lang oder kurz sein, je nachdem, wieweit man in der Einteilung und Unterteilung der Marketing-Taktik und Arbeitsweise gehen will, mit denen die Marketing-Abteilungen zu tun haben, wenn sie Programme zusammenstellen. Die Liste der Elemente, auf die ich mich in meiner Tätigkeit als Lehrer und Berater gestützt habe, umfaßt die wichtigsten Gebiete der Marketing-Taktiken, die der Entscheidungen der Unternehmungsleitungen bedürfen – wie es in der Darstellung von einzelnen Fällen ersichtlich wurde. Ich bin mir der Tatsache bewußt, daß andere eine Liste zusammenstellen könnten, die von meiner abweicht.

Meine ist wie folgt:

Elemente des Marketing-Mix von Erzeugern

1. Produktplanung: – Politik und Arbeitsweise bezüglich:
   a) der anzubietenden Erzeugnisse – Qualität, Formgebung usf.;
   b) der Märkte, auf denen verkauft wird: wem, wo, wann, wieviel
   c) der Taktik beim Herausbringen neuer Produkte: – Forschungs- und Entwicklungsprogramm.
2. Preisgestaltung: – Politik und Arbeitsweisen bezüglich:
   a) des anzustrebenden Preisniveaus;
   b) spezieller Preise (Sonderpreise etc.);
   c) der Preispolitik: z. B. Einheitspreis, wechselnde Preise, Preisstützung, Verwendung von Listenpreisen usw.;
   d) der anzusetzenden Spannen für den Hersteller, für den Handel.
3. Markenwesen: – Politik und Arbeitsweisen bezüglich:
   a) der Auswahl von Handelsmarken;
   b) der Markenpolitik: Einzelmarken oder Markenfamilie;
   c) des Verkaufs mit Handelsmarken oder ohne Marke.

4. Vertriebswege: – Politik und Arbeitsweisen bezüglich:
   a) der Verkaufswege zwischen Produktion und Verbrauch;
   b) des Grades von Entscheidungsfreiheit zwischen Einzel- und Großhandel;
   c) der Bemühungen, um eine Zusammenarbeit im Handel zu erreichen.
5. Persönlicher Verkauf: – Politik und Arbeitsweisen bezüglich:
   a) des Wertes, der auf den persönlichen Verkauf zu legen ist und der anzuwendenden Methoden bei:
      aa) Organisation der Erzeugerfirmen;
      ab) Anteil des Großhandels;
      ac) Anteil des Einzelhandels.
6. Werbung: – Politik und Arbeitsweisen bezüglich:
   a) des aufzuwendenden Betrages (d. h. der Wert, der auf die Werbung gelegt wird);
   b) der angestrebten Werbewirkung:
      ba) des gewünschten Produkt-Image;
      bb) des gewünschten Unternehmens-Image;
   c) des Marketing-Mix der Werbung, bezogen auf den Handel, durch den Handel bezogen auf den Verbraucher.
7. Verkaufsförderung: – Politik und Arbeitsweisen bezüglich:
   a) des Wertes, der auf besondere Verkaufspläne oder auf Vorrichtungen zu legen ist, die auf den Handel oder durch den Handel wirken;
   b) der Art dieser Vorrichtungen für Verkaufsförderung, bezogen auf den Verbraucher bzw. auf den Handel.
8. Verpackung: – Politik und Arbeitsweisen bezüglich:
   a) der Gestaltung von Verpackung und Etikettierung.
9. Schaustellung: Display – Politik und Verfahrensweisen bezüglich:

   a) des Wertes, der darauf zu legen ist, um den Verkauf zu unterstützen;
   b) der Methoden, um eine Schaustellung zu sichern.
10. Dienstleistungen
   a) vorausgesetzt, daß solche notwendig sind.
11. Physische Vertriebsarbeit: – Politik und Verfahrensweisen bezüglich:
   a) des Vertriebes ab Lagerhaus;
   b) des Versandes;
   c) der Vorratshaltung.
12. Tatsachenfindung und Analyse: – Politik und Arbeitsweisen bezüglich:
   a) Sicherung, Analyse und Gebrauch von Tatsachen bei Marketingvorgängen.

Wenn man jetzt eine Liste von all den Einflüssen aufstellen würde, die die Unternehmensleitungen manchmal in Betracht ziehen, wenn sie ihre Marketing-Programme erstellen, würde sie wirklich sehr lang werden, denn das Verhalten der einzelnen und der Gruppen in allen Bereichen des Lebens hat eine Bedeutung, erstens in bezug darauf, welche Waren erzeugt, welche Dienstleistungen erstellt und dann vom Konsumenten gebraucht werden, und zweitens, in bezug auf die Vorgänge, die erwogen werden können, um eine Änderung dieser Waren und Dienstleistungen zu erwirken. Die wichtigsten Einflüsse auf dem Markt jedoch entstehen aus dem Verhalten einzelner oder Gruppen und können nach vier Kriterien geordnet werden: das Verhalten der Verbraucher, des Handels, der Mitbewerber und des Staates.

Im folgenden wird eine Liste von Einflüssen aufgestellt, die die Vermengung von Marketing-Elementen bestimmen. Diese Liste und jene der Elemente zusammengenommen, ergeben eine bildhafte Darstellung des Begriffes Marketing.

1. Kaufgewohnheiten der Verbraucher, bestimmt durch:
   a) Kaufmotivation,
   b) Kaufgewohnheiten,

c) Lebensgewohnheiten,
d) Umgebung (die gegenwärtige und die zukünftige, wie sie die Trends zeigen; denn die Umgebung beeinflußt das Verhalten der Verbraucher gegenüber den Erzeugnissen und deren Gebrauch),
e) Kaufkraft,
f) die Anzahl der Käufer.

2. Das Verhalten des Handels – das Verhalten von Groß- und Einzelhandel, beeinflußt durch:
a) ihre Motivationen,
b) ihre Struktur, Praktiken und Haltung,
c) ihre Trends in der Struktur und Arbeitsweise, die auf Änderungen hindeuten.

3. Das Verhalten und die Stellung des Mitbewerbers, beeinflußt durch:
a) die Struktur der Industrie und die Beziehung der Firmen hierzu
   aa) Größe und Stärke der Mitbewerber,
   ab) Zahl der Mitbewerber und der Grad der industriellen Konzentration,
   ac) indirekte Konkurrenz, d. h. von anderen Erzeugnissen;
b) das Verhältnis von Angebot und Nachfrage – Über- und Unterangebot;
c) die Auswahl unter den Erzeugnissen, die den Verbrauchern von der Industrie geboten wird, d. h. Qualität, Preis, Dienstleistung;
d) den Grad des Preiswettbewerbes bzw. Nicht-Preiswettbewerbes;
e) die Motivationen und Verhaltensweisen der Mitbewerber – ihre wahrscheinlichen Reaktionen auf die Maßnahmen anderer Firmen;
f) die technischen und sozialen Trends, die auf Änderungen in Angebot und Nachfrage hindeuten.

4. Staatliche Verhaltensweisen – Steuerung des Marketing
   a) Bestimmungen für Erzeugnisse,
   b) Bestimmungen für Preisgestaltung,
   c) Bestimmungen für den Wettbewerb,
   d) Bestimmungen für Werbung und Verkaufsförderung.

Wenn der Marketing-Manager ein Programm zusammenstellt, um den Erfordernissen seiner Firma gerecht zu werden, muß er die Verhaltenseinflüsse abwägen und mit einer kritischen Prüfung der ihm zur Verfügung stehenden Mittel die Marketing-Elemente zusammenfügen. Seine Firma ist nur ein kleiner Organismus in einem großen Universum komplexer Kräfte; sie ist nur ein Teil einer Industrie, die mit vielen anderen in Wettbewerb steht."

Durch diesen grundlegenden Aufsatz von Professor Neil H. Borden [15], der hier in seiner wesentlichsten Substanz wiedergegeben wird, ist der Werbung in einer auf Waren oder Dienstleistungen gerichteten Unternehmung der ihr gemäße Platz zugewiesen worden. Die Wirtschaftswerbung hat keinem Selbstzweck zu dienen; sie ist ein Instrument der unternehmerischen Politik. Deshalb ist im nächsten Abschnitt zu untersuchen, ob sie auch in der organisatorischen Struktur einer Unternehmung ihre Zuordnung zu dem „policy making level" gefunden hat.

3. Die Werbung in der Organisationsstruktur der Unternehmung

In dem voraufgehenden Abschnitt ist gesagt worden, daß die Werbung nur eine Phase im Rahmen der absatzwirtschaftlichen (marketing) Prozesse ist; die Werbung ist nur ein Hilfsmittel in dem Bemühen, ein Erzeugnis von der Stätte der Herstellung in die Hände der Verbraucher oder Benutzer zu überführen.

Die Bedeutung, die diesem Hilfsinstrument aus dem absatzwirtschaftlichen Instrumentarium einer Unternehmung zukommt, ist einmal (WW, Seite 389 ff.) mit „Mittel der Politik der Unternehmung" charakterisiert worden. Ein Instrument oder ein Mittel in der Gestaltung der unternehmerischen Politik gehört naturgemäß an die Stelle, an der die Politik auch gemacht wird.

Die Werbung einer Unternehmung sollte dem „policy making level" dieser Unternehmung organisatorisch und entscheidungsmäßig zugeordnet sein. Je nach den Zielen, die sich eine Unternehmung gesetzt hat, werden der Werbung auch unterschiedliche Aufgaben/Ziele/Funktionen zugewiesen.

In einem Konzern, der in internationalen Märkten arbeitet, hat die Werbung andere Aufgaben zu lösen, als in einer Unternehmung, die sich nur um nationale Absatzmärkte bemüht; in diesen beiden Arten von Unternehmungen sind die Aufgaben wieder verschieden, wenn in internationalen Märkten das gleiche Erzeugnis (z. B. Nestlé löslicher Bohnenkaffee) angeboten wird oder wenn es sich (wie beim Bau von Industrieanlagen) um Einzelprojekte handelt. Eine Werkzeugmaschinenfabrik kann ihre Erzeugnisse unmittelbar an die Verwender liefern; ein Markenartikelhersteller (z. B. die gerade genannte NESCAFE-Marke) kann über eine Handelsstufe oder über zwei Handelsstufen den Markt erreichen, sie kann aber in ihrer Werbung doch die Letztverbraucher direkt ansprechen, um so auch die auf den Handelsstufen wirkenden Kräfte der Distribution noch mitzureißen. Ein Warenhaus als reine Handelsunternehmung hat sich, allein durch die völlig andere Art der Präsentation des Angebots, anderer Werbekonzeptionen zu bedienen als z. B. eine Bank, eine Transportunternehmung für schwere Lasten oder für Flüssigkeiten, die feuergefährlich sind. Dieser Katalog von Möglichkeiten läßt sich noch erweitern.

In allen Branchen der Wirtschaft sind für die einzusetzende Wirtschaftswerbung Probleme zur Entscheidung zu bringen, die nur auf der Ebene gefunden werden können, auf der die eigentlichen unternehmerischen Entscheidungen fallen.

Aus der Erfahrung wissen wir, daß viele Unternehmungen die Aufgaben der Werbung einer eigenen (Werbe-)Abteilung übertragen; andere Unternehmungen übertragen diese Aufgaben einer Werbeagentur, die als außerhalb stehender Dienstleistungsbetrieb einen Werbeetat insgesamt oder nur den Werbeetat für ein einzelnes Erzeugnis oder für eine Erzeugnisgruppe übernimmt. In diesem Falle sind in der Unternehmung bestimmte Kontaktstellen für die Zusammenarbeit mit der Werbeagentur zu bestimmen. Diese Kontaktstellen können auch für die eigene Werbeabteilung wirksam sein, wenn diese Abteilung nicht (wie die praktische Erfahrung zeigt) durch ein Mitglied der obersten Leitung (Vorstand) geführt wird.

Die der wirtschaftlichen Praxis entnommenen Organisationsschaubilder über Unternehmungen der verschiedensten Wirtschaftszweige vermitteln mehr an Erkenntnissen als Schaubilder, die nur aus theoretischen Konstruktionen stammen, weil die Unternehmungen genannt werden durften, in denen nach diesen Organisations-Plänen gearbeitet wird. Der offene Einblick in die in diesen Schaubildern kenntlich gemachten Funktionen und ihre aufgabenmäßige Verknüpfung miteinander gibt dem Nachwuchs echte Hinweise auf berufliche Chancen.

Es handelt sich um folgende Unternehmungen, die das Material zur Verfügung gestellt und die weiteren textlichen Erläuterungen auch noch überprüft haben.

Anker-Werke AG	eine Unternehmung des Präzisions-Maschinenbaus
Farbenfabriken Bayer AG	eine Unternehmung der Großchemie
Deutsche Nestlé GmbH	Tochtergesellschaft eines in vielen internationalen Märkten tätigen Groß-Konzerns der Nahrungs- und Genußmittelindustrie
Karstadt AG	eine Groß-Unternehmung des Einzelhandels

Kaufhof AG	eine Groß-Unternehmung des Einzelhandels

Anker-Werke AG

Diese Maschinenfabrik, die Registrierkassen, Buchungsautomaten, EDV-Anlagen, Postbearbeitungsmaschinen – also Erzeugnisse des Präzisionsmaschinenbaus – herstellt, hat das gesamte Absatzwesen einschließlich Kundendienst und Produktwerbung rechtlich ihren Tochtergesellschaften übertragen. Die z. Z. 30 Verkaufsgesellschaften im In- und Ausland werden nur über die Tochterfirma „ADS-ANKER interDATA SYSTEM-GmbH." beliefert. Die Produktwerbung ressortiert bei dieser Tochtergesellschaft; sie untersteht deren Geschäftsleitung, hat aber engen Kontakt zu den für die einzelnen Erzeugnisgruppen zuständigen Verkaufsabteilungen und dem Kundendienst. Wie aus dem Schaubild (Abb. 1) hervorgeht, wird die Werbeabteilung auch vom Vorstand der Muttergesellschaft direkt mit der Durchführung bestimmter Aufgaben betraut.

In einem weiteren Schaubild (Abb. 2) sind die Verbindungen deutlich gemacht worden, die insbesondere bei der Ausarbeitung von Werbemitteln für neue Entwicklungen von Bedeutung sind. Da es sich hier vielfach um Erzeugnisse handelt, die mit den bisherigen weder im technologischen Aufbau noch in der Funktion große Ähnlichkeit zeigen, ist die Werbeabteilung auf eingehende und rechtzeitige Information durch Produktplanung, Entwicklung und Systemplanung angewiesen, damit bei Verkaufsfreigabe über die Werbemittel verfügt werden kann. Bemerkenswert ist auch hier die organisatorische Ausrichtung der Werbung wie der Verkaufsabteilungen auf die wichtigsten Erzeugnisgruppen.

Mit der als Stabsstelle der Muttergesellschaft fungierenden Informationsabteilung, die im wesentlichen für die Public Relations zuständig ist, bestehen Kontakte, um die Aussagen gegen-

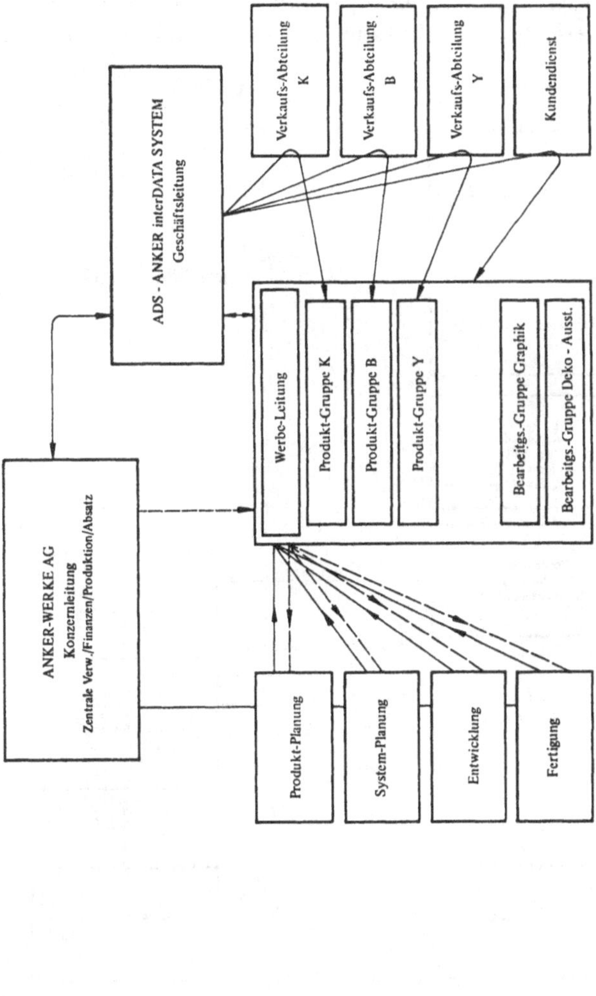

Abb. 1. Anker-Werke AG

über der Öffentlichkeit und den Kundenkreisen inhaltlich und zeitlich aufeinander abzustimmen.

Interessant ist eine Mitteilung der Unternehmung: „Im übrigen bestehen bezüglich der organisatorischen Beziehungen zwischen Werbung, Produktplanung usw. kaum schriftliche An-

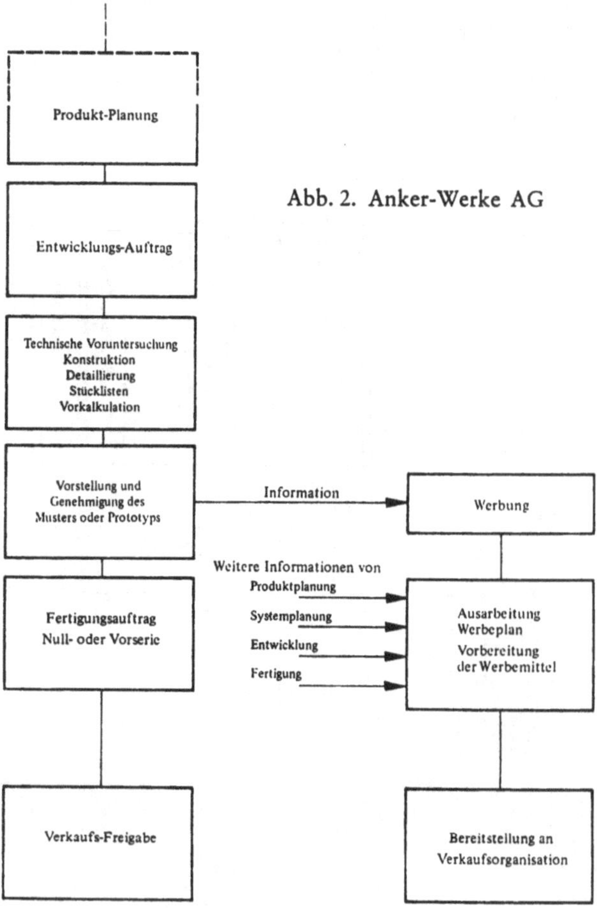

Abb. 2. Anker-Werke AG

ordnungen. Der rasche Wandel innerhalb dieses Zweiges des Präzisionsmaschinenbaus, der zu erheblichen Veränderungen des Erzeugnisprogramms und demzufolge auch zur organisatorischen Umstellung in Produktplanung, Entwicklung, Verkauf und Werbung geführt hat, hat es zweckmäßig erscheinen

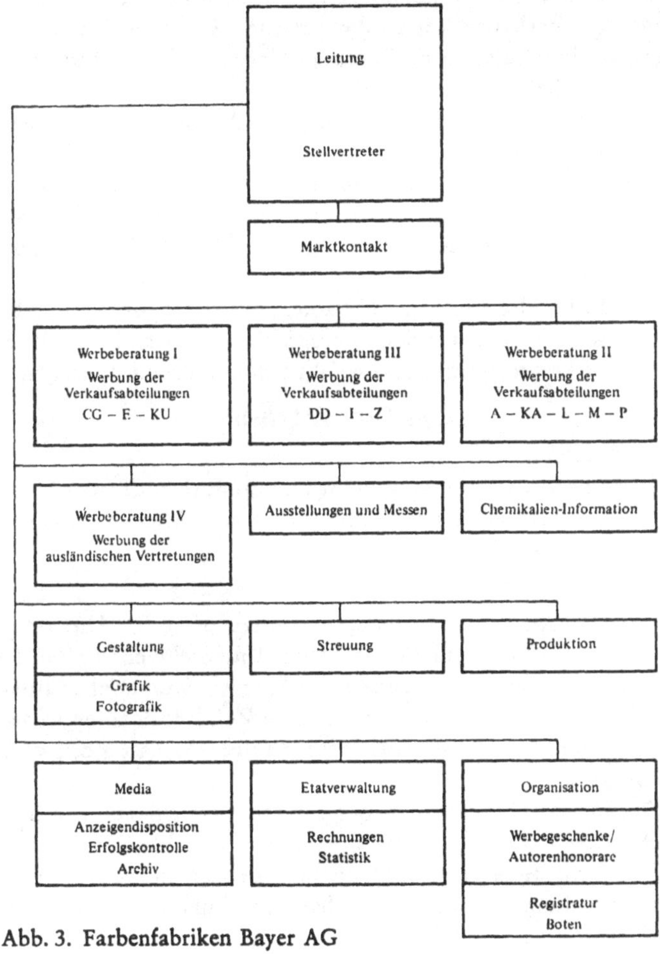

Abb. 3. Farbenfabriken Bayer AG

lassen, im allgemeinen auf pragmatischer Basis zu verfahren; dies sichert eine bessere Anpassungsfähigkeit an neue Situationen."

Farbenfabriken BAYER AG.

In dieser Großunternehmung der Chemie hat jede der selbständigen Verkaufssparten ihre eigene Werbeabteilung, und zwar die Verkaufssparten Pharma, Pflanzenschutz, Fasern, Farben, Chemikalien.

Außerdem gibt es die Abteilung für Aufgaben der Firmen-Image-Werbung.

Die einzelnen Werbeabteilungen unterstehen den Spartenleitern, und soweit diese Spartenleiter Vorstandsmitglieder sind, wie z. B. in der Sparte Verkauf Chemikalien, direkt dem Vorstandsmitglied.

Die Leiter der Spartenwerbeabteilungen und die Verkaufsdirektoren bilden unter dem Vorsitz eines Vorstandsmitgliedes die Werbekommission. Diese befaßt sich mit Grundsatzfragen.

Deutsche Nestlé GmbH

I. Werbeleitung

Der Begriff „Werbung" umfaßt hier grundsätzlich sowohl die klassische Werbung als auch Promotions und Merchandising.

ZIELSETZUNG
UND ORGANISATORISCHE EINGLIEDERUNG

Die allgemeine und ständige Zielsetzung ist die Unterstützung aller Marketingmaßnahmen des Unternehmens durch die Entwicklung und Verbreitung wirksamer Werbebotschaften, um die richtigen Personen zur richtigen Zeit mit den vergleichsweise niedrigsten Kosten in ihrer Kaufbereitschaft positiv zu beeinflussen.

Die formale Bezeichnung der Funktionseinheit mit der o. a. Zielsetzung lautet „Werbung".

Der Bedeutung der Aufgabe und der damit verbundenen Verantwortung entsprechend, hat die Funktionseinheit die

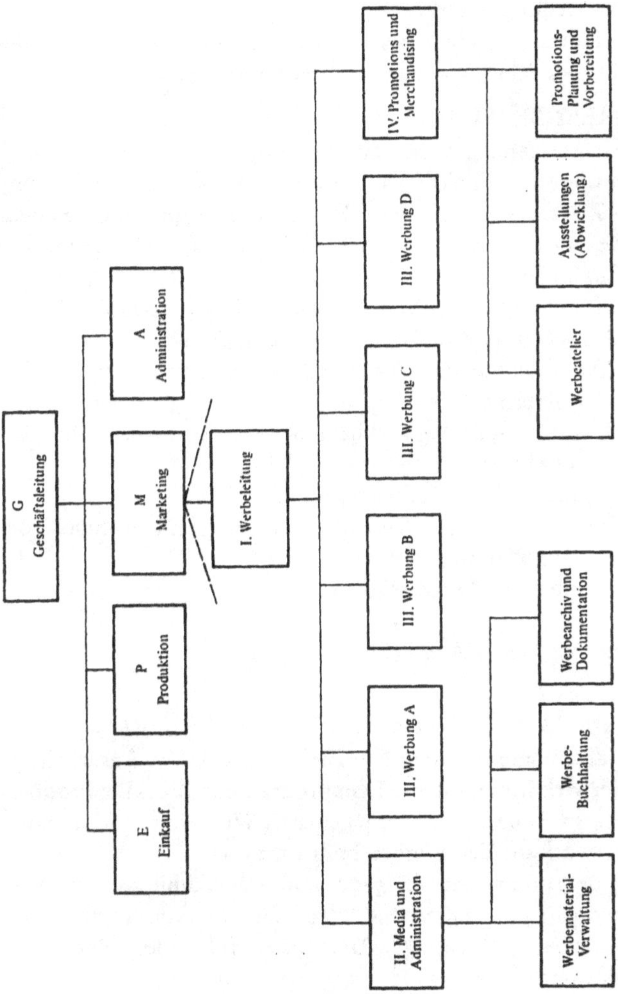

Abb. 4. Deutsche Nestlé GmbH.

Stellung einer „Hauptabteilung". Der Leiter führt den Titel „Hauptabteilungsleiter".

Die Funktionseinheit ist als Stabseinheit dem Leiter des Geschäftsbereichs „Marketing" direkt unterstellt.

AUFGABENBEREICH

Grundsatzfragen der Werbung, Beratung

- Beratung der Funktionseinheiten A–D bei der Festlegung der Zielsetzung für die Werbepolitik des Unternehmens sowie bei der Auswahl der zur Zielerreichung notwendigen Maßnahmen
- Beratung aller organisatorischen Einheiten des Unternehmens in Werbefragen und Unterrichtung aller interessierten Stellen über kommende Werbemaßnahmen neue Werbemethoden und -ideen sowie deren Anwendungsmöglichkeit
- Erarbeitung und Verwirklichung von Prinzipien für die Werbegestaltung

Zusammenarbeit mit Werbeagenturen

Werbekonzeption und Werbedurchführung im Rahmen der mittelfristigen Planung.

Überwachung der Werbetätigkeit

II. Werbung Media/Administration

ZIELSETZUNG
UND ORGANISATORISCHE EINGLIEDERUNG

Die allgemeine und ständige Zielsetzung ist die Ausarbeitung und Verwirklichung der Mediaprogramme für alle Produktgruppen im Rahmen der vorgegebenen Werbekonzeption sowie die Überwachung der Werbeadministration.

Der Bedeutung der Aufgabe und der damit verbundenen Verantwortung entsprechend, hat die Funktionseinheit die Stellung einer „Abteilung". Der Leiter führt den Titel „Abteilungsleiter".

Die Funktionseinheit ist als Dienstleistungseinheit dem Leiter der Hauptabteilung „Werbung" direkt unterstellt.

AUFGABENBEREICH

Media

- Beschaffung bzw. Erstellung der für die Streuplanung erforderlichen Unterlagen und Analysen
- Beratende und kontrollierende Funktion bei der Media-Planung
- Ausarbeitung der Streupläne (in Verbindung mit den Werbeagenturen)
- Erteilung, Koordination, Abwicklung und Überwachung der Streuaufträge (einschließlich Rechnungs- und Belegkontrolle)
- Kontakt mit den Werbungdurchführenden
- Auswertung und Kommentierung von Media-Analysen, Literatur und Fachzeitschriften
- Konkurrenzbeobachtung; Katalogisierung erreichbarer Daten und Beispiele von Konkurrenzwerbemaßnahmen auf dem Media-Sektor

Werbeadministration

- Sicherung des ordnungsgemäßen Ablaufs der administrativen Aufgaben innerhalb der Werbung

III. Funktionseinheiten A–D

Nach Produktgruppen sind einige Funktionseinheiten gebildet worden.

ZIELSETZUNG
UND ORGANISATORISCHE EINGLIEDERUNG

Die allgemeine und ständige Zielsetzung ist die Vorbereitung, Koordination und Durchführung der Werbemaßnahmen für die zugeordnete Produktgruppe.

Die formalen Bezeichnungen der Funktionseinheiten mit der o. a. Zielsetzung lauten

„Werbung A-Produkte"
„Werbung B-Produkte"
„Werbung C-Produkte"
„Werbung D-Produkte"

Der Bedeutung der Aufgabe und der damit verbundenen

Verantwortung entsprechend, haben die Funktionseinheiten die Stellung von „Abteilungen". Die Leiter führen den Titel „Abteilungsleiter".

Die Funktionseinheiten sind als Dienstleistungseinheiten dem Leiter der Hauptabteilung „Werbung" direkt unterstellt.

AUFGABENBEREICH

- Bearbeitung der Werbekonzeption und Planung aller erforderlichen Einzelmaßnahmen
- Erstellung des detaillierten Budgets (Werbeteil) für die zugeordnete Produktgruppe in enger Zusammenarbeit mit dem zuständigen Produkt-Manager
- Formulierung der Aufgabenstellungen für die beauftragte(n) Werbeagentur(en) (briefing)
- Mitarbeit bei der Entwicklung der Werbelinie und der Strukturierung des Media-Mix für die zugeordnete Produktgruppe
- Mitarbeit bei der Entwicklung der Produktverpackungen (insbesondere Erarbeitung ihrer graphischen Gestaltung)
- Mitarbeit bei der Entwicklung der Werbemittel der Promotion-Ideen und des Werbematerials
- Veranlassung und Überwachung der Vorbereitung und Herstellung aller benötigten Werbemittel zur Sicherung des termingerechten Ablaufs der Werbemaßnahmen.
- Überwachung (bzw. Auslösung) des termingerechten Einsatzes der Werbemedia und -mittel im Rahmen der laufenden Werbekampagnen; Koordinierung aller mitwirkenden Stellen
- Überwachung der zentral und dezentral gelagerten Werbematerialbestände
- Laufende Kontrolle der Werbeaufwendungen für die zugeordnete Produktgruppe (Vergleich der budgetierten mit den effektiven Aufwendungen und Kommentierung eventueller Abweichungen)
- Verwertung von Ergebnissen der Werbeforschung für die

zugeordnete Produktgruppe während aller Stadien der Vorbereitung und Durchführung von Werbemaßnahmen
- Auswertung von Informationen über die Werbemaßnahmen der Konkurrenz (Media-Werbung, Maßnahmen im Handel, Direct-Mail-Maßnahmen etc.)

IV. Promotions und Merchandising

ZIELSETZUNG UND ORGANISATORISCHE EINGLIEDERUNG

Die allgemeine und ständige Zielsetzung ist es, Ideen und Methoden für Verkaufsförderungsmaßnahmen in allen Stufen des Handels, bei Konsummittlern und Konsumenten zu finden und das dafür erforderliche Material zu entwickeln und zu gestalten.

Die formale Bezeichnung der Funktionseinheit mit der o. a. Zielsetzung lautet „Promotion“.

Der Bedeutung der Aufgabe und der damit verbundenen Verantwortung entsprechend, hat die Funktionseinheit die Stellung einer „Abteilung“. Der Leiter führt den Titel „Abteilungsleiter“.

Die Funktionseinheit ist als Dienstleistungseinheit dem Leiter der Hauptabteilung „Werbung“ direkt unterstellt.

AUFGABENBEREICH

- Schaffung von Arbeitsunterlagen durch Sammlung und Überprüfung der interessanten Verkaufsförderungsprogramme eigener und fremder Branchen (In- und Ausland)
- Auswertung dieses Materials für eigene Maßnahmen und Information aller interessierten Stellen des Unternehmens
- Dokumentation interessanter Verkaufsförderungsprogramme
- Erarbeitung verkaufsfördernder Maßnahmen nach vorangegebenen Aufgabenstellungen
- Erarbeitung von Grundsätzen zur Präsentation der Produkte im Handel
- Koordination aller Verkaufsförderungsmaßnahmen

- Erfolgskontrolle der verwirklichten Maßnahmen und eingesetzten Mittel

Karstadt AG

Aus Abb. 5 ist zu ersehen, daß die Hauptwerbeabteilung dem Vorstand unmittelbar unterstellt ist. Der Leiter der Hauptwerbeabteilung ressortiert in dem Vorstands-Geschäftsbereich „Verkauf/Verkaufsförderung".

Die Hauptwerbeabteilung ist die zentrale Stelle für alle Wünsche zu Fragen oder Aufgaben der Werbung innerhalb der Unternehmung. Solche Wünsche können vom Vorstand, von der Einkaufs- oder Verkaufsleitung, von den Geschäftsleitungen der Verkaufshäuser und vom Zentraleinkauf kommen.

Aus dem Schaubild sind die wichtigsten Berufsbezeichnungen für die Fachkräfte zu ersehen, die in der Hauptwerbeabteilung tätig sind.

Kaufhof AG

Den Vorstand bilden 5 Ressort-Chefs; dem Ressort-Chef Zentral-Verkaufsleitung – ZVL – ist die Werbung unterstellt. Die Werbung wird als eine Funktion des Verkaufs angesehen. Die Werbung ist unterteilt in

Druckwerbung (Insertion, Prospekt, Direktwerbung, Kleinmittelwerbung usw.)

und

Schaufenster- und Ladendekoration (Abb. 6).

Die Chefs dieser beiden Abteilungsgruppen stehen im Range von Verkaufsleitern. Sie sind direkt dem Vorstand unterstellt.

Zum *Bereich der Werbung* gehört ferner die Abteilung Warenausstattung (Verpackung, Warenzeichen u. ä.), die jedoch dem Ressort-Chef Zentral-Einkaufsleitung (ZEL) für den Bereich Textilwaren zugeordnet ist. Eine weitere eigene Abteilung ist verantwortlich für die Propaganda-Stände (Vorführungen von neuen Artikeln, Kostprobenstände usw.) in den Verkaufsabteilungen der Häuser. Daneben besteht noch eine

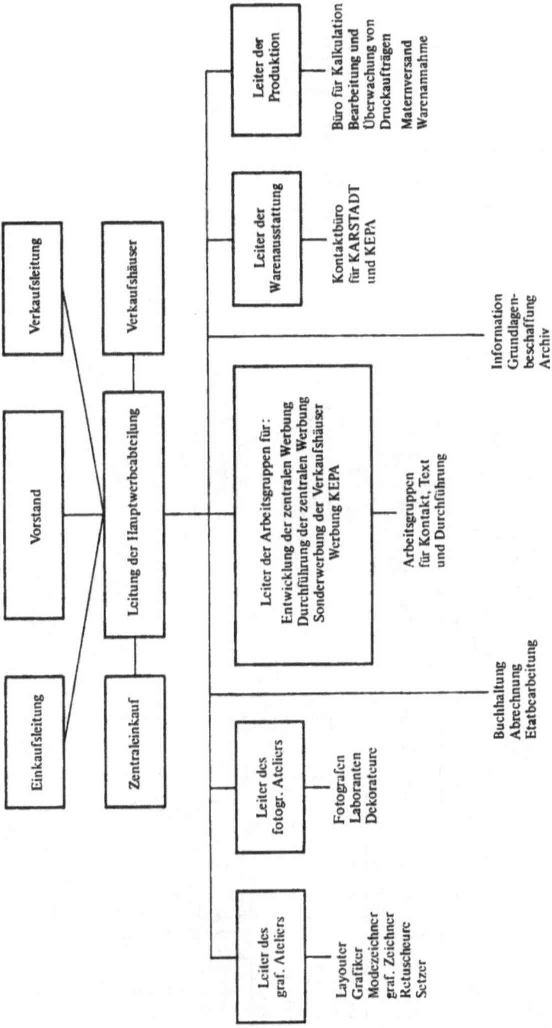

Abb. 5. Karstadt AG

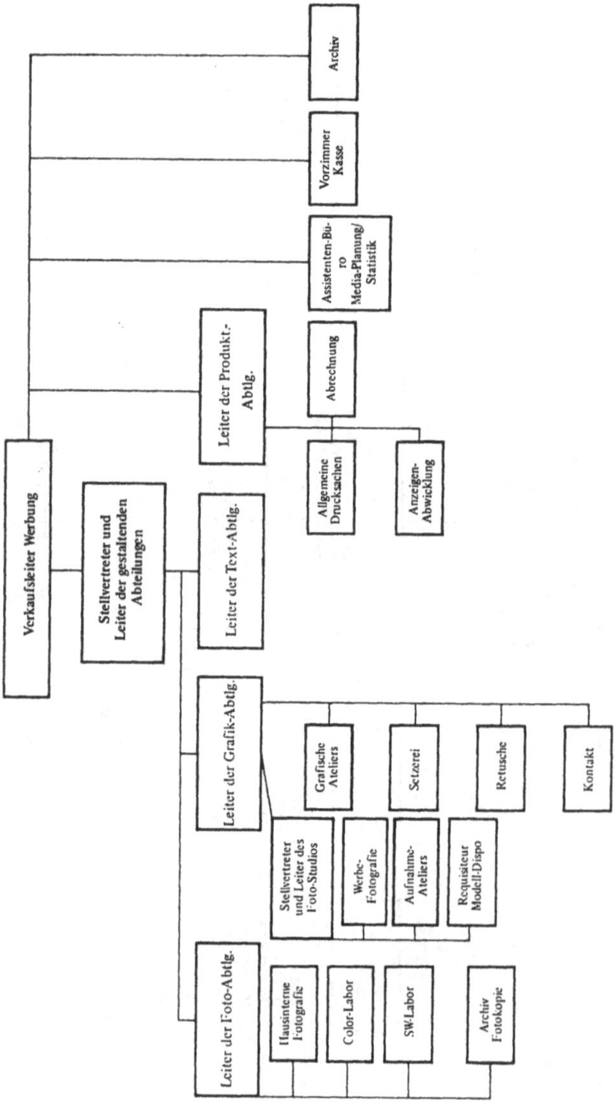

Abb. 6. Kaufhof AG

eigene Public-Relations-Abteilung, die zuständig ist für die Verbindung zur Presse und das Informationswesen.

Die Abteilung Druckwerbung und die Abteilung *Schaufenster- und Ladendekoration* arbeiten eng miteinander zusammen und stimmen die Werbemaßnahmen und Werbemittel, d. h. auch Themen, Slogans, Motive und andere Werbeelemente miteinander ab. Die eigentliche „Ladenaufmachung" und die Schaufensterdekoration sind jedoch selbständige Aufgaben der Abt. „Verkaufsleitung/Ladengestaltung"; sie ist auch dem Ressort-Chef ZVL unterstellt. Ihr Arbeitsprogramm ist wie folgt zu erläutern:

Die Hauptaufgabe liegt in der Erarbeitung und Durchführung eines einheitlichen Dekorationsstiles in allen Häusern. Beide Abteilungen erstellen jeweils in ihrem Bereich (Schaufenster und Laden) Musterdekorationen, die mittels Rundschreiben mit Foto und Dias, mittels gemeinsamen Besprechungen (= Deko-Tagungen der Chef-Dekorateure für Schaufenster und Laden) allen Häusern bekanntgemacht werden.

Dekorationsmaterial wird für die wichtigsten Verkaufsveranstaltungen einheitlich nach eigenen Ideen und Entwürfen zentral erstellt (die übrigen Schaufenster gestalten die Häuser selbst).

Dadurch werden die Voraussetzungen dafür geschaffen, daß in allen Häusern die gleichen Dekorationen gezeigt und aufgebaut werden können. Daneben liegt auch die Weiterbildung des Deko-Personals und die Heranziehung eines tüchtigen Nachwuchses im Aufgabengebiet der zentralen Deko-Abteilung.

Arbeitsgebiete der Abteilung Warenausstattung

Die Abteilung Warenausstattung untersteht der Zentral-Einkaufsleitung. Alle Arbeiten, die von der Abteilung Warenausstattung ausgeführt werden, stehen in unmittelbarem Zusammenhang mit der Tätigkeit der einzelnen Einkaufsabteilungen.

Die Abteilung ist für die Überwachung, Registrierung und Koordinierung der Hausmarken verantwortlich.

Die Abteilung Warenausstattung/Qualitätskontrolle leitet die prüfpflichtigen Artikel an die dafür zuständigen neutralen Institute und wertet nach der Prüfung die Ergebnisse aus.

Die Abteilung Warenausstattung ist für die Gütesicherung der Hausmarkenware verantwortlich.

Die Abteilung ist für die graphische und technische Gestaltung der kaufhofeigenen Warenpackung zuständig. Diese werden im eigenen Atelier entwickelt und später durch die „Technische Produktion" in der Herstellung überwacht.

Die Abteilung Warenausstattung entwickelt für Eigenartikel die exklusive Formgebung und Dessins für Stoffe und ähnliche Materialien.

Abteilung Marktbeobachtung und Produktgestaltung

Die Abteilung Marktbeobachtung und Produktgestaltung hat die Aufgabe, durch Studium aller einschlägigen Publikationsmittel (Lesen der internationalen Presse und Neuheiten-Dienste) Neuheiten zu finden, die für die Aufnahme in die KAUFHOF-Sortimente geeignet sind. Das macht auch den Besuch von In- und Auslands-Messen sowie die Prüfung der Auslandsmärkte notwendig.

Die bestehenden Sortimente werden kritisch und aufgeschlossen geprüft und Vorschläge zur verkaufsfördernden Ausstattung und Aufmachung unterbreitet.

Weiter ist es die Aufgabe der Abteilung, Augenmerk auf Artikel und Systeme zu richten, die arbeits-vereinfachend sind bzw. Dienstleistungen ersetzen.

Die Hauptaufgabe besteht darin, sich anbahnende und abzeichnende Trends frühzeitig zu erkennen.

Aus Kapitel C ist zu erkennen, daß die Werbung eine Führungsaufgabe in Unternehmungen ist und zu sein hat. Dieser Rangbestimmung entsprechend muß die organisatorische Zuordnung gefunden werden.

II. Erzeugnisse, Produkte, Waren, Systeme als Inhalt der Wirtschaftswerbung

Carl Menger hat in seinem Werk [106] gesagt: „Die von gewerbsmäßigen Produzenten oder Zwischenhändlern für den Austausch bereitgehaltenen Güter nennt der gemeine Sprachgebrauch mit Beschränkung des Begriffes auf bewegliche Sachgüter, die nicht Geld sind, *Waren*. Waren sind zum Austausch bestimmte (ökonomische) Güter jeder Art."[1] Friedrich Freiherr von Wieser hat das Problem, um das es hier geht, wie folgt definiert: „Die Ware ist das beim Produzenten oder Händler arbeitsteilig vorbereitete und zum Absatz bestimmte Produkt; sie ist das Produkt auf dem Wege zum letzten Abnehmer, der es nicht mehr weitergeben, sondern in seinem Erwerbe oder Haushalte brauchen und verbrauchen will."[2]

In diesen beiden „klassischen" Zitaten sind alle Merkmale der Begriffe enthalten, die festzuhalten sind. Diese (in den Singular gesetzten) Begriffe lauten – in der Reihenfolge dieser Zitate – wie folgt:

Produzent,
  gewerbsmäßiger
Zwischenhändler,
  gewerbsmäßiger
Austausch,
  zum – bereitgehalten
Gut,
  ökonomisches
Sachgut
  bewegliches
Ware

Produkt,
  arbeitsteilig vorbereitetes,
  zum Absatz bestimmtes
Absatz,
  zum Absatz bestimmt
Abnehmer
Erwerb
(= Unternehmung, Betrieb)
Unternehmung
Haushalt
brauchen
verbrauchen

[1] [106], Seite 219.
[2] [150], Seite 126.

Aus diesen Begriffsmerkmalen geht hervor, daß ein wirtschaftliches (ökonomisches) Gut (a) ganz unterschiedlichen Verwendungszwecken zu dienen hat, daß es (b) einen unterschiedlichen Reifegrad oder eine unterschiedliche Fertigungsstufe haben kann und daß es (c) von einer unterschiedlichen Lebensdauer, d. h., daß es kurzlebig oder langlebig ist. Aus diesen Begriffsmerkmalen ergeben sich die verschiedenartigsten Bezeichnungen für wirtschaftliche Güter, die oft für den gleichen Gegenstand angewendet werden. Diese Bezeichnungen unterscheiden sich nach den Bereichen, in denen sie benutzt werden.

Diese Begriffsmerkmale (Kategorien) überschneiden sich auch noch vielfach.

Wenn man die in der Tabelle 1 und in den weiteren Beispielen erwähnten Waren, die ja nach den unterschiedlichsten Verwendungszwecken (a) aufgeführt worden sind, daraufhin prüft, welchen Reifegrad (b) sie im Hinblick auf ihren Verwendungszweck erreicht haben, dann läßt sich zwar sagen, daß die meisten dieser Waren (oder Produkte) ihren endgültigen Grad der Reife erlangt haben, obwohl Lebensmittel oft nur Rohstoffe sind, wie z. B. Fleisch, Kartoffeln, Mehl usw., die später erst „verbrauchsfertig“ gemacht werden. Die unterschiedliche Lebensdauer (c) kann von der Länge des Zeitraums abhängen, in dem das Gut „verbraucht“ wird oder auch davon, wann die Ware „aus dem Markt herausgenommen“ (Vershofen [144]) worden und vielleicht in einem Haushalt auf „Vorrat“ gelegt wurde, denn es ist ja „zum Absatz bestimmt“ gewesen.

Jetzt soll für einige Waren/Produkte aus der Tabelle 1 und für weitere Beispiele eine Ordnung nach der Lebensdauer gesucht werden (s. Tab. 8, S. 62).

Wie und mit welchen festliegenden Bezeichnungen läßt sich für die in der Spalte „Verwendungszweck“ aufgeführten Erzeugnisse (Waren, Produkte, Handelsgüter usw.) eine Ordnung finden?

Als Ordnungselemente sind - soweit sie für Probleme der Wirtschaftswerbung relevant sind – (a) die einzelnen Anwen-

Tabelle 8. Lebensdauer von Erzeugnissen

Verwendungszweck	kurzlebige Waren/ Produkte Verbrauch		längerlebige Waren/ Produkte Verbrauch in		langlebige Waren/ Produkte Verbrauch in	
	sofort	Vorrat bis 1 J.	1-2 J.	3-5 J.	6-10 J.	10 J. u. länger
Lebensmittel	×	×				
Genußmittel	×	×				
Kosmetische Waren	×	×				
Rasierklingen und -apparate		×	×	×		
Elektrogeräte			×	×		
Möbel				×	×	
Autoreifen			×			
Autos (PKW)				×		
Foto-Optik			×	×	×	
Bauelemente				×	×	×
Produktionsmittel (Verpackungsmaschine)					×	×

dungsbereiche und (b) die der verwendeten Nomenklaturen zu nennen.[1]

Neben diesen „tangible goods" (greifbaren, berührbaren Sachgütern) haben wir es auch mit „intangibles" (immateriellen, nicht greifbaren, unkörperlichen) Gütern zu tun. In einer Unternehmung werden hierzu z. B. Patente gezählt oder Bilanzpositionen wie „good will". Unsere betriebswirtschaftliche Nomenklatur bedarf nach der für eine Unternehmung wichtigen Gut-Kategorie einer Ergänzung: In der modernen Welt der Unternehmungswirtschaft haben wir es mit „intangibles" zu tun, die von großer Wichtigkeit und von oft sehr hohem Geld- und Sachwert sind. Wir nennen sie „Know How", Verfahren,

[1] Vgl. hierzu auch die Terminologie bei Gutenberg, [50].

Tabelle 9. Nomenklaturen für Erzeugnisse

Anwendungsbereich	Nomenklaturen
In einer Unternehmung:	
1. Im Rechnungswesen	Anlagevermögen (darunter: Gebäude, Anlagen und Einrichtungen, Maschinen und Produktionseinrichtungen oder Investitionsgüter genannt) Umlaufvermögen (darunter Roh-, Hilfs- und Betriebsstoffe, halbfertige und fertige Waren/Erzeugnisse)
2. Nach den Fertigungsstufen	Roh-, Halb- (Zwischen-) und Fertigprodukte
3. Nach der Stoffumwandlung oder Formveränderung	Rohstoffe, Hilfsstoffe/Betriebsmittel oder Verschleißstoffe u. Verarbeitungsstoffe
4. Nach dem Ort der Herstellung	Eigenerzeugnisse und Handelswaren (Zukaufteile) Einbauteile, die nicht selbst hergestellt werden.
Im Absatzmarkt:	
5. Nach der Häufigkeit dei Verwendung/des Verzehrs	Verbrauchsgüter oder Konsumerzeugnisse und Gebrauchsgüter
6. Nach der Art des Angebots	Gekennzeichnete Erzeugnisse (Markenartikel und anonyme Waren
7. Nach der Art des Kaufs	Convenience Goods/Bequemlichkeitsbedarf Shopping Goods/Wahlbedarf Specialty Goods/Spezialbedarf

Systeme oder Problemlösungen. Dieser sehr bedeutenden „Gut-Kategorie“ ist eine besondere Betrachtung zu widmen.

1. Der Erzeugnisbereich Verbrauch

Die Grenze zwischen „verbrauchen“ und „gebrauchen“, d. h., die Grenze zwischen den Stufen in der Lebenszeit einer Ware läßt sich nicht genau und scharf ziehen. Von der Lebens- oder Nutzensdauer her läßt sich also zwischen Konsumgütern und Gebrauchsgütern keine exakte Scheidegrenze aufrichten.

(1) Erzeugnisse des sofortigen Verbrauchs (Konsumgüter)

Aus Tabelle 1 wären hier zu nennen: Getränke, Kindernährmittel, Kaffee, Tee, Milcherzeugnisse, Schokolade, Suppen u. a. Kaum eines dieser Erzeugnisse wird sofort und unmittelbar nach dem Erwerb konsumiert und verbraucht. Selbst bei Zigaretten wird mit einer Packung von 10 oder 20 Stück ein kleiner Mundvorrat erworben, der – je nach der Intensität der Begehrungen – einen Tag lang oder sogar mehrere Tage „vorhalten" kann.

Wir kaufen, um Einkaufswege abzukürzen oder um einen Preisvorteil auszunutzen, nicht selten 3 Tuben Zahnpasta auf einmal. Das ist bei vielen anderen Erzeugnissen auch der Fall, selbst dann, wenn wir keinem Mehrpersonen-Haushalt angehören.

Wilhelm Vershofen [144] hat sich das Verdienst erworben, daß er auch in der deutschen Literatur „Verbrauch" und die „Herausnahme aus dem Markt" gleichgesetzt hat.[1] Für die Absatzwirtschaft sind die auf einmal gekauften 3 Tuben Zahnpasta in dem Augenblick als verbraucht anzusehen, in dem sie nicht mehr als Ware angeboten werden.

Nicht nur für einfache Verbrauchsgüter wie Zahnpasta muß diese Entscheidung gelten, sondern z. B. auch für die wirtschaftlichen Unternehmungen, die auf die Produktion von Gütern zur Deckung von Bedarf ausgerichtet sind. Hier ist aber der Komplex der Bevorratung und der Lagerhaltung von größerer Auswirkung.

(2) Erzeugnisse mit längerer Lebens- oder Nutzensdauer (Gebrauchsgüter)

Es ist zu prüfen, ob auch für diese Waren das zu gelten hat, was Vershofen festlegte, d. h., ob auch für sie die „Marktentnahme" ein entscheidendes Merkmal ist.

[1] Vershofen [144] führt diese Gleichstellung auf Ferdinand M. Aspelagh (De Consumptieleer, en meer in't bijzonder „Het Consumptiebegrip" in de economische Theorie, Turnhout, 1938) zurück, der sagt: „Durch unsere Einstellung wird die Konsumtion gleichgestellt der Marktentnahme und quantitativ meßbar."

Abgesehen hiervon, wird beim Kauf von Rasierklingen oder Filmmaterial oft nicht nur für den sofortigen und unmittelbaren Bedarf gekauft, sondern wir haben es auch hier mit der Bildung von Vorräten – wenn auch in kleinstem Ausmaß – zu tun. Das ist aber nicht der Fall, wenn wir einen Kühlschrank oder eine Bügelmaschine für einen Haushalt beschaffen. Das ist nicht der Fall bei Autoreifen oder Schuhen, bei Fotokameras oder optischen Geräten, bei Kraftfahrzeugen oder Büromaschinen. Dieser Erzeugnisse bedienen wir uns während eines längeren Zeitraumes; wir benutzen sie in verschiedenen Etappen, wir „verschleißen" sie nach und nach.

Eine andere Art der Bildung und Unterhaltung von Vorräten haben wir in fast allen wirtschaftlichen Unternehmungen. Diese können einfach nicht „von der Hand in den Mund" leben. Eine Werkzeugmaschinenfabrik hat Gußstücke für die Ständer ihrer Enderzeugnisse nötig, genau so hat sie Stahlbleche als Baustähle in Vorrat zu nehmen. Beides, die Gußstücke und das Flachmaterial sind Fertig- oder Enderzeugnisse der Gießereien oder Hüttenwerke. In der Bilanz der Werkzeugmaschinenfabrik sind es Werte des Umlaufvermögens, und in der Produktion sind es Verarbeitungsstoffe, die zum Zwecke der Weiterverarbeitung von anderen Herstellern gekauft worden sind. In aller Regel wird die gleiche Werkzeugmaschinenfabrik die Antriebselemente (Motoren) und die Steuerungselemente (Elektronika) nicht selbst herstellen, sondern als Einbauteile „hinzukaufen".

Um für die Werkzeugmaschinenfabrik eine kontinuierliche Fertigung der eigenen, verkaufsreifen Werkzeugmaschinen sicherzustellen, ist von allen benötigten Verarbeitungsstoffen, Betriebsmitteln, Hilfsstoffen, (die nicht selbst erzeugt werden) ein ausreichender Vorrat zu halten. Wenn solche Sachgüter selbst erzeugt werden, dann ist, ebenfalls im Interesse der Produktionskontinuität, ein ausreichender Lagervorrat zu schaffen.

Wir haben es aber immer wieder erlebt, daß bei einem Nachlassen der Konjunktur oder bei einer Abflachung der Nachfrage nach den eigenen Fertigerzeugnissen zunächst einmal die Lagervorräte „abgebaut" werden. Die nun bereits viel früher „aus dem Markt entnommenen" Fertigerzeugnisse der Vorlieferanten, die noch nicht „verbraucht" worden sind, drücken nun doch auf diese Märkte und auf die in ihnen wirksame Nachfrage. Es läßt sich also für bestimmte Bereiche der Wirtschaft durchaus sagen, daß „die Marktentnahme" doch nicht gleich dem Verbrauch gesetzt werden kann.

Welches Ausmaß der Anteil von Fertigerzeugnissen (die von Vorlieferanten hinzugekauft werden), die aber in den Fertigungsbereichen der Verwender dieser Verarbeitungs- oder Einbauprodukte nur den Charakter von Hilfsstoffen haben, in Wirklichkeit ausmacht, geht aus einer Mitteilung von Wilhelm Zangen [156] hervor: „Ist eine Unternehmung im Automobilgeschäft engagiert, so besteht aller Anlaß, dem Einkauf besondere Aufmerksamkeit zu schenken. In dieser Branche liefert die Zubringerindustrie zwischen 60 % und 70 % des gesamten Umsatzes."

In allen Fällen handelt es sich um Gebrauchsgüter. Bei den hierhin zu rechnenden Verarbeitungsstoffen (z. B. Stahlblech) hat das Kriterium der Lebensdauer zunächst keine Bedeutung; diese beginnt erst wichtig zu werden, wenn das verarbeitete Stahlblech als Bauteil in der fertigen Werkzeugmaschine seine Funktion erfüllt. Wenn es sich um Einbauteile handelt, dann gilt für sie das Gleiche, es sei denn, daß die einzelnen Einbauteile (z. B. Motoren) nicht durch den technischen Fortschritt überholt werden.

Wichtig ist folgendes: Wann auch immer der Verschleiß, die Abnutzung, d. h. die Lebensdauer beginnt, – bei Gebrauchsgütern aller Art haben wir es mit einer anderen Art von „ökonomischem Gut" zu tun, als es bei den Verbrauchsgütern der Fall ist. In der privaten Sphäre der Menschen läßt sich ein Kühlschrank, ein Bügeleisen oder ein Paar Schuhe als typisches Gebrauchsgut bezeichnen, wovon die Schuhe eine Lebensdauer von einem Jahr, das Bügeleisen eine Lebensdauer von drei Jahren und der Kühlschrank eine Lebensdauer von sechs Jahren haben mag. Ein echter Verbrauch (Verschleiß) liegt vielleicht nur bei den Schuhen vor; bei dem Bügeleisen kann die Abnutzung der Heizelemente den Verschleiß bewirken und der Kühlschrank kann vielleicht durch ein neues, technisch leistungsfähigeres und wirtschaftlicheres Gerät (vgl. Tabelle 7) überholt sein. Wir müssen uns klar darüber sein, daß es verschiedene Stufen oder Ursachen von „Aufgebrauch", von Verschleiß oder von Abnutzung gibt, wodurch ein Gebrauchsgut außer Benutzung kommt, d. h. „obsolete" wird oder veraltet.

Wenn diese völlig verschiedenen Arten von Erzeugnissen jetzt einmal unter dem Gesichtspunkt der Wirtschaftswerbung betrachtet werden, dann zeigt sich, daß jedes Erzeugnis für sich an die werbliche Interpretation seiner spezifischen Eigenschaften und Nutzenswerte völlig unterschiedliche Anforderungen stellt.

2. Der Erzeugnisbereich Produktion

Die Betrachtung der Gebrauchsgüter hat in unseren wirtschaftlichen Unternehmungen schon weitgehend den Bereich von Erzeugnissen berührt, die zur Produktion erforderlich sind.

Bei den Gebrauchsgütern (die ja auch zur Produktion 'gebraucht' werden!), haben wir es in der Regel auch mit End- oder Fertigerzeugnissen zu tun, besonders dann, wenn der produzierende Betrieb sie von Dritten käuflich erwirbt. Wenn dieser Betrieb die für seine Produktion erforderlichen Güter selbst herstellt (z. B. wenn die Werkzeugmaschinenfabrik über eine eigene Gießerei verfügt), dann kann es sich um Zwischenprodukte handeln, die diesen Charakter aber sofort verlieren, wenn solche Gußerzeugnisse an eine andere Werkzeugmaschinenfabrik (als End- oder Fertigerzeugnis) geliefert werden.

(3) Erzeugnisse zum Zwecke der Produktion (Produktionsmittel)

In der bereits zitierten Druckschrift [143], die der Verein Deutscher Maschinenbau-Anstalten e. V. (VDMA) Anfang 1968 veröffentlichte, wird als typisches Produktionsmittel eine Schablonendrehbank geschildert und mit technischen Daten hinsichtlich des Leistungseffektes belegt:

Tabelle 10. Beispiel eines Wirtschaftlichkeitsvergleichs

Ausgangsdaten	halbautomatische Schablonendrehbank	vollautomatische Schablonendrehbank
Baujahr	1957	1967
Anschaffungs- bzw. Wiederbeschaffungswert	8.100,00 DM	18.000,00 DM
Nutzungsdauer (Ein-Schicht-Betrieb)	10 Jahre	10 Jahre
Fertigstunden/Jahr	1.800	1.800
Ausbringung/Stunde	150 Stück	300 Stück
Bedienungspersonal	1	0,5
Brutto-Stundenlohn	4,00 DM	4,00 DM
Installierte kWh-Leistung	3,0	5,5
Mittlere Leistungsabnahme in kW	1,8	3,9
Platzbedarf in m²	6	8
Fertigungskosten pro Jahr		
Abschreibung	810,00 DM	1.800,00 DM
Zinsen auf das investierte Kapital	243,00 DM	540,00 DM
Raumkosten	180,00 DM	240,00 DM
Wartung und Instandhaltung	203,00 DM	360,00 DM
Energie	486,00 DM	1.057,00 DM
Werkzeugkosten incl. Scharfschleifen	332,00 DM	664,00 DM
Lohnkosten	7.200,00 DM	3.600,00 DM
Lohnnebenkosten und sonstige verfahrensabhängige Gemeinkosten	2.160,00 DM	1.080,00 DM
Fertigungskosten insgesamt	11.614,00 DM	9.341,00 DM
Fertigungskosten pro Fertigungsstunde	6,45 DM	5,19 DM
Fertigungskosten je 1000 Profilstuhlbeine	43,00 DM	17,30 DM
Ersparnis	25,70 DM	= 60 %

„Kunstvoll gestaltete Möbel sind seit Jahrhunderten Zeichen des guten Geschmacks und des Wohlstandes. Zu einem auch für kleinere Portemonnaies erschwinglichen Preis konnten solche Möbel aber erst dann auf den Markt gebracht werden, seit es gelang, die dafür früher notwendige kostspielige Handarbeit durch Maschinenarbeit zu ersetzen. Sogar komplizierte Drechslerarbeiten lassen sich heute maschinell ausführen. Unter Verwendung von Formschablonen und speziellen Formstählen fertigen die dafür gebauten Maschinen jedes nur denkbare Holzmuster mit rundem Querschnitt. Auf den erstmals im Jahre 1957 in der Möbelindustrie eingesetzten halbautomatischen Schablonendrehbänken wurden – mit einem Mann Bedienung – stündlich 150 Profilstuhlbeine produziert. Inzwischen ist eine vollautomatisch arbeitende Anlage entwickelt worden, die in der gleichen Zeit das Doppelte leistet.

Ergebnis: Die Ausbringung pro Stunde konnte auf 300 Stück erhöht werden.
Eine Arbeitskraft kann nunmehr zwei Maschinen gleichzeitig bedienen.
Die Fertigungskosten wurden um 60 % gesenkt.

In der technischen Beschreibung ist von „speziellen Formstählen" die Rede; es ist anzunehmen, daß diese von dritter Seite (vielleicht einer Fabrik für Maschinenwerkzeuge) geliefert worden sind und für die späteren Möbelfabriken auch geliefert werden. Es wird zwar nicht besonders auf die Steuerung der Schablonendrehbank hingewiesen, aber da es heißt, daß jetzt eine Arbeitskraft zwei Maschinen bedienen kann und da nach „Schablonen" gearbeitet wird, ist anzunehmen, daß die (vielleicht elektronischen) Steuerungsaggregate von Dritter Seite (als Einbauelemente) hinzugekauft worden sind. Diese Schablonendrehbank wird ferner nicht nur für Holz, sondern auch für andere Werkstoffe verwendbar sein.

Dieses typische Produktionsmittel stellt an die Wirtschaftswerbung, die ein Hilfsmittel im ganzen Vertriebsprozeß ist (hier sogar für ein Fertigerzeugnis zu mehr als dem doppelten Anschaffungswert) ganz besondere Anforderungen. Das Gleiche gilt für weitere Beispiele in dieser VDMA-Druckschrift mit Berichten über 17 Rationalisierungsinvestitionen, darunter Gabelstapler, Straßenbaumaschinen, Kunststoffspritzmaschinen, Industrie-Nähmaschinen oder Brötchenbackanlagen.

Die Werbung für Produktionsmittel fordert von denjenigen, die sie zu konzipieren und zu gestalten haben, ein hohes Maß an objektiver Unterrichtung und an sachlicher Darstellung; hierdurch unterscheidet sie sich grundlegend von vielen Formen der Werbung für Verbrauchs- und Konsumgüter.

(4) Erzeugnisse als Hilfsmittel der Produktion (Hilfs- oder Betriebsstoffe)

Der Rundblick über ein Lager für Hilfs- oder Betriebsstoffe einer mittleren Schuhfabrik würde eine Vorstellung darüber vermitteln, was alles notwendig ist außer Boden- und Oberleder, um einen Schuh zu machen: Nähgarne der verschiedensten Qualitäten und Farben, Klebstoffe für Leder und andere Werkstoffe, Futterstoffe unterschiedlichster Qualität, Haken, Ösen oder Reißverschlüsse als Schluß- und Befestigungsmittel, die verschiedensten Zwecken und Nägel, Appreturen und Lacke, für die Maschinen sind Schmieröle und es sind Materialien für die Bodenpolitur notwendig.

Jedes dieser Erzeugnisse (abgesehen von Werkzeugen wie Fräser, Nadeln usw.) ist ein Spezial-Fertigerzeugnis eines Zulieferererwerkes, das damit der Branche der Chemischen Industrie, der Textilindustrie, der Kleineisenindustrie u. ä. angehört. Jeder dieser Zulieferanten verfügt für die eigene Unternehmung, in der diese End- und Fertigerzeugnisse (als Hilfsstoffe für den Produktionsprozeß für ein anderes Enderzeugnis) hergestellt worden sind, selbst über ähnliche Vorräte an Hilfsstoffen für die eigene Produktion.

Durch eine Klassifizierung nach Produkten erster, zweiter oder noch höherer Ordnung würde hier nichts erreicht werden;

jedes Enderzeugnis hat als Fertigware in den einzelnen Produktionsprozessen, die gleiche Rangordnung, denn z. B. ohne eine besondere, technische Nadel müßte ein ganzer Produktionsprozeß zum Stillstand kommen.

Auch hier hat es die Wirtschaftswerbung nicht leicht: Der Anbieter muß den Produktionsprozeß, für den das Angebot gemacht wird, sehr genau kennen, er muß selbst mit dem „Mann an der Maschine" sprechen können, um ihm, der die Stoffe ja verarbeiten soll, die spezifischen Eigenschaften auseinandersetzen zu können. Der Anbieter muß nicht nur die (Fach-)Sprache des Mannes an der Maschine sprechen können, – er muß die von diesem ausgeübte Technik in allen Einzelheiten beherrschen, und er muß so in der Lage sein, für Schwierigkeiten in der Produktion Lösungen vorzuschlagen.

(5) Systeme, Verfahren, Problemlösungen

Das System der Vermietung oder Verpachtung von Produktionsmitteln kennen wir schon lange: Schuhmaschinen werden in weitem Maße vermietet. Lochkartenmaschinen und -anlagen und EDV-Anlagen werden schon seit langem vermietet. Damit ist bei diesen Maschinen oft auch ein Wartungsdienst verbunden, und es ist auch die Möglichkeit des Umtausches gegen Neuentwicklungen vorgesehen. Es hat nun auch das System des „leasing", d. h. der Investitionsfinanzierung von beweglichen industriellen Anlagegütern (industrial equipment) die ersten Versuche in der BRD gemacht, nachdem es in den USA weitgehend entwickelt worden ist.[1]

Im Transportwesen kennen wir das System von Mietfahrzeugen bei Tank- und Kesselwagen (für die in den USA durch sog. Equipment-Trust-Bonds[2] eigene Finanzierungsmöglichkeiten gefunden worden sind) schon seit langem, und in der Seeschiffahrt kennen wir das Mieten von Schiffen durch

[1] Kolbeck, [94]. Dort auch weitere Literaturhinweise.
[2] Hundhausen, [63].

Chartervertrag, der sich auf eine Vollcharter, Teilcharter oder Zeitcharter erstrecken kann. Das Gleiche haben wir im Luftverkehr.

Nicht selten werden bei dem Angebot solcher Systeme auch ganze Verfahren mit angeboten, oder es werden Vorstudien in Aussicht gestellt, als Grundlage, um Lösungen für bestimmte Probleme anzubieten. Es kann durchaus sein, daß sich eine Unternehmung, die bisher Verpackungen aus Feinblech hergestellt hat, gezwungen sieht, Verpackungen aus Kunststoffen oder Folien zu erzeugen. Die Lieferanten solcher Maschinen und Einrichtungen bieten hierzu ganze Verfahren zur Lösung dieser Probleme an. Mit dem Angebot der Installation einer Datenverarbeitungsanlage geht in aller Regel der Vorschlag einher, nicht nur bei der Programmierung mitzuberaten, sondern auch das ganze Organisationssystem zu überprüfen.

Auch im Exportgeschäft ist es üblich, mit der Errichtung einer Anlage auch die vollständige innerbetriebliche Organisation, einschließlich der erforderlichen Formularsätze mitzuliefern. Das „Know How“ ist zu einer Ware geworden.

Praktische Beispiele für eine große Zahl von Möglichkeiten lassen sich in der modernen Literatur über die Organisation von Unternehmungen und vor allem in der Literatur der Anwendungstechnik finden.

Auf die Wirtschaftswerbung bezogen, zeigen sich an den wenigen Beispielen, die angedeutet wurden, völlig andere Probleme, als wenn es sich um das Angebot von Sachgütern handelt. Die hier für den Anbieter vorauszusetzenden Kenntnisse und Erfahrungen sind offenbar ganz anderer Art, als es die eigentlichen Lieferungen bedingen. Hier muß der Anbieter nicht nur die gesamte technische Apparatur einer EDV-Anlage vollkommen beherrschen, sondern er muß dem Interessenten, d. h. seinem präsumptiven Kunden, Vorschläge machen können, die über das rein maschinen- und betriebstechnische Wissen und Können weit hinausgehen.

3. Formen des Wettbewerbs von Produkten und der Einfluß der Werbung in den Prozessen der Substitutionskonkurrenz

In dem Abschnitt „Kritik wegen Differenzierung und Diskriminierung von Bedarfsgütern" sind einige Prozesse angeführt worden, in denen Produkte, Fertigerzeugnisse oder Waren mit anderen Produkten, Erzeugnissen oder Waren in Wettbewerb treten: Eine bisher bekannte Marke Zahnpasta konkurriert mit der gleichen Marke, die durch irgendeine Veränderung oder Verbesserung den Zusatz „NEU" zu rechtfertigen versucht; neue Werkstoffe konkurrieren gegen alte, bekannte und „klassische" Werkstoffe: neue Metalle oder Kunststoffe gegen Holz oder Stahl; neue, weiterentwickelte Maschinen gegen ältere Modelle oder Konstruktionen, wobei die älteren Modelle oft noch arbeits- und leistungsfähig sein mögen, während die Neuentwicklungen zu „produktiven Investitionen" drängen. „Kostenersparnisse (lassen) sich durch Modernisierungsinvestitionen, d. h. durch den Austausch bisher verwendeter Maschinen gegen neu entwickelte oder verbesserte Konstruktionen, auch schon in verhältnismäßig kurzen Vergleichszeiträumen erzielen." „Ein moderner Großbagger mit einem Mann Bedienung leistet soviel wie 2000 Menschen mit Schaufeln und Schubkarren. Allerdings verursachte der Bau eines solchen Riesenbaggers einen beträchtlichen Aufwand an Löhnen und Kapital, was man nicht übersehen darf, wenn man sich genauere Rechenschaft darüber geben will, was letzten Endes durch den Einsatz des Baggers herausspringt. ... In dem Bemühen, stets neue und noch vollkommenere Problemlösungen *für andere* zu finden, ... trafen und treffen sich alle diese Wege stets in der Ausrichtung auf das gemeinsame Ziel, eine zu vollziehende Arbeit noch vollkommener als bisher, d. h. billiger, schneller, genauer oder ergiebiger zu verrichten." Ein

Schaubild über den Arbeitsaufwand je Produktionseinheit[1] verdeutlicht diese Zielsetzungen.

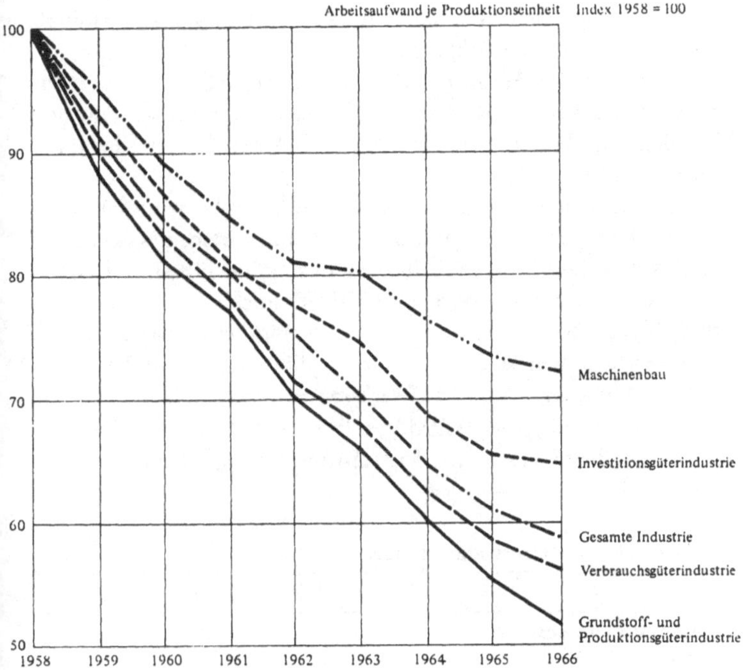

Abb. 7. Arbeitsaufwand je Produktionseinheit

Diese Entwicklungen lassen sich in keinem Bereich der Wirtschaft ohne Werbung durchsetzen.

Für die Investitionsgüterindustrie hat der Verein Deutscher Maschinenbauanstalten (VDMA) [143] in den Jahren 1952, 1956, 1960, 1964 und 1968 umfangreiche Erhebungen über den Einsatz der Werbung für die Erzeugnisse des Maschinenbaus durchgeführt.

[1] Quelle: Produktionsindexberechnungen in „Wirtschaft und Statistik".

Unter Verzicht auf die Zahlen aus dem Jahre 1952, da sie noch zu nahe an dem Termin der Währungsreform liegen, werden in der Tabelle 11 aus diesen Erhebungen die wichtigsten Zahlen nebeneinander gestellt. Auf dieses Zahlenwerk wird später noch zurückgegriffen.

Wenn auch die Hauptpositionen über mehr als ein Jahrzehnt hinweg eine gewisse Konstanz aufweisen, so ist die ansteigende Tendenz im Bereich der Messen und Ausstellungen doch bemerkenswert.

Die von einem einzigen und für die gesamte deutsche Wirtschaft sehr signifikantem Industrie- und Wirtschaftszweig bereitgestellte hervorragende Information sollte für andere Wirtschaftszweige ein Ansporn sein. Wenn solche Daten auch aus den wichtigsten Bereichen der Konsumgüterindustrie einmal veröffentlicht würden, dann würden die Ansätze zur Kritik an der Werbung (vgl. A I 1) an Wirkung verlieren.

Die Erhebung des VDMA selbst aber führt in die vielschichtige Problematik der Wirtschaftswerbung hinein.

Tabelle 11. Werbeaufwand im Maschinenbau

	1956	1960	1964	1968
Gesamtumsatz des Maschinenbaus (in Mrd. DM)	17,4	23,6	33,9	41,1
An der Umfrage beteiligte Unternehmungen	697	706	684	553
deren Umsatz (in Mrd. DM)	7,4	11,1	15	14,7
Repräsentationsgrad der Untersuchungsergebnisse	45	47	44	37 %
Werbekostenanteil am Gesamtumsatz des Maschinenbaus (Gesamtdurchschnitt)	1,1 %	1 %	1 %	0,9 %
Werbeaufwand für die Werbung des Maschinenbaus (in Mio. DM)	192	236	339	380

%-Anteil der einzelnen Werbemittel an den gesamten Werbeausgaben

	100 %	100 %	100 %	100 %
Anzeigenwerbung	29,0	27,1	30,5	28,9
Werbeschriften Prospekte, Kataloge	28,1	25,9	22,9	24,4
Messen u. Ausstellungen	19,5	24,3	25,5	26,8
Werbefilme, Diapositive	2,7	3,1	3,1	2,6
Adreßbücher, Bezugsquellennachweis usw.	2,6	1,9	1,3	1,7
Sonstige Werbung	18,1	17,7	16,7	15,6

Für das Jahr 1968 zeigen die Werbekosten nach Anteilen am Umsatz und nach Firmengröße aufgeschlüsselt folgendes Bild:

Anteile der Werbekosten am Gesamtumsatz	Zahl der Firmen	Umsatz-Größenklasse in Mio DM	Zahl der Firmen	%-Anteil der Werbeausgaben am Umsatz
unter 0,1 %	5	unter 1	20	1,5
0,1 % bis 0,5 %	124	1 bis 2	39	1,7
0,6 % bis 1,0 %	181	2 bis 5	98	1,2
1,1 % bis 1,5 %	120	5 bis 10	104	1,3
1,6 % bis 2,0 %	67	10 bis 25	137	1,2
2,1 % bis 2,5 %	23	25 bis 50	75	1,0
2,6 % bis 4,0 %	21	50 bis 100	54	1,0
4,1 % bis 6,0 %	9	100 und mehr	26	0,7
über 6 %	3			

III. Produktplanung und Produktgestaltung als Probleme der Absatzwirtschaft und der Wirtschaftswerbung[1]

In einer Unternehmung sind die Planung eines Produktes[2] und die Gestaltung dieses Produktes zwei verschiedene Vorgänge. Bei dem ersten Problem handelt es sich darum, ob das

[1] Vgl. hierzu: Freudenmann [41].

[2] Beide Begriffskomplexe „Planung eines Produktes“ und „Gestaltung eines Produktes“ müssen von dem Begriffskomplex „Planung der Produktion“ klar

Fortsetzung der Fußnote auf Seite 80

(Produktions- und/oder Verkaufs-) Programm einer Unternehmung um ein weiteres Produkt erweitert werden soll, wenn in dieser Unternehmung bereits andere Erzeugnisse hergestellt werden. Wenn eine Unternehmung aber erst mit einer Fertigung beginnt, dann geht es um die Entscheidung, ob die Fertigung eines bestimmten Produktes überhaupt „aufgenommen" werden soll. Wenn diese Entscheidungen gefallen sind, dann ist darüber zu entscheiden, mit welchen Eigenschaften ein solches Produkt ausgestattet werden soll.

Sobald diese erste Phase in der Produktplanung abgeschlossen ist, muß weiter entschieden werden, in welcher „Gestalt" das neue Erzeugnis auf dem Markt auftreten soll.

Wenn dieses neue Erzeugnis nun irgendein Schüttgut oder eine Flüssigkeit ist, die „abgepackt" oder dosiert werden muß, dann richtet sich der Vorgang der Gestaltung nicht auf das Erzeugnis selbst, sondern auf die Verpackung, in der dieses Erzeugnis auf den Markt kommen soll. Da der Verpackung in den absatzwirtschaftlichen Prozessen in aller Regel auch noch die Funktion als Werbeträger zufällt, wird der ganze Komplex „Verpackung" erst später behandelt (vgl. E 5). In diesem Kapitel geht es also nur um solche Erzeugnisse, die im Verlaufe ihrer Nutzung oder ihres Verschleißes ihre „Produkt-Gestalt", d. h. ihre Form nicht verändern.

Woher erhält eine Unternehmung nun die Anregungen für die Planung von neuen Produkten? Auch diese Frage ist in einem späteren Kapitel (B III u. IV) zu behandeln; sie läßt sich aber aus den bisher behandelten Beispielen andeutungsweise

geschieden werden. Das zwingt auch zu einer Abgrenzung und Unterscheidung zu den Begriffen „Produktstandardisierung" und „Typisierung". Hierzu Näheres bei Gutenberg [50], von wo zwei Sätze zitiert seien: „Die Bedarfsstruktur und ihre Änderungen, das Verhalten der Wettbewerbsfirmen, der technische Fortschritt und seine ständig Unruhe schaffende Dynamik im Bereich der Produktgestaltung und der Fertigungstechnik zwingen zu ständiger Kontrolle des Fertigungsprogramms. ... Erreicht nun der tatsächliche Stand der Produkttypisierung nicht das ‚kritische Standardisierungsmaß', dann ist noch nicht von allen Möglichkeiten der Rationalisierung des Verkaufsprogramms Gebrauch gemacht worden."

beantworten: (1) aus dem Markt, in dem ein neues Produkt von einem anderen Anbieter auftritt, (2) aus der eigenen Forschung, wir haben z. B. genug in der modernen Chemie und (3) von Erfindern oder Inhabern von „Know How". Jetzt sind also nur die Zusammenhänge zwischen Produktgestaltung, Absatzwirtschaft und Wirtschaftswerbung darzulegen und zu untersuchen.

Um welche Probleme handelt es sich nun bei der Produktgestaltung? Henry van de Velde führt in einem Satz aus seinem Essay [140] zum Kern der Frage, um die es hier geht: „Ich liebe die Geräte, deren Urform keiner Zeit unterworfen ist, den Spaten, das Beil und die Sichel, die ewigen Formen des Pflugs und des Kahns."

Henry van de Velde hat in seinem „AMO" [141] schon im Jahre 1907 einige auch heute noch gültige „Regeln" aufgestellt: „Du sollst die Form und die Konstruktion aller Gegenstände nur im Sinne ihrer elementaren, strengsten Logik und Daseinsberechtigung erfassen. Du sollst diese Formen und Konstruktionen dem wesentlichen Gebrauch des Materials, das du anwendest, anpassen und unterordnen. Und wenn dich der Wunsch beseelt, diese Formen und Konstruktionen zu verschönern, so ... nur insoweit ... als du das Recht und das wesentliche Aussehen dieser Formen und Konstruktionen achten und beibehalten kannst." Später (1949) sagt er einmal: „Die reinen zweckmäßigen Formen – sie sind alle Glieder einer Familie, welches auch ihre Verwendung und die Funktion sei, die sie zu erfüllen haben ... So entfaltet sich der Reichtum der Formen, die durch ihre Funktionen bestimmt sind ... Lehrte nicht Sokrates als erster seine Schüler Wesen und Eigenschaften der vernunftgemäßen Schönheit? Die Formel, die er prägte, war eindeutig und ließ keinen Zweifel zu über die engen Beziehungen von Vernunft und Schönheit: ‚Nur dann ist ein Gegenstand schön, wenn er von uns oder von der Natur so geschaffen ist, daß er dem Zwecke entspricht, zu dem er uns dient'."

Henry van de Velde schreibt dann weiter: „Annähernd 20

Jahrhunderte später gibt Goethe Eckermann eine Antwort, die uns wie ein Widerhall der sokratischen anmutet: Es handelte sich um einen Korb, den er aus Marienbad mitgebracht. ‚Sie haben recht', sagte Goethe, ‚er kommt der Antike nahe, denn er ist nicht allein so vernünftig und zweckmäßig als möglich, sondern er hat auch dabei die einfachste, gefälligste Form, so daß man also sagen kann: er steht auf dem höchsten Punkt der Vollendung'."

In dem Gründungsprogramm des Deutschen Werkbundes (1910), der zusammenfassen will, „was an Qualitätsleistung und Streben in der gewerblichen Arbeit vorhanden ist" und der „eine Auslese der besten in Kunst, Industrie, Handwerk und Handel tätigen Kräfte vollziehen will", kommen die gleichen Gedanken zum Ausdruck, die Walter Gropius, in seinem acht Schreibmaschinenseiten umfassenden Manuskript vom 25. Januar 1915, dem Großherzogl. Sächs. Staatsministerium gegenüber niederlegte; dieses Manuskript führte zur Gründung des „Staatlichen Bauhauses in Weimar".

„Der drohenden Gefahr der Verflachung ... kann der Künstler, dem die Bildung und Fortentwicklung der Form in der Welt obliegt, nur dadurch begegnen, daß er sich mit dem gewaltigsten Mittel moderner Formgestaltung, mit der Maschine jeder Art – vom einfachen Werkzeug bis zur komplizierten Spezialmaschine – verständnisvoll auseinandersetzt und sie in seinen Dienst zwingt. ... Auf dem gesamten Gebiet des Handels und der Industrie ist zweifellos neben den bisherigen Forderungen nach technischer und wirtschaftlicher Vollkommenheit ein Verlangen nach Schönheit der äußeren Form erwacht. ... Das technisch überall gleich vorzügliche Ding muß mit geistiger Idee, mit Form durchtränkt werden, damit ihm die Bevorzugung unter der Menge gleichgearteter Erzeugnisse gesichert bleibt. ... Ganz allmählich erkennt man ..., welche neuen Werte der Industrie durch die geistige Arbeit des Künstlers zugebracht werden. ... Denn der Künstler besitzt die Fähigkeit, dem toten Produkt der Maschine, Seele einzuhauchen; seine Schöpferkraft lebt darin fort als lebendiges Ferment. Seine Mitarbeit ist nicht Luxus, nicht gutwillige Zugabe, sie muß unentbehrlicher Bestandteil in dem Gesamtwerk der modernen Industrie werden."

Max Bill [14], dieser souveräne „Formgestalter", „Produktgestalter" oder „designer" sagt: „Form ist das, *was* wir im Raum begegnen. Form ist alles, was wir sehen können. Doch wenn wir das Wort Form hören oder den Begriff denken, dann bedeutet er doch mehr als nur ein Etwas, das zufällig besteht. Wir verbinden mit dem Begriff Form von vornherein eine Qualität. Wir unterscheiden, ob es eine häßliche Form sei oder eine schöne, wobei es uns sehr viel selbstverständlicher erscheint, daß eine Form schön sei, als häßlich. ... Wir sind also darauf angewiesen, die Formen in Kategorien zu gliedern, und wir betrachten sie dann innerhalb ihrer Kategorie und vergleichend mit den Gesetzmäßigkeiten ihrer Kategorie. ... Und auch diese sind wieder unterteilt nach ihrem Zweck und Gebrauch. Wir wissen, daß die Formen je nach Materie und Funktion verschieden sind. Also, daß Materie und Funktion entscheidenden Einfluß ausüben auf die Entstehung der Form. So definieren wir Form als das Ergebnis des Zusammenwirkens von Material und Funktion mit dem Ziel, schön und vollkommen zu sein."

„Lange Zeit war man geneigt, anzunehmen, daß allein die vernünftige Durchführung einer Aufgabe, gewissermaßen aus sich selbst heraus, zu einer vorbildlichen Form führe. Unter vernünftig verstand man, daß die Form nicht sinnlos sein soll, daß sie wohl überdacht aus dem reinen Zweck des Gebrauchs entwickelt werden könne. Auf diese Weise wurden ... Apparate, technische Erzeugnisse, Haushaltgeräte und dergleichen, ähnlich wie Maschinen, konstruiert. Ihre Formen wurden maschinenähnlich. Dies kam nicht nur daher, weil die Maschine als ästhetisches Erzeugnis des Menschen gewertet und eingeordnet wurde, sondern auch daher, weil der Herstellungsprozeß sich veränderte, indem man die früher handwerklich gefertigten Erzeugnisse durch industriell hergestellte zu ersetzen begann und die moralische Forderung aufstellte, die industrielle Herstellung habe den neuen Herstellungsprozeß zu berücksichtigen und führe zu einer Art von Formgebung. Man begann von der sogenannten „industriellen Formgebung" zu sprechen. Dieser Begriff stimmt ganz genau mit dem überein, was man im Grunde damit wollte: nämlich, daß die neuen Formen ganz speziell der industriellen Fertigung entsprechen sollten und besonders für die Industrie geschaffen sein sollten."

„Der entscheidende Beweggrund, der zur guten Produktform führt, ist moralischer und ästhetischer Art: Wir sind dagegen, daß man etwas, das uns nicht gefällt, einem Ahnungslosen für ein ehrlich verdientes Geld verkauft und damit das ganze Kulturniveau senkt."[1]

Die Produktgestaltung, d. h. die industrielle Formgebung, ist aber nicht nur ein Produktions- und Fertigungsproblem und damit nicht nur ein absatzwirtschaftliches und ein Problem der Werbung, sondern sie ist (im Blick auf die industrielle Unternehmung als Ganzes) eine grundlegende Frage der Geschäftspolitik, um nicht zu sagen der Geschäftsphilosophie.

Das zeigt eine Äußerung der italienischen Unternehmung „Ing. C. Olivetti & C. S. p. A.", die sich in einer Schrift findet mit dem Titel: „Stile Olivetti. Geschichte und Formen einer italienischen Industrie." [115]

„Schon in der Frühzeit des Unternehmens war sich Camillo Olivetti (der Gründer dieser heutigen Welt-Unternehmung) der Bedeutung der formalen Darbietung seiner Erzeugnisse bewußt, als er schrieb: ‚Eine Maschine darf kein Salon-Spielzeug mit fragwürdigem Schmuck sein, sondern soll eine sachliche, aber gleichzeitig elegante Form haben.'" Dem Sohne des Gründers, Adriano Olivetti, wird in dieser Schrift folgende Äußerung zugeschrieben: „Die Formgebung eines jeden Erzeugnisses soll bestimmt werden von Klarheit, Einheit und Logik. Eine Büro-

[1] A. a. O. Seiten 6–10.

maschine soll eine angenehme, aber nicht zu glatte, eine rationale, aber keine unmenschliche, eine diskrete, aber keine banale Form haben."

Diese Schrift sagt weiter: „Die Bedeutung der Formgebung nicht nur für Fragen der Konstruktion, sondern als Mittel der Geschmackserziehung der Allgemeinheit gehört in einer wirklich modernen Industrie-Gesellschaft zu den Selbstverständlichkeiten: Sie ist eines der modernsten kulturellen Kommunikationsmittel" (Seite 12).

„Auch die industrielle Formgebung hat eine ausgesprochen formale Seite in ihren feinen Bindungen an künstlerische Strömungen und Stiläußerungen einer bestimmten Epoche; andererseits aber ist auch sie zwangsläufig praktisch bedingt. So ist sie gleichsam ein idealer Schnittpunkt und Ausgleich zwischen Ästhetik und Funktionalität." ... „Die industrielle Formgebung aber lebt aus der Voraussetzung, daß ‚Technik' und ‚Form' nicht zwei einander völlig fremde Bereiche sind." ... „Wenn auch meist die praktischen Zwecke, also Gebrauchstüchtigkeit und technische Funktion eines Gegenstandes, sein Wesen als ästhetisches Objekt überlagern oder gar ausschließen, so hindert doch nichts, daß auch ein für praktische, für ‚ökonomische' Zwecke bestimmtes Gerät seine Gestaltung durch die Kunst erfahre." ... „Der Prozeß formalen Schaffens erlischt nicht einfach angesichts der bloßen Tatsache, daß er sich mit praktischen Erwägungen auseinanderzusetzen hat." ... „Das funktionalistische Denken hat aber dazu geführt, daß man sich immer mehr der Problematik bewußt wurde und daß eine grundlegende Auseinandersetzung mit dem Verhältnis von Form und Funktion einsetzte, die nicht mehr instinktiv und sprunghaft, sondern bewußt und organisch war. Besonders eindrücklich zeigt sich dies auf dem Gebiet der Präzisionsmechanik, deren Erzeugnisse auch äußerlich ihre Funktion in einem bestimmten sozialen und kulturellen Rahmen widerspiegeln sollen." ... „Immer wieder in der ganzen Vielfalt der Erzeugnisse des Unternehmens führte die Begegnung zwischen Formgebung und Technik zu einem fruchtbaren Einklang von künstlerischem und industriellem Resultat" (Seiten 30 und 31).

Produktgestaltung oder Formgebung als „idealer Schnittpunkt und Ausgleich zwischen Ästhetik und Funktionalität" (Olivetti) oder als „Ergebnis des Zusammenwirkens von Material und Funktion mit dem Ziel, schön und vollkommen zu sein" (Max Bill [14]) stellt hohe Anforderungen an uns alle. Die Synthese aus Begriffen wie

- Zweck, Funktion, Qualität, Material, Gebrauch
- Schönheit, Klarheit, Einfachheit, Gefälligkeit
- Technische Vollkommenheit, Vernunft, Logik

ist nicht leicht zu ziehen, besonders dann nicht, wenn produktionstechnische und absatzwirtschaftliche Überlegungen die Entscheidungen beeinflussen.

Das Industrieprodukt, das eine wirtschaftliche Unternehmung erzeugt, kann aber nicht isoliert nur als „Träger einer Form" oder als „gestalteter Gegenstand" betrachtet werden, denn das Industrieprodukt muß der industriellen Unternehmung den wirtschaftlichen Erfolg bringen.

Die „Form" und die „Gestalt" sind an dieses industrielle Erzeugnis gebunden; auch die „Form" und die „Gestalt" haben damit eine wirtschaftliche Aufgabe.

Die „Form" oder die „Gestalt" eines Industrieerzeugnisses sind nichts Selbständiges oder Absolutes; „Form" oder „Gestalt" können vom Industrieerzeugnis nicht getrennt werden, und sie sollten nur mit größter Vorsicht im Sinne des Absoluten abstrahierend betrachtet werden.

Wenn nun aber die „Form" oder die „Gestalt" oft als plus, new streamliner, new styling oder als new look bezeichnet oder mit Worten wie „more value for your money" (Philips) interpretiert werden, dann sind es gerade die dadurch angesprochenen Werte, die das moderne Industrieerzeugnis in die „konfektionierte", „vorfabrizierte", „egalisierte" oder „uniformierte" Umwelt des heutigen Menschen so einfügen, daß gerade daraus eine Bereicherung und Vertiefung unseres Lebensgefühls und der Daseinswerte kommt.

Niemand wird es stören, „Porzellan-Gestalten“ von Wirkkala, die Rosenthal herausgebracht hat, oder das Trinkglas-Service von Peill und Putzler, Bestecke von Pott oder WMF oder die Bauhaustapeten von Rasch auch bei seinen Freunden zu sehen, und die Hochspannungsleitungen, die, auf Stahltürme gespannt, die Autobahnen in einem Alpental überschneiden, sind ebensosehr ein Ausdruck unserer Zeit, wie die modernen Linien eines Ozeandampfers, einer Gildemeister-Drehbank oder eines Baukran im Vergleich zu der „Santa Maria“ des Columbus oder den Transmissionsantrieben von 1902 oder den Trägern der Sandkörbchen bei den Stahlwerksbauten an den Ufern des Nil.

Gerade das Unwägbare und Nicht-Greifbare der „Form“ und „Gestalt“ eines Industrieerzeugnisses ist jenes fast transzendente Medium unserer Zeit, das uns die Vertiefung und Bereicherung zu bringen vermag, die Stefan Zweig nicht mehr gesehen hat oder die er vielleicht nicht empfinden wollte. Die Kontur des Zweckmäßigen, der sichere Griff zur Abstraktion, die klare Linie der Funktion und der Ausdruck des echten Materials sind die Werte, die überlebte Erscheinungsformen abgelöst haben, und die sie noch weiter ablösen werden, denn die Wandlungen durch die Industrialisierung sind noch nicht abgeschlossen. Neue Werte haben alte Werte ganz und gar ersetzt.

Ähnlich dem Gesetz von der Erhaltung der Kraft im physikalischen Sinne gibt es auch im Bereich der sittlichen und ethischen Werte keinen Verlust; dort, wo Werte schwinden, treten stets neue Werte in die Erscheinung, ob wir sie erkennen oder nicht.

Form und Gestalt sind manchmal nur die unbewußt empfundenen, oft aber auch sichtbar wahrnehmbaren neuen Werte, die unsere modernen Industrieerzeugnisse auszeichnen.

Mit dieser Erkenntnis wächst unserer Industrie – wenn auch

vielleicht in einem etwas anderen Sinne, als es bei dem Kunsthandwerk in der Blütezeit des Mittelalters der Fall war – eine große verantwortungsvolle Aufgabe zu. Dieser Verantwortung kann sich niemand entziehen, der es unternimmt, die Massen der Menschen zu kleiden, zu behausen, zu ernähren oder auch nur zu unterhalten.

Produktplanung und Produktgestaltung sind nur zwei Facetten einer größeren Aufgabe in einer Unternehmung, die Produktpolitik genannt werden kann.

Bedeutung und Schwierigkeiten, Problematik und Risiken einer unternehmerischen Erzeugnispolitik (a product policy) werden schlagartig klar aus einer Mitteilung in dem Geschäftsbericht der Farbenfabriken Bayer für das Geschäftsjahr 1965 (Seite 27, Auszug aus dem Abschnitt 4. Forschung):

„Die Forschungsergebnisse der letzten Jahre trugen wieder wesentlich zu unseren Umsätzen und zum Ertrag bei. Der Umsatzanteil der erstmalig nach 1948 in unseren Werken hergestellten Produkte erhöhte sich auf 59,7 %. Die im Laufe der letzten 10 Jahre hinzugekommenen neuen Produkte erbrachten allein 33 % des Umsatzes."

Hieraus wird deutlich, welche Rolle einer wirklichen Erzeugnispolitik zukommt. Wenn auch in einer Großunternehmung der Chemie viele der neuen Produkte der Gestaltung nicht zugänglich sein dürften, eine Untersuchung aller „gestaltungsfähigen" Industrieerzeugnisse, die seit 1948 auf den Markt gekommen sind, würde das, was hier sichtbar geworden ist, noch stärker unterstreichen.

Auf welches Ziel richtet sich nun eine Erzeugnispolitik, und wer bestimmt die „Richtlinien dieser Politik"?

Diese Frage sei mit 5 Einzelfragen[1] mit je einigen Unterfragen aufgegriffen:

1. Welche Nah- und welche Fernziele sieht das Erzeugnisprogramm vor? (Nutzung von nichtgenutzten Kapazi-

[1] Nach einer Übersicht von Ende 1957 der Taylor Laboratories, Berater für neue Industrieerzeugnisse.

täten? Erweiterung des Sortiments? Einbruch in andere Märkte? Verbreiterung der Produktionsbasis? Überbrükkung von Saisonflauten?)

2. Um welche Art von neuem Erzeugnis handelt es sich? (Hohe Werkzeugkosten, um die Konkurrenz für längere Zeit abzuhalten? Niedrige Werkzeugkosten, um das Risiko gering zu halten? Verbesserungen bewährter Erzeugnisse? Starke patentrechtliche Position? Sehr spezialisiertes Erzeugnis mit besonders selektiertem Abnehmerkreis?)
3. Wer trägt die letzte Verantwortung für (1) Auswahl eines neuen Erzeugnisses, (2) seine Weiterentwicklung, (3) seine Herstellung, (4) seine Preisbildung und (5) seinen Vertrieb?

   (Sind alle Verantwortungs- und Zuständigkeitsbereiche festgelegt? Wie wird die Entwicklung verfolgt? Wie ist das personelle/finanzielle Budget festgelegt? Wie wird die Konkurrenz beobachtet? Welche Vergütung steht für die Beteiligten in Aussicht?)
4. Wie wird die Forschungsarbeit durchgeführt? (Durch betriebsfremde Forschungsorganisationen? Durch eigene Mitarbeiter? Durch Studium der Patentsituation? Durch Analyse des engeren/weiteren Wettbewerbs? Durch Zusammenarbeit mit Wettbewerbs- oder anderen Firmen?)
5. Ist man sich über die Ursachen von Fehlschlägen im klaren? (Wie viele Köche verderben den Brei? Ist man zu wenig risikofreudig? Eigene Überheblichkeit verhindert oft die Anerkennung und Auswertung guter Anregungen Dritter? Nicht genügend qualifizierte Fachleute im Entwicklungsteam? Von manchem ein „Zuviel"? (Zuviel an Konstruktion! Zuviel Marktforschung!)

In einer Studie der American Management Association [2] werden von T. T. Miller, Präsident der Kunststoffabteilung eines Chemie-Konzerns, für die „qualitative Selektion" neuer Erzeugnisse insgesamt 39 Faktoren mitgeteilt:

I. Faktoren der Stabilität:
   1. Festigkeit des Absatzmarktes.
   2. Breite/Tiefe des Absatzmarktes.
   3. Erzeugniseigenschaften, die neue Märkte erschließen.
   4. Schwierigkeiten der Nachahmung des Erzeugnisses.
   5. Stabilität der Nachfrage auch in Konjunkturtiefs.
   6. Stabilität der Nachfrage auch im Kriege.

II. Faktoren des Wachstums:
   7. Eigenart/Eigenständigkeit des Erzeugnisses.
   8. Verhältnis von Angebot und Nachfrage im Markt.
   9. Tempo der technischen Weiterentwicklung.
   10. Exportchancen.
   11. Einsatzmöglichkeit eigener Fachkräfte bei der Einführung.

III. Faktoren absatzwirtschaftlicher Natur:
   12. Beziehung zu anderen Märkten.
   13. Ansehen des Herstellers in verwandten Märkten.
   14. Beziehungen zur wahrscheinlichen Konkurrenz.
   15. Anforderungen an den Kundendienst.
   16. Konkurrenz zu Erzeugnissen der eigenen Abnehmer.
   17. Mengenkäufe einzelner Kunden.
   18. Geringer Wechsel in Gütegraden, Größen, Formen, Farben, Verpackungen, Versandmengen.
   19. Festigkeit gegen Saisonschwankungen.

IV. Stellung des Erzeugnisses:
   20. Erforderliche Zeit, den Markt zu erobern.
   21. Value added by manufacture.
   22. Kontrolle über die Rohstoffbeschaffung.
   23. Besondere Beschaffungsvorteile, Stellung im Beschaffungsmarkt.
   24. Firmeneigene Rohstoffquellen.

V. Forschungs- und Entwicklungsarbeiten:
   25. Abstützung auf vorhandenes „Know How".
   26. Verhältnis zu Aufgaben der Weiterentwicklung.

27. Abstützung auf eigene Labors und Entwicklungseinrichtungen.
28. Leistungsfähigkeit der wissenschaftlichen Mitarbeiter.

VI. Technische Faktoren:
29. Beherrschung der Verfahrensfragen und -probleme.
30. Einsatz von Standard-Material und -Einrichtungen.
31. Leistungsfähigkeit des Ingenieur-Stabes.

VII. Produktionstechnische Faktoren:
32. Nutzung stilliegender Kapazitäten und Anlagen.
33. Nutzung überschüssiger Energie (Dampf, Strom, Wasser).
34. Nutzung von By-Produkten, Veredlung von Nebenprodukten.
35. Nutzung von bekannten Fertigungsprozessen innerhalb der Unternehmung.
36.–39. Arbeitskräftepotential; Schutz vor gefährlichen Produktionserfordernissen; Unterhaltung der Anlagen; übermäßiger Abfall.

Die sich aus diesem fast unübersichtlichen Komplex von Aufgaben, Funktionen, Verantwortlichkeiten und Zuordnungen ergebenden einzelnen Stufen im Aufbau einer zielklaren Erzeugnispolitik umschreibt eine andere Studie der gleichen Veröffentlichung der AMA von L. M. Patrick [116] (a. a. O. S. 191 ff.):

1. Prüfung des Projektes
2. Festlegung der technischen Einzelheiten
3. Aufstellung des Budget
4. Entwurf des Fertigungsprogramms
5. Personalbesetzung nach Verantwortungsbereichen
6. Experimentier- und Prüf-Feld
7. Entwurf der Proto-Type
8. Prüfung der Proto-Type
9. Entwurf für das Erzeugnis
10. Vorprüfung des Modells
11. Genehmigung des Fertigungsprogramms

12. Verbindung zur Fertigung halten
13. Erprobung der ersten Erzeugnisse
14. Qualitätskontrolle

Auf vielen dieser Stufen kommt auch der Formgeber, d. h. der Designer oder der Gestalter, an seine Aufgabe heran. Von ihm wird verlangt

- volle und umfassende Beherrschung aller Fertigungsstufen, einschließlich der zu verarbeitenden Werkstoffe,
- Übersicht über alle Strömungen im Absatzmarkt,
- Übersicht über feste Grenzen durch Patente oder den Wettbewerb,
- Übersicht über Anforderungen an Sicherheit und Schutz für Benutzer.

Viele dieser Fragen werden in dem Buch des Autors „Wirtschaftswerbung" (S. 405–446) unter den Stichworten „Entwicklung neuer Erzeugnisse", „Einführung von Erzeugnissen des Verbrauchsbedarfs" und „Einführung von Erzeugnissen für Industriebedarf" behandelt.

In dem Abschnitt „Die Werbung im Schema der Absatzwirtschaft und des Marketing" (A I 2) ist nachgewiesen worden, daß die (Wirtschafts-)Werbung nur ein Teilaspekt des Marketing ist. Auch die Produktgestaltung ist, wie dort auch gesagt wird, nur ein solcher Teilaspekt. Um aber den Gesamtzusammenhang mit allen Aspekten in einer Unternehmung deutlich zu machen, sind auch andere betriebswirtschaftlich wichtige Faktoren zu erwähnen, ehe von den absatzwirtschaftlich wichtigen Faktoren gesprochen wird. Hier sollen aber keineswegs alle Faktoren untersucht und behandelt werden, die wir in der Kostenrechnung und in der Preisbildung zu berücksichtigen haben. Hier sind nur die Faktoren zu erwähnen, die unter dem speziellen Gesichtspunkt der Gestaltung, der Formgebung oder des „Styling" eines Erzeugnisses von Wichtigkeit sind. Sie sind auch nur grundsätzlich zu erwähnen und nicht irgendwie nach ihrem Anteil im Gesamtbild der Kosten zu erörtern.

1. Technisch-fabrikationsmäßig wichtige Faktoren:

Hierher gehören alle Funktionen oder Aufgaben, die sich ergeben oder die sich kostenmäßig auswirken
- aus der Konstruktion oder Entwicklung,
- aus den Fertigungsverfahren,
- aus den Qualitätsanforderungen und aus der Werkstoffentsprechung,
- aus der Ausbildung der Funktionen und zweckmäßigen Eigenschaften,
- aus der Entwicklung und Weiterentwicklung zur technischen Vollkommenheit,
- aus der Gestaltung der Endform als „vernunftmäßige Schönheit".

2. Kalkulatorisch wichtige Faktoren:

Hierher gehören alle Funktionen oder Aufgaben, die sich ergeben oder die sich kostenmäßig auswirken
- aus dem Herstellungsprozeß,
- aus der Nutzung bis dahin vielleicht nicht genutzter Kapazitäten,
- aus der Kostenentwicklung durch die Höhe der Serie,
- aus den Werkzeugkosten oder den Investitionen,
- aus dem Kauf von „know how" oder dem Erwerb von Lizenzen,
- aus den Zusatzkosten für Fachkräfte in Entwicklung und Forschung,
- aus besonderen Risiko- und Wagnisprämien,
- aus der Verwertung von Nebenprodukten.

Besonderes Augenmerk fordern alle Fragen des „Value added by manufacture", aber auch alle Probleme der Reklamationen, die besonders hoch sein können.

3. Absatzwirtschaftlich wichtige Faktoren:

Hierher gehören alle Funktionen oder Aufgaben, die sich ergeben oder die sich kostenmäßig auswirken
- aus der Entwicklung oder Weiterentwicklung der Marktreife des Erzeugnisses,

- aus der Steigerung der Funktionsfähigkeit, der Gebrauchstüchtigkeit, der Zweckmäßigkeit,
- aus der Vervollkommnung der Form als Synthese von Klarheit, Einheit, Logik und Schönheit,
- aus dem Preis als Äquivalent für den Wert in der Hand des Käufers.

Die Probleme, die bisher angeschnitten wurden, liegen in den einzelnen Unternehmungen je nach Branche, Rechtsform oder Organisationsstruktur verschieden. Darum kann auch nur auf einige Gesichtspunkte hingewiesen und darum können auch nur einige Fakten hervorgehoben werden, wobei ferner zu berücksichtigen ist, daß die Daten, die mitgeteilt werden, aus den USA stammen.

Die Zeitschrift „Industrial Design" ließ im Sommer 1957 durch die Fact Finders Associates, Inc. eine Umfrage mittels Fragebogen bei 69 freischaffenden Formgestaltern und bei 31 leitenden Designern, die in Unternehmungen fest angestellt waren, durchführen. Die nachstehenden Daten sind dieser Erhebung entnommen.

1. Frage: Wem ist die Produktgestaltung/Formgebung in der befragten Unternehmung zugeordnet?

Antwort:
49 % der obersten Leitung
27 % dem technischen Bereich
7 % dem Vertrieb
17 % verschiedenen Bereichen (Fertigung, Entwicklung)

2. Frage: Mit wem in der Unternehmung arbeiten die frei schaffenden Designer?

Antwort:
52 % mit der Verkaufsleitung
51 % mit der obersten Leitung
32 % mit den firmeneigenen Entwerfern
32 % mit den Chefingenieuren
22 % mit der Betriebsleitung
17 % verschiedene (Antworten mehr als 100 %).

3. Frage:	Arbeitsgebiete der frei schaffenden Gestalter:		
Antwort:	59 % Verpackungsfragen		
	46 % grafische Aufgaben		
	35 % Haushaltmaschinen		
	28 % Maschinenbau		
	26 % Transport/Verkehr		
	22 % Möbel		
	48 % verschiedene (Antworten mehr als 100 %)		
4. Frage:	Wer entscheidet über Design?	Entwerfer	Techn. Bereich
Antwort:	Über Aussehen und Funktionsfähigkeit	68 %	32 %
	Entwicklung neuer Fertigungslinien und Erzeugnisse	56 %	44 %
	Richtung der technischen Forschung	48 %	52 %

5. Frage: Welche Werkstoffe werden bei Entwicklungsarbeiten verwendet? (Die Industrie gibt jetzt jährlich fast 6 Milliarden Dollars für Forschung, Entwicklung neuer Werkstoffe, Kunststoffe, Metalle, Zubehör, Techniken aus. Die Designer benutzen diese neuen Werkstoffe, um neue und verbesserte Erzeugnisse für den Verkauf zu entwickeln.)

Antwort:	Kunststoffe	81%	
	Metalle	78 %	(Stahl 83 Alu 58)
	Glas	55 %	
	Textilien	52 %	
	Holz	52 %	

6. Frage: Fabrikationsmethoden?

Antwort: 57 % Formguß
55 % Strangpressen
54 % Stanzen
50 % Spritzguß

44 % Plattieren
40 % Schleifen
28 % Blasen (Glas)

7. Frage: Tendenzen bei Werkstoffen und Verarbeitungsmethoden?

Antworten: Werkstoffe:
Ausweitung der Verwendung der Kunststoffe
Steigerung der Verwendung synthetischer Fasern
Stärkerer Verbrauch eloxierten Aluminiums
Steigerung des Verbrauchs an Rohren
Verbrauch plattierten Materials
Verbrauch flexibler Filmmaterialien
Verfahren:
Vom normalen Guß zum Form-Guß
Von Metallgußformen zu Kunststoff-Fasern.

An den Formgeber oder an den Gestalter von Industrieerzeugnissen werden außerordentliche Anforderungen gestellt, weil er alle diese Techniken beherrschen muß. Jemand, der versuchen würde, nur von der rein ästhetischen Seite der Produktgestaltung oder auch nur unter rein absatzwirtschaftlichen Überlegungen diese Probleme zu lösen, der wäre von vornherein zum Scheitern verurteilt.

Die Probleme der Produktgestaltung haben für einzelne Unternehmungen eine so überragende Bedeutung gewonnen, daß sich von hierher das Vorstellungsbild von diesen Unternehmungen in der Öffentlichkeit (und damit auch ihre Marktchancen!) vollkommen und von Grund auf geändert haben.

Die bisher entwickelten, oft nur angedeuteten Gedanken, Schlußfolgerungen und Forderungen lassen sich zusammenfassen:

1. Wir müssen mit einer weiteren und noch schnelleren „Demokratisierung der Bedürfnisse“ rechnen.
2. Egalisierung und Homogenisierung des Bedarfs sind unerläßliche Grundlagen unserer industriellen Produktion.

3. Die Erzeugnisse der Industrie sind aus unserem Leben und aus einer ausreichenden Deckung des modernen Bedarfs nicht mehr wegzudenken.
4. Die Industrieerzeugnisse müssen so entwickelt, gestaltet, geformt und funktionell durchgebildet werden, daß sie zu einer neuen Vertiefung unseres Lebens beitragen.
5. Wir alle müssen durch Selektion und Zuchtwahl der besten industriellen Leistung, d. h. dem in jeder Hinsicht besten Industrieerzeugnis zur Führung verhelfen, das dadurch wieder zum Ansporn für eine Steigerung der Leistungen des Wettbewerbs wird.
6. Der produzierenden Industrie erwachsen viele neue Aufgaben, die sie nur durch die eigene Werbung für ihre „gestalteten" Erzeugnisse und für das „image" der ganzen Unternehmung zu echten Lösungen führen kann.

Um die Zeit, als Stefan Zweig seinen Essay schrieb, hat der Autor sein Buch [62] mit dem Satz geschlossen: „Der Luxus von gestern ist die Notwendigkeit von morgen!" In diesem dynamischen Prozeß der Entwicklung hat die Werbung unserer Wirtschaft wichtige, neue und lohnende Aufgaben zu erfüllen.

IV. Die Kennzeichnung von Erzeugnissen und Verfahren[1]

In den Berichten über die Erschaffung der Welt (1. Mose 1.14) heißt es: „Und Gott sprach: Es werden Lichter an der Feste des Himmels, die da scheiden Tag und Nacht, und *geben Zeichen*, Zeiten und Jahre." In der Vorstellung der Menschen sind die Lichter am Himmel wohl die ersten Zeichen überhaupt.

Die *Rollsiegel*, die uns aus Vorderasien überkommen sind, jene mit negativ eingeschnittenen Bildern verzierten Steinwalzen

[1] Für dieses Gebiet der Wirtschaftswerbung ist eine genaue Kenntnis des Warenzeichenrechts erforderlich. Verwiesen wird auf die Kommentare von Baumann-Hefermehl [6] und von Gamm [44].

werden auf etwa das 4. Jahrtausend vor unserer Zeit datiert. Noch vor dieser Zeit benutzte man *Stempelsiegel.* Der Abdruck eines Siegels wurde als Zeichen des Eigentums angesehen.

Das lateinische Wort „signum“ bedeutet neben Siegel auch Kennzeichen. Ein „Signum“ wird einer Sache appliziert; damit dient es als Beweis (indicium). Ein solches „signetum“ ist das bildliche Beweisstück für ein bestimmtes, charakteristisches „image“, das mit dieser Sache verbunden ist. Ein solches Signet kann auf verschiedene Weise appliziert werden; eine Art der Applikation ist das Einbrennen.

Abb. 8. Luristen-Brennstempel als Zeichen des Eigentums

Die in Bild 8 wiedergegebenen Brennstempel stammen aus einer Sammlung von Luristan-Bronzen; sie wurden vor fast 3000 Jahren von ihren Eigentümern an einer Schnur getragen und ihre Konturen, die geradezu zeitlose Formen aufweisen, wurden dem kostbarsten Besitz dieses Reitervolkes, den Pferden, aufgebrannt.

In der weiteren Darstellung sollen nur noch die Zeichen erwähnt werden, die optisch-visuell wahrnehmbar sind, also keine akustisch wahrnehmbaren Zeichen. Die weitere Darstellung bezieht sich auf Zeichen, die im Bereich der Wirtschaft als Bildzeichen, Wortzeichen oder Bild-Wortzeichen bekannt und in Anwendung sind.

Die meisten dieser Zeichen sind – besonders in neuerer Zeit – dadurch gekennzeichnet, daß die gestaltende Hand eines Künstlers von einem ordnenden und strengen Geist geführt worden ist. Diese gestaltenden Kräfte haben in vielen Fällen vermocht, Signets von einer klaren Harmonie des Ausdrucks zu schaffen. Diese Symbole haben oft die Bedeutung von Signalen erlangen können für Qualität, Zuverlässigkeit, Vorwärtsstreben, Forschung oder für eine besondere Art menschlichen Zusammenlebens und persönlicher Zusammenarbeit.

In der handwerklichen Fertigung von Gebrauchsgegenständen haben wir seit Jahrhunderten eine durch Übereinkunft in Zunft- und Innungsgemeinschaften geregelte Ordnung der Benutzung solcher Zeichen festzustellen; hier sei auf die alte Zeichenrolle der Solinger Messer- und Schwertschmiede hingewiesen (WW, S. 281 ff.).

Je nach der Stoffbeschaffenheit der Sache, die so zu kennzeichnen ist, erfolgt die Aufbringung durch Einbrennen, Einschlagen, Prägen, Aufdrucken oder -malen, Anhängen oder Umhüllen.

Die Luristan-Brennstempel sind reine Bildzeichen; ebenso ist der „Zwilling“ der Solinger Schneidwarenfabrik (vgl. WW, S. 281) ein klares Bildzeichen. Viele Zeicheninhaber haben sich ein Wortzeichen schaffen lassen, wobei nicht selten der Eigenname einer Person oder Unternehmung, vielfach aber auch eine frei nach der Phantasie – mit oder ohne Sinnzusammenhang – Wort- (oder auch Zahlen-)kombination zum Gestaltungselement gemacht worden ist. Nicht selten werden auch Abkürzungen von Eigennamen zum „Signet“ erhoben. Bei der textlichen und grafischen Komposition solcher Signets ist das zu beachten, was in dem Göschen-Band 1231 (S. 89, 91) über die Verdichtung des sprachlichen Ausdrucks gesagt worden ist. Untersuchungen, die Lysinski durchgeführt hat, lassen erkennen, daß einsilbige Wortmarken einen höheren Wert an Erinnerungsassoziationen hatten als zweisilbige Wortmarken, diese einen höheren Wert als dreisilbige.

Solche Erinnerungsassoziationen sind dann besonders wichtig, wenn ein Signum (gleichgültig ob Bildzeichen, Wortzeichen oder Bild-Wortzeichen) zu einem Warenzeichen oder zu einer „Marke" gemacht worden ist. Da Marken dieser Art in der Wirtschaftswerbung als Gestaltungselement von großer Bedeutung sind und da sie bei dem Bemühen um ein allgemeines Vorstellungsbild (image) einer Unternehmung in der Öffentlichkeit nicht entbehrt werden können, muß bei ihrer Komposition angestrebt werden, daß sich solche Marken leicht behalten lassen und tief einprägen, und, wenn ein Wortzeichen damit verbunden ist, daß sie auch leicht aussprechbar sind. Wichtig ist ihre Unterscheidungskraft von anderen Zeichen, die Möglichkeiten der Verwechslung ausschließen muß.

Die Exposition von Zeichen gegenüber den Zielpersonen der Wirtschaftswerbung ist ein Lehr- und Lernprozeß (vgl. Göschen-Band 1231, S. 21, 23, 24, 33, 71), und hierbei kommt es darauf an, die dargebotenen Lernstoffe möglichst spontan zu reproduzieren. Klaus Foppa [39] hat über Erinnerung und Reproduktion folgendes berichtet: „Zu einem gegebenen Anlaß fallen einem nicht alle behaltenen Dinge gleichzeitig ein. Ein Element ‚zieht' vielmehr die Erinnerung an ein zweites nach sich, und man erlebt eine ununterbrochene Kette aufeinanderfolgender Glieder, über deren Determination man sich kaum Rechenschaft zu geben vermag. ... Sobald ein Teilinhalt ins Bewußtsein tritt, sollte er jenes Element ‚zutage' fördern, das mit ihm am festesten verknüpft ist. Das zweite Glied führt wiederum zur Erinnerung an das – mit ihm am stärksten assoziierte – dritte Element usf." Diese Wirkung der Erinnerung und Reproduktion zu erreichen, ist eine der schwersten Aufgaben in der Werbung überhaupt.

Markenzeichen dieser Art können Ursprungsmarken oder Handelsmarken sein, sie dürfen aber nicht mit sog. Gütezeichen verwechselt werden. Markenzeichen werden von dem in der Zeichenrolle ausgewiesenen Eigentümer allein benutzt; Gütezeichen können von mehreren Unternehmungen benutzt werden, wenn diese den festgelegten Auflagen entsprechen (Gemeinschaftszeichen).

Einer wichtigen Bedingung sollten Warenzeichen genügen: Sie müssen mittels aller grafischen, drucktechnischen oder fotomechanischen Verfahren zu reproduzieren sein, dabei ist vorauszusetzen, daß sie auch unbeschränkt vergrößerungs- oder verkleinerungsfähig sein sollten. Es müssen auch die Möglichkeiten farblicher Wiedergabe beachtet werden. Wortkombinationen, in denen Buchstaben (und auch Zahlen) als Matrize sowohl als auch als Patrize gleichermaßen lesbar sind (z. B. OMO, IMI, ATA, MAOAM) sind gegenüber anderen Buchstaben- und Zahlenkombinationen weitaus im Vorteil.

Jedes Zeichen sollte in der zuständigen Warenklasse eingetragen sein; dabei ist nicht zu verhindern, daß das gleiche Zeichen in verschiedenen Warenklassen zu finden ist (z. B. das DREI-Ring-Zeichen für Krupp, für Waschmittel und Bier, das Wortzeichen MERCEDES für Autos und Zigaretten). Die Eintragung von Defensiv-Zeichen ist genauso wichtig, wie die Verteidigung des Zeichen-Besitzstandes.

Von vornherein ist zu prüfen, ob der breite Fächer der Freizeichen Raum genug läßt, um einen Eintragungsschutz zu erreichen. Durch die Wirtschaftswerbung werden für Markenzeichen große Summen aufgewandt, um sie durchzusetzen und um ihnen im Markt einen Bewußtseinsbestand an Ausstattungsmerkmalen und an Verkehrsgeltung zu sichern. Darum ist anzustreben, ein Zeichen möglichst so zu gestalten, daß es zeitlos ist und daß nur geringfügige Korrekturen im Laufe der Jahre notwendig werden.

Franz Hermann Wills schlägt in seinem ausgezeichneten Buch [152] für beide Kategorien einen Einzeltest vor, in dem folgende Kriterien enthalten sind (a. a. O., Seite 111): Originalität, Merkbarkeit, Verständlichkeit (beim Wortzeichen erweitert um Sprachdauer und Sprachqualität), Angemessenheit (beim Wortzeichen erweitert um Gefühlsgehalt), Sachbezogenheit, Raumwertung, Zeitwertung und Verwendungsfähigkeit.

Um diese Merkmale sichtbar zu machen, werden hier vier Firmen- oder Warenzeichen wiedergegeben, für die die Angaben über Entstehung und Entwicklung, Aufgabe und Geltungsbereich, Stärke oder Schwäche des einzelnen Zeichens und über die visuelle Repräsentanz des durch das Signet zu Symbolisierenden von den Zeicheninhabern selbst stammen oder die von ihnen verifiziert wurden:

DB = Deutsche Bundesbahn	ein Zeichen, völlig neu konzipiert, ein Signet ohne ältere Vorbilder.
SEL = Standard Elektrik Lorenz AG	ein völlig neu gestaltetes Zeichen; bei dem Prozeß der Neuentwicklung wurden alle Zeichen-Vorfahren verworfen.
SIEMENS = Siemens AG	aus dem Monogramm eines Namens ist ein Zeichen durch planmäßige Überlegungen völlig neu entwickelt worden.
BAYER = Farbenfabriken Bayer AG	ein geradezu klassisches Namens-Wort-Bild-Zeichen, das in einer vieljährigen Entwicklung alle früheren Elemente und Verschnörkelungen abgestreift hat und das nach Jahren der Beschlagnahme sich Weltgeltung erworben hat.

Für das Gebiet der Kennzeichnung von Verfahren oder Systemen gelten die gleichen Überlegungen; hier muß aber auf die Gefahr aufmerksam gemacht werden, die darin liegt, daß ein Firmen- oder Markenzeichen zum Begriff für eine Gattung oder ein Verfahren wird. Eines der bekanntesten Beispiele gibt der Markenname WECK und seine verbale Benutzung für die Tätigkeit des „Einweckens". Es lassen sich auch Beispiele dafür finden, daß die Hersteller bestimmter Erzeugnisse eine solche Verwendung von Markennamen und -zeichen sogar noch fördern.

Deutsche Bundesbahn

Das DB-Zeichen ist von der Deutschen Bundesbahn Anfang 1955 eingeführt worden; es wurde von Professor E. Ege von der Meisterschule für das Deutsche Buchdruckerhandwerk in München geschaffen.

Abb. 9. Deutsche Bundesbahn

Das DB-Signum soll die Werbung der Deutschen Bundesbahn unterstützen, die damit ein einheitliches, werbewirksames Kennzeichen für die verschiedensten Zwecke erhalten hat.

Das DB-Zeichen ist an keine Farbe gebunden; es kann je nach Verwendungszweck als helle Schrift auf dunklem Grund oder als dunkle Schrift auf hellem Grund verwendet werden.

Standard Elektrik Lorenz AG

Aus einem „Einführungsinserat" für das neue Zeichen eines Firmenverbandes und aus Mitteilungen dieser Firma ist zu entnehmen: „Die Standard Elektrik Lorenz AG ist aus einer Reihe von Firmen großer Tradition hervorgegangen. ... Als Anton Stankowski der Auftrag erteilt wurde, für diesen neuen Firmenverband ein Firmenzeichen zu schaffen, stand die Geschäftsleitung vor der Frage, die traditionellen Symbole beizubehalten bzw. weiterzuentwickeln oder ein neues, modernes Markenzeichen zu schaffen. Die Geschäftsleitung entschied sich für den letzteren Weg."

Der Schöpfer dieses Zeichens, Anton Stankowski, sagt hierzu in seinem Buch [131]: „Funktion und ihre Darstellung in der Werbegrafik" (S. 112) folgendes: „Zunächst hatte der Wunsch bestanden, sechs vorhandene Markenzeichen des Firmenverban-

SEL

Schrift 12 Punkt, Zeichen 25 mm hoch

Abb. 10. Standard Elektrik Lorenz AG

des in der neuen Schutzmarke zu vereinen. Die Absicht mußte aufgegeben werden, angesichts der Unlösbarkeit des Problems, Zeichen verschiedenartiger, formaler Herkunft in eine Gestalt zu gießen. Auch der Plan einer Wortmarke konnte wegen der Länge des vollen Firmennamens nicht verwirklicht werden. Bei der Absicht schließlich, die Marke international einzuführen, blieb nur der Weg, einen sinnfälligen Hinweis auf Grundfunktionen der Nachrichtentechnik zu geben: Auf Senden und Ausstrahlen, auf Empfangen und Einfangen. Der eigentlichen Entwurfsarbeit des Grafikers ging das Studium umfangreicher Unterlagen voraus. Die Aufgabe, technische Funktionen zu verdeutlichen, statt Gegenstände abzubilden, auf den Hauptnenner einer Produktion hinzuweisen statt Erscheinungsformen wiederzugeben, stellte sich hier in exemplarischer Weise. Über zielstrebige Ansätze und Erprobungen, aber auch nach irrigen Seitenwegen wurde schließlich eine überzeugende Lösung gefunden. Das Zeichen hat sich rasch eingebürgert. Seine Grundform, dem Quadrat eingeschrieben, erlaubt vielseitige Anwendungen. Besondere Einprägsamkeit entsteht durch die Verbindung von Symmetrie und Asymmetrie."

Der Strahlenstern wurde 1956 bei der damaligen Standard Elektrik AG (Mix und Genest AG) eingeführt und nach der Fusion dieser Gesellschaft mit der C. Lorenz AG und der Änderung des Firmennamens in den jetzigen mit dem Zusatz SEL verwendet.

Siemens Aktiengesellschaft

Die Firmenmarke wurde als Warenzeichen für die Siemens & Halske AG am 2. Februar 1899 in die Zeichenrolle des Kaiserlichen Patentamtes zu Berlin eingetragen. Es handelte sich um eine reine Reißbrettkonstruktion aus Geraden und Kreisbögen; die „Konstruktionsbeschreibung" wurde in einem Rundschreiben festgelegt. Weitere Entwicklungsstufen waren ein Kreis um dieses konstruierte Monogramm (der Namen Siemens und Halske) im Jahre 1925; die Hinzufügung des Namens SIEMENS und einer Fünfeck-Umrandung im Jahre 1928 und schließlich die Freistellung der Firmenmarke, bestehend aus dem (neugestalteten) Monogramm über dem Namen Siemens ohne jede Umrandung im Jahre 1936.

In dem (anonymen) Beitrag „Hans Domizlaff und das Haus Siemens" (Begegnungen mit Hans Domizlaff", 1967, Verlag Wirtschaft und Werbung, Essen), in dem der Einfluß von HD auf Firmenstil und Firmengesicht des Hauses Siemens geschildert wird, heißt es: „Diese Firmenmarke in drei verschiedenen inhaltlichen Versionen fand Hans Domizlaff (im Februar 1934) vor. Ihren Gebrauch nebeneinander mit unterschiedlichem Inhalt bezeichnete er als schweren Fehler. Es führt nicht zu

1899 1925

1928

einem klaren Eindruck, wenn z. B. der Name Siemens und die Bezeichnung „Protos“[1] ausgetauscht werden können. Siemens, der Name des Firmengründers, kann nicht auf der gleichen Ebene in die Werbung eingehen wie die Bezeichnung „Protos“, die gewählt wurde, als Heiz- und Kochgeräte und elektromotorische Geräte in das Fertigungsprogramm kamen. Eine weitere Gefahr erblickte Hans Domizlaff in einer möglichen Verselbständigung des Fünfecks, vor allem bei sehr kleinen Formaten. Er befreite daher das Monogramm und den Namen Siemens von allen Begrenzungen und stellte den Namen Siemens vollkommen frei, gekrönt von dem SH- bzw. SSW-Monogramm der ersten Eintragung als Warenzeichen.“

[1] „Protos“ war ein eingetragenes Warenzeichen der Siemens & Halske AG, das zunächst für elektrische Hausgeräte an Stelle des Namens SIEMENS in der Fünfeck-Marke gebraucht wurde.

Aufbauend auf der Grundform der Firmenmarke wurden, durch die Verwendung verschiedener Monogramme, Firmenmarken für die jeweiligen Tochterfirmen entwickelt, bis schließlich acht verschiedene Firmenmarken für verschiedene Geschäftsbereiche usw. zu gebrauchen waren. Aus einer Reihe von Gründen erfolgte dann die Zusammenfassung der bisherigen Stammfirmen des Hauses Siemens unter dem neuen Namen Siemens Aktiengesellschaft im Oktober 1966. Die Vielfalt der Firmenmarken konnte nun wieder aufgegeben werden; seither ist die Siemens AG nur noch durch eine einzige Firmenmarke repräsentiert; sie entspricht der Firmenmarke des Hauses von 1936.

SIEMENS

Abb. 11. Siemens AG

(Daneben besteht vorerst lediglich noch die Marke mit dem SE-Monogramm für die Siemens-Electrogeräte GmbH.) Alle anderen einstigen Firmenmarken werden nicht mehr gebraucht.

Farbenfabriken Bayer AG

Zur Geschichte des Bayer-Kreuzes

Das erste Firmenzeichen der 1863 gegründeten Firma Friedr. Bayer & Comp. war der dem Stadtwappen von Elberfeld nachgebildete Löwe mit der Bleicherkelle. (Vgl. hierzu die Zeitschrift „Unser Werk, 1963".) Er wurde 1886 mit einem Ritterhelm und weiteren Emblemen verziert.

Um die weltweiten Geschäftsverbindungen der 1881 gegründeten Aktiengesellschaft „Farbenfabriken vorm. Friedr. Bayer & Co." zu symbolisieren, wurde 1895 ein geflügelter Löwe mit Weltkugel und Merkurstab eingeführt.

Über die Entstehung des Bayer-Kreuzes herrscht keine völlige Klarheit. Es scheint um 1900 unabhängig voneinander von einem Mitarbeiter der Wissenschaftlichen Abteilung in Elberfeld und von einem Arzt, der für Bayer in den USA tätig war, „erfunden" worden zu sein, um anstelle des langen und im Ausland schwer verständlichen Firmennamens als wirkungsvolle Kurzbezeichnung zu dienen.

Abb. 12. Farbenfabriken Bayer AG

Der neue Entwurf überzeugte offenbar die Firmenleitung. Fest steht, daß die Urform des Bayer-Kreuzes am 6. 1. 1904 unter der Nr. 65 777 beim Reichspatentamt eingetragen wurde, für „Arzneimittel für Menschen und Tiere, Desinfektionsmittel, Konservierungsmittel, Teerfarbstoffe, chemische Präparate für Färberei und photographische Zwecke".

Das Zeichen wurde im Inland mit der Umschrift „Farbenfabriken vorm. Friedr. Bayer & Co. Elberfeld" verwendet, im Ausland ohne diese. Während der Bayer-Löwe auch weiterhin das offizielle Firmenzeichen blieb, wurde er im Pharma-Bereich ab 1909 völlig durch das Bayer-Kreuz ersetzt, das ab 1910 auch alle Tabletten kennzeichnete.

Verstärkte weltweite Verbreitung fand das Bayer-Kreuz nach der Gründung der IG-Farbenindustrie AG, als der Absatz sämtlicher Arzneimittel der IG-Firmen bei Bayer Leverkusen konzentriert wurde.

Ein „Fünfmarkenstab“, der die Firmenzeichen von Bayer, Hoechst, Kalle, Cassella und Agfa vereinigte, erwies sich als wenig praktikabel. Er wurde zunächst auf die Doppelmarke Bayer und Hoechst reduziert. 1928 wurde schließlich beschlossen, das inzwischen zur heutigen Form umgestaltete Bayer-Kreuz zum alleinigen Warenzeichen für die Arzneimittel der IG zu deklarieren.

Nach der Neugründung der Farbenfabriken Bayer AG im Jahre 1951 trat das Bayer-Kreuz (1956) voll an die Stelle des Bayer-Löwen und ist heute das gemeinsame Firmenzeichen für alle Sparten von Bayer.

Es läßt sich sagen, daß Zeichen dann Gültigkeit haben, wenn sie von denen, an die sie als Signale gerichtet sind, im gemeinten Sinne akzeptiert werden. Obwohl wir im Wirtschaftsverkehr einen umfassenden Apparat zur Sicherung der Rechte an Zeichen haben, kennen wir Zeichen, die nahezu aus eigener Kraft bestehen: Das Zeichen des „Roten Kreuzes“ ist ein solches Zeichen, das in der ganzen Welt, mit nur wenigen Ausnahmen, Geltung hat und dessen Gültigkeit respektiert wird. Dennoch sind immer wieder Verletzungen gerade dieses Zeichens festzustellen.

Ein Zeichen wie das Bayer-Kreuz, das aus einem Eigennamen gebildet worden ist, steht fast aus eigener Kraft für sich selbst. Die fünf Buchstaben dieses Namens sind – in zwei Balken – in Form eines Kreuzes in einen Kreis gesetzt worden; so hat dieses Zeichen nahezu etwas Zeitloses in seiner Konzeption, die es freistellt von vergänglichen Einflüssen. Diese starke Komposition eines Wortzeichens zu einem Bildzeichen, in dem auch der Name einer großen Unternehmung verankert ist, gibt diesem Zeichen eine sehr starke Grundlage. Dennoch lassen sich Einbrüche in diese anscheinend unangreifbaren Zeichenrechte immer wieder feststellen.

Die Zeichen, die fast aus eigener Kraft in sich ruhen, heben sich ab von denen, die durch Konventionen und Einzelabsprachen gesichert sind. Dazu gehören viele Zeichen, die auf den internationalen Verkehrs- und Handelswegen seit Jahrhunderten angewendet werden; dazu gehören aber auch (obwohl der Prozeß der Wandlung zu einer endgültigen Form noch nicht abgeschlossen ist) die internationalen Verkehrszeichen, bis zu jenen Hand- und Lichtzeichen des „Einweisers" auf allen Flughäfen der Welt, der der landenden Maschine die Position zuweist.

Ein weltbekanntes Zeichen, wie das der Zwillingswerke I. A. Henckels, in Solingen, der „Zwilling", den wir immer wieder auf Schneidwaren in aller Welt finden, ist durch die Defensiv-Zeichen des „Einling" und des „Drilling" geschützt; das Hauptzeichen aber ist sicher in vielen Rechtsstreitigkeiten – auch vor internationalen Gerichten – verteidigt worden.

Wir haben in allen Bereichen des Lebens Zeichen, die starke Zeichen und die schwache Zeichen sind. Schwache Zeichen bedürfen eines stärkeren Schutzes und einer stärkeren Verteidigung. Die größte Gefahr aber, die einem Zeichen drohen kann, kommt daher, daß sich mit seiner Gestalt und seiner Gestaltung Menschen beschäftigen, die hierzu keinerlei fachliche Legitimation haben. Zeichen, die für die Märkte der Welt bestimmt sind, können nicht nach provinziellen Gesichtspunkten gestaltet werden.

Nach 1933 wurden in Solingen Bestrebungen bekannt, für die dort ansässige Schneidwarenindustrie ein Einheitszeichen, die sogenannten „Passauer Wölfe" einzuführen. Die Inhaber so starker Zeichen wie das Zwillingswerk u. a., deren Zeichenrechte sich um Jahrhunderte zurückführen lassen, haben diesem Druck widerstanden; sie haben sich geweigert, neben ihrem eigenen Zeichen auch noch ein Zusatzzeichen auf die Klingen einzuschlagen. Diese Gefahr der Verwässerung ist mit großem Mut abgewehrt worden.

Wir erleben oft den Wandel von bekannten Zeichen: Das

Zeichen COCA COLA hatte in seinem Bestand das Wort „Cola", das als Kennzeichen einer stofflichen Art ein Freizeichen ist und das daher nicht geschützt werden kann. Wettbewerbserzeugnisse aller Schattierungen in allen Ländern kamen auf. Heute wird die Abkürzung im amerikanischen „slang", das phonetische COKE zum neuen (geschützten!) Markenzeichen gemacht. Es ist eine Zeit lang neben der alten Marke mitgeführt worden und scheint hie und da die alte Marke schon verdrängt zu haben. Dieser Wandel einer Marke wird mit einem ungeheuren Aufwand – aber vor allem mit großer Planmäßigkeit und mit zielstrebigem Willen zum Durchsatz – betrieben.

Einen ähnlichen Wandel kann man beobachten: Die National Cash Register Co., die das ganze Gesellschaftskapital der National Registrierkassen GmbH. erworben hat, führt heute schon neben dem alten Firmennamen als Zeichen die Buchstaben NCR mit. Mit Sicherheit kann auf einen Wechsel des Namens geschlossen werden, um diese Firma an das Weltnetz der amerikanischen Unternehmung auch „zeichenmäßig" anzuschließen.

Unter größtmöglichster Reichweite ist die größstmöglichste Anzahl von Kontakten durch ein Zeichen zu verstehen. Gibt es hier eine absolute Zahl, die für den Besitzer eines Zeichens der Wertmaßstab sein könnte?

Die Zahl allein, die andeutet, wie oft in menschlichen Hirnen und Herzen ein Signal aufleuchtete, genügt nicht.

Um das Zeichen zu einem echten Signal zu machen, ist mehr erforderlich als nur ein ununterbrochenes Wetterleuchten der Berieselung und ein ohrenbetäubendes, nicht nachlassendes Trommeln. Die Reichweite ist nicht die wichtigste Kategorie, in der wir hier zu denken haben.

Das Zeichen muß den echten Gehalt einer innersten Substanz haben, um aus sich heraus zu überzeugen, und es muß mit großer Planmäßigkeit zum Durchsatz gebracht werden!

Das sind die wesentlichsten Voraussetzungen, auch größere Reichweiten zu erlangen.

Zeichen gehören auch zum Instrumentarium der Wirtschaftswerbung; sie sind in diesem Instrumentarium eines der wichtigsten Werkzeuge.

Bei der steigenden Hypertrophie an Zeichen in der ganzen Welt, die mit dem Einbruch der Elektronika in den Bereich der Kommunikation ausgebrochen ist, haben wir zwei Fragen zu klären:

(1) Sind die Zeichen, die wir benutzen, echte Zeichen oder sind sie nur der Ausdruck überholter Gefühle?

(2) Verlohnt es sich, einem neuen Zeichen nachzuhängen oder sollten wir nicht zunächst die sachlichen Grundlagen überprüfen, auf denen dann aufzubauen wäre?

Mit der Gestaltung eines Signets, eines Zeichens oder einer Marke sollten nur Könner allerhöchsten Grades beauftragt werden.[1]

V. Probleme der Absatzpolitik und der Preispolitik für die Wirtschaftswerbung[2]

Fragen der Kalkulation von Verkaufspreisen für marktreife Erzeugnisse sind hier nicht zu behandeln; hierfür muß auf die vorliegende Literatur verwiesen werden. Dennoch sind einige Begriffe festzulegen, die für die weiteren Erörterungen gebraucht werden. Einer dieser Begriffe ist der der Vertriebskosten.

Aus der ausgezeichneten Untersuchung von P. W. Stewart [133] „Does Distribution cost too much?“ (Seite 346) ist eine Feststellung von Interesse, die in vollem Umfang auch für uns in Deutschland gilt: „Für unsere Zwecke ist es nicht genug,

[1] Hierzu sei besonders auf das Buch von Anton Stankowski [131] verwiesen.
[2] Hierzu vgl. die früheren Veröffentlichungen des Autors: [65, 68, 69, 72].

nur die Kosten zu messen und das System der Warenverteilung zu beschreiben. Die Tatsache, daß die Kosten der Warenverteilung häufig die Kosten der Erzeugung übersteigen, hat an sich überhaupt nichts zu sagen, es sei denn, daß dadurch nur die relative Bedeutung der beiden Funktionen in das richtige Licht gesetzt wird.

Die Tatsache, daß es fünfmal soviel kostet, den Weißkohl vom Felde des Bauern in das Haus der Hausfrau zu bringen, beweist noch lange nicht, daß das ein wirklicher Grund zur Beschwerde hierüber ist. In diesem Falle ist die Erzeugung doch verhältnismäßig einfach und mit wenig Kosten verbunden, im Vergleich zu den Aufgaben des Transports und der Heranbringung der Ware an den Markt.

In den meisten Beiträgen zu der Diskussion über die Vertriebskosten finden wir akademische Erörterungen, die zwar aufschlußreich und interessant sein mögen, die uns aber doch nicht viel weiter bringen; denn viele Klagen über die hohen Vertriebskosten bleiben den Nachweis schuldig, um wie viel sie zu hoch sind und wo und wie sie gesenkt werden können.

Als Vertriebskosten sind anzusehen „alle Kosten, welche in irgendeiner Weise dadurch verursacht werden, daß die aus der Fertigung kommenden Erzeugnisse im Markt abgesetzt werden müssen", ... „sie sind Vertriebskosten auch dann, wenn sie nicht unmittelbar durch den Vertrieb bedingt sind, sondern aus anteiliger Inanspruchnahme anderer Stellen der Unternehmung herrühren" (Küspert, [95]).

Immer wieder werden die Vertriebskosten in Beziehung gesetzt zu den Verkaufspreisen, und wo es möglich ist, auch zu den Gestehungspreisen überhaupt. Die Distribution von Waren und Fertigungserzeugnissen leistet für die Käufer einen Dienst, der meist als ein rein selbstverständliches Faktum hingenommen wird.

In der wirtschaftswissenschaftlichen Literatur werden die Werte, die im industriellen Herstellungs- und Fertigungsprozeß dem zur Verarbeitung kommenden Material hinzugefügt werden, d. h. im wesentlichen also die Lohnkosten und die Fertigungs-Gemeinkosten, mit dem englischen Ausdruck „Value added by manufacture“ bezeichnet, d. h. der dem Materialwert hinzugefügte Netto-Produktionswert ergibt den Wert der Erzeugung.

Es ist die Forderung für die Absatzwirtschaft zu erheben, daß hier ein ähnlicher Begriff „Value added by distribution“ geschaffen und anerkannt wird. Es ist ausdrücklich zu betonen, daß nicht nur die Produktion Zusatzwerte schafft, sondern auch der Warenvertrieb schafft für den Verbraucher Zusatzwerte die für ihn oft erst die eigentliche Begründung des Warenwertes sind. Den Wertbegriff „Value added by distribution“ kann man auch bezeichnen als die Differenz zwischen Verbraucherpreis und dem Preis ab Fabrik. Für diese Differenz liefert die Warendistribution dem Verbraucher folgende Werte:

(1) Die Auswahl eines großen Sortiments innerhalb von Waren gleicher Art.

(2) Die Auswahl nach Preis, Qualität, Zweckmäßigkeit, Gebrauchswert, Form, modischem Aussehen usw.

(3) Die Auswahl dort, wo der Verbraucher die Ware nötig hat.

(4) Die Auswahl ohne jedes Risiko für den Verbraucher.

(5) Die Auswahl zu jeder Zeit.

Das heißt also, wenn bei einem Verbraucher, der in Dortmund wohnt, der Bedarf nach einem Kühlschrank von 100 Liter Inhalt entsteht, dann ist ein Kühlschrank dieser Art, der nur in Nürnberg greifbar ist, für ihn wertlos. Die Warendistribution muß ihm die Auswahl in Dortmund ermöglichen, und sie muß ihm vielleicht sogar die Möglichkeit geben, sich für einen Kühlschrank mit 60 oder 120 Liter Fassungsvermögen zu entscheiden. Diese Möglichkeit will der Verbraucher der Gegenwart an dem Ort zu seiner Verfügung haben, an dem er lebt. Er will für diese Auswahl keinerlei persönliches Risiko übernehmen, und er will sich zu jeder Zeit über eine solche Verbrauchschance entscheiden können. Dieses Beispiel kann abgewandelt werden auf den Kauf von Schuhen, auf den Kauf von Büroeinrichtungen oder auf den Kauf von Härteöfen für eine Feilenfabrik.

Die Voraussetzung aber, daß eine Werterhöhung durch die Distribution eintritt, liegt in folgendem:

1. Es müssen Waren gleicher Art durch verschiedene Hersteller erzeugt werden.
2. Es muß die Auswahl dieser Waren durch verschiedene Absatzmittler bereitgehalten werden.
3. Es ergibt sich unter Herstellern und Absatzmittlern ein scharfer mit allen Risiken behafteter Wettbewerb um den Verbraucher.

In diesem Wettbewerb können – je nach der Wettbewerbssituation – die Vertriebskosten nach Warengattungen, Kundengruppen, Werbe- und Verkaufsförderungsaufgaben oder bestimmten absatzpolitischen Funktionen zugerechnet werden. Solche absatzpolitischen Funktionen können in einer Unternehmung wichtige verursachende Faktoren für Vertriebskosten sein. Diese absatzpolitischen Aufgaben können oft wichtiger sein als preispolitische Überlegungen[1]

Das Problem, um das es hier geht, ist ein Problem, das sich als Folge der Entscheidungen der obersten Leitung einer Unternehmung darstellt. Die oberste Leitung einer Unternehmung hat in absatzwirtschaftlicher Hinsicht eine Reihe grundlegender Entscheidungen zu treffen, die sich kostenmäßig auswirken. Die wesentlichsten Entscheidungen in dieser Hinsicht sind:

(1) die Entscheidung über die Art und Zahl der Abnehmer, an die verkauft werden soll,
(2) die Entscheidung über die Mindesthöhe der Aufträge,
(3) die Entscheidung über die Vertriebswege, die zu wählen sind,
(4) die Entscheidung über die geographischen Gebiete, die von den absatzwirtschaftlichen Bemühungen erfaßt werden sollen,

[1] Auf die Arbeit von Manfred Geist [47] sei besonders aufmerksam gemacht.

(5) die Entscheidung über die Erzeugnisse, die verkauft werden sollen.

Diese von der obersten Leitung zu treffenden Entscheidungen sind von weittragender Bedeutung für die Gestaltung der Vertriebskosten und infolgedessen ist es notwendig, sie unter dem Gesichtspunkt der Vertriebskosten einmal im einzelnen zu analysieren.

Die Entscheidungen, um die es hier geht, können von der obersten Leitung der Unternehmung, die ja die Richtung der Absatzpolitik bestimmt, aus zwei Prinzipien heraus getroffen werden.

Das erste Prinzip ist das Prinzip der vollständigen Markterfassung, und das zweite Prinzip ist das Prinzip der selektiven Markterfassung.

Unter dem Prinzip der vollständigen Markterfassung ist das absatzwirtschaftliche Bestreben zu verstehen, jede Art von Abnehmern zu gewinnen, jeden Vertriebsweg zu benutzen, jedes geographische Gebiet zu erobern und alle Waren zu liefern, die verlangt werden (und vielleicht sogar zu jedem Preis, der im Zuge des Konkurrenzkampfes erzielbar ist).

Unter dem Prinzip der selektiven Markterfassung ist das Bestreben, aus der großen Zahl der Abnehmer nur eine bestimmte Art auszuwählen und von dieser bestimmten Art von Abnehmern auch nur eine gewisse Zahl zu beliefern, die einen gewinnbringenden Umsatz gewährleisten, zu verstehen.

Es würde dem Prinzip der selektiven Markterfassung widersprechen, den Absatz auf jedem nur möglichen Vertriebsweg zu suchen, es würde ihm widersprechen, jedes geographische Gebiet einzubeziehen, und es würde ihm genauso widersprechen, auch solche Erzeugnisse zu führen, in denen nur gelegentlich Umsätze zu erzielen sind. Daß ein gewinnbringender Preis erzielt werden muß, versteht sich auch für das Prinzip der selektiven Markterfassung von selbst.

Dem kritiklosen, auf jede Geschäftsmöglichkeit hindrängenden Prinzip auf der einen Seite steht das kritische, selektive, diskriminierende Prinzip auf der anderen Seite gegenüber, und unter diesen beiden Gesichtspunkten soll versucht werden, die Frage zu erörtern, ob es für Produktionsunternehmungen möglich ist, ihre Distributionskosten unter Kontrolle zu bekommen.

Es wird aber jetzt schon ersichtlich, daß eine Analyse der Vertriebskosten nur dann von Erfolg sein wird, wenn sie die ursprüngliche, absatzwirtschaftliche Funktion und Aufgabe zum Ausgangspunkt nimmt. Es muß sich aber dann auch noch zeigen, von welcher Seite aus eine Beeinflussung der Kostenhöhe möglich ist.

(1) *Art und Zahl der Abnehmer, an die verkauft werden soll.*

In der Verkaufspraxis gilt für die Beurteilung eines Abnehmers oder eines Kunden das alte eherne Gesetz: „An ihren Aufträgen sollt ihr sie erkennen." Im Verkaufsgeschäft gibt es keine platonischen Freundschaften; die absatzwirtschaftlichen Beziehungen müssen sich in entsprechenden Aufträgen niederschlagen und äußern.

Nur allein nach diesem ehernen, unabdingbaren Gesetz absatzwirtschaftlicher Leistung und verkäuferischer Fähigkeit dürfen Kunden und Abnehmer beurteilt werden.

Die Art und Weise, wie die Beurteilung erfolgen kann, soll an einer Reihe von Beispielen gezeigt werden, die der Schrift von Charles H. Sevin [126], entnommen sind. Es ist ausdrücklich zu sagen, daß deutsche industrielle Unternehmungen durchaus die Möglichkeit haben, die Probe aufs Exempel durch eine solche Analyse der eigenen Vertriebskosten zu machen.

Es sind von einer Herstellerfirma die Vertriebskosten untersucht worden, und es ergab sich, daß Jahresaufträge im Betrage von \$ 200,– noch als gewinnbringend angesehen werden konnten, daß aber Kunden, die mit ihren Umsätzen unter \$ 200,– lagen, nicht mehr gewinnbringend waren. Der Querschnitt durch die Gesamtzahl der Kunden ergab folgendes Bild: 32 % lagen über \$ 200,–, d. h. nur 32 % der Kunden waren gewinnbringend, 68 % lagen unter einem Jahresumsatz von

$ 200,–, d. h., 68 % aller Kunden waren nicht mehr gewinnbringend.

Die 32 % brachten 90 % der Gesamtumsätze, die 68 % brachten nur 10 % der Gesamtumsätze.

Die 32 % trugen zu 87 % zum Rohgewinn bei, die 68 % trugen nur zu 13 % zum Rohgewinn bei.

Die 32 % verursachten 65 % aller Vertriebskosten, die 68 % verursachten 35 % aller Vertriebskosten.

Welche Konsequenzen sind gezogen worden? Die meisten der nicht gewinnbringenden Kunden wurden fallengelassen, die Umsätze stiegen um 76 %, die Kosten des Vertriebs wurden von 22,8 % auf 11,5 % vom Umsatz gesenkt, und der Verlust von 2,9 % wurde in einen Gewinn von 15 % vom Umsatz verwandelt.

Es ist zu bemerken, daß die Analyse dieser Kosten über 10 Jahre von 1932–1942 hinweg durchgeführt worden ist.

(2) Mindesthöhe der Aufträge

Bei einer Unternehmung machten 57,5 % der Aufträge nur 2,7 % des Gesamtumsatzes aus. Diese Aufträge waren, wie leicht zu ersehen ist, nicht gewinnbringend. Die nicht gewinnbringenden Aufträge wurden vernachlässigt. Die gesamten Verkaufsanstrengungen wurden auf die übrigen Aufträge konzentriert, wodurch die Vertreter um etwa 50 % ihrer bisherigen Reiseanstrengungen entlastet wurden. Hierdurch wurden sie in die Lage versetzt, sich um gewinnbringende Aufträge zu kümmern, während ihre Reisekosten wesentlich reduziert wurden.

(3) Vertriebswege, die zu wählen sind

Eine Unternehmung hat ihre gesamten Vertriebskosten auf die von ihr benutzten vier Hauptvertriebswege verteilt, mit dem Ergebnis, daß ein Vertriebsweg und die nicht gewinnbringenden Kunden eines anderen Vertriebsweges fallengelassen wurden mit der Folgeerscheinung, daß der Reingewinn sich verdoppelte.

(4) Verkaufsgebiete und Vertreterarbeit

Die gleichen Gesichtspunkte, die bisher diskutiert worden sind, lassen sich auch auf geographische Gebiete, auf Städte oder ähnliche bezirkliche Einheiten im geographischen Sinne anwenden.

Eine Unternehmung stellte fest, daß etwa 28 % der Gesamtzahl der Städte, die bearbeitet wurden, nicht gewinnbringend waren. Diese nicht gewinnbringenden Städte wurden eliminiert oder es wurde die Zahl der Vertreterbesuche in diesen Städten herabgesetzt. Das Ergebnis war, daß die Zahl der Reisenden und Vertreter von 334 auf 189 herabgesetzt werden konnte, daß durch diese Konzentration der absatzwirtschaftlichen Anstrengungen die Umsätze von 10 Millionen auf 22 Millionen Dollar stiegen mit der entsprechenden Senkung der Vertriebskosten.

(5) Das Verkaufs- oder Warensortiment

Das Prinzip der vollständigen Markterfassung wirkt für die Gestaltung des Waren- und Verkaufssortiments dahingehend, daß die Nachfrage der Kunden und Abnehmer nach bestimmten Erzeugnissen und Marken möglichst restlos befriedigt werden soll.

Das Prinzip der selektiven Markterfassung hingegen wirkt sich dahin aus, daß nur diejenigen Erzeugnisse geliefert werden, die den höchstmöglichen Umsatz versprechen.

Eine Unternehmung hat aus der Kollektion von 39 Erzeugnissen 18 eliminiert, weil diese Erzeugnisse nicht gewinnbringend waren. Die Umsätze ließen sich durch diese Konzentration um 366 % steigern und die Vertriebskosten im Jahre 1947 ließen sich im Vergleich mit dem Durchschnitt der Jahre 1939–1941 um 55 % senken.

Im Jahre 1914 haben 130 verschiedene Automobilmarken um den Automobilmarkt in den USA gekämpft. 15 Jahre später, im Jahre 1931, wurden 27 Automobilmarken von 15 Gesellschaften produziert, die 98 % des gesamten Automobilmarktes der USA belieferten. Nur die Homogenisierung und die Gleichrichtung des Bedarfs ist die Voraussetzung für die Typenverringerung und damit für die Massenproduktion dieser großen Industrie gewesen, mit allen Folgen der Preissenkung und der Leistungssteigerung, die den Automobilfahrern zugute kamen.

Wir finden Dutzende von Marken ein und derselben Wagengattung, aus denen sich eine oft recht beachtliche Gruppe führender Marken herausbildet, von denen dann nur einzelne Marken mit Abstand an die Spitze kommen konnten. Wir finden außer diesen führenden Marken eine große Anzahl von Erzeugnissen ein und derselben Warengattung von verschiedenen Herstellern, die – mehr oder weniger anonym – die Regale der Einzelhändler und die Regale der Großhändler füllen und die mit dem bekannten Ausdruck „Ladenhüter" oft noch zu günstig bezeichnet sind.

Die Risiken, die in diesen Beständen liegen, sind nicht immer nur Risiken aus Geschmackswandlungen. Die modischen Risiken aber sind ungeheuerlich groß, und sie führen letzten Endes auch zu einer Steigerung der Vertriebskosten.

Bisher ist nur von den Faktoren gesprochen worden, die die Vertriebskosten beeinflussen können, sofern sie sich aus der Absatzpolitik einer Unternehmung ergeben. Es liegt aber auf der Hand, daß auch Faktoren aus dem Absatzmarkt auf die Vertriebskosten einwirken können, und zwar handelt es sich einmal um Faktoren, die durch die Absatzmittler, und zweitens um Faktoren, die durch die Verbraucher bestimmt werden.

(1) Einflüsse der Absatzmittler auf die Vertriebskosten

Die Einflüsse auf die Vertriebskosten durch die Absatzmittler können nach dem gleichen Schema gegliedert werden, wie die Faktoren aus der Absatzpolitik einer Unternehmung.

Es ist immer wieder festzustellen, wenn eine Unternehmung mit ihren Erzeugnissen einen absatzwirtschaftlichen Erfolg erzielt hat, daß sich dann neue Absatzmittler um den Verkauf dieser Erzeugnisse bemühen, und diese Bemühungen sind meist begleitet von einer Fülle von Versprechungen auf großen Umsatz. Nur selten finden wir Herstellerbetriebe, die die Festigkeit aufbringen, besonders in Zeiten einer rückläufigen oder stagnierenden Konjunktur, diesen Wünschen nicht zu entsprechen. Die Höhe der von den Absatzmittlern erteilten Aufträge, die sehr oft nicht aus einer echten Funktion des Großhandels oder aus einer echten Funktion im Einzelhandel bestimmt wird, läßt viel zu wünschen übrig. An der Bestimmung der Auftragshöhe sind aber auch die Reisenden und Vertreter der Unternehmungen nicht unschuldig, die sich sehr oft nur mit einem sogenannten Anerkennungsauftrag zufrieden geben.

Nicht selten wird durch die unterschiedslose Belieferung von ungeeigneten Absatzmittlern die Ware in Vertriebskanäle gebracht, die nicht der Absatzpolitik der Unternehmung entsprechen und die Schwierigkeiten bei anderen Absatzmittlern hervorrufen.

Die Erweiterung der Verkaufsgebiete ist sehr oft auf Einflüsse aus dem Markt her zurückzuführen. Auf Messen und Ausstellungen werden Erzeugnisse gezeigt, die für bestimmte Verkaufsgebiete nicht freigegeben sind, und mit vielen Versprechungen werden dann den Herstellerfirmen Zugeständnisse für Lieferungen abgepreßt, die sich nachher als unzweckmäßig erweisen, weil abseitsliegende Verkaufsgebiete nicht wirtschaftlich zu bearbeiten sind.

Das Verkaufs- und Warensortiment aber wird besonders von den Vertretern und Reisenden der Industrie und auch von den Großhändlern und Einzelhändlern her beeinflußt. Oft schon sind auf nachdrücklichen Wunsch dieser Absatzmittler bestimmte Erzeugnisse („wie die Konkurrenz sie hat") in die Fertigung gegeben worden, die sich nachher als Fehlschlag erwiesen.

Die Risiken aus den Wandlungen des Geschmacks und aus der Überlagerung ungängiger Artikel sind außerordentlich groß, und sie entstehen oft dadurch, daß der betreffende Absatzmittler die Rücknahme solcher Warenposten verlangt, nicht selten gegen Erteilung eines Ersatzauftrages, der dann vielleicht auch wieder in das Fach der Ladenhüter gerät, um dann nach einer gewissen Zeit erneut gegen einen Ersatzauftrag umgetauscht zu werden.

Ein letzter Einfluß aus dem Bereich der Absatzmittler sind die überhöhten Lagerungs- und Lieferkosten. Hier ist an Konsignationsläger zu denken, oder es ist daran zu denken, daß viele Absatzmittler keine echte Mittlerfunktion ausüben, weil sie keine Läger halten wollen, sei es aus Gründen der Kosten oder sei es aus Gründen des beschränkten Raumes. Auf jeden Fall suchen sie das Lagerrisiko auf den Herstellerbetrieb abzuwälzen, indem sie diesen veranlassen, Fabrikläger an allen möglichen Plätzen zu errichten, um kleine und kleinste Aufträge so abzuholen, daß sie selbst praktisch aus solchen Kleinstaufträgen ihre täglichen Kommissionen zusammenstellen können.

Diese Fülle von Einflüssen müßte, gerade wegen ihrer ungeheuren Auswirkung auf die Höhe der Vertriebskosten, im einzelnen untersucht werden, denn jedem, der auch nur etwas mit den Sorgen eines Verkaufsleiters zu tun gehabt hat, sind diese Überlegungen geläufig.

(2) Einflüsse der Verbraucher auf die Vertriebskosten

Der Begründer der modernen Marktforschung Charles Coolidge Parlin hat das Wort geprägt: „Der Verbraucher ist König." Dieses Wort ist das geflügelte Wort in jeder Verkaufsabteilung, auch in der industriellen Vertriebsarbeit. Nach diesem Wort muß dem König alles dienstbar sein.

Nun hat es Könige gegeben, die durch ihre Launen und ihre Willkür sich selbst um den Thron gebracht haben. Es ist manchmal zu befürchten, daß seine Hemmungslosigkeit auch den „König Verbraucher" selbst einmal um die Möglichkeit bringen wird, weiterhin noch frei wählen zu können.

Wenn der Verbraucher, der in der Kriegszeit mit einer einzigen schlechten, minderwertigen Handwaschseife zufrieden war, heute nicht neben zwei oder drei Dutzend verschiedener Toiletteseifen noch eine 25. oder 37. Sorte findet, dann ist er nicht zufrieden! So ist es in der Schuhindustrie, so ist es in der Textilindustrie, so ist es in der Industrie der Nahrungs- und Genußmittel, ja, so ist es auch in vielen Zweigen der Maschinenindustrie. Denken wir einmal daran, wie viele Typen Kaffeemühlen, wie viele Marken von Waschmaschinen, wie viele von Drehbänken und Arbeitsautomaten und wie viele Arten und Sorten von Schaufeln und Zangen wir auf dem Markt haben, auf die wir alle verzichten könnten, wenn wir uns auf zwei oder vier Typen zu einigen vermöchten.

„Der Verbraucher ist König" – aber die Unberechenbarkeit und die Rücksichtslosigkeit dieses Königs, der sich Verbraucher nennt und dessen Urteil oft unbestechlich zu sein scheint, macht der produzierenden Industrie die größten Sorgen.

Die Industrie hat wissenschaftliche Methoden der Markt- und Meinungsforschung entwickelt, um diesem König den Puls zu fühlen. Die Industrie nimmt große Risiken auf sich, um schließlich festzustellen, daß der „König-Verbraucher" ein ganz anderes Erzeugnis bevorzugt als das, was mit großen Hoffnungen hergestellt wurde.

Es ist hier nicht zu entscheiden, ob dem Verlangen der Verbraucher weiterhin nachgegeben werden soll, oder ob er mit seinen Wünschen wieder in das Zwangskorsett der Produktionslenkung und der Verteilungslenkung gezwungen werden wird.

(3) Außerwirtschaftliche Einflüsse auf die Vertriebskosten

Da die Verbraucher gleichzeitig Wähler zu Parlamenten und Abonnenten von Zeitungen und Zeitschriften sind, zeigen sich als beeinflussende Faktoren für die Vertriebskosten auch noch Kräfte aus der Politik und Kräfte aus dem Kreise, der eigentlich der überzeugte Diener der produzierenden und werbungtreibenden Wirtschaft sein sollte.

Es lassen sich die Ausstellungen und Messen nicht aufzählen, die immer wieder von Städten und von Politikern (die aber selbst nicht die Kosten zu bezahlen haben!) veranstaltet und empfohlen werden und die die Industrie geradezu erdrücken.

Es ist kein Wort gegen die notwendige Darbietung von Erzeugnissen auf Technischen Messen oder Fachschauen zu sagen – aber die übersteigerte Betriebsamkeit der Ausstellungsgesellschaften unserer Städte, die auch immer wieder Politiker als Vorspann gewinnen, ist ein Faktor, der die industriellen Vertriebskosten ungeheuerlich beeinflußt. Diese Kostenbelastungen haben mit echter absatzwirtschaftlicher Leistung nichts zu tun, sie belasten aber die Preise der Waren.

Durch diese Form der Einmischung in die Werbung werden letzten Endes die Vertriebskosten nicht niedriger.

Wir erleben es immer wieder, daß irgendein Ausstellungs- oder Verlagsobjekt mit einer Empfehlung von Politikern an die Werbungtreibenden herausgebracht wird, d. h. von Befürwortern, die gewiß noch nie einen Schuhnagel, ein Paket Seifenpulver oder eine Waschmaschine verkauft haben und die vom Wesen und Wert eines Werbemittels nicht viel verstehen.

Wenn wir uns über zu hohe Vertriebskosten beklagen, dann müssen wir danach streben, vor allem den außerwirtschaftlichen Einflüssen auf die Vertriebskosten zuallererst ein Ende zu machen. Das Wettbewerbsprinzip, das in der Wirtschaft lebendig ist, reicht vollkommen aus, um die Verbraucher über die Leistungen der produzierenden Industrie zu unterrichten, und es bedarf dieser Einflüsse nicht.

VI. Dienstleistungen als Probleme der Werbung (dargestellt an zwei Beispielen)

Das altgermanische Verb „dienen“, das im Althochdeutschen und Mittelhochdeutschen nachgewiesen wird, ist abgeleitet von einem germanischen Substantiv mit der Bedeutung „Diener,

Gefolgsmann“, das im gotischen „Knecht“ zu finden ist (Duden, Etymologie). Das mittelhochdeutsche „Dienst“ bedeutet eine Eigenschaft, einen Zustand oder eine Tätigkeit des Dienens. Unter den verschiedensten Wortbedeutungen befinden sich für „Dienst“ noch folgende: abhängiges Arbeitsverhältnis, Ausübung einer Amtspflicht, Helferschaft im Dienst der Allgemeinheit, Bemühungen um Kunden, aber auch Dienste, zu denen man verpflichtet ist oder die man freiwillig leistet.

Es ist wichtig, sich diese Wortbedeutungen und ihre Zusammenhänge einmal klar zu machen, wenn man eine Vorstellung davon gewinnen will, welche Probleme sich ergeben, wenn für Dienstleistungen geworben werden soll.

Wir haben Berufe, die ausgesprochene Berufe der Dienstleistung sind (Telefonistinnen, Ärzte, Lehrer); wir haben aber auch Wirtschaftszweige, die der Dienstleistung nahe kommen (Krankenhäuser, Apotheken, Eisenbahn- und Straßenbahngesellschaften, Schiffahrtslinien).

Viele Dienstleistungen ziehen ganze Ketten anderer Wirtschaftszweige (oder auch Dienstleistungen) nach sich: Das ganze Fremdenverkehrsgewerbe ist mit Hotelketten, Reisebüros, Verkehrsunternehmungen usw. ein Gewerbe der Dienstleistung. Die Unternehmungen des Geld-, Zahlungs- und Wertpapierverkehrs, d. h. Banken, Sparkassen, Girozentralen u. a., sind auch Unternehmungen der Dienstleistung. In gewissen Sparten vollziehen sich die Dienstleistungen unsichtbar, in anderen haben sie gewisse greifbare Auswirkungen, die auch in gewisser Hinsicht meßbar und bewertbar sind.

Für diejenigen, die sich einer Aufgabe in einem Dienstleistungsberuf verpflichten, sollte als Maxime gelten, diese Tätigkeit des Dienens in echter Helferschaft, wie es der Grundsatz der Freiwilligkeit gebietet, zu leisten, denn sonst würden sich geradezu absurde Situationen ergeben. Dienstleistungen dieser Art sind genau so wichtig und wertvoll wie Produktionsleistungen in der Erzeugung von Gütern.

Durch die vorstehend gekennzeichnete Maxime sind erst die Voraussetzungen dafür geschaffen, daß für Dienstleistungen auch die Werbung eingesetzt werden kann. Die Probleme sind für die verschiedensten Arten von Dienstleistungen aber so grundverschieden, daß es notwendig ist, die Problematik an einigen Beispielen aufzuzeigen.

(1) Dienstleistung der Banken und Sparkassen

In dem Buch „Kundenwerbung amerikanischer Banken – Financial Advertising –", das 1929 erschien, ist eine Text-Anzeige des Bankhauses Gebr. Arnhold, Dresden/Berlin, abgedruckt, die folgenden Wortlaut hatte:

„Ein Privatbankhaus, das seine mehr als sechzigjährigen Erfahrungen auf kommerziellem und industriellem Gebiet, seine engen Beziehungen zu allen bedeutenden Geldplätzen Europas und Amerikas, seinen Unternehmungsgeist, seine moderne Organisation und seinen Beamtenstab von mehr als 500 Personen in den Dienst seiner Kundschaft und der Wirtschaft stellt."

Typografisch gut gesetzt, war sie eine Anzeige, die aus der damaligen Zeit für reproduktionswürdig und der amerikanischen Bankenwerbung vergleichbar gehalten wurde.

Gegen einen stark traditionsgebundenen Hintergrund muß der Wandel gesehen werden, der sich zu vollziehen scheint: Banken werben in Tages- und Wochenzeitungen, in Nachrichtenmagazinen und Publikumszeitschriften, im Rundfunk und Fernsehen, sie haben Werbefachleute und Werbeagenturen gewonnen, die die Werbung für festverzinsliche Anleihen, für Aktien, für Anteile an (Investment-)Fonds und für andere Anlagemöglichkeiten gestalten.

Vieles dieser gedruckten Ankündigungen ist „gekonnt", vieles läßt aber eine merkwürdige Verwandtschaft zur Wirtschaftswerbung für Produkte und Waren aller Art erkennen: Waschmittel oder Seife, Schuhe oder Textilfertigkleidung, Bier oder Likör, Fernsehgeräte oder Waschautomaten, Möbel und Autos – ja, alles, was wir verbrauchen oder gebrauchen, kann der Käufer in der gleichen Warenklasse und mit Waren gleicher Art vergleichen, gegeneinander abwägen und prüfen. Er kann in Gesprächen mit Nachbarn und Freunden die Eigenschaften feststellen, und er kann sie selbst sofort prüfen.

In der Werbung der Banken jedoch „verkauft" man verbriefte Forderungen und Anteile, von denen man erst am Fälligkeitstag oder bei Wiederverkauf feststellen kann, ob die Werbeankündigung richtig gewesen ist.

Wir rümpfen sehr gerne die Nase über den Assignaten-Schwindel in Europa und über den Wertpapierschwindel in den USA – schwindelhafte Angebote werden wir nie aus der Welt schaffen. Aber man sollte bei uns in Europa sich doch dessen bewußt werden, daß sich die Dienstleistungen einer Bank nicht „verkaufen" lassen wie Seife, Margarine oder Haarwasser. Der Werbefachmann für Dienstleistungen der Banken muß die Technik des Bankgeschäfts und das ganze Instrumentarium des Geld-, Kredit- und Finanzwesens beherrschen, und muß es im volks- und weltwirtschaftlichen Rahmen zu analysieren vermögen. Die Kenntnis des Marktes z. B. für Bodenpflegemittel und die gestalterische Fähigkeit, die sich auf die Werbung für Bohnerwachs bezieht, reichen dazu einfach nicht aus.

In dieser Form einer Werbung für Dienstleistungen der Geldanlagemöglichkeiten gibt es Probleme zur Genüge; sie sind aber von den Problemen der Werbung für Konsumgüter oder Industriebedarf grundlegend zu unterscheiden.

(2) Die Krankenpflege als Dienstleistungsberuf

Das Vorstellungsbild in der Öffentlichkeit von den Berufen der Krankenpflege wandelt sich; aus einer Arbeit „im Dienst am Nächsten", der nach alter Vorstellung seinen Lohn in der tätig geübten Nächstenliebe zu finden hat, ist ein Lernberuf geworden, der auch die wirtschaftliche Basis für das ganze Leben abzugeben vermag.

Die EMNID-Informationen für September/Oktober 1967 veröffentlichen einen Vortrag von dem Verwaltungsdirektor des Diakoniewerkes in Kaiserswerth, Diplom-Volkswirt Thomas Berron, über das Thema: „Die Krankenpflege im Spiegel der öffentlichen Meinung." In diesem Vortrag wird über die allgemeine Einstellung junger Mädchen zu Krankenpflegeberufen, über das Ansehen der Schwesternberufe in der öffentlichen Meinung, über das Privatleben der Krankenschwester, über die Besoldung, die Sozialleistungen und die Aufstiegsmöglichkeiten für Krankenschwestern berichtet. Hieraus sei folgendes zitiert:

„1. Etwa ein Drittel der jungen Mädchen betrachtet den Beruf als Vorstufe zu Ehe und Familie; *ein Fünftel sucht im Beruf eine Lebensaufgabe.* Die Krankenpflegeberufe würden daher jedem 2. Mädchen grundsätzlich die Erfüllung der Berufswünsche bieten.

2. *Der Dienst am Menschen ist auch heute noch für 78 % der befragten jungen Mädchen wichtig.* Dieser Einstellung vermag die Krankenpflege in besonderer Weise zu entsprechen.

3. *Die Eltern beeinflussen* die Berufswahl ihrer Töchter spürbar; im übrigen ist der Zufälligkeitsfaktor bei der Entscheidung zu einem Beruf beachtlich groß.

4. *In der Bevölkerung genießt die Krankenschwester das höchste Ansehen unter den sozialen Berufen.* Mädchen, die sich noch zu keinem bestimmten Beruf entschlossen haben, würde man im allgemeinen zuraten, in die Krankenpflege einzutreten. Das Image des Krankenpflegers bedarf der Korrektur.

5. *Die Tätigkeit einer Krankenschwester* wird vorwiegend in den pflegerischen Arbeiten gesehen und *löst positive Vorstellungen aus;* die Übernahme von Verantwortung, die damit verbunden ist, wird ebenfalls positiv bewertet.

6. Die Tracht der Krankenschwester braucht weder modisch oder chic, noch sachlich oder würdig zu sein. Die jungen Mädchen wünschen vielmehr *eine ‚kleidsame' Tracht.*
7. Die Bezahlung und die Freizeit der Krankenschwestern werden im Hinblick auf die Schwere des Berufes als zu gering erachtet; die Bezahlung wird etwas unterschätzt, die Unterbringung teilweise als unbefriedigend bezeichnet, die Gestaltung der Freizeit jedoch treffend beurteilt. Die Aufstiegsmöglichkeiten werden nur begrenzt erkannt und als unzureichend angesehen."

Der Beruf der Krankenschwester genießt in der Öffentlichkeit ein gewisses Ansehen, und doch herrscht in diesem Beruf ein ausgesprochener Mangel an Nachwuchs.

Im November 1956 und im August 1961 wurde von dem Institut für Demoskopie in Allensbach die Frage gestellt: „Es ist ja so, daß man in seinem Leben nicht alles zugleich machen kann. Aber was meinen Sie, hier ist eine Liste, welche von diesen Berufen hätten Ihnen Freude gemacht, welche hätten Ihnen besonders gelegen?" Hierauf haben die befragten Männer den Beruf des Krankenpflegers überhaupt nicht erwähnt. Von den befragten Frauen haben im Jahre 1956 11 Prozent den Beruf der Krankenschwester erwähnt. Vorauf gingen mit einer höheren Quote der Nennungen die Berufe der Kindergärtnerinnen, der Verkäuferin, der Modistin, der Köchin, der Friseuse, dann kommt die Krankenschwester, und nachfolgend waren Gärtnerinnen, Lehrerinnen, Kunstgewerblerinnen usw.

Bei einer Befragung, die im Januar 1966 durchgeführt worden ist, lautete eine Frage: „Wer sollte Ihrer Ansicht nach vor allem einen Verdienstorden bekommen?" Die Antworten waren im Gesamtdurchschnitt:

– jemand, der eine hervorragende Tat unter Einsatz seines Lebens geleistet hat	66 Prozent
– Ärzte und Krankenschwestern, die vielen Menschen geholfen haben	55 Prozent

- hervorragende Wissenschaftler 49 Prozent
- jemand, der sich ehrenamtlich besonders für die Allgemeinheit eingesetzt hat 38 Prozent
- Arbeitsjubilare, die mindestens 40 Jahre bei einer Firma gearbeitet haben 32 Prozent

Dann fallen die Werte ab mit Politikern, Künstlern, Männern der Wirtschaft usw.

Für diesen Beruf der ausgesprochenen Dienstleistung läßt sich genau so wenig eine Wandlung herbeiführen, wenn nur an das Mitleid, an die karitative Bereitschaft der Öffentlichkeit (oder einer ihrer Gruppen) appelliert wird; ein grundlegender Wandel läßt sich nur herbeiführen, wenn die Öffentlichkeit selbst um ihr Urteil gefragt wird. Es ist falsch, die Krankenpflege nach ihren Wünschen zu fragen; zunächst muß die Öffentlichkeit gefragt werden, was sie über die Krankenpflege denkt; aus der sich dann ergebenden Erkenntnis müssen alle Interessen überprüft und diesen Erkenntnissen entsprechend geändert werden.

Es ist sicher, daß vieles im Betrieb der Krankenhäuser, was auf rein organisatorische Mängel zurückzuführen ist, den Krankenschwestern angelastet wird. Aber dennoch ist zu sagen, daß sich das Vorstellungsbild von diesem Beruf in der öffentlichen Meinung nur vom Grunde her ändern läßt. Hier geht es um einen Beruf, der seit eh und je als Beruf der Dienstleistung angesehen wird. Mit dem Vorstellungsbild sollen auch die wirtschaftlichen und sozialen Voraussetzungen geändert werden.

Eine solche Aufgabe ist um so schwerer, je weiter sich der ganze Tatsachenbereich von real wahrnehmbaren, sachlich greifbaren und auch meßbaren Gegebenheiten entfernt hat.

Die Aufgaben in der Werbung der Banken und Sparkassen sind noch verhältnismäßig leicht zu lösen, wenn man sie mit den Aufgaben vergleicht, Nachwuchs für einen Beruf der echten Dienstleistung zu gewinnen. Beide Formen der Werbung haben wirtschaftliche Aspekte, nur werden sich die Erfahrungen und

Erkenntnisse der Werbung für Konsumgüter nicht immer leicht adaptieren lassen. Vergleiche mit der Werbung für Investitionsgüter und Industriebedarf sind überhaupt nicht möglich.

B. Die Beziehungen zwischen Anbieter und Nachfrager unter dem Einfluß der Werbung

Die Werbung für wirtschaftliche Güter und für Dienstleistungen ist ein Prozeß der Information. Der Anbieter bemüht sich, den präsumtiven Verbraucher, Benutzer oder Vermittler über den sachlichen Inhalt seines Angebots zu unterrichten; dazu bedient er sich der Werbung. Der Nachfrager, der einen bestimmten Bedarf zu decken hat, versucht, sich über das Angebot zu unterrichten; die Werbung der Anbieter kann dem Nachfrager nützlich sein, um eine umfassende Übersicht zu erlangen.

Wenn wir uns die frühe Zeit des Naturaltausches vorstellen, dann haben wir das Bild vor uns, das auch den heutigen, durch die moderne Technik der Information durchsichtiger gemachten Märkten noch eigen ist: Anbieter und Nachfrager stehen oft nur auf sich gegenüberliegenden Plätzen an einem Markt-(oder Verkaufs-)Stand; – im Naturaltausch aber können sie die Plätze, d. h. ihre Funktionen, einfach vertauschen, und aus dem Anbieter wird ein Nachfrager und umgekehrt. Beiden muß daher auch heute noch etwas Wesentliches gemeinsam sein.

I. Probleme aus Angebot und Nachfrage für die Werbung

Der Nachfrager will das Angebot des Anbieters prüfen. Dieser Vorgang der Prüfung und Unterrichtung ist umso einfacher, je näher das angebotene Gut dem unmittelbaren Verbrauch steht: Bei Käseauktionen werden Proben verabreicht, und bei Weinproben werden die einzelnen Werte des Angebots probiert und mit anderen Werten eines warenähnlichen Angebots verglichen. Nicht selten wird dann „nach Muster" oder „nach Probe" gekauft oder abgeschlossen. Auf welche Werte der Information es ankommt, ist aus den Darlegungen über die Funktion der Unterrichtung und Information (Göschen-Band 1231, S. 69–74) zu ersehen, besonders dann, wenn es sich um Güter handelt, die dem „restlosen" Verbrauch (oder dem vollständigen Verschleiß) erst in längeren Zeiträumen ausgesetzt sind.

Bemusterte Angebote sind in allen Märkten eine weitverbreitete Regel; sie nehmen auch die Form an, daß Lieferungen auf Probe gemacht werden, und daß erst nach der Probe die Abschluß- oder Kauferklärung abgegeben wird.

Der Anbieter hat die verständliche Neigung, sein Angebot zu erläutern oder irgendwie durch Nachweisungen zu untermauern, um es so dem Nachfrager verständlicher und eingängiger zu machen. Je komplizierter der Inhalt des Angebots ist, je umfassender müssen auch die zu gebenden Erläuterungen sein. In dem Bedarfsfalle, wie bei einer hochgezüchteten Werkzeugmaschine, sind nicht nur Zeichnungen als Nachweise aller Details, sondern oft auch die Anschriften von bekannten Referenzen erforderlich. Die Leistungsdaten des Gerätes müssen, auf ein bestimmtes Leistungsfeld oder auf eine bestimmte Aufgabe bezogen, dargestellt werden.

Es muß auch eine Kostenrechnung beigefügt werden, die den Wirtschaftlichkeitseffekt klar erkennbar macht. Eine Kostenrechnung allein würde aber noch nicht genügen für den Nachweis, daß eine Investition in ein solches Gerät auch wirklich eine „produktive" Investition ist. Um diese Überzeugung herbeizuführen und zu verfestigen, ist mit der Wirtschaftlichkeitsrechnung auch ein Wirtschaftlichkeitsvergleich zu geben.

Je näher aber die angebotenen Erzeugnisse dem unmittelbaren Verbrauch stehen, je einfacher ist es für den Anbieter, solche Erläuterungen zu geben: Hierzu einige Beispiele aus der Tabelle 1:

Alkoholfreie Getränke	=	Die ganze Skala der Erfrischungen bietet eine fast unerschöpfliche und farbenreiche Fülle von Argumenten an.
Autopflegemittel	=	Nach dem Motto „Do it yourself“ braucht der Anbieter nicht in abstraktem „brainstorming“ nach Erläuterungen echter Eigenschaften zu suchen; ein Dutzend Selbstfahrer würden als Gedankenquelle genügen.
Back- und Puddingpulver	=	Hier haben die Anbieter eine ganze Literatur von Rezeptbüchern und warendkundlichen Publikationen geschaffen, die schon den Charakter von Lehrmitteln haben.
Waschmittel	=	Die im scharfen Wettbewerb um Marktanteile immer wieder gegebenen Erläuterungen über die Pflege der Wäsche und die Hygiene überhaupt haben tiefgreifende aufklärende Wirkungen ausgelöst.
Zahnpflegemittel	=	Auch hier geht es neben der Eigenwerbung des Anbieters um die Aufklärung über Zahnkrankheiten und ihre Verhütung.

Für das Angebot von Erzeugnissen, auch des unmittelbaren Verbrauchs, genügt die sture Wiederholung von Markennamen mit Superlativen gekoppelt, schon längst nicht mehr; der Anbieter muß sich sachlicher Darstellungen und überzeugender

Beweise bedienen, wenn er die eigenen Leistungen objektiv charakterisiert (vgl. Göschen-Band 1231, S. 69/70).

Mit Hinweis auf die eingangs getroffene Feststellung, daß *offene* Unwahrhaftigkeiten in der Wirtschaftswerbung heute kaum noch zu finden sind, muß darauf aufmerksam gemacht werden, daß bei technischem Gerät oder bei Verfahren auch Fehler auftreten können oder daß die Gebrauchsvorschriften bei Waschmitteln oder die Backvorschriften bei Backhilfsmitteln nicht richtig beachtet werden. Dann werden die sich zeigenden Folgen zunächst dem angebotenen Erzeugnis angelastet. Nun ist es Sache des Anbieters, bzw. des Herstellers, sich mit den Fehlschlägen auseinanderzusetzen, denn durch seine eigene Werbung hat er sich ja zu dem Erzeugnis, an dem nun Mängel aufgetreten sind, bekannt. Die informierende Unterrichtung über ein angebotenes Erzeugnis durch den Anbieter besteht nicht aus leeren Worten; diese Informationen sind zusätzliche Verpflichtungen, die freiwillig übernommen wurden. *Unter dem Gesichtspunkt der Wirtschaftswerbung läßt sich jetzt sagen, daß die Interessen des Anbieters eines Erzeugnisses und die Interessen eines Nachfragers nach dem gleichen Erzeugnis absolut identisch sind: Der eine ist bemüht, objektive und umfassende Informationen zu geben und der andere ist bemüht, objektive und umfassende Informationen zu erhalten.*

Unter Verzicht auf Darlegung über das Marktgeschehen selbst und unter Verzicht auf Darlegungen der verschiedensten Markttheorien, sollte hier nachgewiesen werden, daß Anbieter und Nachfrager von gleichen Interessen und Erwartungen ausgehen, zumal sie ja leicht aus der Rolle des einen in die des anderen überwechseln können.

II. Vertragliche Grundlagen für die Beziehungen zwischen Anbieter und Nachfrager

Bei vielen Handelsgeschäften genügen auch in der heutigen Zeit noch ein Handschlag oder ein Handgeld, um das Einverständnis zwischen Anbieter und Nachfrager zu bekräftigen. Selbst bei großen Geschäftstransaktionen ist es üblich, das Einverständnis vorauszusetzen, wenn innerhalb einer bestimmten Frist nichts Gegenteiliges erklärt wird.[1] Aber der Austausch von besonderen Erklärungen, durch die alle Einzelheiten schriftlich bestätigt werden, ist die Regel. Die Bezeichnungen solcher Erklärungen als Lieferungs- und Zahlungsbedingungen, Verkaufsbedingungen oder sogar als Einkaufsbedingungen u. ä. sind unterschiedlich; sie haben den Zweck, die Verpflichtungen zwischen Anbieter und Nachfrager, d. h. dann, zwischen Verkäufer und Käufer, möglichst genau festzulegen.

1. Der Inhalt von Lieferungs- und Zahlungsbedingungen[2]

Eine Querschnittanalyse der Lieferungs- und Zahlungsbedingungen von nur sechs großen Produktions- und Handelsunternehmungen ergab, daß etwa folgende Punkte in allen Einzelheiten und in Absicherung nach der rechtlichen Seite (HGB, BGB, Wechsel- und Scheckrecht) klar definiert wurden:

(1) Annahme
(2) Preise
(3) Zahlung
(4) Eigentumsrecht
(5) Versand
(6) Verpackung
(7) Beanstandungen
(8) Gewährleistungen
(9) Lieferfrist
(10) Erfüllungsort
(11) Liefermenge
(12) Zeichnungen/Druckschriften
(13) Rücktritt
(14) Werkzeuge
(15) Armierungsteile
(16) Prüfung
(17) Übertragbarkeit des Vertrages
(18) Übernahme

[1] Hundhausen, J. P. Morgan & Co.: [64] „Die Senatsuntersuchungen haben ergeben, daß in der Firma J. P. Morgan & Co. keinerlei Niederschriften geführt werden über Besprechungen und Beschlüsse der Teilhaber, eine Bestätigung der ungemein scharfen Bestimmung des Artikels V des Gesellschaftsvertrages" (a. a. O., Seite 381). Der Artikel V lautet: „Keine Transaktion wird durchgeführt, wenn einer der Teilhaber dagegen Einspruch erhebt" (a. a. O., Seite 379).

[2] Vgl. Mellerowicz [105].

(19) Nebenkosten
(20) Steuern
(21) Rabatt
(22) Export
(23) Höhere Gewalt
(24) Abweichungen
(25) Abschluß
(26) Schiedsrichter
(27) Allgemeines

Die hier mit nur einem Stichwort charakterisierten Vertragsmerkmale haben natürlich nicht immer das gleiche Gewicht in allen Vertragssituationen; bei der Beziehung zwischen dem Hersteller eines Markenartikels und dem letzten Käufer und/oder Verbraucher dieses Markenartikels entfällt praktisch alles bis auf die Punkte (6), (7) und (8). Das Gleiche gilt, wenn der Hersteller über zwei Handelsstufen geliefert hat, für die zweite Handelsstufe (Einzelhändler), zu dem der Hersteller dann praktisch keine Beziehungen hat; für die erste Handelsstufe aber bedürfen in diesem Beispiel nahezu alle Positionen der Klärung, denn der Großhändler ist (als erste Handelsstufe) der unmittelbare Kunde dieses Herstellers.

Mit Bezugnahme auf das Kapitel H: „Streuung der Mittel der Wirtschaftswerbung" ist hier schon zu sagen, daß viele dieser Vertragspunkte auch von Bedeutung sind zwischen einem Werbungtreibenden und den Werbeträgern, Werbeagenturen, Werbegestaltern oder Druckereien.

Seit dem Zusammenbruch hat sich in der BRD herausgebildet, daß die Anbieter und auch die Nachfrager – jeder für sich und nach seinen Interessen – eigene „Lieferungs- und Zahlungsbedingungen" dem anderen gegenüber durchzusetzen versuchen.

Die Firma Mannesmann AG verwendete Mitte 1969 „Allgemeine Einkaufsbedingungen", zu denen vorgeschrieben war: „Bestellungsannahme: auf unserem beigefügten Vordruck ‚Bestellungsannahme'." Einer besonderen Vorschrift kamen die „Anlagen-Einkaufsbedingungen für Bestellungen von Maschinen, maschinellen Anlagen und Montagearbeiten" gleich; sie waren wesentlich umfangreicher. Die Ford-Werke AG haben ein eigenes „Bestellsystem für Produktionsmaterial, Ersatzteile und Zubehör" entwickelt, das in einem umfangreichen Konvolut von Vervielfältigungen dokumentiert ist; außerdem gehört dazu ein Blatt „Bedingungen für den Verpackungsverkehr", eine 64 Seiten starke Druckschrift „Verpackung und Anlieferung von Produktionsteilen" und eine großformatige (DIN A 4) 24 Seiten starke Druckschrift „Qualitäts-Kontroll-Richtlinie", die im Titel folgenden Vermerk trägt: „Diese Richtlinie legt fest, welche Qualitäts-Kontroll-Erfordernisse seitens der Lieferanten von Produktionsteilen, Ersatzteilen und Zubehör für die Ford-Werke AG zu beachten sind."

Am Beispiel von nur zwei Unternehmungen wird deutlich, daß die Kunden, die von dem Anbieter umworben werden, *im Interesse der eigenen Erzeugnisse* diesen Anbietern (wenn sie Lieferer geworden sind) vorschreiben, was sie zu tun haben. Für den Betriebswirt versteht es sich von selbst, daß er sich im Verlaufe von absatzwirtschaftlichen Bindungen darüber vergewissert, welche Vorschriften rechtsverbindlich sind; für die Probleme aus Einflüssen der Wirtschaftswerbung geht es um andere Überlegungen. Wieder ist das Informationsbedürfnis des einen zu erkennen, das seine Befriedigung in dem Informationsgehalt der Werbung des anderen zu stillen sucht. Es ist mit gutem Grund zu vermuten, daß derjenige Anbieter (Werbungtreibende), der seinen Werbebotschaften ein Maximum an Informationsgehalt zu geben vermag, einem anderen gegenüber (der in dieser Hinsicht „nachhinkt") sicher im Vorteil der besseren Chancen ist.

2. Verträge für unterschiedliche Grade der Bindung

In dem Kapitel E: „Die Mittel der Wirtschaftswerbung" wird auch „der Mensch" in der Absatzwirtschaft zu erwähnen sein. Für die verschiedenen absatzwirtschaftlichen (Marketing-) Funktionen und auf den verschiedenen absatzwirtschaftlichen (Marketing-)Stufen gelten auch verschiedene Grade der Bindung.

Über die verschiedenen Formen des Vertriebs, über die darin tätigen Menschen, liegen umfangreiche Darstellungen und Untersuchungen vor; auf einige wird nachstehend[1] verwiesen.

Die engste Bindung an die Interessen der Anbieter haben (nach Mellerowicz, a. a. O. Göschen-Band 1154/1154 a, S. 144 ff.) die eigenen Reisenden, die eigenen Verkaufsbüros und Werkshandelsgesellschaften und auch ein gewisser Typ selbständiger Vertreter, die durch Ausschließlichkeitsabmachungen an bestimmte Aufgaben fester gebunden sind. Die schwächsten Bindungen liegen vor zu den selbständigen Berufen der Absatzwirtschaft (Handelsvertreter, Kommissionäre, Großhandel, Händlerzusammenschlüsse wie Genossenschaften oder Einkaufsketten).

Für die Beziehungen zwischen Anbieter und Nachfrager ist es entscheidend, daß es gelingt, *alle* im Marketing-Prozeß mitwirkenden Kräfte an den starken Gemeinsamkeiten beider Kontrahenten zu interessieren. Hier liegen entscheidende Probleme und Aufgaben für die Werbung.

III. Analyse der Dynamik von Angebot und Nachfrage

Das Gebiet der empirischen Sozial- und Marktforschung hat sich in Deutschland seit den frühesten Arbeiten von Wilhelm Vershofen, Erich Schäfer und Georg Bergler, aber auch seit der Dissertation von Elisabeth Noelle, zu einem großen Wissenschaftszweig von echter Eigenständigkeit entwickelt. Einen umfassenden Überblick geben einige ausgewählte Buch- und Zeitschriftentitel[2].

[1] Koch [90], Seyffert [127], VDI [142], Mathieu [104].

[2] *Buchtitel im Literaturnachweis:* [4, 7, 9, 10, 12, 16, 17, 40, 42, 46, 54, 56, 58, 61, 66, 67, 68, 82, 83, 86, 89, 91, 92, 93, 111, 112, 113, 118, 120, 123, 132, 135, 139, 143].

1. Die Entstehung der Umfrageforschung

Beeinflußt durch die Methoden, die entwickelt worden sind, hat sich die Bezeichnung „Umfrageforschung“ sehr stark eingeführt. Elisabeth Noelle (a. a. O. S. 19) sagt, daß Ansätze zu solchen Umfragen bereits in England zu Ende des 18. Jahrhunderts festgestellt und daß zu Beginn des 19. Jahrhunderts die erste Umfrage in den USA vorgenommen worden sei. Über die „Konfrontierung mit dem Stichprobenverfahren“ wird dort gesagt, daß „das Prinzip der repräsentativen Stichprobe mit dem Schluß von einem kleinen Teil der Bevölkerung auf die ganze Bevölkerung“ und daß „eine fast unübersehbare Erweiterung der Erhebungsthemen“ zu einer Ausdehnung der Horizonte geführt hat.

Erich Schäfer [135] (a. a. O. S. 10) weist darauf hin, daß man die Anfänge der Marktforschung im heutigen Sinne, zumeist in den Arbeiten von C. C. Parlin (1911 Gründung einer ‚Division of Commercial Research‘ bei der Curtis Bublishing Company) zu sehen pflegt. Die Darstellung in der Deutschen Ausgabe des

Zeitschriften der Markt- und Meinungsforschung

EMNID-INFORMATIONEN
Nr. 1 – 1970
22. Jahrgang

GFM
Mitteilungen zur Markt- und Absatzforschung
erscheint vierteljährlich in Hamburg
16. Jahrgang 1970

Journal für Marktforschung
Heft 28 – 1969
IV. Quartal 1969

Der Marktforscher
Marktforschung, Absatzforschung, Werbeforschung, Verbrauchsforschung
Heft 1 – Februar 1970
14. Jahrgang

Marketing Journal
Heft 1 – Februar/März 1970
3. Jahrgang

Zeitschrift für Markt- und Meinungsforschung
Wickert Institute Tübingen
15. Jahrgang 1970
Vierteljahresbeiträge zur Theorie und Praxis

Journal of Marketing
Vol. 34, 1970

Journal of Marketing Research
American Marketing Association
Vol. VII, 1970

Public Opinion Quarterly
Vol. XXXIV, 1970

ferner:
Havard Business Review
Vol. 48, 1970

Buches von Donald M. Hobart [58] ist für die Geschichte der Umfrageforschung von großem Interesse.

Dieser Bericht über die Anfänge der Markt- und Meinungsforschung in den USA enthält bereits einige wesentliche Elemente, die heute noch Gültigkeit haben.

(1) Die Breite der Erhebungsthemen:
- Landmaschinen und landwirtschaftliches Gerät
- Warensortimente in Warenhäusern
- Art des Einkaufens
- Struktur von Handelsbetrieben
- Vorausschätzungen von Umsatz
- Automobilindustrie und ihre Entwicklung

(2) Schlußfolgerungen aus der Analyse kleiner Teile (Stichprobenverfahren)

(3) Fragen stellen als Anfang der Marktforschung überhaupt.

Donald M. Hobart berichtet [58], daß 1925 die Rundfunkindustrie und 1929 die Luftfahrtindustrie untersucht worden sind. Im Jahre 1934 wurden mit den Bewohnern von 56 Häusern in Philadelphia Verabredungen darüber getroffen, daß der wöchentliche Abfall eines jeden Haushaltes in Kartons verpackt und mit Namen der Haushaltungen beschriftet zur Analyse abgeholt wurde (a. a. O. S. 220 ff.). Als „Dry Waste Survey" bezeichnet, haben wir hier eine Variante der mehr formalen Methode der Forschung; es war eine sehr ernste Forschungsarbeit, die sich mit dem Verbrauch in Haushaltungen der verschiedensten Einkommensstufen beschäftigte.

2. Die Forschungsziele in der Umfrageforschung

Aus den allerersten Anfängen der Umfrageforschung lassen sich schon viele (thematisch geradezu als revolutionär zu bezeichnende) Forschungsziele nachweisen. Die Forschungsziele in der heutigen empirischen Sozialforschung sollen mit einigen Hinweisen auf die entsprechende Literatur aufgezeigt werden.

(1) Empirische Sozialforschung

René König [93] sagt in seiner Einleitung über diese, wohl umfassendste Zielsetzung: „Soziologie (ist) nur als empirische Soziologie möglich." „So kommen wir zu dem Schluß, daß Soziologie als empirische Soziologie nur ein Denksystem ... ist, das sich *mit dem sozialen Dasein* beschäftigt, und zwar auf eine ganz bestimmte Weise (die in dem Handbuch beschrieben wird – D. V. –) und mit ganz bestimmten Absichten, die primär kognitiver Natur sind." König sagt weiter, daß es bei der rein theoretischen Ausgangsgestaltung der Sozialforschung darum geht, „die Mittel einer wirksamen Praxis" zu entdecken, um durch diese „Sonde der Wissenschaft" „... jene Verhältnisse zu durchleuchten, in denen die Menschenwürde unter Umständen gefährdet ist" (a. a. O. S. 12 und 16).

Nach dieser Bezugnahme auf die „ethischen Probleme der empirischen Soziologie" werden „die Mittel einer wirksamen Praxis" abgehandelt: Die Beobachtung, das Interview (mit der Lehre von der Frage, dem Fragebogen, dem Interview und der Befragung), die Panel-Befragungen, die Auswahlverfahren und die Skaldierungsverfahren in der Sozialforschung. Nicht nur für den Soziologen und den Sozialforscher, sondern gerade für den Marktanalytiker und den Analytiker der Effektivität der Wirtschaftswerbung ist dieses Handbuch von großem Wert.

(2) Bedarfsforschung

Behrens [7] sagt, daß durch „die Bedarfsforschung die Entwicklung der Absatzmengen in den einzelnen Absatzgebieten ermittelt" wird.

Dieser Aufgabe hat Erich Schäfer [135] ein umfassendes Kapitel gewidmet, in dem die Bedarfsträger, die Bedarfsgebiete, die Bedarfsäußerungen und die Bedarfsfaktoren untersucht werden.

In der ausgezeichneten Arbeit von Michael Freidank [40] wird „im Hinblick auf die langfristige Bedarfsentwicklung die Marktsättigung als stagnierende individuelle Nachfrage de-

Analyse dieser Umhüllungen (wrappers) zeigt bestimmt nicht finiert". Der Autor verwendet dann den „Haushalt als Bezugsgröße des Bedarfs", und er beginnt als Ausgangspunkt seiner Untersuchung mit der Analyse des Versorgungsgrades, um die Marktsättigung zu verifizieren. Es werden die Märkte (in USA und im internationalen Vergleich) untersucht für Waschmaschinen, Kühlschränke und Staubsauger. Hierbei wird immer wieder der Neubedarf und der Ersatzbedarf als Bedarfsfaktor (Schäfer) analysiert, und zwar in bezug auf die Haushaltsgröße, das Alter der Hausfrauen, die Bevölkerungsdichte, die Wohngebiete, und unter Berücksichtigung der im Markt angebotenen Maschinentypen.

In seiner Aufsatzsammlung [10] unterscheidet Bergler in dem Aufsatz „Die Wandlung der Konsumentenwünsche" zwischen „Existenzbedarf und Wahlbedarf", einem starren „Grundbedarf" und einem elastischen „Zusatzbedarf", und er unterscheidet weiter zwischen langfristigen oder strukturellen Wandlungen und kurzfristigen oder modebedingten Wandlungen des Bedarfs. In diesem Aufsatz bringt Bergler eine große Zahl praktischer Beispiele.

In dem Göschen-Band 1231 (S. 25 ff.) ist bereits ausführlich darauf hingewiesen worden, daß die Wunschvorstellungen der bedürfenden Menschen schließlich auch zu Bedarfsvorstellungen führen. Für die Bedarfsforschung aber sind hier die eigentlichen Bestimmungsfaktoren zu suchen; diese – in ihrer oft vagen Unbestimmtheit – stellen an eine wissenschaftliche Analyse hohe Anforderungen.

(3) Verbrauchsforschung

Zwischen dem gerade erwähnten Experiment eines „Dry Waste Survey" und der Auffassung von Wilhelm Vershofen [144] über die Gleichung „Verbrauch ist gleich der Herausnahme aus Markt" scheint doch ein wesentlicher Unterschied zu bestehen. Der Inhalt der in Philadelphia eingesammelten Verpackungen ist tatsächlich „verbraucht" worden, und eine die Verzerrungen, die mit dem Kriterium der bloßen „Herausnahme“ fast unvermeidlich sind.

Die Untersuchung der leeren und weggeworfenen Verpakkungen ist eine Methode, die auch für viele Fehler anfällig ist: Eine repräsentative Stichprobe wird nur sehr schwer zu bilden sein, zumal sie einen echten Aussagewert haben soll, und viele, nicht verpackte Waren bedeuten ein weiteres Manko; hierzu sind vor allem die Gebrauchsgüter zu rechnen, die weitgehend unverpackt geliefert werden, die aber einen hohen Teil des Einzel-Budgets beanspruchen. Der tatsächliche, echte und vollendete Verbrauch ist nur sehr schwer festzustellen.

(4) Vorratsforschung; Erforschung der Warendistribution; Erforschung der Kaufgewohnheiten

Hobart [58] berichtet von einer „über das ganze Land reichenden Erhebung über die tatsächlichen Vorräte in den Haushaltungen (pantry-survey)“, die im Jahre 1931 durchgeführt worden ist. In 3123 Haushaltungen, die in 16 Staaten zu 85 „Nachbarschaften“ strukturiert wurden und unter denen sich 577 landwirtschaftliche Haushaltungen befanden, wurden die in den Schränken befindlichen und in der Küche (pantry) gebrauchten Waren genau aufgenommen.

Diese Stichprobe wurde dann noch erweitert: „Um den Handels- und Einzelhandelsteil dieser Erhebung zu vervollständigen, wurden die Verkaufsmethoden von 1014 unabhängigen Lebensmittelhändlern einschließlich 352 freiwilligen Mitgliedern von Filialgeschäftsorganisationen und 213 Verkaufsläden aus 52 Filialgeschäftsunternehmungen untersucht. Die Befragungen zu diesem Zweck wurden in 184 „Nachbarschaften“ in 31 Staaten durchgeführt, und etwa 63 669 Erzeugnisse aus 76 verschiedenen Warengruppen wurden aufgenommen.“

Das Angebot in den Einzelhandelsläden bestimmt zu einem gewissen Grade auch die Vorratsbildung in den Haushaltungen; wahrscheinlich wurden aus diesen Überlegungen heraus diese beiden Untersuchungen miteinander verknüpft.

Methoden und Techniken, besonders die Bildung von Stichproben, sind im Verlaufe der Jahrzehnte sehr verfeinert worden; aber die Zielsetzung ist aus diesen beiden Erhebungen aus der Frühzeit der Umfrageforschung hinreichend zu erkennen.

(5) Markt- und Marketing-Forschung (market und marketing research)

In dem Göschen-Band 1231 (S. 29 und 70 ff.) und in dem Abschnitt A I (2) des vorliegenden Göschen-Bandes wird auseinandergesetzt, wie sich „market research" und „marketing research" voneinander unterscheiden und welche Bereiche der Absatzwirtschaft der Begriff „marketing" umfaßt.

Die reine Marktforschung (im herkömmlichen Sinne) würde also nur den betreffenden Markt für ein bestimmtes Erzeugnis umfassen, vielleicht noch die Wege der Distribution, auf denen dieses Erzeugnis die Verbraucher erreicht, vielleicht noch die besonderen Maßnahmen des persönlichen Verkaufs und der Verkaufsförderung für dieses Erzeugnis.

Die Analyse des „marketing" aber umfaßt alle Phasen von der Stätte der Herstellung des Erzeugnisses bis zur Marktentnahme durch den Verbraucher, ja sie hat schon vorher mit der Bedarfsanalyse und der Produktplanung einzusetzen. Dieses ganze Spektrum wird von Borden nach zwölf Elementen gegliedert. Wir haben hier – wenn wir noch die besonderen Probleme der verschiedenen Güterarten in Betracht ziehen – eine sehr umfassende und zusammenhängende Gruppe von Zielsetzungen der Umfrageforschung. Hierhin gehören z. B. Analysen über den Erinnerungswert von Marken- und Firmenzeichen, über die aufklärende Verpackung (informative labeling) und ihrer Wirkungskraft im Augenblick des Verkaufs (point of sale), über die Wahl von Vertriebswegen (Handelsketten) oder über die Marktanteile der Hersteller artähnlicher Erzeugnisse, die mit dem eigenen Erzeugnis in Wettbewerb stehen.

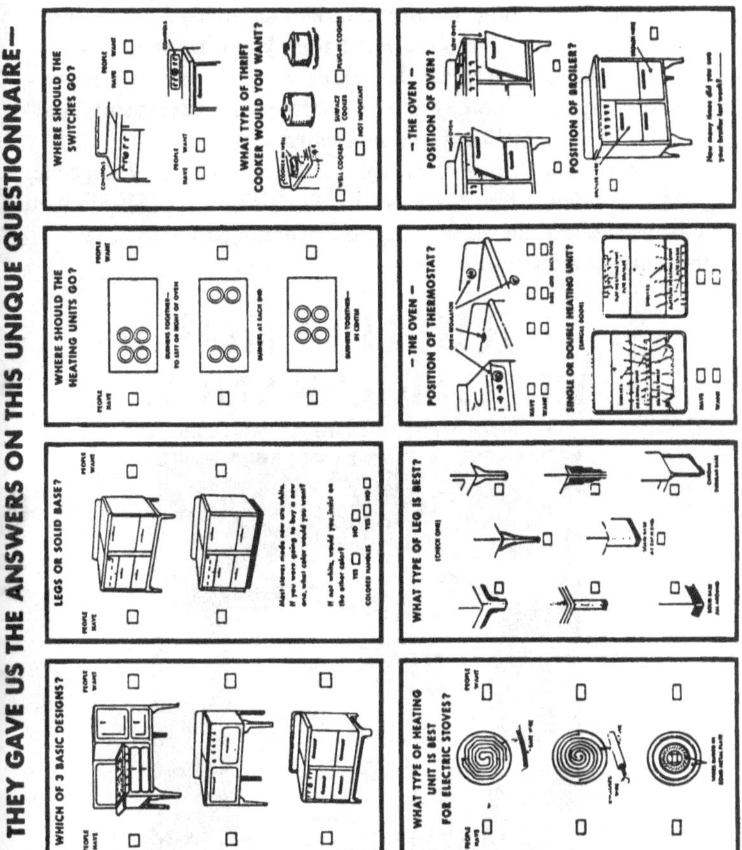

Abb. 13. Entwicklung eines Herdes mittels einer Umfrage Ausschnitt aus dem Fragebogen

Welche Bedeutung in der Marketing Analyse die Untersuchung über die Produktgestalt haben kann, zeige ein geradezu „klassisches“ Beispiel, das einer Anzeige der Advertising Agency Lord & Thomas in der Zeitschrift „Advertising Age“ vom 2. Oktober 1939 entnommen worden ist:

Diese (doppelseitige) Anzeige erschien mit der Schlagzeile: „7550 Women Helped Draw the Blueprint ... (7550 Frauen haben geholfen, die Konstruktionszeichnungen zu schaffen ...). In dieser Anzeige wird folgender Tatbestand erläutert:

FRIGIDAIRE
ELECTRIC RANGE
A PRODUCT OF GENERAL MOTORS

Abb. 14. Bild des Herdes

Die Konstrukteure der FRIGIDAIRE Betriebe der General Motors Corporation hatten einen Elektro-Herd entworfen, dem sie bestimmte moderne Charakteristika gaben; sie wollten *im voraus* ermittelt haben, welche dieser neuen Eigenschaften von den Hausfrauen akzeptiert würden. Dieser Wunsch beruhte auf der Annahme, daß diese wichtigen konstruktiven Details auch besondere absatzfördernde Eigenschaften sein würden. Die Konstrukteure entwickelten ein achtfach gestaffeltes Zeichen- und Frage-Schema, aus dem die wichtigsten Details zu erkennen waren. Dieser Fragebogen hat einer sehr großen Stichprobe vorgelegen; das Ergebnis der Auswertung ist in der gleichen Anzeige in einer besonders hervorgehobenen Abbildung wiedergegeben worden. Das Schwergewicht in der Argumentation dieser Anzeige einer Werbe-Agentur liegt auf „Pre-Check" ... „Thus Insuring Consumer Acceptance".

Angesichts einer solchen Argumentation muß davor gewarnt werden, die Markt-, Marketing- und Meinungsanalyse als Mittel absolut sicherer Voraussagen anzusehen. Das unternehmerische Risiko der Entscheidung läßt sich so einfach nicht abwälzen oder gar völlig absichern. Fehler bei der Voraussage von Wahlergebnissen sind bekannt; die weltbekannte Fehlschätzung bei dem FORD-PKW „EDSEL" wird von Kurt Gayer [46] wie folgt geschildert:

> „Die großen und kleinen Pannen rufen regelmäßig die Frage wach, ob die Markt- und Meinungsforschung in ihrer Aussagefähigkeit und Zuverlässigkeit nicht doch stark überschätzt wird. Die Leute haben ja nicht nur bei Wahlprognosen danebengegriffen. Sie waren beispielsweise auch - das autobesessene amerikanische Publikum hat es ihnen nicht vergessen – an dem „Edsel"-Fiasko der Ford-Werke mitbeteiligt. Der „Edsel" galt als das bestuntersuchte Auto der Welt; bevor das erste Exemplar des neuen Typs über die Teststrecke gejagt wurde, hatten die Meinungsforscher in Tausenden von Befragungen eruiert, wie der Wagen aussehen müsse, den sich Mr. Babitt für den Alltagsgebrauch wünscht. Danach wurde der Wagen gebaut. Die Konstrukteure mühten sich, den Vorstellungen der Kundschaft hinsichtlich Form, Ausstattung, Motorenleistung und Fahrver-

halten zu entsprechen. Der maßgeschneiderte „Edsel" wurde mit einem enormen Werbeaufwand der Öffentlichkeit vorgestellt, doch schon nach kurzer Einführungszeit zeigte sich, daß das bestuntersuchte Fahrzeug der Automobilgeschichte mit dem urväterlichen Namen Edsel wenig Anklang beim Käuferpublikum fand. Ford erlebte mit dem Typ, in den man so viel Geld gesteckt hatte wie in kein anderes Modell, den verlustreichsten Reinfall in der Geschichte des Werks. Der Bau des Wagens wurde eingestellt."

Als weiteres Beispiel von Fehlschätzungen sei auf die vielen (oft mit großem statistischem Aufwand durchgeführten) Kohleverbrauchsschätzungen verwiesen, die angestellt wurden, als sich die ersten Anzeichen der Kohlenkrise bemerkbar machten. (Vgl. hierüber auch Göschen-Band 1233 mit dem Modell-Beispiel „Rohstoff Kohle".)

In dem Buch von Karl Steinbuch [132] werden zwei Prognosen zitiert, die auf eingehenden marktanalytischen Analysen beruhen (a. a. O. S. 129):

„Die ‚Deutsche Shell AG', Hamburg, publizierte am 12. September 1961 eine sorgfältige Prognose des Kraftfahrzeugbestandes in der Bundesrepublik Deutschland. Aus dieser seien einige kennzeichnende Sätze zitiert:

‚Diese Prognose wurde mit Hilfe der Marktbeobachtung, der Analyse der Wachstumsfaktoren und ökonometrischer Verfahren gewonnen. Eine langfristige Vorausschau über die Bestandsentwicklung der Kraftfahrzeuge ist erforderlich für Industrie- und Verkehrsplanungen, um marktangepaßte Kapazitäten für die Produktion, für den Verkauf, für die Kundenbetreuung und für den Verkehrsraum bereitzustellen. Da langfristige Investitionen mit einem hohen Risiko behaftet sind, wurde die Prognose für Personenkraftwagen – die immer stärker zum entscheidenden Faktor der Kraftfahrzeug- und Verkehrsentwicklung werden – bis 1980 erstellt. Während diese – aus dem Jahre 1961 stammende – Shell-Prognose für das Jahr 1965 einen Kraftfahrzeugbestand von

8,1/8,6 Millionen voraussagte, weist der Tätigkeitsbericht des Verbandes der Automobilindustrie für den 1. 1. 1965 einen Bestand an Personen- und Kombinationskraftwagen von 8,689 Millionen aus. Diese Übereinstimmung der Prognose aus dem Jahre 1961 mit der Wirklichkeit des Jahres 1965 ist recht bemerkenswert.

Noch erstaunlicher als diese Shell-Prognose ist die Philips-Prognose der Fernsehteilnehmer in der Bundesrepublik Deutschland aus dem Jahre 1960. Im Geschäftsbericht der ALLDEPHI aus dem Jahre 1960 wurde die Anzahl der Fernsehteilnehmer bis zum Jahre 1966 prognostiziert. Hier findet sich für das Ende des Jahres 1965 die Zahl 11 300 000. Der tatsächliche Stand zum gleichen Zeitpunkt war 11 379 000, d. h., diese Philips-Prognose hat die Anzahl der Fernsehteilnehmer über eine Zeitspanne von fünf Jahren vorausgesagt mit einem Fehler, der kleiner als ein Prozent ist."

(6) Analyse von Angeboten in der Werbung

Wenn in der Literatur von Aufgaben der Marktforschung hinsichtlich der Werbung gehandelt wird, dann ist in der Regel von der Werbeträger- oder von der Werbemittelforschung die Rede; beide Aufgaben sind in dem Kapitel H „Streuung der Mittel der Wirtschaftswerbung" zu behandeln. Nicht selten wird auch die Werbeerfolgskontrolle als Forschungsziel genannt; sie ist in dem Kapitel J „Wirkungskontrollen in den Prozessen der Wirtschaftswerbung" darzulegen.

Erich Schäfer hat in seiner bekannten „Gliederung der betriebswirtschaftlichen Marktforschung" (a. a. O. S. 33) bei der Konkurrenzuntersuchung und -beobachtung „die quantitative und qualitative Ermittlung und Analyse der konkurrierenden Betriebe und ihrer Angebotskraft und die Beobachtung neuer Reklamemaßnahmen" als Untersuchungsziel gekennzeichnet.

Wenn eine industrielle Unternehmung, die auf dem Gebiet der synthetischen Fasern oder der Metallkeramik oder Halbleiter tätig sein mag, sämtliche (frei veröffentlichten und international gestreuten) Werbemittel – insbesondere die Anzeigen und Fachaufsätze in Fachzeitschriften – sammeln und systematisch auswerten würde, dann wäre eine solche Analyse der bewußten Unterrichtung der (Fach-)Öffentlichkeit eine der wichtigsten Quellen der eigenen Information.

Bei dem in vielen Industrieländern stark organisierten Verbandswesen könnte die Auswertung der (internationalen) Wirtschaftswerbung durch die Verbände eine Quelle der Information für die ganze Branche sein. Einige der branchen- oder verbandsfinanzierten Gemeinschaftsstellen mit der Aufgabe der zentralen Beratung für die Verwendung und Anwendung der Branchen-Erzeugnisse haben sich dieser Aufgabe schon angenommen. Die systematische Analyse der internationalen Wirtschaftswerbung aber in einer einzelnen Unternehmung könnte jedoch einen höheren Grad wirtschaftlicher Effektivität erreichen, als wenn die Ergebnisse gleichzeitig einem größeren Kreis (von Konkurrenten!) zur Verfügung gestellt werden.

(7) Meinungsforschung, Motivforschung, Verhaltensforschung:

Bisher sind bereits schon so viele Beispiele der Markt- oder Marketing-Analyse skizziert worden, daß zu erkennen ist, in wie umfassender Weise Menschen nach ihrer „Meinung" gefragt werden. Diese Menschen werden gefragt, ob und warum sie einer bestimmten Marke die Treue halten; sie werden gefragt, wie ein Auto, das sie vielleicht einmal kaufen werden – oder ein Kühlschrank oder Elektroherd – aussehen müßte; sie werden gefragt, ob in ihrer Bedarfsvorstellung das Auto vielleicht doch noch vor dem Waschautomaten oder dem Fernsehgerät steht? Auch bei diesen, auf sehr konkrete Dinge gerichteten Fragen, wird das Schema der Analyse durch jenen Satz von Immanuel Kant sehr bestimmt, daß „Meinen ein mit Bewußtsein sowohl subjektiv als objektiv unzureichendes Fürwahrhalten" ist (Göschen Band 1231, S. 75). Dennoch, und trotz aller Fehlschätzungen, lassen sich mit diesem Instrument der Massenumfrage Risiken unternehmerischer Entscheidungen eingrenzen.

In dem Göschen Band 1233 (Public Relations – S. 19 –) ist darauf hingewiesen worden, daß versucht wird, diesen Begriff nur auf den politischen Bereich einzuengen. Wenn man als Kriterien für „Public" festhält, daß innerhalb einer Gruppe (als eigentlichem Element des Begriffes Öffentlichkeit) über einen Sachverhalt diskutiert (oder gestritten) wird und daß die Meinungen über Lösungsmöglichkeiten geteilt sein können, dann läßt sich diese Einschränkung nicht mehr aufrechterhalten.[1] Auch im Marketing sprechen wir von Öffentlichkeit und öffentlicher Meinung.

Wegen des Gegenstandes der Motivforschung muß auf die beiden Abschnitte in dem Göschen Band 1231 „Die Welt der menschlichen Begehrungen" und „Die Wunschvorstellungen über den menschlichen Bedarf" verwiesen werden. Das große kompilatorische Werk von Hans Thomae als Herausgeber [139] zeigt in seiner großen Gliederung (Motiv- und Motivationsformen, Motivarten, Motivation und Norm) in ausgezeichneten Beiträgen die verschlungenen Wege menschlicher Willenshandlungen, Wahlhandlungen und auch menschlicher Entscheidungen.

Der Motivforschung sehr nahe steht die Verhaltensforschung, für die auf die beiden Werke von Berelson [9] und Steiner und von ST. H. Britt [17] (jeweils als Herausgeber hingewiesen sei. Britt zitiert den Soziologen Bernhard Berelson [9] über die Verhaltensforschung wie folgt:

„The scientific aim is to establish generalizations about human behavior that are supported by empirical evidence collected in an impersonal and objective way. The evidence

[1] In den Streit darüber wie die begriffliche Abgrenzung zwischen den Begriffen Marktforschung, Meinungsforschung, Motivforschung vorzunehmen ist, soll hier nicht eingegriffen werden. Vgl. Behrens, [7] und Hüttner, [61]. Auf die Auseinandersetzung mit diesem Problem durch Elisabeth Noelle [111] sei auch hier hingewiesen.

must be capable of verification by other interested scholars and the procedures must be completely open to review and replication. The search for broad propositions about human behavior and the effort to build knowledge cumulatively require that general categories descriptive of the behavior be set up and used more or less systematically. The ultimate end is to understand, explain, and predict human behavior in the same sense in which scientists understand, explain and predict the behavior of physical forces or biological factors or, closer home, the behavior of goods and prices in the economic market."

Allgemeine Ergänzungen hierzu finden sich in den Abschnitten II bis IV des Göschenbandes 1231.

Meinungen, Motive und Verhaltensweisen sind schwer faßbare und sehr schwer zu analysierende Phänomene. Berelson und Steiner zitieren (a. a. O. S. 14) ein Wort, das Henri Poincaré zugeschrieben wird: „Die Naturwissenschaften sprechen über ihre Ergebnisse; die Sozialwissenschaften sprechen über ihre Methoden." Dieses Wort gibt die Überleitung zu dem folgenden Abschnitt:

IV. Umfrage-Methodik und -Technik

Für die Kapitel III und IV soll, unabhängig von dem allgemeinen Literaturverzeichnis, noch eine besondere, auf die einzelnen Probleme hin geordnete verkürzte Literaturübersicht gegeben werden, weil gerade die hier erörterten Aufgaben für den Bereich der Wirtschaftswerbung von besonderer Bedeutung sind. Dieser Bedeutung ist sich die Absatzwirtschaft in der BRD auch heute noch nicht voll bewußt.

1. Umfrageforschung in der BRD:

Die Gesellschaft für Konsumforschung (GfK) ist im Jahre 1934 gegründet worden; ihr Forschungs-Schema hat die GfK durch die Zusammenarbeit von Wilhelm Vershofen und Georg

Bergler erhalten. In dem Briefwechsel mit Wilhelm Vershofen „Verbrauchsforschung – Ein Meinungsaustausch“ wurde von dem Autor auf eine damals schon sehr umfassende amerikanische Literatur über die Verbrauchsforschung und die ihr verwandten Gebiete aufmerksam gemacht; dazu sagte Wilhelm Vershofen am Schluß seiner Antwort: „Seltsam ist übrigens: Als aus den Marktforschungsaufgaben des Nürnberger Instituts die von uns betriebene Art der Verbrauchsforschung sich als Notwendigkeit ergab, da hat keiner der an der Gründung Beteiligten mehr als nur im Vergleich an USA gedacht.“

Elisabeth Noelle, deren Dissertation 1940 im Druck erschien, bezieht sich in der Einführung zu ihrem Buch „Umfragen in der Massengesellschaft“ (S. 9) auf ein Argument „das breitere deutsche Publikum habe durch die Fehlprognose des Gallup-Instituts über den Ausgang der amerikanischen Präsidentschaftswahl von 1948 zum erstenmal etwas von Meinungsforschung gehört“. Solche Auffassungen lassen sich z. B. für Réne König [91] annehmen. Die umfangreiche eigene Arbeit „Marktforschung als Grundlage der Wirtschaftsführung usw“, die bereits 1938 erschien, weist solche Annahmen in den Bereich des Irrtums. Es ist eher möglich, daß die Meinung von Wilhelm Vershofen [67] auch für weitere Kreise zutrifft. Inzwischen haben wir es aber mit einer etablierten Wissenschaft zu tun, die an vielen Hochschulen und auch an Fachschulen in der BRD vertreten wird.

Die in den folgenden Abschnitten über das Instrumentarium der Umfrageforschung benutzten Beispiele sind aus Übungsarbeiten entnommen worden, die vom Autor in seinen Seminaren an der Rhein.-Westf. Technischen Hochschule in Aachen (Beispiel A: „Über den Informationsgehalt der industriellen Werbung“) und an der Folkwangschule für Gestaltung in Essen (Beispiel B: „Umfrage zur Vorbereitung und Einführung eines neuen Markenartikels – Schuhcreme –“) in den Jahren 1967 bis 1969 durchgeführt worden sind. Beiden Probeerhebungen haben keine repräsentativen Stichproben zugrunde gelegen.

2. Das Instrumentarium der Umfrageforschung:

Für den auch hier verwendeten Begriff Instrumentarium gilt, was im Göschen Band 1233 (Seite 70) über diese umfassende, vielseitig verwendbare und doch so anspruchslose Bezeichnung bereits gesagt worden ist.

(1) Die verschiedenen Arten der Erhebung:

Der Initiator einer Erhebung kann sein eine Unternehmung, eine politische Partei, ein Verlag von Zeitschriften oder Zeitungen, eine Regierung oder irgendwer sonst, der an einer solchen „Sondage" – und an ihren Ergebnissen! – interessiert ist. Bei jedem dieser Initiatoren ist zu dem zu untersuchenden Problem (oder Zusammenhang oder Komplex von Fakten oder Meinungen) irgendwelches Material vorhanden, das das zu analysierende Thema tangiert: In der Unternehmung liegen z. B. bestimmte Werbeäußerungen der Konkurrenz oder artähnliche Erzeugnisse des Wettbewerbs, die Einbrüche in einen als „angestammt" angenommenen Markt verursacht haben, oder Berichte von Vertretern und Kunden vor. Diese Fakten sind zunächst zu untersuchen.

Bei einer politischen Partei liegen z. B. Zeitungsausschnitte oder Geheim-Dossiers, Aufzeichnungen aus Parteiversammlungen und Urteile politischer Gegner vor, die – auch nach ihrer Analyse – eine „repräsentative" Erhebung notwendig machen.

Solche Analysen des bereits vorhandenen Materials wird *„desk analysis" (Schreibtischanalyse)* genannt. Réne König [91] berichtet, daß diese Art von „Armchair Research" starker Abneigung begegnet sei; diese Ansicht bedarf einer gründlichen Überprüfung, denn sie wäre geradezu leichtfertig z. B. einer umfassenden Sammlung aller werblichen Äußerungen des Wettbewerbs gegenüber, die tiefere Einblicke vermitteln könnte als viele Interviews. (Vgl. B III 2–6)

Als typisches Beispiel für die Erhebungsmethode durch *Fragebogen, die durch die Post verschickt werden,* wird immer wieder auf die Fehlprognose der Zeitschrift Literary Digest aus dem Jahre 1936 hingewiesen, über die der Autor 1938 in der „Deutschen Fertigware" wie folgt berichtete:

„In der Wahl für die zweite Periode seiner Präsidentschaft stand Franklin D. Roosevelt gegen den Gouverneur Landon. Alter Tradition gemäß veranstaltete die Zeitschrift Literary Digest eine Umfrage bei 10 Millionen Einwohnern der USA, um schon vor der eigentlichen Wahl im Herbst 1936 ihren Lesern den Ausgang dieses erbitterten Kampfes mitteilen zu können.

Das Ergebnis dieser „Stroh"-Abstimmung mit etwa $2^1/_4$ Millionen „Stimmen" war für Roosevelt ganz katastrophal, es zeigte einen „Erdrutsch" für Landon an, wie ihn die Vereinigten Staaten noch nie erlebt haben sollten.

Diese Voraussage wurde aber von einer Marktforschungsgesellschaft, dem American Institute of Public Opinion, angegriffen, das eine Wiederwahl Roosevelts voraussagte und sich dabei aber, wie offen zugegeben wurde, nur auf 300 000 „Stimmen" stützte.

Voraussagen und Wahlergebnisse seien hier mitgeteilt, da sie für eine Betrachtung über das Gebiet der Marktforschung und Marktanalyse wichtige Beispiele sind:

Voraussage für	Roosevelt	Landon
Literary Digest	43 %	57 %
American Institute of Public Opinion	56 %	44 %
Wahlergebnis für	Roosevelt	für Landon
	62,5 %	37,5 %

Die Zeitschrift aber hat wegen der Fehlprognose ihr Erscheinen einstellen müssen und ihren Titel mit einer anderen vereinigt. Ein hartes Urteil der Leser, aber kein ungerechtes.

Mit solchen „Strohabstimmungen" (straw votes), in denen zeitweise bis zu 20 Millionen (!) Postkarten als „Stimmzettel" verschickt wurden, hat sich Elisabeth Noelle in ihrer Dissertation [113] ausführlich auseinandergesetzt. Die Fehler in diesem Verfahren liegen im wesentlichen in der Rücklaufquote der ausgesendeten Fragebogen; hieraus lassen sich kaum jemals repräsentative Stichproben gewinnen.

Die *Erhebungsmethode durch Telefonanrufe* ist ähnlichen Fehlerquellen ausgesetzt: Es können nur diejenigen Personen befragt werden, die an das Telefonnetz angeschlossen sind; auch sie ergeben keine repräsentative Stichprobe. Beide Verfahren (durch die Post versandte Fragebogen und Telefonanrufe) könnten bei gewissen Aufgaben dennoch angewendet werden.

Wohl die häufigste Form der Befragung vollzieht sich *unter Verwendung eines sog. Fragebogens (questionnaire);* über seine Strukturierung ist noch gesondert zu sprechen. Abgesehen von einer solchen Stütze bei der Befragung, d. h. eines Fragegerüsts, bestehen Meinungsverschiedenheiten darüber, ob dem Befragten ein solcher Fragebogen vorgelegt werden soll oder nicht. Die sich hier auftuende Problematik wird von Elisabeth Noelle [112] ausführlich erörtert. Während die Gesellschaft für Konsum-, Markt- und Absatzforschung (GfK) sich für das freie „unstrukturierte" Gespräch, d. h. ohne ausgearbeiteten Fragebogen entschieden hat, um so von dem Befragten das größte Maß an Informationen zu erhalten, wird diese Auffassung z. B. von dem Institut für Demoskopie in Allensbach nicht geteilt.

Eine andere Form der Erhebung ist das sog. *Panel.* Hierbei handelt es sich um eine (verhältnismäßig) feststehende Gruppe von Personen (z. B. Hausfrauen, Händler einer bestimmten Branche) die regelmäßig über bestimmte Probleme befragt werden. Abgesehen von dem natürlichen Abgang, besteht die Notwendigkeit, diesen Kreis laufend zu erneuern. Panel-Erhebungen bedingen vielfach laufende Aufzeichnungen, die zu bestimmten Terminen an das Marktforschungsinstitut einzusenden sind. Solche Aufzeichnungen über Einkäufe von Konsumwaren sind die Grundlage dafür, Marktanteile einzelner

Marken und deren Schwankungen zu ermitteln. Es ist eine der wichtigsten Aufgaben, auch ein Panel repräsentativ zusammenzusetzen und es auch so zu erhalten. Eine weitere Aufgabe ist darin zu sehen, daß die Auswirkungen des Bewußtseins, zu einer bestimmten Gruppe von Auskunftspersonen zu gehören, vielleicht die Ergebnisse beeinflußt oder gar verfälscht.

Erich Schäfer [135] hat seit eh und je die Marktforschung getrennt nach „-untersuchung" und „-beobachtung". (Vgl. Grundlagen, S. 33.) Hierauf mag es zurückzuführen sein, daß manche Autoren auch die „Beobachtung" zum Instrumentarium der Marktforschung rechnen. Zu dem Instrumentarium der Marktforschung sind auch zu zählen, alle *Befragungs- und Labor-Experimente,* für die sich ein Forschungsleiter, je nach der zu analysierenden Aufgabe, entscheiden mag.

(2) Das „fragen", die Fragen und der Fragebogen:

Die Tätigkeit des „fragens" wird nicht selten als eine Kunst bezeichnet. Eine Befragung wird von einem *Interviewer* durchgeführt; dieser Befrager bedient sich nicht selten einer erläuternden Einleitungs-, Eisbrecher- oder Kontakt-Frage: „Im Rahmen einer Untersuchung an der Folkwangschule für Gestaltung in Essen über Schuhpflegemittel möchte ich Ihnen gerne einige Fragen stellen. Ihren Namen brauchen Sie nicht anzugeben." Die Versicherung der Diskretion ist wichtig; sie macht es leichter, ein Gespräch zu eröffnen.

Eine Frage sollte niemals irgendeine Antwort oder die Richtung einer Antwort suggerieren; die Frage: „Sie legen doch sicher großen Wert auf gepflegte Schuhe?" ist falsch gestellt.

Die Frage, die das ermitteln will, müßte lauten: „Legen Sie Wert auf gepflegte Schuhe?" Die Antwort könnte lauten: Ja oder Nein. Hier hätten wir es mit einer geschlossenen Frage zu tun. Wenn die Antwort Nein lauten würde, könnte weiter gefragt werden: „Warum legen Sie keinen Wert auf gepflegte Schuhe?" Hier kann die Antwort völlig offen gelassen werden.

Wenn dem Befragten die Formulierung der Antwort freisteht, dann sprechen wir von einer offenen Frage.

Es ist aber auch möglich, bestimmte Antworten, die vielleicht in einer Probebefragung (pre-test) ermittelt worden sind, „vorzugeben", d. h. möglicherweise vorkommende Formulierungen im Fragebogen bereits zu vermerken, wie z. B.

... bestimmte Kunstledersorten bedürfen keiner Pflege
... meine berufliche Tätigkeit erfordert das nicht
... habe keine Zeit dafür

Für weitere Begründungen sollte genügend Raum bleiben. Vorgegebene Antworten haben wir auch in folgendem Raster (aus Beispiel B), den der Interviewer auszufüllen hat:

Wieviele Paar Schuhe besitzen Sie?

Arbeitsschuhe	1	2	3	4	5 Paar
Sportstiefel	1	2	3	4	5 Paar
Sportschuhe	1	2	3	4	5 Paar
Lederstraßenschuhe	1	2	3	4	5 Paar
leichte Straßenschuhe	1	2	3	4	5 Paar
Sandalen/Sandaletten	1	2	3	4	5 Paar
Turn-, Boots-, Hallen-, Tennisschuhe	1	2	3	4	5 Paar
Sonstige Schuhe (Welche?)	1	2	3	4	5 Paar

Bei einer Befragung wechseln offene und geschlossene Fragen immer wieder ab; die Vorgabe von Antworten muß sorgfältig überlegt werden, gleichgültig, ob nach konkreten Fakten oder ob z. B. danach gefragt wird, wie sich jemand informiert, wie folgender Ausschnitt aus dem Beispiel A zeigt:

10. Wie unterrichten Sie sich über den in Ihrem Betrieb auftretenden Bedarf?
    a) laufenden Bedarf
    b) Spezialbedarf (z. B. Maschinen)
11. Wie unterrichten Sie sich, um diesen Bedarf zu decken? Bitte führen Sie alles auf!

12. Lesen Sie Werbebriefe, die Ihr Betrieb von anderen Firmen unaufgefordert erhält?
    ja, in der Regel
    ja, manchmal
    nein, nie

13. Prüfen Sie Angebote, die Ihr Betrieb von sich aus anfordert?
    ja, in der Regel
    ja, manchmal (Frage 13 a)
    nein, nie (Frage 14)

13 a. In welchem Umfange wirken Sie an der Bearbeitung solcher Angebote mit?

14. Sprechen Sie mit Vertretern oder Verkaufsingenieuren, die Angebote machen?
    ja, in der Regel
    ja, manchmal
    nein, nie

15. Lesen Sie Prospekte oder Kataloge, die von Anbietern herausgegeben werden?
    ja, in der Regel
    ja, manchmal
    nein, nie

Der Frage (im Beispiel B) nach dem persönlichen Bestand an Schuhen lag die Überlegung zugrunde, Anhaltspunkte dafür zu gewinnen, welche Mengen des zu entwickelnden neuen Schuhpflegemittels eine Normalpackung enthalten sollte, während der andere Ausschnitt (Beispiel A) ausgehend von konkreten Bedarfsfällen darauf abzielte, die Möglichkeiten der Information über die Deckung dieses Bedarfs zu ermitteln.

Der weitere Ausschnitt (Beispiel B) zielt auf die Ermittlung der Vertriebswege für eine Schuhcreme und auf die Feststellung, welche Marken ein besonderes Vertrauen bei den Verbrauchern genießen. Das Raster-Schema der Frage 15 in dem weiteren Ausschnitt will die Größe der gängigsten Packungen ermitteln, die weiteren Fragen 18 bis 19 haben die Werbung der Konkurrenz und die Planung der eigenen Werbung zum Ziel.

Bei einem so einfachen Verbrauchsgut, das in den Bereich des Bequemlichkeitsbedarfs gehört, richten sich die meisten Fragen auf ganz reale und konkrete Fakten; bei der Analyse des Informationsgehaltes der industriellen Werbung aber geht es um Daten, die weniger greifbar sind. Hier sollen (Beispiel A: Fragen 28 bis 35) Urteile abgegeben werden über den Informationswert bestimmter Mittel der Werbung; hier soll festgestellt werden, welche dieser (herkömmlichen) Werbemittel entbehrlich sind, und hier soll versucht werden, aus den betrieblichen Vorgängen wichtiger Beschaffungs- und Bedarfsfälle zu Vorstellungen zu kommen, welchen Informationsgehalt unsere industrielle Werbung eigentlich haben sollte.

Die bisherigen Ausschnitte aus Fragebogen für zwei grundverschiedene Aufgaben der Markt- und Meinungsanalyse (Beispiel A und B) geben die wichtigsten Arten von Fragen wieder. Ein Exzerpt aus drei wichtigen Fachbüchern über dieses in wenigen Jahrzehnten auch in der BRD hochentwickelten, wissenschaftlich sehr lebendigen Fachgebietes der praktischen Sozial- und Wirtschaftsforschung läßt einen hohen Grad der Übereinstimmung in der Fachsprache und Nomenklatur erkennen. Hieran hat die ESOMAR (Europäische Vereinigung für Markt- und Meinungsforschung) ein sehr hohes Verdienst.

Art, Form oder Typ der Frage(n):

(Zusammengestellt nach den Büchern von Atteslander [4], Hüttner [61] und Noelle-Umfragen [112])

Ablenkungs-	Beweis-	Eisbrecher-
Alternativ-	Detail-	Ergänzungs-
Analytische-	Dialog-	Erinnerungs-
Assoziations-	Direkte-	Fakt-
Bekehrungs-	Einleitungs-	Fallgruben-

Filter-
Folge-
Gabelungs-
Geschlossene-
Halboffene-
Heikle-
Indikator-
Indirekte-
Informations-
Instrumentelle-
Ja/Nein-
Kontakt-
Korrelations-
Maßstabs-
Mehrfach-Auswahl
Offene-
Präzisions-
Probe-(Befragung)
Programm-
Projektions-
Provokatorische-
Puffer-
Rangier-
Raster-
Satzergänzungs-
Selektiv-
Skala-
Sondierungs-
Suggestiv-
Schlüssel-
Schluß-
Test-
Trainings-
Vorlagen-
Vortrags-
Wissens-

Ausschnitt aus Beispiel B:

8. Welche Überlegungen stellen Sie über den Preis eines Schuhpflegemittels an?
9. Kaufen Sie das passende Schuhpflegemittel beim Erwerb eines neuen Paares Schuhe? ja – nein – manchmal
10. Welche Marke(n) haben Sie zuletzt gekauft?
11. Welche Marke(n) verwenden Sie augenblicklich?
12. Benutzen Sie immer dieselbe Marke(n)? ja – nein
    a) wenn nein,
    welche Gründe veranlassen Sie zu einem Wechsel?
    (ausführliche Schilderung)
13. Welche Marke ist Ihnen wegen welcher Eigenschaften in guter in schlechter Erinnerung?

15. Welche Verpackung bevorzugen Sie für welche Art des Pflegemittels?

Art	Dose normal	Dose groß	Tube normal	Tube groß	Flasche elastisch	Flasche starr
Schuhcreme						
Spray						
Puder						
Sonstiges						

a) aus welchem Grund bevorzugen Sie welche Verpackung? (ausführliche Schilderung)

17. Welche Verpackungen, die Sie bisher verwendet haben, haben Ihren Anforderungen nicht genügt? (ausführliche Schilderung)

18. Welche Werbung für Schuhcreme ist Ihnen in Erinnerung?
    a) für welche Marke(n)
    b) in welcher Art und in welcher Form
    c) sind Proben verteilt worden ja – nein

19. Welche Eigenschaften müßte nach Ihrer Meinung eine Schuhcreme haben? (ausführliche Schilderung)
    a) Arbeitsersparnis
    b) besondere Pflege des Schuhwerks
    c) andere Eigenschaften

Ausschnitt aus Beispiel A:

28. Halten Sie eines der bisher erwähnten Mittel der fachlichen Information für entbehrlich?
    ... ja, welches? .... (Frage 29)
    ... nein, ⟶ (Frage 30)
29. Wodurch könnten die als entbehrlich bezeichneten Informationsmittel ersetzt werden?

....

....

30. Welche Informationen erwarten Sie von der industriellen Werbung?

....

31. Würden Sie mir einen besonders wichtigen oder größeren Beschaffungsvorgang aus Ihrem Erfahrungsbereich schildern!

....

....

32. In welchem Stadium der von Ihnen geschilderten Beschaffung hatten Sie ein Mitspracherecht?

....

33. In welchem Umfang waren Sie dabei zu Entscheidungen berechtigt?
    Bitte schildern Sie das ausführlich!

....

34. Wieviel Zeit wurde gebraucht von der ersten Bedarfsmeldung bis zur Erteilung des von Ihnen erwähnten Auftrages?
    Bitte schildern Sie das ausführlich!

....

35. Wieviele Personen aus Ihrem Betrieb haben an dieser Bedarfsfeststellung bis zur Auftragserteilung mitgewirkt?
    ... Personen

Andere Fragearten, gezielt auf:
- Abbau/Aufbau von Schranken/Spannungen
- Belebung der Erinnerung/Phantasie
- Klärung von Gefühlen
- Kräftigung des Selbstvertrauens
- Verhaltensweisen
- Wertvorstellungen/vorherrschende Werte

Die meisten dieser Fragen sind ihrer Art nach durch die mitgeteilten Beispiele erklärt; bei einigen wird die Art der Frage durch mehrere sinnähnliche Bezeichnungen gekennzeichnet. Gerade über die Frage haben wir eine sehr umfangreiche Fachliteratur.

Von entscheidender Bedeutung ist die Folge, in der die einzelnen Fragen in das Fragengerüst (Gedankenkorsett des Interviewers, Fragebogen) aufgenommen werden. Die Interviewer erhalten strenge Anweisungen über die Benutzung eines Fragebogens: „Im Fragebogen, dessen Fragen in vorgeschriebener Reihenfolge, wörtlich und ohne zusätzliche Erklärungen vorgelesen werden müssen ..." (Noelle [112]). „Oberstes Gebot also: Sich streng an den Fragebogen halten" (Noelle, [112]). Bei solchen Vorschriften muß der Aufbau eines Fragebogens in einer solchen Folge konzipiert sein, daß der Zweck der Befragung mit Sicherheit erreicht wird. „Der Fragebogen ist sowohl nach logischen wie auch nach psychologischen Gesichtspunkten aufzubauen. Fragen zum gleichen Themenkreis sollen nacheinander folgen, damit der Befragte nicht zu ständigen Gedankensprüngen gezwungen wird. Dabei folgt am besten das Besondere dem Allgemeinen, das Unvertraute dem Vertrauten, das Komplizierte dem Einfachen" (Atteslander, [4]). „Grundsätzlich ist die Reihenfolge der Fragen so zu wählen, daß nicht eine vorhergehende Frage eine darauffolgende in irgendeiner Weise beeinflußt. Darüber hinaus müssen die verschiedenen Fragetypen so eingesetzt werden, daß der Ablauf des Interviews nicht als langweilig und ermüdend, sondern als anregend und spannend empfunden wird" (Hüttner, [61]).

Über die Dauer eines Interviews schwanken die Meinungen; Zeitangaben zwischen 30 und 60 Minuten werden sich aus der Aufgabenstellung der Befragung, aus der Länge des Fragebogens, aber auch aus der Situation bestimmen, in der der Befragte angetroffen wird.

(3) Die Auswahl der Auskunftspersonen:

Der „Musterzieher“ im Erzhafen von Rotterdam entnimmt eine im Kaufvertrag festgelegte Anzahl von Proben aus den verschiedenen Ladeluken des in Narvik beladenen und nun am Entladeplatz liegenden Frachters; er entnimmt sie auch aus verschiedenen Schichten der Ladung, genau wie es der Kaufvertrag oder die „Usance“ vorschreibt. Die Bestimmungsanalysen des fe-Gehaltes ergeben dann in vereinbarten Durchschnitts- oder Mittelwerten die Grundlage der Abrechnung zwischen Käufer und Verkäufer. Dieses „Stichproben“-Verfahren ist in den Häfen der Welt für Massengüter eine seit Jahrhunderten erprobte feste Übung geworden. Das hier wirkende „Gesetz der großen Zahl“ ist erst später so bezeichnet worden, obwohl es schon lange wirksam war.

Angeregt durch eine Schilderung in einem der frühesten Bücher aus den USA über Marktforschung hat der Autor wiederholt von einem Auditorium, zu dem er zu sprechen hatte, Schätzungen der Länge einer frei an die Wand gezogenen Linie durchführen lassen. An einer Schätzung am 30. November 1967, während einer seminaristischen Übung, waren 21 Personen beteiligt. Es war die Länge einer blauen Linie in Zentimetern zu schätzen, die mit farbigem Klebeband auf eine durch nichts unterbrochene weiße Wand aufgebracht worden war. Dieser farbige Strich ist durch zwei Teilnehmer von rechts oben nach links unten angeklebt worden.

Nach Durchsicht der ausgefüllten und nun geordneten Schätzungszettel, die vorher ausgegeben worden waren, wurden (nach Diskussion mit dem Auditorium!) die beiden extremen

Schätzwerte (150 cm und 310 cm) ausgeschieden. Beide Werte addiert, ergaben 460 cm und ihr Durchschnitt 230 cm. Die übrigen Schätzungen (je einmal 180, 185, 208, 211, 218, 220, 235, 253, 254, 260, 268, 270, viermal 210 und zweimal 230 cm) ergaben einen Durchschnitt von 224,3 cm. Die tatsächliche Länge der Linie, die vom Auditorium nachgemessen wurde, betrug 230 cm.

Elisabeth Noelle [112] hat den Abschnitt, der das Gesetz der großen Zahl und seine Anwendung auf (die Auswahl von) Personen bei Repräsentativ-Umfragen verdeutlichen soll, überschrieben mit: „Die mathematische Grundlage, das Gesetz der großen Zahl". Hans Kellerer gibt die wissenschaftliche Grundlage für die Stichprobenbildung [86]. Wie schon erwähnt, handelt es sich bei dem „Prinzip der repräsentativen Stichprobe ... (um) ... einen kleinen Teil der Bevölkerung, (der Schlüsse) auf die ganze Bevölkerung zuläßt" (Noelle, [112]).

Wie wirken sich diese (mathematisch-statistischen) Berechnungs- und Schätzverfahren nun in der Praxis aus? Werden alle Stichproben nach einem Einheitsschema gebildet? Wann und in welcher Weise sind Abweichungen von den Verfahren der Stichprobenbildung (sampling) zulässig, möglich oder sogar zu empfehlen?

Im Verlaufe der bisherigen Darstellung sind bereits zahlreiche Arten von Stichproben erwähnt worden:

- 1121 Interviews in den Läden des ganzen Landes
- 881 Interviews in 118 Städten
- 3123 Haushaltungen in 16 Staaten
- 352 Mitglieder von Filialgeschäftsorganisationen
- 213 Verkaufsläden
- 7550 Frauen

In keinem der hier aufgeführten Fälle aus der Frühzeit der Marktanalyse ist etwas darüber gesagt worden, ob diese Stichproben auch „repräsentativ" gewesen sind.

Diese doch sehr interessanten Beispiele sind nun zu ergänzen aus der Gegenwart; auch hier sind aus den veröffentlichten

Berichtsbänden auch einige älteren Datums heranzuziehen, um die Entwicklung zu einer präziseren Methodik deutlich zu machen.

Die GfK-Gesellschaft für Konsum, Markt- und Absatzforschung e. V. und das Emnid-Institut haben sog. „Omnibus"-(Mehrthemen-)Umfragen angekündigt, worin über Umfang und Auswahl der Stichproben gesagt wurde:

GfK: 4000 bis 10 000 Männer und Frauen, die nach dem Quota-Auswahlverfahren festgelegt werden unter Vorgabe von Bundesland, Ortsgröße, Beruf des Haushaltsvorstandes, Alter und Geschlecht und die 1969 befragt wurden.

EMNID: 2000 Männer und Frauen im Alter von 16 Jahren und älter, die nach dem Quotenverfahren in einem repräsentativen Querschnitt im Juli bis Oktober 1970 befragt wurden.

Die in den erwähnten Beispielen[1] vorkommenden Fachausdrücke seien kurz erläutert:

Quoten-(Auswahl-) Verfahren/System:
Dem Interviewer wird genau vorgeschrieben, wieviele Auskunftspersonen (Männer/Frauen) er zu befragen hat.

Random/at random; random selection/random sample:
Zufall, durch Zufall, unbeeinflußt, aufs Geratewohl, Zufallsauswahl, Stichprobe durch Zufall

Diese Beispiele zeigen aber zweierlei sehr deutlich: Mit zunehmender Erfahrung und der breiteren Verfügbarkeit wissenschaftlicher Erkenntnisse sind die Anforderungen an die aus einer Gesamtheit auszuwählenden Teile, d. h. die Anforderungen an die zu bildenden Stichproben immer höher geworden, und wir können immer wieder Beispiele beobachten, bei denen kleinere Stichproben für ausreichend gehalten werden.

[1] Atteslander [4] erläutert (S. 218) weitere Möglichkeiten zur Auswahl der Stichprobe.

Tabelle 12. Beispiele durchgeführter Umfragen

lfd. Nr.	Jahr	Auftraggeber/ durchgeführt von Titel der Veröffentl.	Umfang der Stichprobe	Auswahl der Stichprobe
1.	1954	Marktforschungsstelle Zucker/Ges. f. Marktforschung, Hamburg „Marktanalyse über Zucker“	3000 Haushaltungen durch 121 „Experten“ befragt	Repräsentativer Querschnitt nach Quotenauswahlverfahren
2.	1956	Spiegel Verlag Hbg./ Intermarket D'df. „Das Wirtschaftswunder an Rhein und Ruhr“	700 mündlich durchgeführte Interviews	Der ausgewählte Querschnitt ist seinem Wesen nach repräsentativ für die Bevölkerung des Rh.-W. Industriegebiets. Der Querschnitt wurde an einer Stelle manipuliert, die soziale Oberschicht wurde nicht befragt.
3.	1957	Bundesmin. f. Wirtschaft/ Intermarket „Das Verhalten des Verbrauchers“	2003 Interviews durch 300 Interviewer	Repräsentativer Querschnitt der erwachsenen Bevölkerung nach der Quota-Methode.
4.	1958	Markenverband e. V./ Inst. f. Demoskopie „Der Markenartikel im Urteil der Verbraucher“	3 Befragungen von/durch 1960 Pers./249 Interv. 2034 Pers./257 Interv. 1967 Pers./242 Interv.	Repräsentative Bevölkerungsumfrage: Quota-System
5.	1958	Spiegel Verlag/ Intermarket „Automation und öffentliche Meinung“	6 Befragungen, bei Befragung D (Okt. 1957) 1915 Interviews durch rd. 350 Interviewer	Repräsentativ-Umfrage nach dem Quota-Verfahren

6.	1962	GfK, Nürnberg „Die Bedarfsstruktur 1962“	5000 repräsentativ ausgewählte Haushalte Es wurden 4855 Berichtsbogen ausgewertet.	Quota-Verfahren
7.	1962	Bundesverband der Deutschen Ziegelindustrie/IFO-Institut „Die Absatzchancen von Mauerziegeln, Dachziegeln und Deckenziegeln bis 1970“	a-779 Baufirmen b- 45 Architekten b- 61 Wohnungsunternehmen b- 12 Kreditinstitute	a-Im Rahmen des Konjunkturtest für das Baugewerbe b-Schriftliche Sonderbefragung
8.	1963 1964	Spiegel Verlag/ William Wilkens Werbeagentur u. A. „Die Rolle des Mannes beim Kaufentscheid“	1016 verheiratete Männer in der BRD	Nach einem Quoten-Verfahren unter Verteilung der Interviews nach Bundesländern und Ortsgrößenklassen. Die Besitz- und Verbrauchsdaten sind nicht identisch mit einer repräsentativen Haushaltsstichprobe (da) in dieser Untersuchung die Einpersonenhaushalte fehlen.
9.	1966	Spiegel Verlag/Dr. R. Müller Hamburg und IFAK Wiesbaden. „Die Berufe der Spiegel-Leser.“ Dokumentation Architekten.	600 Architekten befragt durch 203 Interviewer	Nach dem Quota-Verfahren, in der Aufgliederung nach Bundesländern vorgegeben a) die Stellung im Beruf b) die Fachsparte Schichtung nach Ortsgrößenklassen. „Die Daten dieser Untersuchung sind repräsentativ

Fortsetzung Tabelle 12

lfd. Nr.	Jahr	Auftraggeber/ durchgeführt von Titel der Veröffentl.	Umfang der Stichprobe	Auswahl der Stichprobe
				für die Gruppe der 30650 Architekten, die im Hochbau, als Innenarchitekt oder baugewerblich tätig sind.“
10.	1966	Die WELT/DIVO-Institut „Konsumgewohnheiten und Konsumstil der Oberschicht“	1597 durchgeführte Interviews einer Bevölkerungsprobe, durch 372 Interviewer	Mehrstufige, geschichtete Random-Stichprobe. Nach dem Zufallsprinzip wurden 372 Befragungsgemeinden bestimmt. In diesen Gemeinden wurden 1979 Anschriften vorgegeben nach systematischer Auswahl aus den Karteien der Einwohnermeldeämter.
11.	1966	Spiegel Verlag/William Wilkens/Ges. f. Marktforschung, Hamburg „Wertpapiere und andere Anlageformen“	10 176 Befragte in einer Repräsentativerhebung	Die Auswahl erfolgte nach einem Zufallsverfahren (random route) in mehreren Stufen. Der ersten Stufe lag eine modifizierte Wahlbezirksstichprobe, die etwa 10 000 Stimmbezirke umfaßte, zugrunde. Danach wurden wiederum nach einem Zufallsverfahren, 2000 Ausgangsadressen gezogen, von denen aus jeder Befrager nach einheitlicher Wegevorschrift jeweils 5 Haushaltungen aufsuchen mußte. Die Auswahl der Befragungsper-

				sonen in den Zielhaushaltungen geschah nach dem „Geburtstagsverfahren“, d. h., es wurde von den Haushaltsangehörigen jene Person ausgewählt, deren Geburtstag einem Monatsanfang am nächsten liegt.
12.	1967	Spiegel Verlag/Emnid- und IFAK-Institute/ Dr. Müller Hamburg „Was glauben die Deutschen?“	2037 Befragte durch 239 Interviewer (Etwa 180 Kreuzauswertungen wurden vorgenommen.)	(Die Befragung hat) „. . . in Vorbereitung und Entwicklung . . . die einzelnen Phasen . . . der modernen Meinungsforschung . . . durchlaufen“.

13. Eine der umfangreichsten Untersuchungen hat der Spiegel-Verlag im Herbst 1969 vorgelegt. Anknüpfend an die Untersuchung Nr. 8 „Die Rolle des Mannes beim Kaufentscheid“, wurden 5 Tabellenbände im Format DIN A 3 mit 118 Tabellen zu je 4 Teilen und mit 20 statistischen Tabellen auch zu je 4 Teilen zu folgenden Themen veröffentlicht:

I: Urlaubsreisen, Flugreisen, PKW, Spar- und Anlageformen
II: Möbel, Teppichböden, Elektrische Haushaltsgeräte
III: Phono-/Fernsehgeräte, Film, Foto, Uhren, Freizeit, Hobby, Hobby-Ausrüstung
IV: Bekleidung, Kosmetika, Körperpflegemittel, Geschenke
V: Getränke

Die von Attila Kopacsy und Heinz-Jürgen Plathner konzipierte Untersuchung wurde von den Instituten Ifak, Wiesbaden, und Infratest, München, im April/Mai 1969 durchgeführt. Von Ifak wurden 2349 und von Infratest wurden 2244 Männer im Alter von 20 bis 65 Jahren in der BRD und West-Berlin befragt. „Zu ziehen war eine Haushaltsstichprobe, die durch Gewichtung zur Personenstichprobe wurde. Ausgangsbasis war die Gesamtheit aller Männer in der BRD und in West-Berlin, soweit sie in Privat-Haushalten leben und zwischen 20 und 65 Jahren alt waren.“ Es wurde eine Schichtung der Stichprobe vorgenommen, und es wurden Auswahlstufen geschaffen.

Die ausführliche Darstellung der Stichprobenbildung, ihrer Ausschöpfung und Entzerrung, der Zellengewichtung zur Verbesserung der Repräsentanz der Gesamtstichprobe, der Kontrolle der Feldarbeit und der Auswertung und Darstellung der Ergebnisse, d. h. die ganze Darstellung „Zur Methode“ wird im Anhang wiedergegeben.

Je nach der Aufgabe, die durch eine Umfrage gelöst werden soll, sind für die zu befragenden Auskunftspersonen verschiedene demographische (Bestimmungs-)Merkmale vorzugeben; hier genügt es, auf einige Beispiele neueren Datums hinzuweisen:

Beispiel 8
(Rolle des Mannes beim Kaufentscheid)

1. Dauer der Ehe
2. Lebensalter
3. Berufstätigkeit
4. Berufsstellung
5. Haushaltungsvorstand
6. Haushaltsgröße
7. Kinder im Haushalt
8. Familientyp (junge/ältere Personen, kleine/große Familie, nur Erwachsene, junge und alte Personen)
9. Netto-Haushaltseinkommen
10. Persönliches Netto-Einkommen der Auskunftsperson
11. Schulbildung
12. Wohnlage
13. Wohnortgröße
14. Bundesland

Beispiel 9
(Architekten)

1. Familienstand
2. Lebensalter
3. Haushaltsgröße
4. Schul- und Fachausbildung
5. Wohnverhältnisse (Eigentum/Miete usw.)
6. Konfession
7. Persönl. Netto-Einkommen
8. Wohnortgröße
9. Bundesland
10. Besitz bestimmter Güter (Fernseh/Stereo-Anlage, Kühlschrank, Diktiergerät usw.)

Diese wenigen Beispiele lassen erkennen, daß bei der Planung einer Stichprobe die eigentliche Aufgabe, die durch eine Umfrage zu lösen ist, den Ausschlag zu geben hat; je nach der Aufgabe muß die Stichprobe ausgewählt und zusammengesetzt werden. Viele der hier erwähnten demographischen Merkmale lassen sich an den Ergebnissen der Bevölkerungsstatistik verifizieren. Je genauer die Struktur der Stichprobe mit der Struktur der Grund-Gesamtheit der Bevölkerung übereinstimmt, desto mehr kann davon gesprochen werden, daß eine Erhebung „repräsentativen" Charakter hat.

(4) Das Interview und die Erhebungs-Arbeit

Elisabeth Noelle bezeichnet „Interviewer und Befragte (als) die schwächsten Glieder in der Kette" [112]. Die amerikanische Fachliteratur hat immer schon auf die Verfälschungen durch „BIAS" (Verzerrungen) hingewiesen. Daher ist die strenge Vorschrift zu verstehen, daß sich der Befrager im Gespräch mit dem Befragten stets streng an den Wortlaut der Fragebogen zu halten hat. Atteslander [4] setzt sich in dem Kapitel über die Befragung mit dem standardisierten und nichtstandardisierten (strukturierten und unstrukturierten) Interview auseinander. Atteslander unterscheidet noch zwischen „weichem" Interview, das dem Befragten erlaubt, sein eigenes Thema zu wählen, dem „harten" Interview, das dem weichen diametral entgegengesetzt ist, wobei der Befragte einer Art von „Verhörtechnik" ausgesetzt wird und dem „neutralen" Interview, bei dem jegliche gefühlsmäßigen Beziehungen zwischen Interviewer und Befragtem ausgeschaltet werden sollen.

Zu welcher Form des Interviews sich der Forschungsleiter auch entscheidet, – er hat dafür zu sorgen, daß durch ausreichende Kontrollen der Feldarbeit (fieldwork) gewährleistet wird, daß Verzerrungen durch Vorurteile, Beeinflussungen, unterstellte Tendenzen oder Suggestionen ausgeschlossen sind.

(5) Analyse der erhobenen Daten und die Berichterstattung

Der Forschungsleiter hat nicht nur die Umfrage anzulegen, er hat die erhobenen Daten auch auszuwerten. Elisabeth Noelle sagt [112]: „Bei der Erhebung seines Rohmaterials, bei der sogenannten ‚Feldarbeit‘, muß der Forscher Interviewer und Befragte allein lassen. Um so lebhafter – müßte sein Bedürfnis sein, Probebefragungen selbst vorzunehmen.“

Welches Ausmaß an Arbeit verursacht wird durch die Aufbereitung des erhobenen Grundlagenmaterials, durch die Umsetzung in Kreuzauswertungen und Tabellen, durch die semantische Interpretation von Zusammenhängen und schließlich durch die Komposition des Untersuchungsberichtes, das kann hier nur (aus den erwähnten Beispielen) angedeutet werden:

Die vorgelegten Berichte hatten folgenden Umfang:

Beispiel 2 (Wirtschaftswunder)	87 Seiten DIN A 4
Beispiel 5 (Automation)	119 Seiten DIN A 4
Beispiel 6 (Bedarfsstruktur)	135 Seiten und 110 Tabellen in 2 Bänden DIN A 4
Beispiel 7 (Mauerziegel)	68 Seiten DIN A 4 und 7 Schaubilder
Beispiel 8 (Rolle des Mannes)	86 Seiten DIN A 4 und 168 Tabellen
Beispiel 10 (Konsumgewohnheiten)	68 Seiten DIN A 4

In der Regel werden aber den Auftraggebern die Original-Auswertungsberichte zugänglich gemacht, die ihrerseits dann ein Konzentrat zur Veröffentlichung freigeben. Hierzu sei Bezug genommen auf Beispiel 9 (Architekten). Die vom Spiegel-Verlag verbreitete „Dokumentation“ umfaßte 47 Druckseiten im Format 24 cm × 30 cm. Der mit April/Mai 1966 datierte vervielfältigte Bericht über diese „Repräsentativ-Befragung" umfaßt 133 Seiten, einschließlich 72 Tabellen und der Statistik über die Stichprobe. Das Ausmaß der wissenschaftlichen Arbeit für die Projektentwicklung, die Erarbeitung der Fragebogen und des Auswertungsprogramms für die Analyse des Untersuchungsmaterials und die Berichterstattung über die von 203 Interviewern durchgeführte Feldarbeit, läßt sich vielleicht aus der Tatsache begreifen, daß von dem Fragebogen sieben verschiedene Versionen, beginnend mit dem ersten Entwurf bis zum endgültigen Fragebogen, existieren. Hier ist echte wissenschaftliche Arbeit geleistet worden.

3. Der Erkenntniswert der Umfrageforschung

Zur Beurteilung des Erkenntniswertes der Umfrageforschung für die Sozial- und Wirtschaftswissenschaften, für die Wirtschafts-Praxis und für die Politik, sollten die dargebotenen Erkenntnis*hilfen* zum Maßstab genommen werden. Hier sind jedoch positive Beispiele, aber auch durchaus negative Beispiele mitgeteilt worden.

Mit dieser Darbietung von Beispielen aus der Praxis der Umfrageforschung, durch die auch die gesamte Problematik sichtbar gemacht wurde, sollte sinnfällig dargetan werden, daß sich die Umfrageforschung aus unserer Gegenwart nicht mehr wegdenken läßt. Die Beispiele wurden so dargeboten, daß zu erkennen ist, mit welchem Ernst sich die Forschungs-Institute dieser Aufgabe annehmen.

Auf ein überaus wichtiges Problem wird in dem Buch von Lucas und Britt [102] aufmerksam gemacht:

„Wenn auch die kritische Beurteilung der Werbung auf den verschiedenen Stufen wünschenswert sein kann, so kann die Forschung den schöpferischen Prozeß doch nur unterstützen, nicht aber kontrollieren. Durch die Forschung wurde noch nie eine Anzeige geschrieben. Es hat indessen, unglücklicherweise, mancherlei Mißverständnisse zwischen den schöpferischen Kräften in der Werbung und einigen ihrer Analytiker gegeben. Richard D. Crisp hat das richtig gesehen:

Diese Sperrschranken sind fast nur geistiger Natur. Sperre Nummer eins ist der schöpferische Werber, der Angst vor der Werbeforschung hat. Er sieht in der Forschung etwas, das entweder eine Gefahr für seine berufliche Stellung oder für seine schöpferische Freiheit ist. Für ihn ist die Forschung etwas, das ihn einzäunen will.

Sperre Nummer zwei ist der Forscher, der dazu neigt, die Bedeutung der Forschung zu übertreiben oder die Forschung zu mißbrauchen oder der die Rolle der Forschung im Bereich der Werbung nur unvollkommen versteht; der aber kein Verständnis aufbringt für das Verhältnis von schöpferischer Forschung und schöpferischer Arbeit in der Werbung.

Glücklicherweise ist manches von diesem früheren Antagonismus zwischen den Menschen, die die Anzeigen schaffen, und denen, die Werbeforschung betreiben, in den vergangenen Jahren beseitigt worden. Die Angehörigen dieser beiden Gruppen verstehen mehr und mehr, daß sie besser fahren, wenn sie sich gegenseitig schätzen und ergänzen.

Beide Gruppen erkennen an, daß die Forschung besonders nützlich ist, traditionsgebundene Praktiken kritisch zu überprüfen und die Aufmerksamkeit auf mögliche Fehler zu lenken. Die Forschung kann uns helfen, wenn wir zwischen zwei Werbeentwürfen zu entscheiden haben, und sie kann uns Gewißheit auf den verschiedenen Stufen der schöpferischen Arbeit geben.

Mit anderen Worten, die Forschung ist kein Ersatz für schöpferische Arbeit, sie kann aber Tatsachen offenlegen, die die schöpferische Arbeit verwerten kann.“

Die nachstehenden Hinweise auf wichtige Werke einer grossen Spezialliteratur sind auch als Nachweis dafür anzusehen, daß sich die Wissenschaft dieser Probleme mit großem Erfolg angenommen hat.

C. Absatzwirtschaftliche (marketing) Probleme unter dem Einfluß der Werbung

Gegenstand der Absatzwirtschaft (des marketing) können, wie in Kapitel A II nachgewiesen worden ist, auch Verfahren, Systeme oder Problemlösungen sein. Sie könnten in der Gliederung dessen, worauf sich die Bemühungen der Wirtschaftswerbung richten, eine eigene, selbständige Gruppe bilden. Unter dem Gesichtspunkt der Werbung, von dem hier auszugehen ist, spielen sie jedoch keine eigene Rolle. Hier soll dazu nur zwischen den Erzeugnisbereichen Verbrauch und Produktion unterschieden werden.

I. Einflüsse der Werbung im Erzeugnisbereich Verbrauch

Wilhelm Vershofen fragte einmal nach den Zwecken, die in der Gesellschaft zu Werten erhoben werden und die wir Menschen zu verwirklichen bestrebt sind. Seiner Erkenntnis gab er wie folgt Ausdruck: „Die Grundtätigkeit der Menschen muß in allen Zeiten darauf gerichtet sein, die materielle Existenz zu sichern, dadurch, daß jene Bedürfnisse, denen durch bereitete Mittel genügt werden kann, befriedigt werden. Dieses Tätigkeitsgebiet des Menschen aber ist die Wirtschaft."

Er schilderte dann, wie etwa bis in die napoleonische Zeit hinein unsere Vorfahren wirtschafteten, was die Bewohner der Höfe, die Nahrung und Kleidung selbst bereiteten, nötig hatten und daß sie nur beim Bau der Wohnungen der „Leitung eines besonders Geschulten" bedurften. Er kam dabei in eine grandiose Vision der Zukunft, von der wir heute als von der Gegenwart sprechen können. Diese Vision projizierte Wilhelm Vershofen in jene Vergangenheit, die auch für uns schon um einige Jahrhunderte zurückliegt; dann sagte er: „Es wird eine Zeit kommen, die euerer Groß-Urenkel, da werden alle jeden Tag zum Händler gehen und kaufen, was sie für diesen Tag oder höchstens für den allernächsten Tag nötig haben." Wilhelm Vershofen brachte in dieser Vision Beispiel über Beispiel, um dann von den Veränderungen zu sprechen, die sich in der Form des Wirtschaftens in weniger als zweihundert Jahren vollzogen haben. Er fuhr fort: „Euer Leben wird ein einziger Jahrmarkt werden, der dauert von frühmorgens bis spät in die Nacht und dessen Stände überall sind, wohin ihr euch wendet. Jeder von euch wird trachten, zuerst zu kommen, um möglichst viel von seinem Teil zu kaufen, und jeder wird trachten, bis zuletzt zu warten, damit die Bedürftigen ihm mehr bieten, weil sonst nichts mehr da ist."[1]

Der „Meinungsaustausch" mit Wilhelm Vershofen [144] entzündete sich im Jahre 1940 an dem Satz: „Der Zweck der Wirtschaft ist der Verbrauch." Dieser Satz von Wilhelm Vershofen ist schon bei Adam Smith zu finden, der im Jahre 1776 sein Buch „Wealth of Nations" mit dem Satz einleitete: „Consumption is the sole end and purpose of all production" (Der Verbrauch ist das einzige Ziel und der einzige Zweck aller Erzeugung).

Wilhelm Vershofen hat [144] (S. 164) folgende Erklärung gegeben: „Alles, was auf dem Gebiet der Mittelbereitung geschieht, dient, wenn auch auf noch so verwickelten Umwegen, der Bedürfnisbefriedigung. Aber das Ende eines jeden Schaffensprozesses ist immer die verbrauchsfertige Ware, und deshalb ist der Satz: ‚Alles Wirtschaften dient dem Verbrauch' einwandfrei."

[1] [145], S. 73 ff.

In der 1950 neu aufgelegten Arbeit von Wilhelm Vershofen [146] (S. 280) sagt er von dem Verbraucher: „Alles in allem: In der heutigen Wirtschaft entfernen sich *die Interessen des Erzeugers und die des Verbrauchers* immer weiter voneinander und machen diese Wirtschaft unzulänglicher, ja, müssen sie von innen heraus zermürben, wenn es nicht gelingt, das triebschaftliche Agens, dem der Verbraucher sich ausgeliefert sieht, in seiner Potenz stark zu beschränken."

Steht nun Wilhelm Vershofen [67] mit seiner Auffassung allein oder nicht?

Professor Dr. Erich Egner sagt in seinem Beitrag über „Konsumentenschutz" [33]: „Die Marktstellung des Konsumenten hat sich seit vorindustriellen Zeiten tiefgreifend gewandelt. Die Dynamisierung der Güterwelt, aber auch der Bedarfsstruktur, die Steigerung der Lebenshaltung, die größere Einkommensteile für den entbehrlichen Bedarf freigegeben hat, tragen dazu bei, ihm seine Auswahl zu erschweren. Die Fülle der auf ihn wartenden Möglichkeiten, der in stetigem Wandel begriffenen Güterarten und Sorten, der auf ihn eindringenden Kaufanreize wirkt verwirrend. Das Fehlen von Beurteilungsmaßstäben für die angebotenen Güter bereitet ihm Nöte. Bei den Erzeugnissen industrieller Fertigung ist die Qualität, d. h. Brauchbarkeit, Verwendungsbreite, Dauerhaftigkeit, bei vielen Produkten undurchschaubar geworden. Deshalb fehlt aber oft auch ein Maßstab für deren Preiswürdigkeit."

„Erschwert wird die Lage noch dadurch, daß der Konsument auf Grund seiner dynamischen Bedarfsstruktur vielfach nur grob umrissene Kaufwünsche hat. Das machen sich die Unternehmer zunutze, indem sie durch äußere Aufmachung und verfeinerte Verkaufsmethoden den Konsumentenbegehr auf ihre jeweiligen Produkte zu lenken suchen. So wird aber die Lage des Verbrauchers, der in Unabhängigkeit nach bester Güterauswahl strebt, weiter erschwert. Er muß befürchten, daß er statt des an Brauchbarkeit und Preiswürdigkeit günstigen Gutes dasjenige kauft, das dem Verkäufer unter Beeinträchtigung von Brauchbarkeit und Preiswürdigkeit einen optimalen Gewinn bringt."

Die hier niedergelegten Urteile sollen noch mit einer weiteren Äußerung kontrastiert werden.

Professor Eugen Schmalenbach [137] schildert einmal, wie er einen Schirm kaufte: „Ich brauchte seinerzeit einen neuen Regenschirm. Es war zu überlegen, wie ich in meiner Rolle als Abnehmer die in der freien Wirtschaft mir obliegende Pflicht der Auswahl am besten treffen könnte. In Köln gibt es, so nahm ich an, etwa 50 Läden, in denen man einen Regenschirm kaufen kann. Diese müßte ich pflichtgemäß alle aufsuchen und keinen, da es ungerecht wäre, auslassen. Dann gibt es schätzungsweise 200 Sorten Regenschirme für Herren. Da es ein schwarzer Regenschirm mit gebogener Krücke sein sollte, mag sich die Sortenzahl auf 100 ermäßigen. Nun aber geht es mir um einen möglichst dauerhaften Regenschirm, dessen Stoff, Stock und Mechanik lange hält und auch bei starkem Wind brauchbar bleibt. Ich fand bald heraus, daß, allein um die Güte der Regenschirmstoffe auf Haltbarkeit und Wasserdurchlässigkeit zu prüfen, ein Kursus nötig sei, den ein Freund auf vier Wochen Dauer schätzte, geeignete Veranlagung des Lernenden vorausgesetzt. Auch die Mechanik sei, so meinte er, in ihrer Qualität verschieden, und man müsse schon etwas davon verstehen, wenn man eine sachkundige Auswahl treffen wolle. Diese Überlegungen führten dahin, daß ich, um mich und meine Familie mit dem nötigen Hausrat und der nötigen Bekleidung zu versehen, meinen Beruf aufgeben und dazu noch einen Assistenten anstellen müsse. Dieses bedenkend, verzichtete ich auf jede Konkurrenzprüfung, ging in den nächsten Laden und kaufte unter zehn vorgelegten Schirmen einen ohne lange Prüfung und zahlte dafür, was gefordert wurde."

Auch Eugen Schmalenbach geht recht rabulistisch vor: Er, der Betriebswirtschaft lehrte, der Einkäufern kritisches Denken beizubringen versuchte, der für die Ausbildung von Kaufleuten Kurse in Warenkunde und Technologie forderte, er will das alles noch einmal selbst wiederholen; er will überprüfen und sezieren, wofür er andere ausgebildet hat. Weder Egner noch Schmalenbach scheinen auch nur ein einziges Mal einer Ausmusterung in einem Fachgeschäft oder Warenhaus für Schuhe, Stoffe, Regenmäntel, Lebensmittel oder Hausgerät beigewohnt zu haben. Zu einer solchen Musterung bringen allein die Verkäufer schon ein großes Maß an fachlicher Erfahrung mit, das sich mit dem der Einkäufer zu messen hat. Dieses gegenseitige ‚Maßnehmen' geschieht, wie jeder weiß, der die Praxis kennt, wahrhaftig nicht nur in preislicher Hinsicht.

Ist der Konsument, um den es hier geht, nur der einzelne Mensch? Ist er es, der heute einen Regenschirm, morgen einen Hut und übermorgen eine Uhr als Geschenk kaufen möchte. Eine Damenuhr zu kaufen, – ja das ist nach Egners und Schmalenbachs Vorstellung noch schwieriger als zu versuchen, durch eine Nebelwand auf 1000 m ins Schwarze zu treffen.

Neben diesem armen, hilflosen Konsumenten stehen aber auch andere Großverbraucher; z. B. die Eisenbahnen oder die Krankenhäuser, die einen großen Bedarf zu decken haben für Ausrüstungsgegenstände oder Betriebsmittel der verschiedensten Art. Sie haben Beschaffungsstellen, die mit sach- und fachkundigen, material- und werkstofferfahrenen, verfahrens- und anwendungstechnisch geschulten Männern und Frauen besetzt sind. Dort, wo das eigene Urteil nicht ausreicht, werden Expertisen von Fachleuten verlangt und beigebracht.

Diese Konsumenten interessieren hier nicht, obwohl der einfache Konsument von ihrer Art des Einkaufens manches lernen könnte. Hier interessiert auch nur die Form der Werbung, die wir Wirtschaftswerbung nennen; es interessieren nur diejenigen Äußerungen von Herstellern oder Distributeuren, die Interesse für die eigenen Leistungen, für ihre Erzeugnisse oder Waren gewinnen wollen.

Der Wirtschaftswerbung wird vieles angekreidet, was der Propaganda anzulasten wäre. Wenn man sich doch endlich daran gewöhnen wollte, diese beiden Wirkungsbereiche des „Werbens" auseinander zu halten; von jener Form der Werbung überhaupt nicht zu reden, die wir Public Relations nennen.

Die Aufgaben, die die Wirtschaftswerbung im Dienste des Konsumenten zu erfüllen hat, lassen sich zu drei großen Aufgaben zusammenfassen:

1. Verbreitung von Warenkenntnissen
2. Verbreitung von Marktkenntnissen
3. Volkswirtschaftliche und hauswirtschaftliche Beratung und Aufklärung

1. Verbreitung von Warenkenntnissen

Diese Aufgabe ist sehr vielschichtig, denn die Qualität einer Ware ist ein anderes Merkmal als ihre Funktion; ihre Form ist eine andere Eigenschaft als ihr Preis, und alles stellt sich im Rahmen einer mehr oder weniger großen Auswahl in anderen Zusammenhängen dar.

(1) Warenkenntnisse in qualitativer Hinsicht

In der amerikanischen Werbe- und Verkaufsliteratur, vor allem in den amerikanischen Werbezeitschriften, konnte man jahrzehntelang jenes Wort von Chester M. Wollworth, dem Präsidenten der Animal Trap Company of America in Lititz, Pennsylvania, lesen: „If you make a better mousetrap, the world will beat a path to your door" (Wenn Sie eine bessere Mausefalle herstellen können, dann wird Ihnen die ganze Welt die Türe einrennen). Diese Firma, um 1928 der größte Hersteller von Mausefallen in den USA, die damals 5 Dollarcents kosteten, machte sich daran, selbst den oft gegebenen Rat zu befolgen. Sie unternahm umfassende Studien über die Freßgewohnheiten, die Kriechgewohnheiten oder die Ruhestellungen der Mäuse, und nach vielen Experimentalversuchen kam dann die „bessere“ Mausefalle auf den Markt, die unfehlbar funktionierte, die geräuschlos und hygienisch sauber arbeitete, die sogar eine moderne Form hatte und die dazu noch bei einem Preis von 12 Dollarcents verhältnismäßig billig war.

Diese in qualitativer Hinsicht verbesserte Mausefalle war ein vollendeter Mißerfolg, denn die Hausfrauen, die früher Falle und gefangene Maus einfach wegwarfen, was bei dem billigen Preis der Falle vertretbar war, weigerten sich jetzt, die neue Falle zu reinigen, um sie wieder zu benutzen.

Hier haben wir den Fall, daß ein wirklich verbessertes Erzeugnis von den Benutzern abgelehnt wird, weil bestimmte psychologisch-menschliche Imponderabilien bei seiner Entwicklung außer Betracht geblieben sind; sie geben aber über alle rationalen Überlegungen hinweg den Ausschlag.

In den IBM-Anzeigen für die Schreibmaschine mit dem Schreibkopf, d. h. in den Anzeigen für die IBM 72, werden Warenkenntnisse über ein neuartiges Schreibsystem vermittelt, das genau so revolutionär zu sein scheint wie der Wechsel von der Schreibfeder zur Schreibmaschine. Wenn hier der Werbungtreibende nicht den erforderlichen ‚langen Atem‘ hat, dann wird er unweigerlich den Weg der verbesserten Mausefalle gehen.

Es ist zuzugeben, daß nicht alle Anzeigen oder Prospekte, die Warenkenntnisse vermitteln wollen, diesem Beispiel gleichkommen. Aber es ist nicht daran zu zweifeln, daß alle Hersteller, deren kommunikative Anstrengungen auf die Unterrichtung und die Information ausgehen, hier ihre größte Aufgabe sehen, sicher aber zu sehen haben.

(2) Warenkenntnisse in funktionaler Hinsicht

Der einfache männliche Konsument braucht ein Rasiermesser, – nein, diese erste Revolution des Rasierens ist vorüber. Wir haben den Rasierapparat und die auswechselbare Klinge, – wir brauchen weder nachzuschleifen, noch abzuziehen. Wir werfen die unbrauchbaren Rasierklingen fort.

In den Anzeigen oder Prospekten über die elektrischen Rasierapparate aller großen Hersteller dieser Geräte wird ein Unmaß an Unterrichtung geboten. Hier werden unsere Warenkenntnisse gerade in funktionaler Hinsicht sehr erweitert.

Der Begriff des feuerfesten Geschirrs ist uns noch nicht so lange bekannt, – sei es feuerfestes Glas oder seien es Glas-Keramik-Gemische, die den Werkstoff abgeben. Der eine Fall erlaubt sogar noch die Beobachtung des Kochvorgangs.

Eine weitere verwandte Entwicklung, die des Einkochens im Vakuum, hat unsere ganze Vorratswirtschaft revolutioniert, erweitert und auch für Zeiten schwerster Belastungen verbessert.

Welche Fülle an Unterrichtung in funktionaler Hinsicht ist notwendig gewesen, um von den Koch- und Einkochgewohnheiten unserer Groß- und Urgroßmütter abzukommen! Ist das anders geschehen als durch die Wirtschaftswerbung in gedruckter oder in gesprochener Form? Neben der Werbung gibt es kein Mittel der Information von gleichem Rang.

Durch den Prospekt einer Herstellerfirma der elektrotechnischen Industrie, im Umfange von 24 Seiten DIN A 4, wurden auf 20 Seiten detaillierte Beschreibungen, mit Illustrationen und Gebrauchsanweisungen und unter Berufung auf drei Garantiezeichen für Werkstoffqualitäten und Konstruktionssicherheit in verschiedenen Typen angeboten:

5 Waschautomaten
3 Wäscheschleudern
1 Tischbügler
4 Staubsauger und Teppichklopfer
5 Heißwasserspeicher und Durchlauferhitzer
3 Infrastrahler
3 Küchenkombinationen
(Sonderprospekte wurden angeboten!)
3 Fernseh-, Rundfunk- und Transistorgeräte
4 Elektroherde und Tischherde
(Sonderprospekte wurden angeboten!)

1 Geschirrspülmaschine
12 Kühlschränke und Gefriertruhen
(Sonderprospekte wurden angeboten)
12 Entsafter, Expreßkocher, Toaster, Kaffeefilter
und -mühlen, Mixer
5 Strahlöfen und Heizkissen
3 Bügeleisen
1 Haartrockner
1 Werkzeugkasten „Do it yourself“

Insgesamt sind das fast 70 große und kleinere, hochentwickelte technische Geräte, die mit einer übergroßen Fülle von funktionalen Hinweisen erläutert wurden. Die letzte Umschlagseite war dem ‚Kundendienst‘ gewidmet, der den „Konsumenten“ dieser Geräte (sie werden über eine länger Lebensdauer ja auch konsumiert) zur Verfügung steht.

Die kostenlose Vorführung und Prüfung der Geräte vor dem Kauf und die persönliche Instruktion über ihre Funktion sind auch eine Form der Werbung.

Einige dieser Dinge sind auch in kleinstem Lebenskreis unentbehrlich; andere wieder scheinen sich erst zu „rentieren“, wenn ein Haushalt etwas größer ist.

Der Prospekt aber zeigte auf der Titelseite ein junges Elternpaar mit einem Töchterchen auf dem Rücken des Vaters, – alles unter der Schlagzeile: „Alle sollen besser leben.“

Ein großes Maß werblicher Unterrichtung ist notwendig gewesen, um uns alle über die funktionalen Eigenschaften dieser Geräte zu informieren, um uns für sie zu ‚erziehen‘ und um uns mit ihnen zu befreunden! Bemerkenswert ist die immerhin nicht unkritische Äußerung einer Besucherin der „Sammlung Industrieform“ in Essen, die sie angesichts dieser zeit- und arbeitsparenden Geräte tat, daß sie durch diese hochentwickelte Technik nun wöchentlich einen Mechaniker nötig habe, den sie aber nicht bekommen könne. Auch hier leuchtet kein Licht völlig schattenfrei!

(3) Warenkenntnisse in formaler Hinsicht

Wir haben erlebt, daß sich die Idee des „Industrial Design" in weniger als einem halben Jahrhundert in der ganzen Welt durchgesetzt hat. Diese Gedanken des „Industrial Design" haben in den Bestecken, mit denen wir essen, in den Möbeln, mit denen wir wohnen, in den Dingen, die unser Auge (obwohl sie industriell hergestellt sind!) vom Grund her erfreuen, in unseren Ferngläsern, Brillen, Uhren usw. usw. buchstäblich manifestiert. Die geistigen Pioniere wären „Rufer in der Wüste" geblieben, wenn nicht die Hersteller dieser Porzellane, Gläser, Tapeten, Möbel oder Haushaltsmaschinen durch ihre Werbung für diese Erzeugnisse, für ihre Funktion, für ihre Form und für die Wahrhaftigkeit der Werkstoffe, aus denen sie gemacht und geformt sind, eingetreten wären. Aus diesem Prozeß, die Konsumenten oder Verbraucher für völlig neue Gedanken zu gewinnen und sie mit dem Geist unserer Zeit, der sich in der Gestalt ihrer industriellen Erzeugnisse dokumentiert, vertraut zu machen, – aus diesem Prozeß ist die dem Verbraucher dienende Wirtschaftswerbung einfach nicht wegzudenken.

(4) Warenkenntnisse in Hinsicht auf Auswahlmöglichkeiten

Am 15. September 1962 hatte ich in Warschau im Gebäude des Sejm ein langes Gespräch mit dem weltbekannten Gelehrten der Ökonometrie und der Wirtschaftswissenschaften, dem inzwischen verstorbenen Professor Oskar Lange, der viele Jahre in den USA gelehrt hat.

Auf meine Frage, welche Funktion der Wirtschaftswerbung er auch für die sozialistische Wirtschaft als die wichtigste ansähe, sagte Oskar Lange dem Sinne nach: „Die Funktion der Unterrichtung über die Waren sei besonders wichtig. Diese Funktion wäre allerdings in den sozialistischen Volkswirtschaften nicht gerade akut, denn es herrsche dort oft noch ein Warenmangel. Viele Fragen, die in der kapitalistischen Welt von Bedeutung seien, wären in den sozialistischen Volkswirtschaften ohne großes Interesse, weil es dort noch keine 13 Zahnpasta-Marken oder keine 5 verschiedenen Schokolademarken gäbe. Die Funktion der Unterrichtung würde aber akut werden, wenn sich die Sortenauswahl vergrößere und wenn der Lebensstandard steigen würde. Die Lenkung der Nachfrage ließe sich unter anderen Umständen auch über den Preis erzielen."

Aus der Überfülle der Auswahlmöglichkeiten, die den Professoren Egner und Schmalenbach wie ein Alpdruck erschien, – aus dieser Fülle zeigt die mitleidlose Werbung unserer Wettbewerbswirtschaften einen Ausweg. Daran ändert auch die Tatsache nichts, daß die Konsumenten wegen der großen Fülle des Angebots (nicht nur des horizontalen, sondern auch des vertikalen Angebots!) oft verwirrt sind.

2. Verbreitung von Markt-Kenntnissen

Nach der Definition von Linhardt (Göschen-Band 1231) sehen wir im Markt die Begegnung von Angebot und Nachfrage; der Ausgleich wird über den Preis gefunden.

(1) Marktkenntnisse in bezug auf den Preis

Jene Marktform, in der der Preis von Fall zu Fall und im Augenblick des Kaufs ermittelt wird, jene Form, die wir in bunter Abwechslung nach Farbe, Gestik und Lautstärke auf den Basarstraßen des Orients erleben, soll nur der Vollständigkeit wegen erwähnt werden. Wir begegnen ihr vielleicht noch bei Pferdemusterungen oder bei Versteigerungen, aber nicht mehr in den Märkten, in denen der einfache Konsument seinen Bedarf deckt.

Auch jene Form mittelalterlicher Warendarbietung gehört längst schon der Geschichte an, die aus Kellergewölben heraus sich oft in der Form von „Ärmelausreißgeschäften" (wie Werner Sombart es bezeichnete) recht dramatisch vollzog.

Bis zum heutigen Tage haben sich ferner die Formen der Messen und Verkaufsausstellungen zu einem sehr hohen Grade weiterentwickelt; aber auch sie sind nicht die Form, die dem Konsumenten die Bedarfsdeckung ermöglicht.

Immerhin hat es eines langen Weges bedurft, bis daß der einfache Konsument den Preis der begehrten Ware, ohne danach zu fragen, an den Warenstapeln in den Schaufenstern und auf den Ladentheken lesen konnte.

Wenn wir aber einen modernen Selbstbedienungsladen betreten, dann zeigt sich noch ein weiterer, ganz bedeutender Unterschied in der Art, wie der Konsument über den Preis unterrichtet wird: Der Konsument kann völlig ungehindert durch die Warenstapel gehen, er kann vor den einzelnen, klar und deutlich nach Menge und Preis ausgezeichneten Stapeln ungestört verweilen, er kann in Ruhe erwägen, was und wieviel er „wegnehmen" will, um es beim Ausgang dann zu bezahlen.

Diese Form der Unterrichtung über den Preis ist, im Vergleich zu früheren Zeiten, eine wahre Revolution.

Hat der Konsument nun noch irgendeine der umfangreichen illustrierten Zeitschriften zur Hand oder hat er vielleicht der Aufforderung am Fernseh-Bildschirm Folge geleistet, und ein Warenversandhaus um einen Katalog gebeten, in dem jedes Stück – neben den umfangreichen und eingehenden Sachinformationen – auch noch mit dem Preis bezeichnet worden ist, dann müßte er eigentlich selbst entscheiden können, ohne daß er von „äußerer Aufmachung und verfeinerten Verkaufsmethoden ... des Unternehmers" – über die sich Professor Egner so bitter beklagt – beeinflußt worden wäre.

Die Preisklarheit und die Preiswahrheit ist wohl nirgendwo so durchsichtig und offen, wie in den modernen Distributionsstätten unserer Zeit, und eigentlich können sich doch nur doktrinäre Kritiker dieser Einsicht verschließen.

Gerade die Auseinandersetzung unter den Wettbewerbern, die sich über den Preis vollzieht, ist von einer ungeheuren

Dynamik erfüllt; einer Dynamik, die sogenannte ‚klassische' Preisvorstellungen, wie die der vertikalen Preisbindung, im Grunde erschüttert hat.

Wie aber wirkt sich diese Dynamik, die getragen wird von einer oft schöpferisch gestalteten, oftmals auch abständigen Werbung für den Verbraucher aus? Diese Feststellung ist zahlenmäßig nachweisbar: Entweder tendieren diese Bemühungen (bei gleichen Leistungen) zu niedrigeren Preisen oder sie gewähren (bei gleichen Preisen) höhere Leistungen.

In einer der interessantesten Studien über den wirtschaftlichen Effekt der Werbung, die dem einzelnen Hersteller eine recht starke Stellung im Markte zu verschaffen vermag, wird gesagt, daß der Käufer eines Markenhutes ruhig einen höheren Preis bezahlen könne, denn durch die Marke habe er die Gewißheit, ein Erzeugnis zu erhalten, das mit seiner Qualität auch einem hohen Standard entspricht. In der Regel der Fälle bedeutet die Marke auch eine Garantie; Garantie bedeutet aber Regreßmöglichkeit gegen den Hersteller, die bei anonymen Waren nicht gegeben ist.

Wenn sich nun eine so große Zahl von Käufern auf eine führende Marke konzentriert und wenn diese Käufer der gleichen Marke Jahr um Jahr die Treue halten, dann können sie sich dem Preis nach doch nicht überfordert fühlen; sie bewilligen diesen Preis vor allem für solche Eigenschaften der Waren, die den Käufer veranlassen, gerade diese Ware zu kaufen. Es steht aber außer Zweifel, daß der Käufer die absolut freie Wahl unter vielen gleichartigen Waren hat, von denen manche auch billiger sein mögen als die, die er kauft.

(2) Marktkenntnisse in bezug auf das Angebot

Ein modernes Warenhaus, ein moderner Selbstbedienungsladen oder ein modernes Versandhaus, die alle zahlreiche Fach- oder Spezialabteilungen haben, gewährleisten über jeden Bedarfsbereich einen vollständigen Überblick, insbesondere über das Warenangebot in dieser Sparte.

Vielfach wird dieser Überblick dadurch erschwert, daß in diesen Distributionsbetrieben eigene Marken oder daß Handelsmarken geführt werden, die von dem unterrichtenden Effekt der Hersteller-Werbung für diese Warenarten nicht unmittelbar berührt werden.

Die weitere Unterrichtung in Fachgeschäften für diese Bedarfsbereiche ermöglicht auf jeden Fall, besonders in Verbindung mit der informierenden Werbung der Hersteller, eine lückenlose Orientierung über das gesamte Angebot.

Dennoch erhebt sich immer wieder die Forderung, daß große, umfangreiche, lückenlose und das sich täglich noch ergänzende Angebot für den einfachen Konsumenten durchsichtiger zu machen.

Eine der Funktionen der Wirtschaftswerbung liegt darin, den Absatzmarkt transparent zu machen. Diese Transparenz herbeizuführen ist eine der Aufgaben der unterrichtenden, der informierenden oder der argumentierenden Werbung. (Vgl. Göschen Band 1231 S. 108).

Weitere Beispiele hierzu müssen in meinem Buch „Wirtschaftswerbung“ (S. 206 ff.) nachgelesen werden; dort wird das Angebot von fast 2000 amerikanischen Marken untersucht. Mit Recht wird die Frage gestellt, wie sich die Hausfrau in diesem Gewirr von Marken noch auskennen soll, zumal hierbei die markenlosen Waren nicht einmal erfaßt sind.

Nun gibt es in der BRD und in den USA Organisationen und Institute, die es sich zur Aufgabe gemacht haben, dem Konsumenten zu dieser Markttransparenz zu verhelfen.

Bereits schon im Jahre 1950, unmittelbar nach einer meiner Amerikareisen, habe ich in der Schrift „werben oder beherrschen“ (Essen, 1950, 2. Auflage, 64 Seiten) nachgewiesen, daß auch diese Bemühungen keinen Durchblick durch unsere übersättigten Angebotsmärkte zu schaffen vermögen. Diese Argumente habe ich in meinem Buch „Wirtschaftswerbung“ (S. 206 bis 214) noch einmal vorgetragen. In diesen Bemühungen, so dankenswert sie auch sind, habe ich vier gravierende

Fehler festgestellt; diesen Feststellungen, die ja seit mehr als einem Jahrzehnt schon vorliegen, ist meines Wissens noch nirgendwo widersprochen worden:

1. Die Marktübersichten bleiben nach wie vor unvollständig.
2. Die Warenangebote sind nach wie vor undurchsichtig.
3. Über zahlreiche Waren werden, eben der Unvollständigkeit wegen, keine Urteile abgegeben.
4. Über viele Waren lassen sich immer wieder falsche Urteile nachweisen.

Nun haben wir auch bei uns Zeitschriften, die sich dieser Markt-Durchleuchtung widmen. Es wäre nur gut, wenn diese Bemühungen etwas weniger sensationell und selbst etwas mehr durchschaubar wären.

So notwendig auch eine bessere Markttransparenz ist, – die Bemühungen um das Berliner Warentest Institut haben bisher noch nicht zu sonderlich überzeugenden Beiträgen zum Problem der Markttransparenz geführt, die dann einen Weg zeigen könnten, der für übersättigte Märkte gangbar wäre. Das große Angebot an Waren, das der Marktsituation, die Oskar Lange schilderte, diametral entgegengesetzt ist, muß an vielen Stellen mit effektiver volkswirtschaftlicher und auch mit privatwirtschaftlicher Verschwendung bezahlt werden.

Marktkenntnisse sind, wie Kenntnisse überhaupt, nur durch eigenes, persönliches Studium und durch eigene unermüdliche Arbeit und durch eigene Erfahrungen zu gewinnen. Für den Erwerb von Kenntnissen, und seien es nur Warenkenntnisse, gibt es keine königlichen Sänften, in denen wir uns zu diesem Wissen hintragen lassen. Wir müssen uns diese Kenntnisse selbst erwerben, und wir müssen nach einem unerbittlichen Gesetz auch für die eigenen Fehler und Irrtümer bezahlen!

Mit dieser Entwicklung leistet die Wirtschaftswerbung dem Konsumenten den größten Dienst! Beweise hierfür ergeben die Prüfungen der Preis- und Leistungsentwicklungen bei Automobilen, bei Autoreifen, bei Fotokameras und bei Filmen; die Prüfungen von Preis- und Leistungs- oder Qualitätsentwicklungen bei Hunderten von Gebrauchs- und Verbrauchsgütern.

3. Volkswirtschaftliche und hauswirtschaftliche Unterrichtung

Die volkswirtschaftliche und hauswirtschaftliche Unterrichtung, wozu auch die volkswirtschaftliche Aufklärung in ihren verschiedenen Formen zu zählen ist und die sehr oft die Generalthemen einer Gemeinschaftswerbung sind, sind von großer Bedeutung.

Aus den Bemühungen um volkswirtschaftliche Unterrichtung ist die gute Werbung für die Pflege unserer Zähne zu erwähnen. Jener Werbefeldzug, der nicht nur im deutschen Sprachbereich zwischen den beiden Kriegen unter dem „Slogan": „Lebende Werkzeuge" durchgeführt worden ist, kann ohne Einschränkung als Beispiel genannt werden.

Ferner sind zu erwähnen die vielen Werbemaßnahmen, die auch von der Privatwirtschaft getragen wurden und die dennoch echte volkswirtschaftliche Aufklärungsarbeit waren für Erzeugnisse unserer vielen Industrien, die letzten Endes zu einer ungeahnten Steigerung der Lebenserwartung geführt haben.

Weiter sind die Verbrauchslenkungsmaßnahmen für Obst, Wein, Fisch und ähnliche oft zu reichlich anfallende Ernte- oder Fangergebnisse zu erwähnen.

In den Bereich der hauswirtschaftlichen Unterrichtung gehören auch die unendlich vielen Bemühungen, z. B. die neuen Textilfasern bekannt zu machen.

Eine fast unscheinbare Bewegung in den USA ist auch bei uns unter dem Werberuf: „Do it yourself!" bekannt geworden und sie hat, industriell gesehen, große volkswirtschaftliche Auswirkungen gezeigt.

Unsere produzierenden Unternehmungen haben ein sehr großes Maß an Unterrichtung auf sich nehmen müssen aus dem Gebiet der Elektronik, der elektronischen Steuerung und der EDV (elektronischen Datenverarbeitung). Wir werden hier nicht nur betriebswirtschaftliche, sondern auch volkswirtschaftliche Steuerungsmöglichkeiten für unsere Vorratswirtschaften, für unsere Anbaupläne und für die Ausnutzung unserer Verkehrsmittel erhalten, die uns jetzt noch utopisch zu sein scheinen.

Im Interesse der Verbraucher, d. h. für den ganzen Erzeugnisbereich Verbrauch, sind drei wichtige Forderungen an die Wirtschaftswerbung zu stellen und immer wieder erneut zu erheben:

1. Forderung: Die Werbungtreibenden sollten darauf verzichten, überspitzte Anreize in ihrer Werbung zu benutzen, wie es z. B. bei vielen Anzeigen für Alkoholika oder Zigaretten der Fall ist, in denen die Lebensgewohnheiten von Menschen in extremen Verhältnissen des Reichtums als für jeden erreichbar hingestellt werden. Diese Werbung erweist sich selbst wegen der unausbleiblichen Enttäuschungen den schlechtesten Dienst.

Die Werbungtreibenden sollten weiter darauf verzichten, unrealistische Wunschvorstellungen zu wecken.

Friedrich List hat in seinem Werk „Die Theorie des nationalen Systems der politischen Ökonomie“ einmal über die Reizmittel zur Produktion und zur Konsumtion folgendes gesagt: „Man entsetzt sich darüber, daß die Arbeiter Kaffee mit Zucker trinken und lobt sich die Zeit, wo sie sich mit Haferbrei begnügten; man bedauert, daß der Bauer seine ärmliche Uniform, die Zwillichbekleidung, gegen Wolltuch vertauschte; man fürchtet, die Dienstmagd werde von der Frau des Hauses bald nicht mehr zu unterscheiden sein; man rühmt die Kleiderverordnungen voriger Jahrhunderte.“ Friedrich List argumentiert dann weiter: „Vergleicht man aber die Leistungen des Arbeiters in den Ländern, wo er wie der wohlhabende Mann gespeist und gekleidet ist, mit den Leistungen derselben, wo er mit der gröbsten Kost und Kleidung sich begnügt, so findet man, daß dort die Genußvermehrung nicht auf Kosten des allgemeinen Wohlstandes, sondern zum Vorteil der produktiven Kräfte der Gesellschaft vor sich gegangen ist. Das Tagwerk der Arbeiter ist dort doppelt und dreimal so groß als bisher. Kleiderordnungen und Aufwandsbeschränkungen haben die Nacheiferung in der großen Masse der Gesellschaft getötet und sind nur der Trägheit und dem Schlendrian zugute gekommen. Unter die wichtigsten Reizmittel gehören diejenigen, welche die bürgerliche und politische Ordnung bietet ... durch Leistungen und durch Wohlhabenheit sich aus einer Volksklasse in die andere, aus der niedrigsten bis zur höchsten emporzuschwingen."

Dieser von Friedrich List unmißverständlich geschilderte soziale Fortschritt kann und darf niemals aufgehalten werden, – aber es gibt viele Reiz- und Wunschvorstellungen, die besser nicht geweckt werden sollten. Vor allem sollten wir uns hüten, der Hektik unseres gegenwärtigen Lebensstils hierdurch Vorschub zu leisten.

2. Forderung: Die Wirtschaftswerbung sollte jede Art von Täuschung, von Unterstellungen, von Schlußfolgerungen (in gewollt falscher Richtung!) wie jede Art von zwielichtigen Behauptungen unterlassen.

In einem Vergleich von Waschmöglichkeiten für Kunstfasern und natürliche Gewebe heißt es: „... und auch morgen, wenn es vielleicht schon wieder neue Kunstfasern gibt". Diese Bezugnahme auf eine eventuelle ungewisse und noch nicht sichtbare Möglichkeit von „morgen" ist eine Irreführung und eine Täuschung.

Wenn wir in der Werbung stets unser Gewissen erforschen wollten, in dem Bemühen, auch in der Wirtschaftswerbung der Wahrheit zum Durchbruch zu verhelfen, dann würden wir einer großen Sache wirklich dienen. Dann würde auch die Wirtschaftswerbung ganz im Dienste des Konsumenten stehen.

3. *Forderung:* Die Märkte, insbesondere die Märkte für Konsumgüter, sollten durchsichtiger gemacht werden; der Grad ihrer Transparenz müßte für die Verbraucher der einfachsten (Existential-)Güter, die in diesen Märkten angeboten werden, so hoch sein, daß der Verbraucher seine Kaufentscheidungen für sich und seine persönlichen Verhältnisse „objektiv richtig" treffen könnte. Die vielen Bemühungen von Verbraucherorganisationen, von Regierungen, von Verbänden der Hersteller, von Produktionsgenossenschaften, von Testinstituten oder sogar von Zeitschriften haben bisher zu keinem voll befriedigenden Ergebnis geführt.

Niemand kann bestreiten, daß „die" Verbraucher kritischer und überlegter einkaufen als vielfach angenommen wird. Die Summe dieser kritischen Urteile, nach denen die Verbraucher handeln, könnte für andere eine Leitlinie sein, wenn diese Summe bekannt gemacht würde.

Ein hervorragendes Beispiel hierzu gibt die „Consumer Analysis", die die Zeitung „Milwaukee Journal" im Jahre 1969 bereits in der 46. Ausgabe vorgelegt hat[1]. Es lassen sich über Jahrzehnte hin die Anteile der echten Präferenzen für die erfaßten Marken feststellen. Es werden mehr als 150 verschiedene Erzeugnis-Arten (-Gruppen) aus den Bereichen Nahrungsmittel, Seife und Reinigungsmittel, Toilettenartikel, Getränke,

[1] S. S. 194/95. Das Erhebungsgebiet umfaßt „Metropolitan Milwaukee"; eine „probability" Stichprobe aus 40 Stadtgebieten wurde ausgewählt; die Namen von Haushaltungen wurden auf systematischer „random basis" den Straßenverzeichnissen entnommen; in vier Stadtgebieten wurden „clusters of homes in serpentine oder" bestimmt. Die Fragebogen wurden per Post an die einzelnen Adressen geschickt; die Fragebogen hatten einen Umfang von 6 Seiten, sie mußten zu Hause ausgefüllt und persönlich in „Survey Department" abgegeben werden. Dort erhielt der Befragte zur Belohnung ein großes Paket mit verschiedenen Waren. In Milwaukee, mit einer Bevölkerung von 1 458 100 leben 430 800 Familien. 1968 wurden 4100 Fragebogen ausgeschickt; 3906 wurden zurückgegeben; davon wurden 3066 ausgefüllt und ausgewertet, was einer Quote von 78,5 entspricht. Jeder ausgewertete Fragebogen wurde vor der Auswertung in Gegenwart der Befragten genau geprüft. Die Rückgabe mußte zwischen dem 1. und 23. Oktober 1968 erfolgen; die Studie im Umfange von 128 Druckseiten wurde im März 1969 veröffentlicht.

Wohnungseinrichtungen und Elektrogeräte, Automobile und Zubehör und allgemeine Bedarfsartikel nach allen genannten Marken untersucht.

Aus den beiden hier mit Genehmigung des Verlages auszugsweise wiedergegebenen Beispielen (Zahnpasta und Kühlschränke) seien für das Jahr 1969 folgende Daten besonders hervorgehoben:

Tabelle 13. Stichprobengröße und Zahl der Marken

	Zahnpasta	Kühlschränke
(1) Namentlich erfaßte Marken	8	13
(2) nicht namenlich erfaßt (da weniger als 2 %)	7	6
(3) Befragte Stichprobe	1537	1529
(4) Käufer in letzten 60 Tagen	1367	–
(5) Besitzer von Kühlschränken	–	1428

Für beide Erzeugnisarten geben die hier mitgeteilten Tabellen darüber Auskunft, wie sich die Bewohner von Milwaukee (1 458 100) einschließlich umliegendem Einzugsgebiet (2,1 Mio) bei ihren Einkäufen entschieden haben. Wir sehen aus mehr als 150 Tabellen wie die Einkaufsentscheidungen in den Jahren 1969, 1968 und 1967 geschwankt haben. Diese Zahlen lassen sich mit Daten früherer Jahrgänge auf Jahre zurück ergänzen. Wir sehen, wie alte Marken ihren Platz behaupten, wie andere ihren Platz verlieren, wie neue Marken aufkommen und andere wieder verschwinden. Wir sehen aber auch, wie bestimmte Marken beharrlich um ihre Position, d. h. um die Entscheidung der Verbraucher kämpfen. Diese Tabellen sind der Spiegel der Dynamik eines Massenprozesses, der wie folgt zu kennzeichnen ist: Vergleiche mit den Behauptungen in der Werbung sind für die einzelnen Marken möglich; sie gründen sich auf effektive Qualitätsprüfungen und auf laufende immer wieder vorgenommene eigene Erprobungen (bei einem Artikel wie Zahnpasta geht es z. B. um Erprobungen tagaus-tagein!) und sie führen schließlich zu eigenen, selbständigen und unbeeinflußten Kaufentscheidungen. Hier haben wir es mit einer Massenprüfung von Bedarfsgütern zu tun, wie sie sonst nirgendwo auch nur annähernd möglich ist.

Es ist daher zu fordern, daß eine solche (stichprobenartige) Durchleuchtung unserer Warenmärkte auch bei uns angestrebt wird; sie sollte sich jeweils auf ähnlich große Lebens- und Wirtschaftsgebiete mit einer Bevölkerung von 2 bis 5 Millionen beziehen, und die Ergebnisse sollten (wie es einer echten Wettbewerbswirtschaft zukäme!) dann laufend *veröffentlicht* werden.

Solche Orientierungshilfen, die auf breitester Grundlage der Erfahrung beruhen, wären für alle Verbraucher ein unabhängiger Einkaufsführer, wie er objektiver sonst nicht zu beschaffen ist.

Tabelle 14. Entwicklung von Marktanteilen (Zahnpasta)

Zahnpasta zuletzt gekaufte Marke	1969	1968	1967
alle Marken	100 %	100 %	100 %
Crest	35	31	27
Colgate	26	28	30
Ultra-Brite	12	10	–
Gleem	9	13	15
Macleans	6	4	6
Pepsodent	4	7	7
Dentu-Creme	2	2	2
Vote	2	–	–
keine Meinung	1	1	1
verschiedene*	7	10	16
gesamte Stichprobe	1537	1531	3132
Stichprobe „Kauf innerhalb von 60 Tagen“	1367	1339	2754

* weniger als 2 %

Tabelle 15. Entwicklung von Marktanteilen (Kühlschränke)

Kühlschränke	1969	1968	1967
alle (Fabrikate) Marken	100 %	100 %	100 %
General Electric	20	19	19
Coldspot	14	12	11
Frigidaire	12	14	14
Hotpoint	12	10	9
Kelvinator	6	7	8
Westinghouse	6	7	6
Norge	5	5	5
Philco	5	6	6
Admiral	4	5	4
RCA Whirlpool	4	4	5
Amana	2	2	–
Crosley	2	2	4
Gibson	2	3	3
keine Meinung	1	1	1
verschiedene*	6	5	8
gesamte Stichprobe	1529	1498	1565
Stichprobe „Besitz von Kühlschränken“	1428	1417	1464

* weniger als 2 %

Diese nun seit 46 Jahren durchgeführte Marktanalyse hat nach eigenen Angaben folgendem Zweck zu dienen:

The objective of the Consumer Analysis is to obtain information about the people in Milwaukee and purchase of brands in the Milwaukee market. It is designed to provide national advertisers and their advertising agencies, distributors and jobbers with detailed data which will aid them in doing business effectively in this market. The Consumer Analysis shows degree of brand prominence as derived from product and brand use questions asked of consumers. Although respondents' estimates of purchased quantities are reported in some product categories they cannot reliably reflect actual sales volume or market share.

Aus den Ergebnissen dieser umfassenden Analyse lassen sich Erkenntnisse über Präferenzen und effektive Käufe als

Leitlinie gewinnen; die Ergebnisse haben in einer zuverlässig gebildeten Stichprobe eine feste Grundlage.

II. Einflüsse der Werbung im Erzeugnisbereich Produktion

Jetzt ist ein Begriff einzuführen, der des präzisen Ausdrucks wegen zweckmäßig ist; es handelt sich um den Begriff „Industrielle Werbung". E. R. Corey [24], der den Begriff „Industrial Marketing" definiert hat (vgl. Göschen Band 1231, S. 70 ff.), definiert den Begriff der Industriellen Werbung wie folgt:

„Die Industrielle Werbung dient dem Angebot und dem Vertrieb von Industrieerzeugnissen, die andere Unternehmungen für ihren Produktionsprozeß oder als Zulieferteile für die Herstellung eigener Erzeugnisse oder als Investitionsgüter kaufen."

Um diese Form der Wirtschaftswerbung geht es in diesem Kapitel. Die Werbung für Industriebedarf und Investitionsgüter, auf die im Göschen Band 1231, (S. 71 ff.) ausführlich Bezug genommen wurde, ist als Industrielle Werbung zu bezeichnen.

1. Einflüsse der Werbung durch die Interpretation der wirtschaftlichen Zielsetzung der Unternehmung:

Aus einer umfangreichen Analyse, die im Jahre 1965 an der Rheinisch-Westfälischen Hochschule von dem Autor durchgeführt wurde, sei zitiert:

Die Verlage folgender technischer Fachzeitschriften haben dankenswerterweise von der jeweils gleichen Nummer ihrer Zeitschrift jedem an der analytischen Untersuchung Mitwirkenden ein Exemplar überlassen, so daß jeder Seminarteilnehmer die zur Kritik gestellte Anzeige unmittelbar zur

Hand hatte und sich während der Erörterung zu diesen Anzeigen Notizen machen konnte. Es handelt sich um folgende technische Zeitschriften:

1. Stahl und Eisen, Zeitschrift für das deutsche Eisenhüttenwesen;
2. ADL-Nachrichten, Zeitschrift für Informationsverarbeitung;
3. Konstruktion im Maschinen-, Apparate- und Gerätebau;
4. Chemische Industrie, Zeitschrift der Deutschen Chemiewirtschaft;
5. ETZ-Elektrotechnische Zeitschrift, VDE-Mitteilungen;
6. Glückauf, Bergmännische Zeitschrift;
7. VDI-Zeitschrift, Verein Deutscher Ingenieure.

Den Seminarteilnehmern wurden für jede Anzeige sechs Aufgaben gestellt; von denen die erste hier erwähnt sei:

Es sollten die aus der Anzeige erkennbaren Absichten, Zielsetzungen, Zwecke oder Aufgaben, die die betreffende werbungtreibende Unternehmung durch ihre Anzeige zu realisieren hoffte, ermittelt werden. In der Fachliteratur werden solche Zielsetzungen im Sinne von Funktion als „function“, im Sinne von (Be-)Wirken als „goal“ oder „target“ oder im Sinne von Aufgabe als „task“ bezeichnet.

Es sind insgesamt 68 ganzseitige und auch einige mehrseitige Anzeigen analysiert worden.[1]

Aus diesen Anzeigen sind insgesamt 15 Werbeabsichten oder Zielsetzungen des Werbungtreibenden ermittelt worden, und zwar:

1. Die Anzeigen sollten unmittelbar verkaufen oder dem Verkauf von Erzeugnissen des Werbungtreibenden mittelbar dienen.
2. Die Anzeigen sollten Erinnerungen wecken oder Erinnerungen wachhalten.

[1] Weitere Beispiele im Kapitel D angeführt „Die Marketing-Funktionen der Werbung“.

3. Die Anzeigen sollten Informationen geben oder sie sollten über die Erzeugnisse der werbungtreibenden Firmen oder über ein besonderes Angebot unterrichten.
4. Die Anzeigen sollten die Aufmerksamkeit erregen, das Interesse wecken; hierbei wurde zeitweilig mit „gags" gearbeitet.
5. Die Anzeigen sollten das Produktionsprogramm der werbungtreibenden Unternehmungen vorstellen oder erläutern.
6. Die Anzeigen dienten der allgemeinen Firmenwerbung oder der bloßen Repräsentation.
7. In den Anzeigen wurde ausführlich die Zusammenarbeit mit Dritten, die Verfügbarkeit von „know-how" Dritter oder die Kooperation mit Dritten erwähnt.
8. Die Anzeigen haben im Text Referenzen genannt, in dem Namen der Kunden, die die werbungtreibende Firma beliefert hatte, erwähnt wurden.
9. Die Anzeigen hatten den Zweck, in neue Märkte vorzustoßen oder alte Märkte zu erweitern und zu vertiefen.
10. Die Anzeigen enthielten Hinweise auf besondere technische Leistungen oder den technischen Fortschritt im allgemeinen.
11. Es wurde in den Anzeigen der Kundendienst oder die ingenieurmäßige Beratung angeboten.
12. Es wurden besondere Hinweise gegeben, z. B. auf bestimmte Messen oder das Domizil der werbungtreibenden Firma.
13. Es wurden zusätzliche Informationen in Form von Ingenieurbesuchen oder technischen Druckschriften angeboten.
14. Die Anzeigen enthielten Angebote von Verfahren oder Angebote von Organisationsvorschlägen.
15. In den Anzeigen wurde die Zusammenarbeit mit den Abnehmern zum Zwecke der Weiterentwicklung hervorgehoben.

Die Zielsetzungen sind in dieser Reihenfolge nach und nach ermittelt worden.

Gliedert man diese Zielsetzungen in zwei große Gruppen, dann ergibt sich aus insgesamt 272 Nennungen folgendes Bild:

(1) Information über die Leistung:

4.	Die Anzeigen sollten die Aufmerksamkeit erregen, das Interesse wecken; hierbei wurde zeitweilig mit sogenannten „gags" gearbeitet	39	
3.	Die Anzeigen sollten Informationen geben, oder sie sollten über die Erzeugnisse der werbungtreibenden Firmen oder über ein besonderes Angebot unterrichten	37	
6.	Die Anzeigen dienten der allgemeinen Firmenwerbung oder der bloßen Repräsentation	29	
5.	Die Anzeigen sollten das Produktionsprogramm der werbungtreibenden Unternehmungen vorstellen oder erläutern	21	
13.	Es wurden zusätzliche Informationen in Form von Ingenieurbesuchen oder technischen Druckschriften angeboten	20	
14.	Die Anzeigen enthielten Angebote von Verfahren oder Angebote von Organisationsvorschlägen	10	
10.	Die Anzeigen enthielten Hinweise auf besondere technische Leistungen oder den technischen Fortschritt im allgemeinen	10	
2.	Die Anzeigen sollten Erinnerungen wecken oder Erinnerungen wachhalten	9	
12.	Es wurden besondere Hinweise gegeben, z. B. auf bestimmte Messen oder das Domizil der werbungtreibenden Firma	9	
7.	In den Anzeigen wurde ausführlich die Zusammenarbeit mit Dritten, die Verfügbarkeit von „know-how" Dritter oder die Kooperation mit Dritten erwähnt	8	
8.	Die Anzeigen haben im Text Referenzen genannt, indem Namen der Kunden, die die werbungtreibende Firma beliefert hatte, erwähnt wurden	6	
15.	In den Anzeigen wurde die Zusammenarbeit mit den Abnehmern zum Zwecke der Weiterentwicklung hervorgehoben	1	
		199	73 %

(2) Information als Angebot:

1. Die Anzeigen sollten unmittelbar verkaufen oder dem Verkauf von Erzeugnissen des Werbungtreibenden direkt dienen	54	
11. Es wurde in den Anzeigen der Kundendienst oder die ingenieurmäßige Beratung angeboten	10	
9. Die Anzeigen hatten den Zweck, in neue Märkte vorzustoßen oder alte Märkte zu erweitern und zu vertiefen	9	
	73	27 %
Gesamtzahl der Nennungen	272 =	100 %

Die Informationen über die Leistung (das Produkt/das Betriebsmittel/den Rohstoff) sind in dieser (nicht repräsentativen) Stichprobe aus 7 Fachzeitschriften dreimal so hoch bewertet, wie die Informationen, die als Angebot formuliert wurden. Immerhin zeigen dieser Ergebnisse als bemerkenswertes Charakteristikum, daß es diesen Werbungtreibenden um mehr ging als nur um Abschlüsse und Umsatz.

Dieses Übergewicht an Informationen über die Leistung zeigt schon deutliche Spuren, die in anderen Media-Bereichen deutlicher festzustellen sind als in denjenigen der mehr fachlichen Unterrichtung.

2. Einflüsse der Werbung in der Dynamik des Wettbewerbs:

Die Tageszeitung „Die Welt“ hat mit ihren Dokumentationen über die „Industriewerbung in Deutschland“ ein bisher noch nicht ausgewertetes Quellenmaterial allerersten Ranges bereitgestellt. In drei Dokumentationsfolgen wurden im Seitenformat DIN A 4 reproduziert:

Anzeigen von 138 Inserenten aus den Jahren 1965/66
auf 422 Seiten

Anzeigen von 162 Inserenten aus dem Jahre 1966
auf 326 Seiten
Anzeigen von 145 Inserenten aus dem Jahre 1967
auf 323 Seiten

Es stehen durch diese Dokumentationen aus der industriellen Werbung rd. 1070 Druckseiten zur Verfügung; die Zahl der abgebildeten Anzeigen ist wesentlich größer, da viele der reproduzierten Anzeigen ein kleineres Format als 1/1 Seite hatten.

Eine systematische Durchsicht dieser drei Bände läßt eine ausgesprochene Internationalisierung unserer Märkte für Produktionsmittel und Industriebedarf erkennen. Das jedem Band vorgeheftete Register der Inserenten kann bei einer Aufgliederung nach inländischen und ausländischen Inserenten diese Tatsache bestätigen.

Vielen Unternehmungen lag daran, das Vorstellungsbild in der Öffentlichkeit (Image) irgendwie zu ergänzen oder schärfer zu profilieren. Die Vereinigte Aluminium-Werke AG sagt zu dieser Form ihrer Industriellen Werbung: „Die Größe eines Unternehmens bestimmt noch nicht seine Marktgeltung. Die Bedeutung muß auch glaubhaft gemacht werden. Und die Bedeutung hängt zum Teil vom ‚Imago' ab, von der Vorstellung, die sich die Öffentlichkeit macht. Wobei ‚Öffentlichkeit' gelegentlich nur den Kreis der mittel- oder unmittelbar Interessierten umfaßt."

Die Schmalbach-Lubeca-Werke AG sagt zum gleichen Problem: „Viel zu oft gelten wir noch als spezielle Blechpackungsfabrik. Wenn andere Werkstoffe in Frage kommen, geht manche Anfrage zunächst nicht an uns. Schon für die J. A. Schmalbach AG war dieses aus der Entstehungsgeschichte herrührende Vorurteil ein Problem. Und schon sie machte die Erweiterung des Vorstellungsbildes im Markt zur Hauptaufgabe."

Viele Bemühungen dieser Art der Werbung sind (unausgesprochen!) auf die Kapitalgeber und auf die zukünftigen Aktionäre gerichtet; diese Bemühungen wenden sich auch an die noch nicht gewonnenen potentiellen Abnehmer. „Unsere Produkte mußten neuen Abnehmerkreisen bekanntgemacht werden" (Gutbrod-Werke GmbH.), die „den Privatkäufer, d. h. Menschen aus den Schichten, in denen man in der Regel ein eigenes Haus, einen Zweitwohnsitz usw. mit Rasen und Garten besitzt." „Und nicht zuletzt galt es, dem eigenen Händlernetz das Gefühl zu geben, für ein führendes Unternehmen der Branche in Europa tätig zu sein." Manche dieser Inserenten richteten auch einen Blick auf die qualifizierten Mitarbeiter, die man zu gewinnen hoffte.

Solche Ausstrahlungen aber sind nicht das wesentliche an dieser Form der Werbung in der Dynamik des Wettbewerbs, die nach vier Phasen zu charakterisieren ist.

(1) Die Dynamik gesteigert durch die technische Entwicklung:

Der „Ausstoß" wissenschaftlicher Literatur und neuer Erkenntnisse ist ungeheuer. Der Vergleich zu einer Explosion ist nicht selten zu finden. Die wissenschaftliche Arbeit der Ingenieure, Techniker, Physiker und der Naturwissenschaftler überhaupt – in Forschungsinstituten und Unternehmungen – verändert in vielen Bereichen die Marktbedingungen vollkommen. Ganze Industriezweige haben für sich selbst große anwendungstechnische Fachbereiche geschaffen. Die H. Römmler GmbH. erwähnt eine Neuentwicklung mit ihren „Resopal-Unterdrucken", von denen sie sagt: „Eine erstaunliche Leistung auf dem Sektor der Schichtpreßstoffplatten. Fotos, Grafiken, Stiche und sogar Stoffe werden verpreßt und erhalten dadurch die gleichen Eigenschaften, wie die bekannten Resopal-Platten."

Im Produktionsbereich der Linde AG ist der Einsatz tiefer Temperaturen für Kühlanlagen, Kühlhäuser, Kunsteisherstellung, Kühlschränke und Kühlmöbel bekannt und selbstverständlich. Dagegen blieb das Wissen und die vielseitige Bedeutung tiefer und tiefster Temperaturen für Industrie und

Forschung weitgehend unbekannt. Obwohl dieser Bereich der Kältetechnik einen wesentlichen Anteil am technischen Fortschritt und der Verbesserung des Lebensstandards beanspruchen kann. Nur einige Beispiele: Durch Tieftemperaturverfahren werden aus Ölspaltgasen und Raffineriegasen Ausgangsstoffe für die Herstellung von Kunststoffen gewonnen. Mit Tieftemperaturprozessen erfolgt die Reinigung und Zerlegung von Koksofengas oder anderen Gasgemischen zur Gewinnung von Rohstoffen für die Kunstdüngererzeugung. Die Luftzerlegung durch Tieftemperaturrektifikation ermöglicht die Produktion von Sauerstoff und Stickstoff für Stahlwerke und Chemiebetriebe. Auch an den Erfolgen der jüngsten Gebiete in Technik und Wissenschaft, der Kerntechnik, Raumfahrt und Grundlagenforschung, sind Tieftemperaturverfahren entscheidend beteiligt." An diesem Beispiel allein wird die Dynamik aus der technischen Entwicklung deutlich.

(2) Die Dynamik aus der schärfer werdenden Konkurrenz:

Diese sich auf fast allen Marktgebieten auswirkende und sich immer mehr steigernde Marktdynamik ist gekennzeichnet durch eine schärfere Konkurrenz, die feste Marktstrukturen in Bewegung und ins Wanken gebracht hat. Die Einflüsse durch Politik und Regierung sind dabei nicht ohne Bedeutung. Wir beobachten nicht nur eine weitgehende Differenzierung des Angebots, sondern wir beobachten auch eine sehr starke Differenzierung der Nachfrage. Über beide Erscheinungen wird immer wieder geklagt. Mit verursachend sind die großen international verbreiteten Zeitschriften und die sonst weltweit wirkenden Kommunikationsmedien. Die hier liegenden Probleme werden durch die Schmalbach-Lubeca-Werke AG wie folgt gekennzeichnet: „Wir wissen aus eigener Erfahrung, wie schnell sich gerade in unserer Branche die Marktverhältnisse ändern: durch neue Werkstoffe, durch neue Verfahren, durch neue Anforderungen seitens der Verwender."

(3) Die Dynamik aus wachsenden Marktrisiken:

Der immer stärkere technische Fortschritt, das immer neue Aufkommen von Verfahren und Systemen, die vorher unbekannt waren, die schnellere Veralterung von Produktionsmitteln und Einrichtungen sind von manchen Autoren als eine systematische Perfidie der Wettbewerbswirtschaft bezeichnet worden. Es werden für moderne Werkstoffe immer neue Anwendungsbereiche gesucht, um durch diese verwendungs- und anwendungstechnische Diversifikation mit dem gleichen Erzeugnis einen Ausgleich sicherzustellen. Neugewonnene Werkstoffe werden verbessert, um ihnen einen größeren Radius der Anwendung zu sichern. Nachdem sich die Resopalplatten in weiten Bereichen der Wirtschaft durchgesetzt hatten, wurde ein Programm „Resopal-Möbelzubehöre" entwickelt: Halbfertigerzeugnisse wie Türen, Schubkästen, Schubkastenblenden, Schütten und Lüftungseinsätze. Daneben wurden auch Fertigteile wie Resopal-Fensterbänke und -Arbeitsplatten Erzeugnisse einer neuen Anwendungstechnik. Die Resopal-Schichtpreßstoffplatten dringen mehr und mehr in den Möbelbau und in die Bereiche der Innenarchitektur ein.

Kaum ein Gebiet ist so in Bewegung geraten wie das der Kunststoffe, und diese dynamische Energie zwingt alle Beteiligten, ihr eigenes Tempo noch zu beschleunigen. Hier liegen die Quellen zu immer neuen und zu immer größeren Risiken, die sich an den Strukturwandlungen in den Absatzmärkten entzünden.

(4) Die Dynamik durch Führungsentscheidungen:

Als 1950 in der Schrift „werben oder beherrschen?" [71] darauf hingewiesen wurde, daß über die Beschaffungen in der Industrie in 22 % aller Fälle 6 Personen und mehr entscheiden, war damit für die Industrielle Werbung ein Signal gesetzt. Diese Daten wurden 1954 in „Wesen und Formen der Werbung" [73] weiter ergänzt. Bequeme Kritiker meinten, das seien nur Daten aus USA, die für uns wenig Aussagewert hätten.

In einer Emnid-Untersuchung, die von der Tageszeitung „Die Welt“ verbreitet worden ist, wird nachgewiesen, daß auch bei uns an betrieblichen Entscheidungsvorgängen sechs und mehr Personen mitwirken:

im Gesamtbereich Investitionen	in 39 % der Fälle
im technischen Bereich (Maschinenanschaffung)	in 30 % der Fälle
im kaufmännischen Bereich (Buchhaltungsumstellung)	in 25 % der Fälle

Der SPIEGEL-Verlag hat, abgeschlossen mit dem I. Halbjahr 1967, eine Untersuchung zum „Informations- und Entscheidungsverhalten“ (Anlage und Durchführung durch Emnid-Institute) veröffentlicht, aus der einige Ergebnisse festzuhalten sind: Es wurden 500 Einkaufs-(Beschaffungs-)Vorgänge, die alle im letzten Halbjahr vor der Erhebung abgeschlossen wurden, analysiert. In einer der amtlichen Statistik entsprechenden Regionalverteilung wurden untersucht (s. Tab. 16, S. 206).

Bei den analysierten Einkaufsvorgängen handelt es sich zu 86 % um Investitionen im Produktionsbereich. In den meisten Fällen wurden Fertigungsmaschinen (37 %), Werkzeugmaschinen (19 %) und Hilfsaggregate (12 %) angeschafft.

Die Anschaffungen im Verwaltungsbereich (9 %) betrafen zur Hauptsache Büromaschinen (6 %).

Die Aufschlüsselung nach dem Wert der gekauften Objekte ergibt eine Häufung in der Gruppe bis zu DM 30 000 (37 %) und in der Gruppe von DM 50 000 bis DM 500 000 (41 %).

69 % der befragten Betriebe bezweckten mit der Investition eine Erweiterung oder Verbesserung bestehender Einrichtungen. In einem Viertel der untersuchten Fälle ging es um Ersatzanschaffungen.

97 Prozent der industriellen Einkaufsentscheidungen wurden durch ein Kollegium von Kaufleuten und Technikern getroffen. Zum weitaus überwiegenden Teil (86 %) setzte sich

Tabelle 16. Gliederung der Industriebereiche und Betriebsgrößen

Untersuchte Betriebe	Industriebereiche	Amtliche Statistik
8 %	Bergbau, Industrie der Steine und Erden	6,2 %
2 %	Eisen- und metallerzeugende Industrie	3,7 %
41,6 %	Eisen- und metallverarbeitende Industrie	40,8 %
7,0 %	Chemische und verwandte Industrie	7,0 %
1,6 %	Feinkeramische und Glasindustrie	2,2 %
4,0 %	Holzindustrie	5,0 %
6,2 %	Papier- und Druckerei-Industrie	6,5 %
3,4 %	Lederindustrie	2,9 %
17,6 %	Textil- und Bekleidungsindustrie	17,0 %
8,6 %	Nahrungs- und Genußmittelindustrie	8,7 %
100,0 %		100 %
	Betriebsgröße nach Beschäftigtenzahl	
43,8 %	100–199 Beschäftigte	47,2 %
35,6 %	200–499 Beschäftigte	33,1 %
10,0 %	500–999 Beschäftigte	11,1 %
10,6 %	1000 und mehr Beschäftigte	8,6 %
100,0 %		100,0 %

dieses Kollegium aus zwei bis vier Personen bzw. Instanzen zusammen.

Entscheidenden Einfluß auf industrielle Einkaufsvorgänge bzw. Investitionen hat jene Personengruppe, die unter den Begriff „Führungskräfte“ fällt.

In 47 % der untersuchten Betriebe werden vor der endgültigen Entscheidung über industrielle Einkäufe beratende Fachleute oder Instanzen hinzugezogen:

1 Fachmann/Instanz in 31 % der Fälle
2–3 Fachleute/Instanzen in 16 % der Fälle
4–5 Fachleute/Instanzen in 1 % der Fälle

Entscheidungen über größere Investitionen werden nur selten spontan getroffen. Der Erwägungszeitraum zwischen den ersten grundsätzlichen Überlegungen und der Auftragserteilung variiert von Fall zu Fall zwischen „weniger als einem Monat“ und „mehr als zwei Jahre“.

In dieser Zeit werden in 94 Prozent der Fälle mehrere Gespräche von den Entscheidungspersonen geführt. Die Zahl der Besprechungen wächst mit der Länge des Erwägungszeitraums. Eine Häufung ergibt sich in der Gruppe zwischen zwei und sechs Gesprächen (53 %).

Tabelle 17. Dauer des Erwägungszeitraums

Dauer des Erwägungszeitraumes:	
1 bis unter 4 Wochen	12 %
4 bis unter 8 Wochen	15 %
2 bis unter 3 Monate	8 %
3 bis unter 6 Monate	22 %
1/2 bis unter 1 Jahr	21 %
1 bis unter 2 Jahre	14 %
über 2 Jahre	7 %
	99 %
Es machten keine Angaben	1 %
	100 %

Tabelle 18. Zahl der entscheidenden Gespräche

Zahl der entscheidenden Gespräche	
Keine Gespräche	1 %
1 Gespräch	4 %
2– 3 Gespräche	25 %
4– 6 Gespräche	28 %
7–10 Gespräche	17 %
11–20 Gespräche	16 %
über 20 Gespräche	9 %
	100 %
Es machten keine Angaben	1 %
	101 %*

* Durch Auf- bzw. Abrunden bei der maschinellen Datenverarbeitung nicht 100 %.

Die industrielle Werbung muß nicht nur diese Zeitspannen überbrücken, sie muß vor allen Dingen die zur Entscheidung und Mit-Entscheidung berechtigten Personen erreichen und überzeugen.

Die Einflüsse der Werbung in der Dynamik des Wettbewerbs wurden nachgewiesen bei der Interpretation der wirtschaftlichen Zielsetzung der Unternehmung und bei der Steigerung des Wettbewerbs infolge der technischen Entwicklung durch schärfer werdende Konkurrenz und durch wachsende Marktrisiken.

Diese Dynamik findet ihren Niederschlag und ihren Ausdruck in den Marketing-Funktionen der Werbung, die besonders zu erläutern sind.

III. Folgerungen für die Erzeugnisbereiche Verbrauch und Produktion

Wichtiger aber ist die Frage, was in diesen Situationen in absatz- und marketing-strategischer Hinsicht zu geschehen hat? Wenn auch hierüber noch weiterhin Bezug zu nehmen sein wird, so muß rückschauend noch einmal hingewiesen werden auf das Kapitel (A I 2): „Die Werbung im Schema der Absatzwirtschaft und des Marketing". Die in beiden Bereichen (Verbrauch und Produktion) zu lösenden Aufgaben verlangen für die Politik und die Arbeitsweisen bezüglich:

- Produktplanung
- Preisgestaltung
- Markentechnik
- Vertriebswege
- Persönlichem Verkauf
- Werbung
- Verkaufsförderung
- Verpackung
- Display

– Kundendienst
– Distribution

im Prinzip *die gleiche Orientierung*. Es sind zwar in dieser Übersicht nicht ausdrücklich erwähnt (1) das Tempo der Befriedigung und der Sättigung der Nachfrage und (2) die vielfältigen Probleme, die durch den technischen Fortschritt ausgelöst werden. Beides bedarf (auch für beide Bereiche) einer laufenden und kritischen Beobachtung und Analyse.

D. Die Marketing-Funktionen der Werbung

Durch die Veröffentlichungen von Nicholas Kaldor [81], Erich Streissler [134] und Robert Nieschlag [110] legte sich nahe, das ganze System der Funktionen der Werbung erneut zu überprüfen. Es wurde notwendig, für die als „Situationsbedingte Aufgaben" gekennzeichneten Funktionen der Werbung die Benennung zu ändern.

Die Bezeichnung „Situationsbedingte Aufgaben" fällt aus dem bisherigen Schema heraus, obwohl es oft ganz allein auf „Situationen als Ursachen" ankommt. Aber gerade deshalb sollte Klarheit darüber bestehen, daß sich aus solchen Situationen Aufgaben der Werbung *ad hoc* ergeben können. Aus dem Göschen Band 1233 (S. 22 ff., 30 ff., 61 ff.) geht hervor, wie oft wir mit solchen *„ad hoc-Situationen"* zu tun haben. Solche *ad hoc-Situationen* sind immer wieder Anlaß und Ursache für bestimmte Aufgaben der Werbung. Der besseren Klarheit wegen, wird fortan die vierte der Elementar-Funktionen als *„ad hoc-Funktion"* bezeichnet werden.

Dann ist festzuhalten, daß in der Regel (wie nachstehend bei den Marketing-Funktionen geschehen, gewissermaßen als Präfix) *vor* die übrigen Bezeichnungen das Wort „Funktion" zu setzen ist, weil es sich jedesmal um eine näher bestimmte Aufgabe handelt, so z. B. „Funktion zur Gewinnung von Aufmerksamkeit und Interesse“ oder „Funktion der Unterrichtung“.

Mit dieser Ergänzung werden, im Anschluß an die Elementar-Funktionen der Werbung (Göschen Band 1231 Seite 61) die Marketing-Funktionen zunächst noch einmal aufgeführt:

5. Funktion[1] der Weckung von Bedarf und Kaufbereitschaft
6. Funktion der Homogenisierung von Bedürfnissen und Bedarf
7. Funktion der Gewinnung, Erweiterung und Sicherung von Märkten
8. Funktion der Schaffung von Transparenz im Absatz- und Beschaffungsmarkt
9. Funktion der Einführung oder Wiedereinführung von Erzeugnissen, Marken oder von Diensten
10. Funktion der Identifizierung von Herstellern, Erzeugnissen oder Marken
11. Funktion der Schaffung von Markenbewußtsein für Firmen und Erzeugnisse
12. Funktion der Schaffung von Präferenzen, mit dem Ziel der Alleinstellung
13. Funktion der Leistungs- und Qualitätsgarantie
14. Funktion der Herbeiführung von Entscheidungen
15. Funktion der Absatz- und Verkaufserleichterungen
16. Funktion der Gewinnung von sonst nicht erreichbaren Entscheidungsberechtigten
17. Funktion der Rationalisierung in Produktion und Vertrieb
18. Funktion der Hilfe für Dritte im Vertrieb
19. Funktion der Verbrauchs- und Umsatzsteigerungen
20. Funktion der Verbindung von Generationen
21. Funktion der Stiftung von Nutzen für die Verbraucher

[1] Die fortlaufende Numerierung der Funktionen der Werbung wird auch hier beibehalten. Wegen der Funktionen 1 bis 4 vgl. Göschen-Band 1231, Seite 66 ff.

22. Funktion der Gewinnung von Vertrauen in den Werbungtreibenden
23. Funktion der Aneiferung für die ganze Unternehmung
24. Funktion der Sicherung der Unternehmung
25. Funktion der Auslese durch Auseinandersetzungen mit dem Wettbewerb
26. Funktion der Auswirkungen eigener Initiative auch für den Wettbewerb

Um dieses Schema der Funktionen (oder der Aufgaben) der Wirtschaftswerbung im Bereich des Marketing lebensnahe zu erläutern, ist es notwendig, jede dieser Funktionen mit einigen nachprüfbaren Beispielen zu belegen. Diese Beispiele werden einer sehr großen Sammlung von Anzeigen[1] entnommen, die von Unternehmungen aus aller Welt in deutschsprachigen Zeitungen erschienen sind. Nachprüfbar sind die Beispiele

[1] Die nachstehend genannten Fiirmen sind durch die laufenden Nummern gekennzeichnet; diese werden anschließend an die Textstellen in ( ) aufgeführt.

1. Alcan Aluminiumwerke AG
2. Arbeitsgemeinschaft „Die Spaltplatte"
3. Badische Anilin- & Soda-Fabrik AG
4. Borsig AG
5. Bristol Siddeley Engines Ltd.
6. Bull Deutschland GmbH.
7. Chemische Werke Hüls AG.
8. Clark Maschinenfabrik GmbH.
9. Continental Elektroindustrie AG
10. Daimler-Benz AG / Mercedes-Benz
11. Deutsche Burroughs Rechenmaschinen GmbH.
12. Deutsche Olivetti AG
13. Deutsche Verbundgesellschaft Strom
14. 3 M Company
15. Dynamit Nobel AG
16. Farbenfabriken Bayer AG
17. Farbwerke Hoechst AG
18. Fichtel & Sachs AG
19. Ford-Werke AG
20. General Electric Co.
21. Henkel & Cie. GmbH.
22. Dr. Kurt Herberts & Co.
23. IBM Deutschland
24. Ilo Werke GmbH.
25. ICI Imperial Chemical Industries Ltd./ ICI (Deutschland) GmbH.
26. International Nickel Deutschland GmbH.
27. Kalle AG
28. Fried. Krupp GmbH
29. Linde AG
30. Joseph Lucas (Industries) Ltd.
31. Mannesmann AG
32. M. A. N. Maschinenfabrik Augsburg-Nürnberg AG
33. Massey-Ferguson
34. Mobil Oil AG in Deutschland
35. NCR National Registrier Kassen GmbH.
36. Olympia Werke AG
37. Philips
38. Phoenix-Rheinrohr AG
39. Pohlschröder & Co. GmbH.
40. Rank Xerox GmbH.
41. Remington Rand GmbH.
42. Rheinstahl AG
43. Rolls-Royce Ltd.
44. Siemens AG
45. Schildkröt AG
46. Standard Elektrik Lorenz AG
47. Vereinigte Glanzstoff-Fabriken AG.
48. Zanders Feinpapiere

dadurch, daß die Werbungtreibenden nach den zitierten Textstellen durch Hinweisziffern kenntlich gemacht sind. Die Beispiele sind darum aus Anzeigen ausgewählt worden, weil die Werbebotschaften in Anzeigen von größerer Dauer sind, als bei Rundfunk- und Fernsehsendungen, aber auch, weil die Werbebotschaften in Anzeigen in einer komprimierteren Form vermittelt werden, als z. B. in den oft voluminösen Mitteln der Direktwerbung.

Das Wesen der Funktionen der Werbung kann nur durch Beispiele charakterisiert werden. Dabei ist auf Beispiele aus der Werbung für Konsumgüter weitgehend verzichtet worden; besonders auf die Werbung für solche Waren wurde verzichtet, die ihrer Art nach in ihren Absatzmärkten bereits fest eingeführt und bekannt sind. Die durch diese Beispiele gewonnenen Erkenntnisse lassen sich auf die Bereiche der ausgesprochenen Konsumgüter leicht übertragen.

5. Die Funktion der Weckung von Bedarf und Kaufbereitschaft

Diese Aufgabe (Funktion) wird oft zu lösen versucht durch einen gezielten Anruf, durch ein einzelnes Wort oder durch einen prägnanten Satz. Ein gezielter Anruf kann auch durch ein Zeichen oder ein Bild erreicht werden.

„Kunststoff funkelnd verchromt? Novodur läßt sich galvanisieren!" (16) Diese, in 5 Zeilen gesetzten „Signal-Worte" haben eine echte Wirkung ausgeübt. Die ersten 3 Worte wirken wie eine Evokation.

„Bewährung im Weltraum" (37) leitet den Text zu der Beweisführung ein, daß die moderne Technik für viele Erzeugnisse bisher völlig unbekannte Leistungs- und Standzeiten erreicht hat.

„Univac hat eine neue Serie von Real-Time-Anlagen" (41) In dem erst seit wenigen Jahren bestehenden, heute aber heiß

umkämpften Markt der EDV-Anlagen muß eine solche Nachricht an die Wurzel des Bedarfs rühren. Der dann folgende Text („Nehmen Sie uns beim Wort“) zielt schon in sehr tiefe Bewußtseinslagen.

Zusammenfassung:

Die Wirtschaftswerbung hat die Aufgabe, nicht nur den Bedarf für ein bestimmtes Erzeugnis zu wecken, sondern sie hat dazu bei der Zielperson (-Gruppe) die Bereitschaft auszulösen oder zu verfestigen, die angebotene Ware auch zu erwerben.

6. Die Funktion der Homogenisierung von Bedürfnissen und Bedarf

Gemeinschaftswerbungen sind dadurch gekennzeichnet, daß sie auf den primären Bedarf (bzw. auf die primäre Nachfrage) und nicht auf den selektiven Bedarf (bzw. auf die selektive Nachfrage) gerichtet sind. Die Gemeinschaftswerbung z. B. für den Werkstoff Stahl wird dazu noch von den konkurrierenden Werkstoffen bestimmt, mit denen der Stahl in Substitutionskonkurrenz steht; sie wird vertieft durch die Einzelwerbung der verschiedenen Stahlerzeuger, die unter ihrem Namen bestimmte Legierungen für bestimmte Verwendungszwecke anbieten.

Unter den Schlagzeilen *wir leben im Zeitalter der Elektrizität* (13) wurde in einer Serie von Anzeigen (mit der Frage: „Was hat er mit Strom zu tun?“) auseinandergesetzt, was eine Industrieunternehmung, ein Handelshaus, eine Hausfrau, ein Landwirt, ein Handwerker usw. „mit dem Strom zu tun haben“. Das Ziel dieser Werbebotschaften war, im Wettbewerb der verschiedenen Energiearten untereinander, die Stromverbraucher in ihrem Bedarf nach Energie nachdrücklich auf den elektrischen Strom hinzulenken.

Eine weltbekannte Chemie-Unternehmung hat in einer Einzelwerbung (in einer Werbeaktion lt. Funktion 9) eine Reihe von Grundstoffen als *ICI-Erzeugnisse für die deutsche Industrie* (25) angeboten, und zwar

Acrylglas für Leuchtschilder,
Katalysatoren für die Düngemittelherstellung,
Farbstoffe für die Textilindustrie,
Weichmacher für PVC-Fußbodenbelag,
Metalltrocknungsmittel für die Oberflächenbehandlung.

Es handelt sich um Grundsubstanzen, die in den Fertigungsprozessen anderer Industrien den Charakter des Primär-Bedarfs haben, der dann (nach der getroffenen Wahl oder nach der Selektion) von der ICI gedeckt werden kann. Dazu sagt dann dieser Werbungtreibende, daß er über die erforderlichen Kenntnisse verfügt, um sich mit den Problemen der Bedarfsträger zu befassen.

Zusammenfassung:

Die Wirtschaftswerbung hat die Aufgabe, den Grundbedarf, den einzelne Zielpersonen oder -gruppen geltend machen, zu vertiefen und gleichgerichtet zu halten. Diese Homogenisierung und Intensivierung des Bedarfs (und der zugrundeliegenden Bedürfnisse) ist die Voraussetzung zu einer degressiven Entwicklung der Kosten.

7. Die Funktion der Gewinnung, Erweiterung und Sicherung von Märkten

Die Gewinnung von Märkten ist eine andere Marketing-Aufgabe als die Erweiterung von Märkten, und diese Aufgabe ist eine andere als die Sicherung eines Absatzmarktes. Trotz der, für die Marktstrategie wichtigen Unterschiede in der Zielsetzung und trotz der daraus resultierenden Ansätze zu einzelnen Lösungsversuchen, liegt in allen drei Problemstellungen sehr viel Gemeinsames.

Das gegenwärtige Jahrhundert hat nicht nur völlig neue Industrien hervorgebracht; im Zusammenhang damit sind auch ganz neue Werkstoffe und Materialien entwickelt worden;

diese haben wieder neue Industrien entstehen lassen. Kunststoffe der verschiedensten Art dienen immer wieder als Beispiel.

Das Erzeugnis unter dem Markennamen *Hostalen* (17) hat nicht nur einen sehr umkämpften Markt für sich „gewonnen"; dieser Werkstoff hat auch seinen Marktanteil stetig erweitern können, und zwar durch die Entwicklung immer neuer Anwendungstechniken. Diese neuen Anwendungen sind aus einer nun schon über einige Jahre laufenden Anzeigenserie („Sicher gehn – nimm Hostalen!") zu erkennen; Benzin-Kanister, Verpackungen, Flaschen, Tuben und Schraub-Behälter in vielfacher Form, Metallbeschichtungen, Formstücke für den Maschinenbau, Mülltonnen und andere Anwendungsmöglichkeiten werden erläutert.

Diese Anwendungsbeispiele sind aber gleichzeitig Anregungen für die Weiterverarbeiter, die die deutlich erkennbare Zielgruppe sind.

Der Maschinenbau ist eine genauso entwicklungsfreudige und neuerungsträchtige Industrie wie die Chemie. Bei der Ankündigung von drei neuen Motoren von 4–8–13,5 PS sagt das Herstellungswerk: „Der Löwenanteil der deutschen *Industriemotoren*-Produktion bis 13,5 PS – mehr als ein Drittel – kommt aus den Ilo-Werken." (24) Mit dem Hinweis auf neue Erzeugnis-Typen, für die ein neuer Markt gesucht werden muß, wird von einem Anteil an diesem Globalmarkt („mehr als ein Drittel"!) gesprochen, der zu verteidigen ist.

Unter dem Schlagwort, das dazu noch in einer ganz unauffälligen Zeile abgesetzt ist, *„Ein Beispiel von vielen:"* (44) ist eine Serie von Anzeigen die Dokumentation dafür, daß der Einbruch in den fast unangreifbaren Markt für EDV-Anlagen versucht wird.

Einige Beispiele:
Den Verkehr elektronisch steuern.
Das Kursbuch elektronisch lesen.
Bücher elektronisch ausleihen.
Zeitungen elektronisch setzen.

Renten elektronisch berechnen.

Wahlen elektronisch vorbereiten.

Den Kontostand elektronisch ermitteln.

Ein hervorragendes Beispiel zur Einführung einer völlig neuartigen Schreibmaschine, sind die Anzeigen für die *Kugelkopf-Schreibmaschine* (23) 1961, die IBM 72, dann 1964 die MB 72 und 1966 der Composer. Anzeigen in einer Serie mit überzeugenden Argumenten mit dem Ziel, einen vollkommen neuen Markt zu erschließen, einen ganz neuen „Markt zu machen".

Mit einer ähnlichen Marketing-Konsequenz ist das Vervielfältigungsgerät *Rank-Xerox* (40) in den doch sehr umkämpften Markt für Vervielfältigungsgeräte eingeführt worden.

Zusammenfassung:

Die bei der hohen absatzwirtschaftlichen Bedeutung der Funktion der Gewinnung, Erweiterung und Sicherung von Märkten herangezogenen Beispiele beweisen, daß es nicht nur darauf ankommt, Märkte zu *gewinnen* oder *„Märkte zu machen"*, sondern daß sogleich auch eine starke Dynamik auf die *Erweiterung* dieser Märkte drängt. Die Gefahr, die Märkte dann wieder zu verlieren, fordert die Notwendigkeit heraus, das Erreichte auch zu *sichern.*

Mit jedem Versuch, einen Markt zu gewinnen, wird eine Kettenreaktion von Folgeerscheinungen ausgelöst, die von einer überlegten Absatz-Strategie in Rechnung zu stellen sind.

8. Die Funktion der Schaffung von Transparenz im Absatz- und Beschaffungsmarkt

In keiner der vielen für diese Studie untersuchten Anzeigen fehlen zwei Informationen:

- die Informationüber das angebotene Erzeugnis, nicht nur der Art nach, sondern auch nach den spezifischen Eigen-

schaften, die dieses Erzeugnis von ähnlichen Erzeugnissen des Wettbewerbs unterscheiden;
- die Angabe des (manchmal verkürzten) Namens (der Firma) des Herstellers bzw. des Anbieters. Da, wo Export-Niederlassungen als Anbieter auftreten, da wird in aller Regel auch der Name des Herstellers genannt (vgl. Funktion 10).

Oft ist der Firmenname schon so tief in das Bewußtsein der Zielgruppen eingeprägt worden, daß auf die Angabe des Domizils verzichtet wird, wie z. B. in vielen Anzeigen von Philips. (37)

Der Welt größte Spezialfabrik für Rechen- und Buchungsmaschinen (11) In dem großen Konzert der Wettbewerber in diesem hart umkämpften internationalen Markt dient der Hinweis einer Export-Niederlassung auf das eigentliche Ursprungswerk dazu, die eigene Position klar und deutlich zu umreißen. Der weitere Hinweis „Maßarbeit in Großserie" erfolgt aus der gleichen Zielsetzung.

Die Anzeigen der „International Nickel" (26) lassen für dieses Metall kein wichtiges Gebiet der Produktion (Anwendung, Weiterverarbeitung) unberührt. In den Märkten der substituierbaren Werkstoffe dient diese Gemeinschaftswerbung dazu, immer wieder und mit echten Informationen auf diesen klassischen Werkstoff hinzuweisen, mit dem Ziel, bei den potentiellen Verwendern alle irritierenden Einflüsse zu zerstreuen.

Zusammenfassung:

Der Wettbewerb kann nicht mit einem Konzert verglichen werden. Im ersteren Falle liegt es in der Natur der Sache, daß jeder einzelne Wettbewerber das Ziel für sich erreichen will; das ist bei einem Symphonie-Orchester nicht der Fall, denn hier hat sich der einzelne Künstler dem gemeinsamen Ziel unterzuordnen.

Im wirtschaftlichen Kampf der Konkurrenz also muß der einzelne Wettbewerber seine eigene Position klären, um im eigenen Interesse dazu beizutragen, daß der Gesamtmarkt durchsichtiger wird. Jeder Wettbewerber hat die gleiche Aufgabe, die er durch seine Eigen- und Einzelwerbung zu lösen versucht.

9. Die Funktion der Einführung oder Wiedereinführung von Erzeugnissen, Marken oder von Diensten

Auch in dieser Kennzeichnung einer Funktion sind mehrere Aufgaben zusammengefaßt. Die Einführung wirft andere Probleme auf als die Wiedereinführung; eine Marke stellt andere Anforderungen als ein Erzeugnis. Eine Reihe von Kombinationen sind hier möglich; oft z. B. werden Marke und Erzeugnis angesehen als eine in sich geschlossene Aufgabe.

Eine sehr abstrakte Aufgabe war zu lösen, um den neu geschaffenen *Strahlenstern* (46) in Verbindung mit der Firmenabkürzung *SEL* als neue Marke nach der Fusion von Standard Elektrik Lorenz AG einzuführen. Die Fusion zweier Firmen stellt der Werbung viele Aufgaben; dabei kann die Vielfalt der Erzeugnisse einer „neuen" Firma oft in den Hintergrund treten. Da, wo es nur um die Einführung einer neuen Markenbezeichnung für einen neuen Werkstoff geht, wo also der bereits bekannte Firmenname unverändert bestehen bleibt, wie z. B. bei dem Kunststoff *Lupolen* (3) liegen die Dinge einfacher; hier lassen sich die zentralen Anliegen echter Marketing-Arbeit sofort aufnehmen, nämlich die wirklichen Eigenschaften dieses Werkstoffes objektiv hervorzuheben.

Ein neuer Werkstoff ist oft nur ein neues Glied in einer Werkstoff-Familie, wie der neue Typ einer Schreibmaschine im Angebotssortiment einer Herstellerfirma. Bei der Schreibmaschine *Tekne* (12) standen Firmenname und Firmenzeichen so selbstverständlich für diese Einführungszeichen bereit, daß alles auf die unterscheidenden Merkmale der neuen Schreibmaschine konzentriert werden konnte: Sie unterscheidet sich von anderen z. B. in folgendem: „Sie macht von sich aus keine Fehler. Das bewirkt die zentrale Funktionssteuerung: Typensalat – ausgeschlossen. Doppelanschlag – unmöglich. Huckepackbuchstaben – gibt's nicht mehr. Flatterbuchstaben – kennt sie nicht."

Mit solchen Argumenten, die in der Sprache der Benutzer präzise dargelegt werden, lassen sich neue Erzeugnisse auch in wettbewerbsintensive Märkte einführen, wenn die Produkte den Bedarfsvorstellungen der Zielpersonen oder -gruppen wirklich entsprechen.

Je nach dem Stil einer solchen Einführungswerbung lassen sich auch die Schlagzeilen formulieren: *Das Computer-Ereignis des Jahres: die Univac Serie 9000* (41). Eine solche Schlagzeile verpflichtet natürlich, in nachfolgenden Anzeigen mit beweiskräftigen Informationen darzutun, daß es sich nicht nur um große Worte gehandelt hat.

Bei wirklich beweiskräftigen Informationen kommt eines der „Grundgesetze" aller echten Wirtschaftswerbung ins Spiel: Sie hat durch objektive Beweisführungen die Aufmerksamkeit auf die Vorteile der eigenen Leistung zu lenken (Göschen-Band 1231, S. 107).

In einer Gemeinschaftswerbung für die „keramische Spaltplatte" (2) nach DIN 18 166 geschieht das mit einfachen Stichworten: „frostsicher, säure- und laugenbeständig, stoßfest, haftfest, immer sauber, zeitlos schön und unbegrenzt haltbar". Hierbei ist die Angabe „zeitlos schön" eher entbehrlich als erforderlich.

Die „objektive Fachsprache" in den Beispielen Tekne und keramische Spaltplatte hat gleichen Wert; sie ist die Sprache der Zielgruppen, an die sich diese Anzeigen wendeten.

Diese Art der Unterrichtung führt zu einer besonderen Form von „Einführungs"-Anzeigen, bei denen es darum geht, auf die besonderen Erfahrungen des Werbungtreibenden aufmerksam zu machen.

Von einfachen Hinweisen *Die Fachberater von Alcan – verläßliche Partner* (1) bis zu der direkten Aufforderung „Man fragt den Mann von Mannesmann“ (31) und weiter bis zu der persönlichen Vorstellung der „Mobil-Ingenieure“ (mit Porträt – Skizze und Besuchskarte und mit allen Informationen über die berufliche Stellung) läuft eine lange Kette werbepsychologischer und soziologischer Überlegungen, die dann in der nüchternen Feststellung münden: „Mit Mobil sprechen kostet nichts. Mit Mobil arbeiten spart Geld“ (34). Nicht selten wird auch „Ein Team von Spezialisten“ (9) angeboten.

Das alles kann in dieser komprimierten Form und mit der Aussicht auf echte Tiefenwirkung nur in Anzeigen gesagt werden.

Wesentlich schwieriger aber sind die Probleme bei der Einführung von Systemen oder sogar beim Angebot von Problemlösungen. Hier weiß der Anbieter überhaupt nicht, ob die von ihm vorzuschlagenden Lösungen oder die von ihm entwickelten Systeme für die Zielgruppe geeignet sind oder ob sie sich entsprechend adaptieren lassen.

In fast allen Anzeigen für Datenverarbeitungsanlagen (EDV-Anlagen) findet sich der Ausdruck „Software“, womit jenes systemtechnische Wissen und Können gemeint ist, auf dem die mit „Programmieren“ bezeichnete Arbeit der Vorbereitung beruht. Diese Angebote sind in nahezu jeder Anzeige der großen Hersteller von EDV-Anlagen zu lesen, selbstverständlich auch in den Anzeigen, in denen nur „Software“ angeboten wird.

Eine Schlagzeile wie *„Probleme sind nur versteckte Lösungen“* (33) ist eine richtige Interpretation der Angebote, die in einen völlig neuartigen Markt einzuführen sind.

Zusammenfassung:

Auch in der Funktion der Einführung oder Wiedereinführung von Erzeugnissen, Marken oder von Diensten ist ein Komplex miteinander verwandter und zusammenhängender Probleme zusammengefaßt; jedes Einzelproblem muß in der

Marketing-Strategie als eine eigene und in sich geschlossene Funktion oder Aufgabe aufgefaßt werden. Nur dann sind optimale Lösungen zu erreichen.

10. Funktion der Identifizierung von Herstellern, Erzeugnissen oder Marken

Die Markenzeichen für Erzeugnisse, die bisher schon erwähnt worden sind, wie z. B. „Novodur“ oder „Lupolen“, werden in vielen Anzeigen zusammen mit dem Namen der Herstellerwerke genannt. Die Namen dieser Hersteller „Bayer“ (16) oder „Hoechst“ (17) sind Wort-Bild-Zeichen von eigenem Range. Mit diesen Firmennamen werden andere Erzeugnisgruppen, z. B. Medikamente, besonders gekennzeichnet. (vgl. Funktion 8)

Das Bestreben in der Kennzeichnungs- und Markentechnik geht nicht selten dahin, den Firmennamen und den Namen von Erzeugnissen miteinander zu verbinden oder sogar zu verschmelzen; oft aber wird das nicht einmal angestrebt, z. B. wenn es sich um Erzeugnisse handelt, die nicht zum Haupt-Erzeugnis-Sortiment gehören.

In einer Anzeigenserie *Das ist Mipolam* (15) hat der Werbungtreibende diese Markenbezeichnung für den „ersten homogenen PVC-Bodenbelag“ vorgestellt, wobei auf die Referenzen bedeutender Verbraucher hingewiesen wurde.

Die Phoenix-Rheinrohr AG (38) kennzeichnet ihre Großrohre neben dem Firmenzeichen mit den Worten „Firmen-Marke eines der größten europäischen Stahlrohrproduzenten“. Eine solche Bemalung von Großrohren, die ein ausgesprochenes Investitionsgut sind, hat einen Werbeeffekt nur während des Transportes; mit dem Einbau solcher Rohre in eine Erdölleitung ist diese Funktion dann erfüllt.

Das Gegenstück hierzu ist der „Mercedes-Stern“ (10), der als absolut selbständiges, ganz in sich ruhendes Zeichen, ohne jede Anlehnung an die Herstellerfirma, auf deren Erzeugnisse der unterschiedlichsten Art Verwendung findet; ein Zeichen, das in der ganzen Welt richtig identifiziert wird.

Eine Unternehmung, die eine „Schildkröte“ (45) als Warenzeichen hat, entschloß sich, diesem Zeichen entsprechend auch den Firmennamen in „Schildkröt AG“ zu ändern.

Ein hervorragendes Beispiel, wie der Name eines Erzeugnisses und einer Firma zu einem Status-Symbol gemacht werden kann, ist das Marken- und Firmenzeichen *Rolls-Royce (mit den stilisierten RR)* (43). In den Anzeigen dieser Firma, über der Schlagzeile „Das ist Rolls-Royce heute“, wird ein ganzes hochtechnisches Fabrikationsprogramm abgehandelt, von Strahltriebwerken bis zu Generatorsätzen, die von Rolls-Royce Turbinen angetrieben werden, von Methoden der Konstruktion bis zu den Autos von Weltruf.

Zusammenfassung:

Angesichts des scharfen Wettbewerbs in allen Märkten der Konsum- und Investitionsgüter, in den Märkten der Erzeugnisse mit längerer Gebrauchsdauer und in den Märkten des allgemeinen Betriebsmittelbedarfs ist es für jeden Anbieter ein Gebot ersten Ranges, den Zielgruppen ein scharf umrissenes Bild von seinen Erzeugnissen und von sich selbst zu geben.

Diese Funktion kann natürlich auch mit anderen Funktionen zusammen wahrgenommen werden; sie muß aber so wahrgenommen werden, als wäre sie die allein ausschlaggebende Aufgabe.

11. Funktion der Schaffung von Markenbewußtsein für Firmen und Erzeugnisse

Bei der Identifizierung von Herstellern und ihren Erzeugnissen und bei der Schaffung eines „Bewußtseins“ für Firmen, für Erzeugnisse oder eines „Marken“-Bewußtseins handelt es sich um zwei verschiedene Funktionen oder Aufgaben. Bei der voraufgegangenen Funktion 10 handelte es sich darum, klar und deutlich zu bestimmen „who is who"; bei dieser Funktion (11), die auf die Vertiefung eines bestimmten Bewußtseins hinzielt, handelt es sich um ein Problem der Semantik oder Zeichenlehre. Es geht darum, die Vertiefung eines bestimmten Bewußtseinsbestandes durch die Bedeutung von Zeichen oder Zeichenkombinationen zu erreichen. In der Wirtschaftswerbung handelt es sich dabei in aller Regel um künstliche und konstruierte Zeichen, die auch aus Wortbildungen abgeleitet oder die durch Wortbildungen ergänzt werden können.

Das Bayer-Kreuz (16) in einem Kreis ist aus der kreuzweisen Anordnung von zweimal fünf Buchstaben (mit dem Buchstaben y als Schnittpunkt der Balken des Kreuzes) gebildet worden. In vielfach wiederholten Anzeigen hat das Bayer-Kreuz durch den Satz: „Im Vertrauen der Welt" eine sehr wirksame Ergänzung erfahren.

Die mit ihrem Firmenzeichen „M. A. N." (32) in aller Welt bekannte Maschinenfabrik Augsburg-Nürnberg AG, die ihr Zeichen aus der sehr sachlichen Bezeichnung der eigentlichen Hauptaufgabe dieser Unternehmung „Maschinenfabrik" und aus den Anfangsbuchstaben der beiden Haupt-Domizile gebildet hat, führt in Anzeigen über „125 Jahre Ingenieurleistungen" die wichtigsten Erfindungen von 1845 bis 1965 auf, eine stolze Bilanz, die auf die Bewußtseinslage der Zielgruppen nicht ohne Einfluß bleiben kann.

Seit der ersten Verwendung der Wortbildung *Krupp heute* in Anzeigen zur Hannover-Messe 1954 ist die Zeitbezeichnung „heute" immer wieder in allen Bereichen und in allen Formen der Werbung aufgetaucht. Dieses „spinn-off", das wir immer wieder in der Werbung beobachten können, hat dazu geführt, daß diese weltbekannte Unternehmung fast nur noch ihren Namen KRUPP mit dem Zeichen der Drei Ringe ohne weitere textliche Zusätze führt (28).

Eines der international bekanntesten Firmenzeichen, das auch aus Orts- und Tätigkeitsbezeichnungen gebildet worden ist, wurde mit 3 M Company (14) in den verschiedensten

Märkten in Europa eingeführt, und zwar mit einer, sogar für den Außenstehenden deutlich erkennbaren zielklaren Strategie.

Zusammenfassung:

Für die ideeliche Konzeption der Zeichenbildung sind die (heute mit einem Modewort bezeichneten) „Kreativen", d. h. die gedanklich-schöpferischen Gestalter verantwortlich; aber auch die Zeichen „M. A. N." und „3 M" lassen erkennen, daß die Marketingstrategie hier die letzten Entscheidungen zu treffen hatte. Es kommt oft weniger darauf an, nach welcher Konzeption eine Werbung begonnen wird, als darauf, was aus der Konzeption, für die die Entscheidung gefallen ist, dann gemacht wird. Einfache Zeichen wie IMI und ATA hatten, als sie vorgeschlagen wurden, nichts weiter für sich, als großartige Buchstabenkombinationen, die phonetisch und in ihrer Knappheit nicht zu übertreffen waren. Grafisch hatten sie den sehr seltenen Vorteil, daß sie als Matrize und als Patrize, als Form und Gegenform, gleich gut und deutlich lesbar sind. Daraus entstand durch eine zielbewußte Werbung das breite und tiefe Fundament einer eindeutigen Bewußtseinslage. Für die grafische Konzeption eröffnet sich hier ein weites Feld.

Das Markenbewußtsein für Firmen und Erzeugnisse ist nur nach dieser, in tausendfacher Erfahrung begründeten Strategie zu bilden und zu festigen.

12. Funktion der Schaffung von Präferenzen, mit dem Ziel der Alleinstellung

In der Zusammenfassung zu Funktion 8 (Markttransparenz) sind die in gleichartigen (bei vertikaler Konkurrenz auch ungleichartigen!) Märkten miteinander in Wettbewerb stehenden Werbungtreibenden mit den Mitgliedern eines Orchesters verglichen worden. Dieser Vergleich wurde abgelehnt, und er muß besonders unter der Forderung, die Werbung habe Präferenzen zu schaffen, abgelehnt werden. Die Wirtschaftswerbung kann nicht mit einem Orchester verglichen werden, denn sie ist ein Wettkampf, in dem nur einer der Erste und nur einer der Zweite usw. sein kann. Bei einer Wiederholung kann der Erste von einem anderen Wettkampf-Teilnehmer überrundet werden. Diese „Wiederholung" findet in der Wirtschaft laufend statt.

In den bisher als Beispiel erwähnten Anzeigen sind die drei Buchstaben IBM (23) (ob freistehend oder in ein Rechteck gesetzt) als ein entscheidendes Element dieser sehr aggressiv werbenden Unternehmung hervorgehoben worden, um im Markt der EDV-Anlagen als ein ausgesprochenes Element der Gestaltung bei den Zielpersonen oder -gruppen diese Bevorzugungen (Präferenzen) zu erreichen, wobei die Absicht mitschwingt, sich eine Alleinstellung im Markt zu sichern.

Das gleiche Ziel wird durch den Namen Rolls-Royce angesteuert, besonders aber gilt es hier, die Vorstellung, die im internationalen Automobilmarkt lebendig und wo für bestimmte Käuferklassen diese Alleinstellung bereits erreicht ist, nun auch auf andere Märkte zu übertragen. Anschließend an die Zeile, die immer wieder in Anzeigen zu finden ist, *„Jedermann weiß, daß Rolls-Royce ein weltbekanntes Automobil baut"* (43), folgen dann weitgehend abgewandelte Fragen wie:

> „Aber wußten Sie schon, daß Rolls-Royce das erste Strahlgetriebe-Fluggestell der Welt für den Senkrechtstart baute – die ‚Fliegende Bettstelle'?"
>
> „Aber wußten Sie schon, daß Rolls-Royce das leistungsstärkste Raketentriebwerk Europas herstellt?"
>
> „... daß Rolls-Royce an 20 Leichtflugzeugfabriken in aller Welt Kolbentriebwerke liefert?"

Ähnlich der Übertragung von Präferenzen von einem Markt auf einen anderen Markt, vollzieht sich der Prozeß der Zusammenfassung von mehreren Unternehmungen unter ein gemeinsames „Werbedach". Unter der Bezeichnung *„LUCAS Spezialisten in einer Welt der Technik"* (30) sind sechs weitere Unternehmungen zusammengefaßt; alle arbeiten in weitverzweigten Spezialgebieten. Die Führung in dieser Gruppe hat aber ein einzelner Name.

Eine gleiche Entwicklung vollzog sich in dem Rheinstahl-Konzern (42), der sein Firmenzeichen aus den wesentlichsten Konturen seines Messebaus in Hannover gestalten ließ, das dann auch für die Konzernwerke Hanomag, Henschel u. a. als zusammenfassende Klammer übernommen wurde.

Zusammenfassung:

Eine der wichtigsten Aufgaben der Wirtschaftswerbung im Wettbewerb für gleichartige Erzeugnisse liegt unstreitig in der Sicherung einer Alleinstellung in diesen Märkten als Voraussetzung dafür, daß die Wahl auf diese Erzeugnisse fällt, mindestens aber daß die Entscheidung so vorbereitet wird.

13. Funktion der Leistungs- und Qualitätsgarantie

Der Begründer der modernen Marktforschung, Charles Coolidge Parlin, dem auch die Deutsche Ausgabe des Buches von Donald M. Hobart „Praxis der Marktforschung" (Essen, 1952) gewidmet ist, hat einmal gesagt: „Die Welt ist zu beschäftigt, um auf die Jagd zu gehen, den besten Hersteller von Mausefallen zu finden." Diese Jagd aber wäre notwendig, wenn alle Erzeugnisse für den menschlichen und industriellen Bedarf anonym und wenn die Hersteller unbekannt wären. Die Wirtschaftswerbung unserer Zeit ist dadurch gekennzeichnet, daß sich die Hersteller mit ihrem Namen vor ihre Erzeugnisse stellen oder daß Firmen- und/oder Markennamen einen solchen Bekanntheitsgrad erreicht haben, daß Hinweise auf Namen und Domizil nicht mehr erforderlich sind.

Die Bezugnahme auf eine Patenterteilung könnte in der Vorstellung vieler Zielpersonen oder -gruppen die Vorstellung einer besonderen Garantie auslösen. *No. 196 521 „Was wurde aus dieser Patentnummer?"* (18). Es handelt sich um die

Nummer, unter der das Patent an Ernst Sachs erteilt wurde, für die Torpedo-Nabe, die Antrieb, Freilauf und Bremse in einem Mechanismus vereinigte. Bezugnahmen dieser Art sollten aber das unmittelbare Bekenntnis zur eigenen Leistung niemals ersetzen.

Man sollte sich aber hüten zu glauben, Firmen- und Markenzeichen hätten den Charakter von sog. Gütezeichen; das ist nicht der Fall.

Ein Satz aber wie „Ein Jahrhundert Chemie" (17) hat zwar schon den Charakter des Nachweises von Können und Erfahrung. Aber er hat nur die Zusatzbedeutung wie die schon erwähnten Sätze: „Im Vertrauen der Welt" (16) oder „Im Dienste des Lebens" (3). Solche Zusätze sind aber nicht anders zu bewerten als persönliche Aussagen; sie sollten nur werbemäßige Umrahmungen des klaren Bekenntnisses zur eigenen Leistung bleiben.

„Ein Tag wie jeder andere" wird an 15 verschiedenen Tageszeiten mit ebenso vielen Erzeugnissen geschildert, um mit dem Satz zu schließen: „75 Jahre Philips – 75 Jahre Vertrauen, Pionierarbeit in Forschung, Wissenschaft und Technik" (37).

Zusammenfassung:

Die Wirtschaftswerbung hat die Funktion, den Hersteller mit seinem Erzeugnis zu identifizieren; sein Name (oder auch sein Zeichen) in Verbindung mit dem Erzeugnis müssen als Gewähr dafür genommen werden können, daß dieser Name Leistungen und Qualitäten, die dargestellt werden, auch verbürgt. Die meisten der hier bereits unter anderen Aspekten angeführten Beispiele könnten auch hier die gleiche Funktion belegen.

14. Funktion der Herbeiführung von Entscheidungen

In einer Anzeigenserie für Erzeugnisse, die dem Interessenten ein Spezialwissen abverlangen, weil sie noch verhältnismäßig jung sind und weil ihre Wirtschaftlichkeit noch unbekannt oder weil sie nur auf besonders typische Fälle beschränkt sind, muß der Zielgruppe nahegelegt werden, auch zu einer Entscheidung zu kommen.

Eine Schlagzeile zur Einleitung einer Anzeigenserie mit dieser klaren Zielsetzung, in der Form eines Selbstgesprächs, kann diese Funktion kennzeichnen.

„Ich . . . einen Computer?

Ich gehöre doch gar nicht zu den Großen des Handels!" (41)
Nur in einer Anzeige, die von dem Entscheidungsberechtigten nicht zuviel an Zeit fordert, kann eine solche Überlegung aufgefangen und weitergesponnen werden.

In einen Markt einzudringen, der voll besetzt ist, scheint – wie viele Beispiele zeigen – oft unmöglich, mindestens aber sehr schwer zu sein. In dem weiten Bereich der künstlichen Beleuchtung haben wir seit der Erfindung der Glühlampen einen solchen „voll besetzten" Markt vor uns. Der unablässige Drang nach Fortschritt hat zu Weiterentwicklungen geführt; quasi als Nebenergebnis (spinn-off) der Forschungsarbeiten auf diesem Gebiet ist das Hartmetall auf Wolframkarbid-Basis erfunden worden.

In einen solchen Markt mit der „leistungsfähigsten Glühlampe... die jemals hergestellt" und „Wo Sie Ware ohne Wärme effektvoll beleuchten können" unter dem der Novität und dem Zweck entsprechenden Markennamen *Novalux* (20) einzudringen, setzt voraus, daß durch die Werbung erreicht wird, daß sich alle zur Entscheidung Berechtigten mit den dargelegten Vorteilen und Leistungen auseinandersetzen.

Für weite Bereiche der modernen industriellen Entwicklung, sei es im Bereich der Kunststoffe, der landwirtschaftlichen Produktivität, der modernen Energiegewinnung oder der Nachrichtenübertragung ist die Grunderfahrung oder das Grundwissen aus anderen Bereichen die Basis, aufkommende Probleme anzugreifen und zu meistern. Unter dem Satz *„Unsere Leistung ist dabei!"* (29) wird in einer groß geplanten, aber mit sehr überlegtem Aufwand durchgeführten Anzeigenwerbung solchen Gebieten der Forschung nahegelegt, doch sich dieser Erfahrungen zu bedienen.

Zusammenfassung:

Es ist wiederholt nachgewiesen worden, daß es (selbst bei kritisch einkaufenden Hausfrauen, die den Tagesbedarf eines Haushaltes zu beschaffen haben) nur sehr selten „Impulskäufe" gibt; bei Beschaffungen in Unternehmungen wirken in aller Regel mehrere an diesem Prozeß Beteiligte mit. Die Wirtschaftswerbung hat die Aufgabe, allen diesen Beteiligten die Entscheidung zu ermöglichen, und zusammen mit anderen Funktionen der Werbung liegt hier die Aufgabe, diese Entscheidung in der durch die Werbung bestimmten Richtung herbeizuführen.

15. Funktion der Absatz- und Verkaufserleichterungen

„Die Hausfrau unserer Tage bedient sich selbst – im Supermarkt oder zeitgemäß eingerichteten Lebensmittelgeschäft. Modern verpackt und übersichtlich angeordnet, bietet sich ihr die Ware an. ... Verbrauchsgüter automatisch und hygienisch abgefüllt. Die Hausfrau hat den Vorteil: sie sieht, was sie kauft. Markante Aufmachung erleichtert ihr die Auswahl." Diese Textstücke, aus einer Anzeige (17) entnommen, kennzeichnen eine Entwicklung, die in den USA schon in den Jahren nach 1935 einsetzte, die aber nach Europa erst nach dem Zweiten Weltkrieg übergriff: Das Aufkommen der modernen Selbstbedienungsläden und die immer stärkere Mechanisierung der modernen Warendistribution. Ohne die Leistungen der Verpackungsmaschinenindustrie und der Verpackungsmittelindustrie wäre diese Entwicklung einfach undenkbar.

Einer der größten Hersteller von Verpackungsfolien faßt seine weitgestreuten Anzeigenserien in *„Folien-Tips"* (27) zusammen. Als Verpackungsgut werden darin behandelt: Süßwaren aller Art, Lebensmittel, Wäsche, Flüssigkeiten wie Milch oder Wasser, Pasten usw. Dieser Hersteller hat den Werbeslogan für seinen Folien-Markennamen „Cellophan" als überzeugende Charakterisierung der wesentlichsten Eigenschaften dieses Werkstoffes formuliert: „... zeigt was es schützt und schützt was es zeigt." Durch diese modernen technischen Entwicklungen sind die revolutionierenden Auswirkungen auf die gesamte Warendistribution erst möglich geworden.

Die verschiedensten Arten von Kunststoffen haben dann auch zu maßgerechten und bruchsicheren Einzelpackungen geführt, die in hohem Maße kostensparend sind. In einer Anzeige über „elastische Schaumstoffe" heißt es: „Konventionelle Verpackungsmaterialien haben oft erhebliche Lohnkosten zur Folge. Mit Moltopren lassen sich viele Kosten einsparen" (16).

Hier werden durch den Werbungstreibenden wichtige Eigenschaften hervorgehoben, die echte Erleichterungen in Verkaufsgesprächen sind.

Zusammenfassung:

In der Systematik absatzwirtschaftlicher Planungen muß gerade dieser Funktion der Werbung besondere Aufmerksamkeit gewidmet werden. Dazu dient eine Sammlung von Anzeigen als „Tips" für den Verkäufer als ein Mittel, die einmal zusammengestellten Argumente immer wieder zu überprüfen, zu vertiefen und weiterzuentwickeln. Durch eine solche Zusammenarbeit im gesamten Marketing-Team ist eine optimale Gesamtleistung anzustreben.

16. Funktion der Gewinnung von sonst nicht erreichbaren Entscheidungsberechtigten

Eine neue „Generation" von EDV-Anlagen wird folgendermaßen angekündigt, und auf dieser Ankündigung bauen sich die weiteren Anzeigen einer großen Serie auf: Elektronenanlagen müssen programmiert werden. Der Programmierungsaufwand wird heute in Mann-Jahren gemessen. Maschinenoperationen in Milliardstel-Sekunden. ... Die neue Generation in der NCR-315-Familie verfügt über einen Dünnschichtspeicher mit 40 000 bis 160 000 alphanum. Stellen als Arbeitsspeicher im Bereich der Milliardstel-(nano-)Sekunden. Damit steigert NCR erneut die Wirtschaftlichkeit der elektronischen Datenverarbeitung (35). Welcher Manager würde sich, wenn er die nicht einmal aufwendig gestaltete Anzeige gelesen hat, enthalten, die angebotenen weiteren Informationen anzufordern?

Die schon wiederholt als Beispiel erwähnte IBM (23) stellt die Frage: Was machen ein Biochemiker, ein Stadtplaner, ein Forstmeister bei IBM? Die Bezugnahmen in diesem Anzeigentext könnten genau so gut anders lauten (vgl. das Beispiel Siemens in Funktion 7), aber die Antworten zielen genau auf diejenigen, die in ihren Entscheidungsüberlegungen noch unentschlossen sind, weil die bisherigen Marketing-„Vehicles" sie einfach noch nicht erreicht haben: „Sie beraten Biochemiker, Stadtplaner, Forstmeister, die sich überlegen, ob sie mit IBM-Computern nicht besser arbeiten könnten, aber die noch zu wenig von Computern verstehen."

Eine weitere, ausgezeichnet formulierte und aufmerksamkeitswirksame Schlagzeile *Unser Ziel: Die vollkommene Oberfläche* (22) spricht einen großen Kreis von Verwendungsbereichen an, die alle an „vollkommenen" Oberflächen interessiert sind: Fahrzeugbauer, Schiffsbauer, Flugzeugbauer, Handwerker und Architekten für Hochbauten und deren Einrichtungen, metallverarbeitende Betriebe, – die Erweiterung der Anwendungsmöglichkeiten ist groß. In jedem einzelnen Bereich sind tausende von Kräften mit Problemen beschäftigt, ohne daß sie auf die hier angebotene Erfahrungssubstanz aufmerksam gemacht worden wären. Diese potentiellen Interessenten gilt es zu erreichen und zu gewinnen.

Zusammenfassung:

„Gewinnung" bedeutet auch hier: durch sachliche Unterrichtung überzeugen. Hierzu ist die Erweckung von Aufmerksamkeit sicher nötig; hierzu ist es auch nötig, dieses Interesse umzusetzen und die jetzt sichtbar gewordene Informationsquelle zu erschließen. Die in solchen Anzeigen vielfach mitgedruckten „Coupons" sind dazu bestimmt, diese Umsetzung von Interesse zu erleichtern; besonders dann, wenn es dazu noch heißt, daß Anfragen nach zusätzlichen Informationen beantwortet werden, wenn sie auf Firmenbogen gestellt werden.

17. Funktion der Rationalisierung in Produktion und Vertrieb

Die Werbung ist eines der bedeutendsten Medien bei der Verarbeitung von Kenntnis und Wissen; die Wirtschaftswerbung ist eines der bedeutendsten Medien der Verbreitung von wirtschaftlichem Wissen und Tatsachenkenntnis. Der in der amerikanischen Fachsprache so geläufige Begriff „to disseminate" hat bei uns noch nicht Eingang gefunden; hierdurch wird der Prozeß des „Verbreitens" besser charakterisiert als durch den Begriff der „Diffusion", der einen Tatbestand umschreibt.

In einer Anzeigenserie über Gabel- oder Hubstabler (8) wird jeder Manager auf Rationalisierungsmöglichkeiten durch Bild und Wort hingewiesen: Das Bild illustriert die örtliche Situation durch die eindeutige Kennzeichnung der Behauptung: Hier fehlt ein Clark und die Beweisführung wird abgeschlossen mit der stets gleichlautenden Feststellung: Dieser Stapler leistet mehr.

Kaum ein Bereich der Erzeugung von Nahrungsmitteln (wie die Landwirtschaft mit ihren Hühnerhöfen) hatte bis zur Schaffung von bruchsicheren Packungen so unüberwindlich scheinende Verpackungssorgen. Ob es sich heute um Packungen aus Zellstoff oder aus Schaumstoffen handelt, für viele

Produktionsbereiche sind unlöslich erscheinende Schwierigkeiten durch chemo-technische Entwicklungen jetzt beseitigt worden.

Nicht nur die Büromaschinen-Industrie, sondern auch die Büro-Möbelindustrie hat entscheidend dazu beigetragen, durch ihre Werbung über ein systematisches Umdenken anzuregen und zu Rationalisierungen beizutragen. Eine Anzeigenserie „Geplante Ordnung im Büro" (39) schildert die Summe von Erfahrungen aus einer systematischen Analyse der Erfahrungen der eigenen Abnehmer.

Mit dieser Funktion, die auf den eigenen Betrieb zielt und die durch die Erreichung größerer Serien (vgl. Funktion 6) für viele Entscheidungen die Voraussetzungen zu schaffen hat, soll die nächste Funktion zusammengefaßt werden.

18. Funktion der Hilfe für Dritte im Vertrieb

Wenn die Bemühungen nur auf den eigenen Unternehmungsbereich ausgerichtet sind, dann haben sie eine geringere Resonanzwirkung, als wenn sie in der Gestaltung der Erzeugnisse auch die natürlichen Interessen der Abnehmer berücksichtigen. Das Denken vom Markte her ist jene Art von absatzwirtschaftlichem oder von Marketing-Denken, aus dem eine allseitige Befruchtung kommt.

Bruchsichere Verpackungen für Eier zu liefern bekam erst einen Sinn, als man sich nicht mehr den Eier-Korb der Bäuerin für 1 Schock (60 Stück) zum Vorbild nahm, sondern die Bedarfsvorstellungen eines normalen Haushalts und als man bruchsichere Verpackungen für 6 oder 12 Stück auf den Markt brachte.

Nur die Integration der eigenen Produktionsanforderungen mit den Bedarfsvorstellungen der Abnehmer kann zu optimalen Lösungen führen. Die Verpackungsmittelindustrie und deren Zulieferer für Verpackungsmaterialien gibt infolge der weiten Verzweigungen in alle Wirtschaftsbereiche hinein einleuchtende Beispiele.

In den Anzeigen für Moltopren-Verpackungen (16) erscheinen immer wieder verpackte Erzeugnisse anderer Hersteller: Werkzeuge, Mikrofone, Erzeugnisse der Elektro-, Porzellan- oder Spielwarenindustrie, oder der optischen und feinmechanischen Industrie. Den gleichen Reigen finden wir in den Anzeigen der Chemischen Werke Hüls AG. Hier läuft diese Serie von Informationen unter dem Satz: „Wo, wie, wann auch immer: Hilfe von Hüls" (7), wobei das Wort „hüls" mit unterlegtem Balken auch als Wortzeichen ausgebildet ist.

Zusammenfassung:

Durch die Beispiele für die Funktionen 17 und 18, die beide sehr eng mit einander verwandt sind, wird nachgewiesen, daß Marketing-Denken bedeutet: In die eigenen Produktionsplanungen in erster Linie die Bedarfsvorstellung des präsumptiven Verbrauchers oder Verwenders mit einzubeziehen.

19. Funktion der Verbrauchs- und Umsatzsteigerungen

Diese Marketing-Funktion wird in der Regel als die wichtigste bezeichnet. Gewiß ist sie wichtig; aber an den bisher in dieser Studie dargestellten Beispielen ist zu erkennen, daß diese Funktion oft nur eine Folge davon ist, daß die bisher erwähnten Marketing-Aufgaben richtig gelöst worden sind. Aber auch dann kommen Umsatz- und Verbrauchssteigerungen nicht von selbst. Im Marketing des modernen Wettbewerbs fällt niemand etwas mühelos in den Schoß!

Hier sei noch einmal wiederholt, was bereits in anderem Zusammenhang mitgeteilt worden ist: Der Umsatzanteil der Farbenfabriken Bayer der erstmalig nach 1948 hergestellten Produkte erhöhte sich im Geschäftsjahr 1965 auf 59,7 %; die im Laufe der voraufgegangenen 10 Jahre neu hinzugekommenen Produkte erbrachten allein 33 % des Umsatzes.

Zusammenfassung:

Hier soll nur noch einmal betont werden, daß die Orientierung jeder für den Markt bestimmten Produktion vom Markt her zu suchen ist. Das bezieht sich natürlich nicht auf Entwicklungs- und Forschungsarbeiten, wenn auch hierbei der Markt niemals aus dem Auge gelassen werden sollte.

20. Funktion der Verbindung von Generationen

Das, worauf es bei dieser Aufgabenstellung für die Wirtschaftswerbung ankommt, ist aus einer Anzeigenserie für das „Metall des Fortschritts", für *Alcan Aluminium* (1) zu erkennen. In dieser Serie werden Gesprächssituationen dargestellt, die alle mit der gleichen Schlagzeile charakterisiert sind: „Diese Männer kennen sich seit 36 Jahren." Es wurden dargestellt: ein Unternehmer, der technische Leiter, der Einkaufschef usw. einzelner Firmen.

Wenn hiernach der „Fachberater" von Alcan nach seinem Ingenieur- oder gar Hochschulstudium mit 25 Jahren bei Alcan eingetreten ist, dann steht er unmittelbar vor seiner Überführung in den Ruhestand. Es ist aber auch anzunehmen, daß in diesen 36 Jahren auf den verschiedenen Posten ein Wechsel in der Besetzung eingetreten ist. Alcan aber und die Kunden von Alcan sind nicht „in den Ruhestand" zu versetzen; auch in ihnen wechseln die Menschen. Der Alcan-Werbung ist also die Aufgabe gestellt, diesen Wechsel der Generationen zu überbrücken; sie hat die Generationen zu verbinden.

Mit einem neuartigen Bauelement, wie der keramischen Spaltplatte (2) müssen junge und alte Baufachleute vertraut gemacht werden; dieser Informationsprozeß könnte bei den älteren Bauhandwerkern schwieriger sein als bei den jüngeren, von einer Handwerkstradition nicht beschwerten Menschen.

Zusammenfassung:

Die heranwachsende Tochter, die der Mutter in der Küche hilft, muß eines Tages mit dem Waschmittel, mit dem Bratenfett, mit den unterschiedlichsten Stoffarten und Textilqualitäten bekannt gemacht werden, die der Mutter ausreichend bekannt sind. Das muß auch in einer Sprache geschehen, die den jeweiligen Zeiterfordernissen entspricht.

Die gleichen Aufgaben für die Werbung stellen sich, wie aus vielen der herangezogenen Beispiele hervorgeht, bei Büromaschinen, bei neuen Werkstoffen oder bei Nahrungsmitteln. In der Nahrungs- und Genußmittelindustrie haben wir gerade für diesen Zweck viele sehr überlegt ausgebildete „vehicles", angefangen von den Warenkunden bis zu Rezeptsammlungen, die heute auch nicht mehr im Stil der Jahrhundertwende geschrieben sein können.

21. Funktion der Stiftung von Nutzen für die Verbraucher

Die Werbungtreibenden sollten von dem Satz ausgehen, daß jede Werbung dem Verbraucher oder Verwender irgendeinen Nutzen bringen muß, da sich sonst der erhoffte Wirkungseffekt in sein Gegenteil verkehren wird. Ein solcher „Nutzen" läßt sich auch einfach als „Vorteil" ausdrücken, wie das in einer der vielen Automobilanzeigen geschieht: *Ford Transit-Vorteile (Oder: Ein Dutzend guter Gründe, die Ihren Gewinn bestimmen)* (19). In dieser Anzeige werden 12 Vorteile illustriert und ausführlich begründet. Die Darlegungen des Werbungtreibenden sind so zu formulieren, daß sie auch von der Zielperson akzeptiert werden.

Die Olympia Werke AG versuchen in einer großen Anzeigenserie ihre Büro- und Buchungsmaschinen zu charakterisieren: *„Sie können natürlich weiter mit der Hand buchen – rationeller arbeiten moderne Automaten"* (36), um dann in einer in Klammern gesetzten Zeile zu sagen: *(Wir denken dabei an das Olympia-Buchungssystem).*

Nach einzelnen Anwendungs- und Verarbeitungsbereichen gegliedert, spricht die Glanzstoff AG (47) für ihre Chemiefasern bestimmte und irgendwie miteinander verwandte Verwendungsgebiete an:

Technische Garne von Glanzstoff für

- Planen, Förderbänder, Kohlensäcke, Hängespinde, Schutzbekleidung
- LKW-Reifen, Feuerlöschschläuche, Keilriemen
- Luftgetragene Hallen, Abwurfbehälter, Tarnnetze usw.

Diese Verwendungszwecke werden durch Text-Komprimate wie „Im Fortschritt vorn“ oder „Chemiefasern für eine wachsende Welt“ noch unterstrichen.

Die Vorteile und der Nutzen z. B. für Ausrüstungsgegenstände, wie Autos, Büromaschinen oder für Werkstoffe, sind mit anderen Argumenten nachzuweisen als die Vorteile für einfache Verbrauchsgüter.

Eine Feinpapierfabrik diskutiert diese Überlegungen mit den „Pfennigfuchsern“, den „Milchmädchenrechnern“ und den „Sparkommissaren aus der 1. Hälfte des 19. Jahrhunderts“, um dann den Vergleich zu heute wie folgt zu ziehen: „Jeder fertige Brief kostet 5 Mark. Davon entfallen auf ein gutes Markenbriefpapier ca. 0,4 %. Also etwa 2 Pfennige. Kluge Unternehmen zahlen gern diese zwei Pfennige für ein verläßliches Markenpapier“ (48).

Zusammenfassung:

Nachweisungen von Nutzen müssen jeweils nach den Überlegungen angestellt werden, die der Benutzer der Sache selbst anstellt. Es gibt keinen Nutzen, der für alle gleich wäre. Diese unterschiedlichen Nutzensvorstellungen richtig zu deuten, sie richtig und sinnfällig nachzuweisen und sie glaubwürdig zu machen, das ist die Aufgabe, die sich aus dieser Funktion (21) ergibt.

22. Funktion der Gewinnung von Vertrauen in den Werbungtreibenden

Mit dieser Bezeichnung ist keine Public Relations-Funktion gemeint, sondern es geht um die Aufgabe, Vertrauen zu gewinnen in die wirtschaftliche, leistungsmäßige und nach rein ökonomischen Maßstäben bestimmbare Zuverlässigkeit des Werbungtreibenden.

Wir lesen in sehr vielen Äußerungen von Unternehmungen, daß sie sich durch einen großen Forschungsaufwand um die Sicherheit und zukünftige Entwicklung bemühen. Selten aber ist diese Bemühung so deutlich gemacht worden, wie in einer Anzeigenserie der BASF (3), die die nachstehenden Schlagzeilen durch sinnfällige Beispiele erläuterte:

Formeln schaffen ein neues Zeitalter
Formeln helfen der Medizin
Formeln machen Mode
Formeln sichern unser tägliches Brot
Formeln zaubern Behaglichkeit
Formeln schützen das gesunde Wachstum

Dann mündet diese Serie aus in eine weitere Anzeigenfolge, die auf spezielle Forschungsaufgaben hinweist:

Forschung – damit wir in einer farbigen Welt leben
Forschung – damit unser Wohlstand steigt
Forschung – damit wir morgen satt werden
Forschung – damit wir Zerbrechliches schützen können
Forschung – damit gesunde Pflanzen wachsen

In diesem Zusammenhang soll ein Beispiel ohne deutlich sichtbaren kommerziellen Hintergrund erwähnt werden, das sich an diejenigen richtet, die vielleicht einmal Mitarbeiter werden könnten; ihnen wird aber darum die wirtschaftliche Potenz der werbungtreibenden Unternehmung vor Augen geführt:

Viele Unternehmen haben
ein gutes Ausbildungsprogramm.

Bei uns lernt man in großer Breite,
was Chemie und Technik
der Chemiefasern sind.
Viele Unternehmen bilden Mitarbeiter aus.
Bei uns ist es ein Programm. (47)

In keiner dieser Anzeigen ist eine offene oder versteckte Aufforderung enthalten, interessierte Leser möchten sich bewerben.

Zusammenfassung:

In dem Göschen Band 1233 (S. 126 ff.) sind einige Unterschiede zwischen Wirtschaftswerbung und Public Relations dargelegt worden. Hier ist nur zu sagen, daß die kritische Grenze zwischen beiden Wirkungsbereichen der Werbung der Abstand ist, bis zu dem sich solche Argumentationen und Äußerungen rein ökonomischen Zwecksetzungen nähern. Es ist eine der wichtigsten Funktionen der Wirtschaftswerbung, für den Werbungtreibenden ein möglichst großes Maß von Vertrauen zu gewinnen.

23. Funktion der Aneiferung für die ganze Unternehmung

Die gerade erörterte Funktion (22), die der Gewinnung von Vertrauen zu dienen hat, kann – wenn auch im wesentlichen nach außen gerichtet – echte Wirkungen nach innen nicht ausschließen, wie das Beispiel Glanzstoff zeigt.

Auch in einer großangelegten Anzeigenserie der Persil-Werke, die ganz bewußt nach innen gerichtet ist, wird niemand aufgefordert, sich zu bewerben. Dennoch wird die weite Verzweigung von Unternehmungs-Interessen deutlich hervorgehoben:

Kosmetikerin und Bauingenieur – bei Henkel sind Kollegen. Der Arbeitsplatz dieser beiden Henkel-Chemiker liegt 22 Flugstunden von Düsseldorf entfernt.

Wie kommt es, daß bei Henkel von 328 Lehrlingen 143 acht verschiedene Berufe lernen, die nichts mit Waschmitteln zu tun haben? (21)

Andere Überschriften in diesen Anzeigen sind noch länger, sie haben einen nahezu feuilletonistischen Charakter; die Texte selbst aber geben in der zusammenhängenden Folge dieser Anzeigenreihe ein klares und umfassend gezeichnetes Bild dieser Unternehmung. Dadurch sind sie für die ganze Belegschaft ein Ansporn.

Zusammenfassung:

Die heutigen „Stellenanzeigen" in den Tageszeitungen haben sich unter dem Einfluß der funktionalen Analyse der Werbe-Äußerungen in einer ähnlichen Richtung entwickelt. Die Unternehmung ist ein sich zwar wandelnder, aber dennoch ein fester Hort und Halt in der Flucht der Erscheinungen! Das ist vielleicht etwas überschwenglich formuliert, zeigt aber, worauf es bei dieser Funktion der Werbung ankommt.

24. Funktion der Sicherung der Unternehmung

Mitteilungen wie *100 Jahre BASF* (3), *150 Jahre Krupp* (28), *Borsig 130 Jahre alt, aber immer fortschrittlich und lebendig geblieben* (4) *11 Jahre Erfahrung stehen hinter diesem Geschäftsflugzeug* (5) finden wir immer wieder in Anzeigen aller Art. Bei einer so hochtechnischen Ankündigung, wie im Angebot von „Geschäftsflugzeugen" sind auch 11 Jahre der Erfahrung Anlaß genug, sich darauf zu berufen.

Die „sichernde" Wirkung der Werbung, auch in Zeiten der Rezession oder der Krise, ist an vielen Beispielen nachgewiesen worden (vgl. WW Seite 250 f.), aber es geht nicht nur um Werbung schlechthin, sondern diese Form der Werbung muß in ihrer Konzeption auf die Zukunft gerichtet sein. Die bloße Berufung auf eine noch so alte Tradition hat keine Bedeutung mehr. *„Unsere Konzeption: Fortschritt und Sicherheit"* (18), die so überschriebene Anzeige, die vom Vorsitzenden des Vorstandes der Fichtel & Sachs AG namentlich gezeichnet ist, beginnt mit dem Satz: *„Drei Generationen Sachs prägten diesen Begriff, der seit sieben Jahrzehnten modern ist."* Eine solche Konzeption, wenn sie durch echte technische Leistungen bestätigt wird, weist in die Zukunft.

Zusammenfassung:

In dieser Ausrichtung auf die Zukunft gewinnt die Wirtschaftswerbung einen sehr hohen Grad an volkswirtschaftlicher Bedeutung. Diese allgemeinen Interessen mit Anlässen wie Jubiläen oder besonderen Leistungen zu verknüpfen ist eine der interessantesten Aufgaben bei der Gestaltung der Werbung überhaupt.

25. Funktion der Auslese durch Auseinandersetzungen mit dem Wettbewerb

Die Auslese- und Selektions-Funktion der Wirtschaftswerbung (und nicht nur dieser!) ist durch viele Beispiele deutlich geworden. Daß dieser Wettbewerb auch Formen des echten (Konkurrenz-)Kampfes annehmen kann, ist allein aus bestimmten Gesetzes-Vorschriften (UWG) zu erkennen.

Aber auch ein gezielt geführter, unerbittlich gesteuerter und mit weiten Zielsetzungen angelegter Wettbewerb kann sich noch in durchaus vertretbaren Bahnen abspielen.

Aus einer reinen Textanzeige voll von scharf formulierten Argumenten, seien einige Zeilen herausgehoben:

„Unser Rat an Sie als Unternehmer oder leitender Mitarbeiter vor dem Einsatz eines Computers ist anders." (Nach dieser Überschrift, in der die Worte „Unternehmer" und „leitender Mitarbeiter" besonders hervorgehoben sind, folgen 5 Absätze mit ausführlichen Begründungen. Dann

folgt eine Zwischenzeile, im gleichen Schriftgrad der Überschrift, der sich dann die Begründung anschließt.)

„Warum ist unser Rat anders?"

Weil General Electric als einer der größten Benutzer von Computern in der Welt auf den verschiedensten Anwendungsgebieten (ca. 200 elektronische Computer mehrerer Hersteller) die Sorgen der Benutzer aus eigener Erfahrung kennt – sogar sehr gut.

Weil General Electric deshalb Forschung und Entwicklung darauf abgestellt hat und seinen Kunden überall in der Welt Beratung aus Erfahrung bietet."

„Darum ist unser Rat anders!" (6)

Wenn auch nicht so zugespitzt, aber in der Sache doch genau so ernst und eindringlich, argumentiert eine Anzeigenserie einer Weltunternehmung wie folgt:

„Es gibt in Deutschland ältere Unternehmen in der Herstellung von Chemiefasern jedoch hat keins so lange Erfahrung wie wir."

„Es gibt in Deutschland Unternehmen mit mehr Fabriken. Aber keins beschäftigt so viele Werke mit der Chemiefaser-Produktion." (47)

Diese Anzeigen der Glanzstoff AG werden dann noch durch textliche Betonungen gekennzeichnet: „Im Fortschritt vorn" oder „Chemiefasern für eine wachsende Welt".

Zusammenfassung:

Der Gestalter von Äußerungen der Wirtschaftswerbung muß für die Grenzen des Wettbewerbs ein echtes Gespür haben. Daß er die geltenden Gesetze kennen muß, versteht sich von selbst; aber er muß genau wissen, wo er seine Argumente, die auf fundierten Tatsachen beruhen müssen, anzusetzen hat, und in welche Richtung sie zu lenken sind. Der Wettbewerb ist - von allen Beteiligten – auf das gleiche Ziel gerichtet, – dieses Ziel kann aber nur einer erreichen. Über diese Ausgangsposition darf kein Zweifel aufkommen.

26. Funktion der Auswirkungen eigener Initiative auch für den Wettbewerb

Schon seit Karl Knies wissen wir, daß die Wirtschaftswerbung eine „öffentliche Nachricht" ist, daß sich der wirtschaftliche Wettbewerb „wie auf öffentlichem, von allen gleichzeitig beaufsichtigtem Markte vor sich geht", und daß die Beteiligten „die Gunst des gesuchten Publikums auf offenem Streitfelde" zu gewinnen erhoffen.

Ein typisches Beispiel für diesen Wettbewerb, aus dem jeder Beteiligte von dem anderen erfährt, woran er arbeitet, oder zu dem die Beteiligten von dritter Seite aufgerufen worden sind, ist die Anzeige der Farbwerke Hoechst AG (17), die im Wortlaut im Göschen Band 1233 (Seite 92) abgedruckt ist, in der es heißt: „Als vor jetzt 20 Jahren die Katastrophe in Michigans Seen begann, wandte sich die amerikanische Regierung an die großen Chemie-Werke der Welt. Hoechster Forscher entwickelten ‚Lamprezid', das Mittel, das den Parasiten vernichtet, dem Fischbestand aber nicht schadet."

Hier sind die Wettbewerber aufgerufen worden; in anderen Phasen des Konkurrenzkampfes werden sie in anderer Form dadurch aufmerksam gemacht, daß in den Anzeigen ausführlich Referenz-Namen genannt werden, durch die alle Wettbewerber erfahren, wie diese als Referenz genannten Firmen bestimmte Lösungen gefunden haben. Werbung ist eben „öffentliche Nachricht"!

So war eine großzügige Werbung für Chemiewerkstoffe (16) angelegt: Zu den deutlich kenntlich gemachten Namen der einzelnen Werkstoffe wurden dann Hinweise wie folgt gegeben:

NOVODUR – AEG und Agfa wählten für ihre ... Probleme ... Novodur.

MAKROLON – In Aachen und Mönchengladbach regeln Ampeln aus Makrolon ...

PERBUNAN – Continental Hannover hat das Dach seines neuen Bürogebäudes ...
MOLTOPREN – Warum lösen Olympia und Osram Verpackungsprobleme mit
SILOPREN – Bosch verwendet Silopren als ...
DURETHAN – ... Gehäuse aus Durethan. Das sagen AEG, Metabo und Skil. Warum?

Durch Anzeigen dieser Art werden nicht nur die AEG und Agfa, Olympia und Osram (die vielleicht gleichartige Probleme haben) untereinander aufmerksam gemacht, es werden auch die Konkurrenten dieser Unternehmungen durch diese „öffentliche Nachricht" von Lösungsmöglichkeiten unterrichtet.

Zusammenfassung:

Aus der Situation des wirtschaftlichen Wettbewerbs lassen sich für die Wirtschaftswerbung, in vielen Bereichen der Wirtschaft, immer neue Anregungen gewinnen. Es wäre falsch, wenn hier eine Geheimniskrämerei Platz griffe; die besten gestalterischen Impulse kommen aus dem Wettbewerb selbst, in dem die Werbung ein förderndes Ferment ist.

Exkurs zu den Marketing-Funktionen der Werbung[1]

Durch die große Zahl der erläuternden Beispiele ist belegt worden, daß die Wirtschaftswerbung *eine Vielzahl von Aufgaben (Funktionen)* zu lösen hat. Zurückgehend auf die Darlegung in „Wesen und Formen der Werbung" (1954, Seite 63 ff.) heißt es in „Wirtschaftswerbung" (1963, Seite 141 ff.) „daß das Phänomen der Werbung aufgefaßt werden kann als die Aufgaben, die der Werbung gesetzt sind." Auch Nieschlag und seine Co-Autoren halten sich „an ein Funktionsschema, ... das das Wesen der Funktion mehr im Sinne von Aufgabe deutet" (a. a. O. Seite 32).

Die Erörterungen über die Funktionen der Werbung sind, wie aus den Quellen hervorgeht, die Nieschlag anzieht, schon

[1] Vgl. hierzu auch das Schlußkapitel L.

viel älteren Datums. Oberparleiter hat in seinem Buch [114] unter den (sechs) Funktionen des Warenhandels „Die Werbefunktion“ aufgeführt. In der damaligen, heute aber weitgehend überholten betriebswirtschaftlichen Terminologie ließ sich noch von „einer“ Funktion der Werbung innerhalb des Warenhandels sprechen, obwohl Oberparleiter selbst bereits verschiedene Funktionen der Werbung anspricht („die Werbetätigkeit will Bedürfnisse hervorrufen“ /a. a. O. S. 71/) oder „stets handelt es sich darum, zunächst einen Widerstand bisheriger Gewohnheit oder wenigstens den Zustand der Gleichgültigkeit zu brechen, Aufmerksamkeit zu erregen, Interesse zu wecken, Wünsche auszulösen, diese schließlich zum Willen zu festigen und damit zum Kaufe zu führen (a. a. O. S. 75)“.

Nicholas Kaldor[1], [81] in seinem Essay „The Economic Aspects of Advertising“, unterscheidet nur 2 Funktionen der Werbung: (1) The Direct Functions of Advertising und (2) the Indirect Effects of Advertising. Erich Streissler [134], der auf Kaldor nachdrücklich hinweist, erläutert diese (1) „Informationsfunktion“ und (2) „die Appelle an das Irrationale, ja der Irreführung und Täuschung“, und in diesem Zusammenhang steht bei Streissler der Satz: „Die Werbung hat zwei Funktionen, eine gute und eine schlechte (a. a. O. S. 102).“

Bei dieser Auslegung aber kann „Funktion“ nur als Betätigungsweise und nicht als „Aufgabe“ aufgefaßt werden. Die „‚Aspects‘ of Advertising“ müssen hier eigentlich mit „Wirkungen, Konsequenzen, Folgen, Einflüssen usw. der Werbung“ übersetzt werden. Aber auch dann sind mehr als zwei Folgeerscheinungen festzustellen.

Wir haben es nicht mit nur einer oder mit „der“ Werbefunktion oder mit nur zwei Funktionen der Werbung, sondern wir haben es mit einer *Vielzahl von Funktionen der Werbung* zu tun. Hier soll daher, die bei den Beispielen schon deutlich sichtbar gewordene *Verknüpfung dieser Vielzahl der Funk-*

[1] Literaturangaben zu diesem Exkurs in Kapitel L. „Die Wirtschaftswerbung in den Systemen der Volkswirtschaftslehre und der Betriebswirtschaftslehre.“

tionen der Werbung untereinander noch einmal zusammengefaßt werden.

(1) Zunächst ist festzustellen, daß zahlreiche Einzelfunktionen manches miteinander gemeinsam haben.

(2) Einzelne Funktionen, wenn sie als Aufgabe realisiert werden, lösen im Zusammenwirken mit anderen Funktionen ganze Kettenreaktionen aus.

(3) In einer Funktion können mehrere miteinander verwandte Aufgaben zusammengefaßt werden.

(4) Die Marketing-Funktionen der Werbung haben eine unabdingbare Gesamtausrichtung auf die Interessen der Zielgruppen (oder -personen) zu behalten.

(5) Das System der Marketing-Funktionen macht besonders deutlich, daß immer eine Vielzahl absatzwirtschaftlicher Aufgaben um den ersten Platz in der Rangordnung kämpfen.

(6) In bestimmten Marktsituationen kann eine einzelne Funktion zwar zeitweilig den alle Entscheidungen bestimmenden Vorrang haben, aber die Verkettung mit anderen, dann vielleicht nur latenten Aufgaben oder Funktionen ist trotzdem stets im Auge zu behalten.

(7) Die Marketing-Funktionen der Werbung sind darum innerlich mit einander durch die Forderung verbunden, daß alle Planungen einer Unternehmung (angefangen von der Produktplanung bis zum – logistischen – Vertrieb) einzig und allein auf die Bedarfsvorstellungen der Abnehmer/Kunden/Verbraucher/Benutzer ausgerichtet sein müssen. Beide Interessensphären müssen zu einer optimalen Integration gebracht werden.

Das Gesamtschema der Funktionen, so, wie es bis jetzt konzipiert wurde, wird sicher in Zukunft noch erweitert, zusammengefaßt oder mit besser interpretierenden Beispielen belegt werden.

E. Die Mittel der Wirtschaftswerbung

Dieses Kapitel über die Mittel der Wirtschaftswerbung kann nicht besser eingeleitet werden als durch jene Schilderung, die uns schon in den Tagen der Schule bekannt wurde. Kein Geringerer als Johann Wolfgang Goethe erinnert in „Wilhelm Meisters Wanderjahre" (3. Buch, 9. Kapitel) daran, daß ein Handwerker damals gezwungen war, sich außerhalb des Lehr- und Elternhauses fremde Geschicklichkeit anzueignen, und daß er, bis ihm dies gelungen war, in der Fremde zu bleiben hatte. Dann lesen wir:

> „Häufiger aber begegnen wir auf unseren Wegen Marktenden und Handelnden; ein kleiner Krämer sogar darf nicht versäumen, von Zeit zu Zeit seine Bude zu verlassen, Messen und Märkte zu besuchen, um sich dem Großhändler zu nähern und seinen kleinen Vorteil am Beispiel, an der Teilnahme des Grenzenlosen zu steigern. Aber noch unruhiger durchkreuzt sich einzeln, zu Pferde auf allen Haupt- und Nebenstraßen die Menge derer, die auf unseren Beutel auch gegen unser Wollen Anspruch zu machen beflissen sind. Muster aller Art und Preisverzeichnisse verfolgen uns in Stadt- und Landhäusern und wohin wir uns auch flüchten mögen, geschäftig überraschen sie uns, Gelegenheit bietend, welche selbst aufzusuchen niemand in den Sinn gekommen wäre."

Diese Beschreibung von Tatsachen und Umweltsituationen jener Zeit stimmt mit der Dynamik im Kauf und Verkauf unserer Tage voll und ganz überein. Die Mittel der Werbung werden nur erwähnt, um das Spiel der Kräfte von Angebot und Nachfrage deutlich zu machen.

Wie schon von Hans Weidenmüller hervorgehoben (Göschen Band 1231, Seite 34 ff.), hat die systematische Analyse der Werbung in der Vergangenheit darunter gelitten, daß sich fast alle Darstellungen ausschließlich mit den Mitteln der

Werbung beschäftigten[1]. Es muß auch gesagt werden, daß die meisten Publikationen jener Zeit nichts anderes sind als Rezeptbücher oder Verfahrensanweisungen[2].

Heute aber leidet die systematische Analyse der Werbung darunter, daß viele Begriffe, die bis jetzt in der Diskussion noch eindeutig und festgefügt erschienen, sehr schwankend geworden sind; sie werden untereinander als gleichsinnig ausgetauscht und sie werden benutzt, ohne auf den veränderten Bedeutungsinhalt hinzuweisen. In der deutschen Ausgabe des Werkes von Lucas und Britt [102] heißt es z. B. zu dem Begriff „media/medium“ (Seite 439): „Dieser Ausdruck wird sowohl für Werbeträger als auch für Werbemittel gebraucht, so daß ‚media research‘ sowohl Werbeträgerforschung als auch Werbemittelforschung heißen kann.“ Zu dieser Entwicklung hat der große Fortschritt in der Technik der Massenkommunikation beigetragen.

Ein Fernsehspot (1) mit einer gezielten Handlung, weist durch (2) die Darsteller, die sich nur einer (3) einladenden Geste bedienen (ohne ein einziges Wort zu sprechen), auf (4) die Marke eines Erzeugnisse hin, – (5) ein zusammenfassender Slogan, (6) zu einem überzeugenden Text, von (7) einer Stimme des Hintergrunds gesprochen, vor einer (8) farbintensiven Kulisse – dieses optisch-akustische Bild einer Fernsehsendung enthält eine Vielzahl von Elementen, die in der (9) zusammenfassenden Komposition (Layout) von hoher Wirkung sein können. Handlung, Darsteller, Gestik, Marke, Slogan und Sprache des Textes – das Wort also, – Stimme, Hintergrund und Layout sind hier die Elemente der Gestaltung.

Hinzu kommt, daß die Werbebotschaft mittels dieses „Spot“ dorthin gestreut (gesendet) wird, „wo die Menschen leben“ (Göschen Band 1231, S. 96).

Hier kann jetzt die Frage gestellt werden: Was ist „Mittel“, was ist „Träger“? Wir haben festzustellen, daß sich die Gren-

[1] Vgl. hierzu Wirtschaftswerbung, Seiten 78, 101, 109.
[2] Vgl. hierzu Wesen und Formen der Werbung, Seite 78 und 395 ff.

zen sehr stark verwischen können; die Stimme kann durchaus Träger, ihre Modulation aber kann Mittel sein. Die Sprache selbst kann Werbemittel sein; sie wird aber dann zum Werbeträger, wenn sie Informationen vermittelt.

Auf eine weitere Wandlung oder Ausweitung eines zentralen Begriffes der Werbung ist hinzuweisen; Der Begriff „Anzeige" (advertisement) im Sinne von Ankündigung oder Werbebotschaft (nicht aber im Sinne von Annonce oder Inserat) wird in der amerikanischen Werbefachsprache neuerdings auch angewendet für Ankündigungen durch Rundfunk und Fernsehen[1]. In amerikanischen Texten muß der Leser sehr oft zunächst die genaue Bedeutung ermitteln.

In diesem Kapitel soll der Aufriß beibehalten werden, der im Göschen Band 1231 (Seite 91 bis 98) schon benutzt wurde.

1. Absatzwirtschaftliche Mittel der Werbung[2]

Wenn aus der Zusammenfassung „Absatzwirtschaftliche Mittel" alle diejenigen Werbemittel ausgeklammert werden, die anschließend gesondert zu behandeln sind, dann bleiben eigentlich nur diejenigen Mittel zu erörtern, die schon Oberparleiter [114] in seiner Funktionen- und Risikenlehre mit der spezifischen Kennzeichnung „Waren*handel*" charakterisiert hat. In

[1] Vgl. Lucas und Britt [102]. Besonders sei hingewiesen auf die Erläuterungen zum Glossarium dieses grundlegenden Buches und die Textstelle von Seite 437 f.: „advertising message/advertising copy: Die Texte einer Anzeige vermitteln die Werbebotschaft. Dieser Begriff wird aber nicht nur auf den textlichen Inhalt von Inseraten angewendet, sondern auch auf den textlichen Inhalt von Rundfunk- und Fernsehsendungen. Infolgedessen wird der Begriff ‚advertisement' nicht nur für Inserate, sondern auch für Werbe-Botschaften aller Art (ohne Rücksicht auf den Werbeträger) gebraucht. Der Leser muß sich also selbst klarmachen, ob mit ‚advertisement' ein Inserat oder ob damit allgemein eine Ankündigung gemeint ist. Der Begriff ‚copy' im Zusammenhang mit dem Begriff ‚Anzeige' wird sehr oft zur Kennzeichnung aller Merkmale (elements, features) eines Inserats gebraucht. Er wird aber auch zur Kennzeichnung der Texte in Anzeigen oder in einer anderen gedruckten Werbung benutzt. Die bisher bekannte Kennzeichnung für den Textblock eines Inserats mit ‚copy', worauf sich dann auch der Begriff ‚copy research' (Werbetextforschung) bezieht, wird in der amerikanischen Fachliteratur natürlich weiterbenutzt."

[2] Vgl. hierzu WW Seite 231 und 317 ff. und Göschen Band 1231 Seite 91 f.

den frühesten Formen des Warenaustausches gab es (abgesehen von dem ganzen Beiwerk der Urformen der Werbung eigentlich nur das *Wort* als Mittel der Werbung[1].

Diesem ältesten Mittel des Bemühens um Aufmerksamkeit und Interesse des Angebots einer Ware und der Erregung einer Nachfrage begegnen wir noch in mehr und mehr verschwindenden Marktformen, auf den Wochen- oder Jahrmärkten, wo sich fliegende Händler oft mit großem Wortschwall produzieren.

Unter lautem Wortgetöse werden Interessenten, unter Anwendung von Kniffen und Täuschungsmanövern, oft bis an jene Grenze beeinflußt, die Sombart als „Ärmelausreißgeschäfte" bezeichnet hat.

Die Rolle des Menschen in der Absatzwirtschaft ist trotz der Flut von gedruckten Werbemitteln immer wichtiger geworden.

Mit der zunehmenden Entwicklung der Formen des Einzelhandels und mit der Spezialisierung des Warenangebots wurden auch an die sprachlichen Erläuterungen der Anbieter höhere Anforderungen gestellt: Schon der Handwerker des Mittelalters mußte im Gespräch mit seinen Kunden über ein besonderes Maß an Sach- und Fachkenntnissen verfügen; er hatte ja die abzusetzenden (Handwerks-) Erzeugnisse noch selbst herzustellen. Allein daraus kam der Zwang, die Werkstoffe, die er verarbeitete und die er oft sogar selbst noch zu gewinnen hatte (wie z. B. bei Schreinern oder Zimmerleuten) genau zu kennen.

Der Handel mit Fertigerzeugnissen aber fordert auch von den Anbietern, daß auch sie über diese Informationen verfügen und daß sie sie weitergeben können. Je spezialisierter die Waren nun sind, je mehr gewinnt dieser Informationsprozeß

[1] Vgl. hierzu Göschen Band 1231, S. 10 ff. Die Bedeutung des Wortes (als Mittel des Ausdrucks und der Äußerung) in einem anderen Wirkungsbereich der Werbung, d. h. in Public Relations-Prozessen wird in dem Göschen Band 1233, S. 68 und S. 72 bis 88 ausführlich dargestellt.

an Bedeutung: Der Optiker muß beim Verkauf einer Brille eine ganze Apparatur bedienen können; der Fotohändler muß über die neuesten Labortechniken Bescheid wissen, um entsprechende Anleitungen geben zu können; der Anbieter modischer Stoffe muß die Tendenzen der Mode im Gespür haben und Drogisten und Apotheker müssen die Entwicklung im Bereich der verordnungspflichtigen Medikamente und der Patentmedizin kennen.

Im Organisationsbild der Kaufhof AG sind dem Personal-Direktor die Abteilungen „Ausbildung von Führungskräften“, „Ausbildung und Führungsnachwuchs“, „Ausbildung von Personal und Personal-Training“ unterstellt. In diesem Konzern des Einzelhandels haben diese Aufgaben eine besondere Bedeutung.

Die Aufgaben der Ausbildung mittlerer und oberer Führungskräfte sind manchmal weitgehend institutionalisiert, dennoch ist es bemerkenswert, daß gerade über die Ausbildung in der eigentlichen Verkaufstechnik ein ausgesprochener Mangel an Literatur besteht. Es gibt Großunternehmungen, besonders wenn sie Spezial-Maschinen, Systeme und Verfahren anzubieten haben, die über hervorragende Verkäuferschulen verfügen; hier werden Verkaufstraining, Verhandlungstechnik, Menschenkenntnis und Kundenbehandlung, Verkaufsstrategie und -taktik genau so intensiv gelehrt, praktiziert und demonstriert, wie Sprechtechnik, Rhetorik, und Dialektik.

Vielfache Anregungen lassen sich finden in Büchern über Werbetexte, die das Problem allerdings von der Seite des gedruckten Wortes aus anfassen[1].

Je mehr sich aber die eigentliche Verkaufsarbeit von der unmittelbar verbrauchs- oder gebrauchsreifen Ware entfernt,

[1] Die Bücher von Heinz Elertsen [37], W. Winterfeldt [153] und Adolf Wirz [154] enthalten keine oder nur wenige Literaturhinweise, sie sind aber als Erfahrungsberichte im Sinne der „how-to-do-it-Bücher“ recht lesenswert. Das gilt besonders von der Wiedergabe eines Vortrages von A. Wirz.

Wichtig ist die von Elisabeth Hirsch [57] editierte Schrift „Der programmgesteuerte Verkauf“.

desto mehr ist es erforderlich, das persönliche Wort einzusetzen. Allein in den als Beispiel herangezogenen Anzeigen in dem voraufgegangenen Abschnitt über die Funktionen im Marketing sind regelmäßig Aufforderungen zu finden, sich des Rates von Fachleuten, Vorführern, Anwendungstechnikern, Qualitäts-Ingenieuren oder Instrukteuren zu bedienen. Nicht nur in den Industrien der neuen Werkstoffe, auch in den Industrien der klassischen Werkstoffe (wie Stahl, Metalle, Papier usw.) haben neue Anwendungstechniken es immer wieder notwendig gemacht, eigene Beratungsstellen, Vorführungsorganisationen, Kundendienststationen, Prüflabors oder Bereitschaftsdienste einzurichten. Diese Stellen, wie auch immer ihre Funktion bezeichnet ist, können sich zwar in aller Regel auf ein vielschichtiges Material von technischen Druckschriften stützen, die aus der praktischen Beratungsarbeit heraus entstanden ist, sie haben aber in allererster Linie diese Erfahrungen durch das gesprochene Wort weiterzugeben.

Es ist nicht notwendig, die Beispiele hierfür allein in den technischen Bereichen der Wirtschaft zu suchen: Gas- und Elektrizitätswerke unterhalten Vorführräume und Hersteller von Nahrungsmitteln unterhalten Vorführteams, die in solchen Vorführräumen Koch- oder Backkurse durchführen, und Hersteller von Wasch- und Reinigungsmitteln laden Hausfrauenvereine zu Werksbesuchen ein, und sie unterhalten Waschküchen zu Demonstrationen. Bei allen diesen Begegnungen spielt das persönliche Wort eine entscheidende Rolle; oft werden solche Vorträge durch Tonträger dargeboten, aber die Gefahr der Monotonisierung ist schwer zu vermeiden, wenn versucht wird, die menschliche Stimme mit ihrer Modulationsmöglichkeit zu ersetzen.

Aus allen diesen Begegnungen liegt in vielen Unternehmungen ein Schatz von wichtiger Verkaufserfahrung vor, der sorgfältig gehütet wird. Hieraus läßt sich der Schluß ziehen, daß gerade in den weitgespannten Bereichen des persönlichen Verkaufs, in denen das Wort und die menschliche Stimme noch von Entscheidung sind, für geeignete Nachwuchskräfte besondere Berufschancen liegen.

Auch hier gilt, daß im Anfang das Wort war! Es ist nur notwendig, diese Feststellung von der Vergangenheitsform zu lösen und zu sagen: Der Anfang aller Absatzwirtschaft ist das Wort! Dieser Satz hat auch heute noch die gleiche Bedeutung, die ihm der Dichter beilegte.

Abschließend und in Überleitung auf die beiden folgenden Abschnitte (Anzeigen und Außenwerbung/Plakatanschlag) sei ausdrücklich auf die Darlegungen über „Werbung durch eine ‚verdichtete' Sprache" (Göschen Band 1231, S. 98 bis 106) hingewiesen.

Wegen der überragenden und manchmal sogar beherrschenden Bedeutung des Wortes (der Sprache und des Textes) in der Werbung mußten diese Ausführungen schon in dem Göschen Band über die „Grundlagen der Werbung" gemacht werden.

Diese „Verdichtung der Sprache", diese „Verdichtung der Texte" führt auf die Wege zur Semantik oder Semasiologie (1) zur Lehre von den Wortbedeutungen in sprachwissenschaftlicher Hinsicht, (2) zur Lehre von den Zeichen und Symbolen, die zum Ausdruck von Denkinhalten dienen und (3) zur Semiotik, d. h. Semasiologie im bedeutungsmäßigen Sinne. (Vgl. hierzu: Max Bense [8].)

2. Anzeigen als Mittel der Werbung[1]

Hier wird die Anzeige als Inserat/Annonce aufgefaßt. Dovifat (Göschen-Band 1040/1040 a Seite 131) definiert: „Anzeigen sind Bekanntmachungen, die sichtbar dem Interesse des Bekanntmachenden dienen und daher meist bezahlt werden." Bei dieser Begriffsbestimmung wird unterstellt, daß es sich um gedruckte Bekanntmachungen handelt, die in periodisch erscheinenden Zeitungen oder Zeitschriften aber auch in aperiodisch herauskommenden Druckwerken (z. B. Messekata-

[1] Vgl. hierzu WW Seite 320 ff. und Göschen Band 1231 Seite 92. Wichtige Richtlinien für das Anzeigenwesen sind im Anhang unter Nr. 3 wiedergegeben.

logen) veröffentlicht werden. Wichtig ist aber, daß die Anzeige (in aller Regel) eine „gestaltete“ Bekanntmachung ist.

Welches sind nun die „Elemente“ oder Grundbestandteile dieser gestalteten Bekanntmachungen, die im Druck erscheinen?

1. Worte und aus ihnen gebildeten Texte, Slogans, Schlagzeilen.
2. Schriften, Typen, Logotypen und aus ihnen gebildete Textblocks.
3. Zeichen der verschiedensten Art (Bild- und Wortzeichen, Markenzeichen für Waren oder Dienstleistungen, Firmenzeichen).
4. Illustrationen in den unterschiedlichsten Techniken (Grafik, Foto).
5. Farbe (Buntfarben, aber auch Schwarz/Weiß in Verbindung mit der Raster-Technik, ist hier als Farbe anzusehen).
6. Größe, Format und Weißer Raum.
7. Mittelpunkte als Blickfang.
8. Immanente Dynamik und Bewegung.
9. Das „Layout“, der Grundriß/Aufbau der „gestalteten“ Bekanntmachung.
10. Die Anschrift des Inserenten/Bekanntmachenden.

Aus diesen Grundbestandteilen, die durchaus nicht alle und gleichzeitig verwendet werden, ist die Anzeige zu gestalten.

„Gestalten“ aber heißt, aus diesen Grundbestandteilen mittels einer Komposition zu Ausdrucksformen zu kommen, die über echte „Gestaltqualitäten“ verfügen (vgl. hierzu Göschen Band 1231, Seite 17), durch die bei dem Leser solcher „Bekanntmachungen“ das gewollte/beabsichtigte Vorstellungsbild erweckt wird.

Welche Bedeutung das „layout“ als selbständiges Element einer gestalteten Ankündigung hat, wird am anschaulichsten dargetan durch die Gegenüberstellung des zur letzten „Aufbau-

Skizze“ entwickelten „layout“ mit der Anzeige, wie sie tatsächlich erschienen ist (s. S. 254 u. 255).

In dem „Querschnitt durch ein Jahrhundert der Wirtschaftswerbung und des Angebots von Waren und wirtschaftlichen Leistungen in Deutschland“ (in: Wesen und Formen der Werbung, Seite 207 bis 230) ist für die 100 Jahre ab 1850 eine deutliche Tendenz von der Klein-Anzeige zur größeren, ja zur ganzseitigen Anzeige festgestellt worden. Diese aus fast 65 000 Anzeigen ermittelte Tendenz hat sich in den 3 Jahrzehnten

Abb. 15. Layout für eine Anzeige

seit Abschluß dieser Untersuchung entscheidend verstärkt. In den Technischen Fachzeitschriften, in den großen Publikumszeitschriften und auch in den Tageszeitungen (besonders in überregionalen Tageszeitungen) ist eine ausgesprochene Tendenz zur ganzseitigen, ja sogar zur doppelseitigen und auch mehrseitigen Anzeige festzustellen.

Von dem Können der Gestalter, aus einer weißen Fläche eine Anzeige zu machen, wird sehr viel verlangt; sie müssen vor allem Meister in der Beschränkung auf das Wesentliche sein.

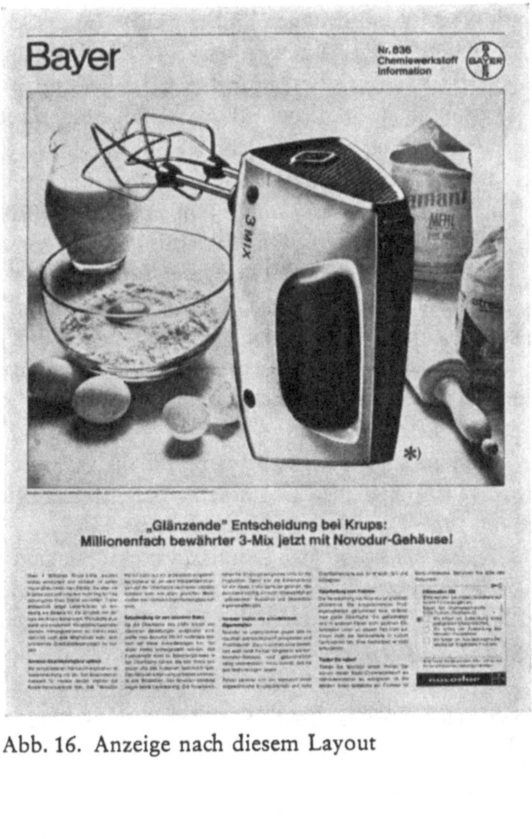

Abb. 16. Anzeige nach diesem Layout

Auf eine Gefahr, die aus der Tendenz zu größeren Formaten kommt, muß durch die Frage aufmerksam gemacht werden: Wird durch das Streben zum größeren Format nicht oft ein unwirtschaftlicher Aufwand getrieben? Die Untersuchungen von Lucas und Britt [102] kommen zu bemerkenswerten Ergebnissen, auf die aufmerksam zu machen ist: „Wenn in dem Werbe-Plan das Ziel gesetzt ist, wöchentlich einer durchschnittlichen Maximalzahl von Menschen mindestens zeitweilig die Werbung in Erinnerung zu rufen, dann ist folgendes zu beachten: Einem plötzlichen, starken Ausbruch von dreizehn wöchentlichen Expositionen gegenüber ist die Verteilung von dreizehn Veröffentlichungen über ein Jahr vorzuziehen" (a. a. O. S. 67). „Die Durchschlagskraft der Verbraucherinformationen in einer Werbesendung von 30 Sekunden (ist) etwa zwei Drittel so groß, wie in einer Werbesendung von 60 Sekunden" (a. a. O. S. 115).

Aus diesen experimentell gewonnenen Erkenntnissen ist zu schließen, daß eine Aktion mit einem Einsatz von 13 Einheiten weniger werbewirksam ist als 13 Aktionen mit einem Einsatz von 1 Einheit und daß zwei Werbesendungen zu je 30 Sekunden einen Effekt von 4/3 haben, gegenüber einer Werbesendung von 60 Sekunden mit einem Effekt von 3/3. Es ist allerdings zu überlegen, in welchem Umfange diese Konklusionen auf andere Erfahrungsbereiche der Werbung zu übertragen sind.

Die Tendenz zum ganzseitigen mindestens aber zum größeren Format der Anzeigen hat dem in der älteren Literatur diskutierten Problem der Placierung eine andere Bedeutung gegeben. „Rechts oben" ist kaum noch von Bedeutung, nachdem viele Untersuchungen hierüber erkennen ließen, daß tatsächlich kein Unterschied besteht. Es ist praktisch ohne Belang, ob eine Anzeige auf der rechten oder linken Seite, oben oder unten, placiert ist. Der größere Aufmerksamkeitswert einer gestalteten Anzeige wirkt unabhängig von ihrem Format.

Über die Wirkungskontrolle, auch von Anzeigen, ist später (Teil H) noch gesondert zu sprechen.

Hier ist noch auf ein Schema aufmerksam zu machen, das die „Vorteile der Anzeigenwerbung" zu erfassen versucht; für dieses Schema (Lucas und Britt [102]) sollte versucht werden, eine einheitliche Form zu finden:

Anzeigen in Zeitungen

1. Allumfassende Appelle
2. Zeitgünstigkeit der Verkaufsbotschaft
3. Häufigkeit des Erscheinens
4. Streuung in Brennpunkten
5. Starkes Interesse der Leser
6. Einwirkung auf alle sozioökonomischen Gruppen

Anzeigen in Zeitschriften

1. Geltungsbewußtsein und -bedürfnis
2. Auswahlmöglichkeit nach einer besonderen Art der Leser
3. Nationale und regionale Verbreitung
4. Relative Dauer der Werbung im Verhältnis zu anderen Werbeträgern
5. Große Mitleserschaft (secondary circulation)
6. Gute Qualität der drucktechnischen Reproduktion

Unbeschadet aller Charakteristika dieser oder ähnlicher Art, „Die Wahrnehmung (noting) ist zum großen Teil eine Funktion der Anziehungskraft einer Werbebotschaft" (Lucas/Britt, S. 245).

Auch mit Rücksicht darauf, daß die im Teil D zitierten Beispiele nur aus Anzeigen ausgewählt worden sind, soll versucht werden, – auf die Anzeige bezogen – eine Zusammenfassung zu geben:

1. Informationen durch Werbung sind von größerer Dauer und von tieferer u. nachhaltigerer Wirkung, wenn sie durch (gedruckte/gestaltete) Anzeigen gegeben werden.

2. Anzeigen erfordern eine Kondensation der Information und eine starke Konzentration auf das Wesentliche. Das ist auch eine sehr wichtige Voraussetzung für andere Formen der Wirtschaftswerbung.
3. Dieser Zwang hat zu Stilformen in der Anzeigenwerbung geführt, durch die die Entscheidungskriterien der Leser besonders isoliert werden, denn der Leser kann sich mit dem Inhalt der Anzeige in Ruhe auseinandersetzen.
4. Im System der Marketing-Funktionen kämpfen immer eine Vielzahl absatzwirtschaftlicher Aufgaben um den ersten Platz in der Rangskala der Präferenzen. Diese Vielzahl der Aufgaben, deren Folge der Marketing-Manager bestimmt, ist eine wichtige Ursache von Anzeigen-Serien.
5. Die hiernach zu bestimmenden Sequenzen von Werbebotschaften (oder von Teilen einer umfassenden Werbebotschaft!), lassen sich durch Serien von Anzeigen besonders gut realisieren, gleichgültig, in welcher Form sie gestreut werden.

Aus diesen Gründen hat die Anzeige im Wettbewerb mit vielen, besonders jüngeren Werbemitteln und Werbeträgern ihre werbewirtschaftliche Bedeutung entscheidend befestigen können.

Es ist notwendig, sich mit den technischen Daten und mit einigen Begriffsbestimmungen aus den Richtlinien für das Anzeigenwesen vertraut zu machen, die der ZAW zusammen mit dem Bundesverband Deutscher Zeitungsverleger e. V. und dem Verband Deutscher Zeitschriftenverleger erarbeitet und veröffentlicht hat. Den vollen Wortlaut dieser Empfehlungen haben die Fachzeitschriften und auch die beteiligten Verbände in handlichen Broschüren veröffentlicht. (Auszüge hieraus vgl. Anhang).

Exkurs über das Plagiat:

Denen, die von Plagiaten sprechen, sollte stets das Mephisto-Wort (Faust, II, 2. Akt) entgegengehalten werden:

„Original, fahr' hin in deiner Pracht! –
Wie würde dich die Einsicht kränken:
Wer kann was Dummes, wer was Kluges denken,
Das nicht die Vorwelt schon gedacht? –"

Aber nicht immer werden Vorbilder auch so offenkundig und plump plagiiert, wie sie von Hans Reimann in der Schrift „Die Schwarze Liste" [122] geschildert werden.

Aber auch der Wunsch nach Eigenständigkeit und selbständiger Leistung schießt über das Ziel hinaus, wenn alle Einflüsse von außen abgelehnt werden.

Diese Einflüsse dürfen nicht dazu führen, daß aus der Anregung eine Kopie des Originals wird.

Ein Beispiel dafür, daß Plagiate sehr subtil sein können, sei mit einem (etwas verfremdeten) deutschsprachigen Inserat aus dem Jahre 1936 gegeben.

Eine grafische Spitzenleistung war das im Jahre 1935 mit einem ersten Preis ausgezeichnete Plakat der Ford Motor Company, das hier wiedergegeben wird. Zwei Hunde stehen da, sehen dem vorbeirasenden Acht-Zylinder-Ford nach und kommen zu dem Schluß, daß es keinen Zweck habe, dem Auto nachzurennen, denn der Wagen sei nun einmal zu schnell.

Haltung und Ausdruck der beiden Hunde, Layout und Blickführung der Bild- und Textgestaltung, unmittelbar auf das anzuzeigende Erzeugnis hinzielend, sind meisterhaft gelöst. Nicht mit Worten ausgesprochen und doch ungemein deutlich wird die Haupteigenschaft des Wagens charakterisiert: Schnelligkeit. Ein Entwurf, der des ersten Preises würdig war.

Im Juli/August 1936 erschien in deutschen Zeitschriften das zum Vergleich wiedergegebene (verfremdete) Inserat, das wegen seiner Ähnlichkeit des Motivs und der Gedankenführung geradezu zu einem Vergleich herausfordert.

Die beiden Jungen in diesem Inserat blicken zwar aus dem Bild hinaus, während die beiden Hunde in dem Ford-Plakat den Blick des Betrachters in das Bild hineinführen und zwar beinahe unbemerkt auf das Erzeugnis, dem die Werbung galt. Die beiden Jungen ziehen den Blick ins Leere, denn der Wagen, von dem die Rede ist, ist nicht mehr zu sehen. Unter dem Schatten in der linken unteren Ecke kann man sich alles andere vorstellen, wenn man ihn überhaupt wahrnimmt.[1] Während das amerikanische: „No use...“ einen geradezu klassischen Hinweis auf die Schnelligkeit anführt, sagt das

Abb. 17. Plakat (großformatige Verkehrswerbung), das plagiiert wurde

deutsche: „Das muß ein ... gewesen sein...!“ rein gar nichts über die Schnelligkeit des angezeigten deutschen Wagens aus.

Es ist unvermeidlich, daß sich diese grafischen und auch textlichen Mängel bei diesem Vergleich auftun. Dieser Vergleich bestätigt die Regel, die Hans Reimann in seiner „Schwarzen Liste“ aufstellt: „Hält man eine gute Zeichnung neben eine schlechte Zeichnung und beide ähneln einander, so ist in jedem Falle die schlechte nach der guten hergestellt.“

Die Vermutung, daß das amerikanische Motiv bekannt gewesen sein muß, ist berechtigt; die Ford Motor Company AG., Köln, hat das Werbebild der amerikanischen Stammfirma durch Postkarten, die zu Ausstellungen einluden, in einer großen Auflage in Deutschland verbreitet.

[1] Dieses Plakat ist ein Beitrag zu der wichtigen Funktion eines Layout, nämlich den Blick unbemerkt und zwingend zu führen.

Abb. 18. das Plagiat

3. Außenwerbung[1]

Das Plakat (unabhängig von seiner Größe und seinem Format) ist der wichtigste Träger der Außenwerbung. Zunächst ist auf das zu verweisen, was bereits über das Plakat als Werbemittel, als Mittel des Ausdrucks und als Kunstwerk gesagt worden ist (Göschen-Band 1231, S. 101–106).

Die „Grundsätze zur Ordnung der Außenwerbung“, die vom Fachausschuß für Plakatanschlag, Verkehrsmittel- und Großflächenwerbung entwickelt und vom Präsidium des ZAW am 25. April 1968 verabschiedet worden sind, werden wie folgt zusammengefaßt: „Die Außenwerbung tritt im öffentlichen Raum in Erscheinung, ihrem Wesen nach will sie, wie

[1] Eine Abbildung von Berlin's neue(n) Anschlag Säulen“ in: Hanns Buchli [20].

jede andere Werbung, die Aufmerksamkeit auf sich ziehen. Sie darf dabei aber übergeordnete Interessen der Allgemeinheit nicht verletzen. Wirtschaft und Staat müssen verständnisvoll zusammenwirken, um eine sinnvolle Ordnung der Außenwerbung herbeizuführen und die Grenzen abzustecken, innerhalb derer die Wirtschaft in Selbstverantwortung für eine weder verunstaltende noch die Verkehrssicherheit gefährdende, geschmackvolle und gepflegte Außenwerbung zu sorgen hat." Die wichtigsten Begriffe in dieser Empfehlung sind die Begriffe „öffentlicher Raum" und „übergeordnete Interessen". Beide Begriffskomplexe sind hinreichend erläutert im Göschen-Band 1233 „Public Relations" in dem Abschnitt „Über Öffentlichkeit, öffentliches Interesse und öffentliche Meinung" (S. 14 ff.).

Aus diesen Empfehlungen geht hervor, daß sich die werbungtreibende Wirtschaft und auch die Öffentlichkeit, an die sich diese Form der Werbung richtet, der hier zu lösenden Probleme durchaus bewußt sind; jedenfalls sind sie sich dieser Probleme in einem höheren Maße bewußt, als in jenen Zeiten des „wilden Anschlags", als der Drucker E. Th. Litfaß jene nach ihm benannten Säulen zum Anschlagen von Plakaten (1855 erstmals in Berlin) aufstellen ließ.[1] Das geschah, um einem öffentlichen Ärgernis zu steuern; z. B. bereits 1839 haben die Stadtbehörden von London das Anschlagen von Plakaten auf Privatgrundstücken verboten.

Alles, was früher unter dem Stichwort „Plakatanschlag" erörtert worden ist, hat durch die Entwicklungen im Städtebau und vor allem im Verkehrswesen, auch eine Weiterentwicklung erfahren. Wir sprechen zwar immer noch vom „Plakatanschlag"; daneben aber steht der große Komplex der Verkehrsmittelwerbung. Eine Reihe von technischen Daten und Begriffsbestimmungen dieser Empfehlungen werden im Anhang wiedergegeben.

[1] Vgl. hierzu WW Seite 323 ff. und Göschen Band 1231 Seite 92. Wichtige Richtlinien für den Plakatanschlag sind im Anhang unter 4. wiedergegeben.

4. Druckschriften und Kataloge[1]

In diesem Kapitel ist es notwendig, die Darlegungen danach zu trennen, (1) ob sich die Druckschriften und/oder Kataloge an Zielpersonen richten, die an Konsumgütern, an Verbrauchsgütern oder an Gütern mit längerer Lebensdauer interessiert sind oder (2) ob sich die Informationen auf Investitionsgüter oder Industriebedarf beziehen. Im einen Falle handelt es sich um Werbemittel (oder -träger?) für Menschen, die zwar auch sachliche Informationen über die Waren zu erhalten wünschen, die sie evtl. zu erwerben beabsichtigen, im anderen Falle um solche Zielpersonen, die für die Beschaffung von Produktionsmitteln, Maschinen oder Anlagen Entscheidungen herbeiführen müssen.

(1) Die große Fülle von Druckschriften, die von Warenhäusern oder Versandgeschäften herausgebracht werden, aber auch die von Herstellern bestimmter Waren bereitgestellt werden zur Weitergabe durch die letzten Kontaktstellen an die Käufer (point of sales advertising) zwingt dazu, an einem einzelnen Beispiel deutlich zu machen, worauf es bei der Gestaltung ankommt.

In dem Vortrag von Jochen Nieder-Schabbehard über „Die Werbewirksamkeit von Prospekten und Katalogen – heute und morgen [109] werden diese Prospekte, Druckschriften oder Kataloge als „Theaterzettel für die Bühne Warenhaus", als „Warenhäuser im Umschlag", als „Vergleichfibeln für weibliche Markt-Forscherinnen" und als „verlängertes Schaufenster" (da der Schaufensterbummel immer weniger stattfindet) bezeichnet. Dieses, aus der Kaufhof AG stammende Beispiel ist in mancherlei Hinsicht aufschlußreich.

„Wir haben vor zwei Jahren einen Wäscheprospekt gemacht. Da haben wir alle Fotomodelle von Kopf bis Fuß blau angestrichen. Die Mannequins mußten Unterwäsche und

[1] Vgl. hierzu WW Seite 325 ff. und Göschen Band 1231 Seite 95.

Traum-Nachthemden sowie außerordentlich duftige, fast durchsichtige Dessous tragen. Die fotografische Darstellung von Wäsche hat immer ästhetische Probleme. Während der Vorbereitung zur Fotografie kam nun jemand – es soll sogar eines der Fotomodelle gewesen sein – auf die Idee mit dem blauen Körperanstrich; begeistert griffen Fotografen und Werber zum Farbtopf und Pinsel, und das Ergebnis war, daß die Wäsche auf diesen blauen Fotomodellen außerordentlich gut zur Wirkung kam und das manchmal etwas Peinliche der Wäschefotografie gar nicht erst auftrat.

Wie war nun die Reaktion, gemessen an dem, was wir erwartet hatten? So gut wie keine. Ein Vorstandsmitglied unseres Hauses, das besonders avantgardistisch eingestellt ist, gratulierte uns zu unserem Prospekt, wobei in einem Nebensatz die leise Sorge durchklang, was wohl unsere Kunden hierzu sagen würden. Der Wäscheeinkäufer, für den wir den Prospekt ja fotografiert hatten, war begeistert und fand, daß seine Ware noch nie so schön dargestellt worden sei; unser Sponsor, denn dieser Prospekt war sogar von Zuschüssen von Lieferanten weitgehend bezahlt worden, war des Lobes voll.

Nachweislich kamen die Kundinnen häufiger mit dem Prospekt in die Fachabteilung und verlangten dieses oder jenes abgebildete Teil. Wir fragten uns dann hinterher, ob die Kundinnen überhaupt gemerkt hatten, daß wir die Fotomodelle blau angestrichen haben. Das ließ uns keine Ruhe, und so veranlaßten wir unsere eigene Marktforschungs-Abteilung, einen kleinen Blitztest zu unternehmen, um festzustellen, was die jungen Mädchen, aber auch die reiferen Frauen zu diesem Prospekt sagten. Das Ergebnis war verblüffend, aber auch sehr aufschlußreich. Daß die Modelle blau angestrichen waren, ließ die meisten Frauen kalt.

Das ist sehr gut gemacht, denn so sieht man die Ware viel besser, und die Mädchen sehen ganz lustig aus mit ihrem blauen Leib und den ritzroten Haaren!

Hier wird ein wesentliches Problem schlagartig deutlich: daß nämlich alle Werbegestalter sich immer wieder überprüfen müssen, ob sie nicht Vorurteilen unterliegen."

(2) Die Welt des Ingenieurs und die industrielle Werbung (industrial advertising) konfrontieren den Gestalter von Werbe-Prospekten und Katalogen mit Problemen völlig anderer Art.

Der amerikanische Fachausdruck „marketing", der unter dem Einfluß der Werbe-Agenturen seit etwa 1950 in die Fachsprache der Werbung in der BRD eingedrungen ist, hat sich auch inzwischen der Bereiche des „industriellen Vertriebs" bemächtigt. So lauteten noch im Titel die verdienstvollen Handbücher des *VDI* [142] aus den Jahren 1931 und 1957. Auch aus diesen VDI-Handbüchern war schon zu erkennen, daß der (Wirtschafts-)Werbung im Rahmen des industriellen Vertriebs nur die Funktion eines Hilfsinstruments zukam. Das ist auch heute noch so.

In seinem instruktiven Werk [24] hat der Harvard-Professor E. Raymond Corey den Begriff, um den es hier zunächst geht, wie folgt definiert: „Industrial Marketing bezieht sich auf den Absatz von Gütern und Dienstleistungen an Wirtschaftsunternehmungen und andere Organisationen, die sie verwenden in den Gütern und Dienstleistungen, die sie ihrerseits herstellen."

In diesem Prozeß des industriellen Vertriebs ist die (Wirtschafts-)Werbung ein (Hilfs-)Mittel, für das wir den Begriff „Industrielle Werbung" endgültig übernehmen sollten. E. R. Corey hat (a. a. O.) diesen Begriff wie folgt umschrieben: „Die Industrielle Werbung dient dem Angebot und dem Vertrieb von Industrieerzeugnissen, die andere Unternehmungen für ihren Produktionsprozeß oder als Zulieferteile für die Herstellung eigener Erzeugnisse oder als Investitionsgüter kaufen."

Die Industrielle Werbung bezieht ihre Grundsubstanz an Material aus dem technischen Bereich; aus dieser Grundsubstanz werden dann die werblichen Informationen (einschließlich aller sonstigen Elemente) gestaltet. Der Gestalter muß alle

Daten – vor der Veröffentlichung – mit den zuständigen Fachbereichen „abstimmen".

Aus der Erhebung des Vereins Deutscher Maschinenbau-Anstalten *(VDMA)* [143] für das Jahr 1968 (vgl. S. 75) über die Werbeaufwendungen in diesem bedeutenden Wirtschaftszweig seien folgende Zahlen etwas detaillierter, nochmals wiederholt:

Tabelle 19. Gliederung des Werbeaufwandes im VDMA 1968*

Im Durchschnitt aller Firmen liegt das Hauptgewicht bei der *Anzeigenwerbung*, und zwar mit 21,7 % in inländischen und 7,2 % in ausländischen Zeitschriften, insgesamt	28,9 %
An zweiter Stelle folgt der Anteil für die Beteiligung an *Messen* und *Ausstellungen*, und zwar mit 17,1 % im Inland und mit 9,7 % im Ausland, insgesamt	26,8 %
Die Werbung mit *Werbedruckschriften* und *Werbebriefen* beträgt anteilmäßig 16,5 % im Inland und im Ausland 7,9 %, insgesamt	24,4 %
In größerem Abstand folgen die Kosten für *Foto-*, *Dia-*, *Film-*, *Fernseh-*, *Rundfunk* und *Vortragswerbung* sowie *Tonbildschauen*	2,6 %
Außenwerbung, *Plakatwerbung* usw.	1,7 %
Werbung in *Adreßbüchern*	1,7 %
Vorbereitung, *Planung*, *Kontrolle*	1,5 %
Werbliche Zusammenarbeit wie z. B. Gemeinschaftswerbung usw.	1,4 %
Sonstige Werbemaßnahmen wie z. B. Werbegeschenke, Werbeveranstaltungen usw.	11,0 %

* Weiter aufgegliederte Zahlen aus der Erhebung 1960 in: „Wirtschaftswerbung" – Essen, 1963, Seite 360 ff)

Werbeschriften, Prospekte und Kataloge standen 1968 in diesem hochtechnischen und besonders exportorientierten Wirtschaftszweig an 3. Stelle. Verantwortungsbewußte Marketing-Manager oder Advertising-Manager, die der Leitung der Unternehmung gegenüber derart hohe Ausgaben zu verantworten haben, stehen vor der Frage, bis zu welchem Grade diese hohen Ausgaben einen wirtschaftlichen Sinn haben. Marketing-Manager und Advertising-Manager sind in der ganzen industrialisierten Welt daran interessiert, Meßgrößen zu finden, die uns über den wirtschaftlichen Sinn und Zweck von Werbeausgaben Gewißheit verschaffen könnten.

In wiederholten Sitzungen meines Seminars über industrielle Werbung an der Rheinisch-Westfälischen Technischen Hochschule in Aachen haben wir uns mit diesem Problem besonders beschäftigt. Nach einer Charakterisierung des zu analysierenden Werbemittels (Faltblatt, Druckschrift, Katalog, Sonderdruck, Werkszeitschrift, Materialsammlung, Lehrtafel, Dia- oder Bildreihe, Lehrfilm) wurde der Kreis festgelegt, für den diese Werbemittel bestimmt waren. Der Kreis der „Fachleute" umfaßt Konstrukteure, Betriebsingenieure, Planungsingenieure, Einkäufer von Maschinen, Industriebedarf oder Einrichtungen und beratende Spezialisten für diese Gebiete.

Nach dieser Abgrenzung des Empfänger- oder Streubereichs wurden folgende Kriterien festgelegt:

Kriterium 1: Bewertung des *Informationsgehaltes* für den Fachmann

Kriterium 2: Bewertung der *textlichen Darstellung* (Lesbarkeit, Satzbau/Ausdruck, Typographie)

Kriterium 3: Bewertung der *Grafik*/Illustration an sich

Kriterium 4: Urteil über den *Gesamteindruck*

Bei diesen Bewertungskategorien war folgende Skala anzuwenden: 1 = sehr gut; 2 = gut; 3 = genügend; 4 = mangelhaft; 5 = ungenügend.

In einem späteren Semester sind dann vier technische Druckschriften gleichen Umfanges (8 Seiten DIN A 4) über schlüsselfertige Hochbauten in Seminararbeiten *schriftlich* analysiert worden. Bei diesen Druckschriften handelte es sich um folgende Themen:

1. Schlüsselfertige Großgebäude in Montagebauweise
2. Schlüsselfertige Errichtung von Schulen und Turnhallen in Montagebauweise
3. Parkbauten in Montagebauweise
4. Standardhallen

Teilnehmer meines Seminars waren Diplom-Ingenieure, promovierte Ingenieure der verschiedensten Fachrichtungen und Diplom-Kaufleute. Die Durchschnittsergebnisse dieser Seminararbeiten nach der vereinbarten Wertskala 1–5 lauteten wie folgt:

Tabelle 20. Bewertungskriterien für Druckschriften

	Kriterium 1	Kriterium 2	Kriterium 3	Kriterium 4
Druckschrift 1	2,57	1,92	2,14	2,07
Druckschrift 2	3,50	2,57	3,00	3,42
Druckschrift 3	1,78	1,85	1,92	1,78
Druckschrift 4	2,92	2,57	3,14	2,92

Die (Quer-)Summe der vier Kriterien, die aus Durchschnittswerten gebildet wurde, zeigte für die einzelnen Druckschriften folgendes Bild:

Druckschrift 3 = 7,33
Druckschrift 1 = 8,70
Druckschrift 4 = 11,55
Druckschrift 2 = 12,49

Die mit dem niedrigsten Durchschnittswert gekennzeichnete Druckschrift zeigte (wie eine ausführliche Besprechung nach Vorlage dieser Gesamtergebnisse zeigte) tatsächlich die Merkmale einer klar und objektiv unterrichtenden Information, die die wesentlichsten Fakten in einer einfachen und klaren Übersicht darbot.

Für jede Druckschrift war nun noch die Frage zu beantworten: Erhöht die Grafik oder Illustration den Informationswert für den Empfänger? Nur bei der Druckschrift Nr. 3 haben alle Teilnehmer diese Frage mit Ja beantwortet, während bei den übrigen Druckschriften ein Drittel bis zur Hälfte der Teilnehmer die gleiche Frage mit Nein beantwortet haben.

Mit dieser Darstellung der Ergebnisse (die zwar nicht repräsentativ sind!) aus einem Seminar über Industrielle Werbung soll auf folgendes aufmerksam gemacht werden:

1. Die Notwendigkeit, Meßgrößen zu finden, wird durch diesen Versuch deutlich unterstrichen.
2. Dieses Problem sollte in einer groß angelegten repräsentativen Analyse aufgegriffen und von den Werbungtreibenden gefördert werden, denn es liegt in ihrem ureigensten Interesse.
3. Wir sollten uns hüten, zu glauben, daß Analysen ähnlicher Art zu einem Barometer führen würden, aus dem wir, auf die vielgestaltigen Werbemittel der Industriellen Werbung bezogen, einfach ablesen könnten: gut oder schlecht.

Die Industrielle Werbung ist in allerweitestem Maße auf die Mitarbeit der Ingenieure angewiesen. Mit „Gags" oder mit an die Massen gerichteten „Slogans", die nur Fangworte sind, ist es hier nicht getan.

Gebraucht werden sachliche Informationen, die in der Sprache dargeboten werden müssen, die derjenige spricht, an den diese Werbeäußerungen gerichtet sind (vgl. Göschen-Band 1231, S. 69–74).

Es sei nochmals wiederholt: Die Grundsubstanz des Informationsmaterials der industriellen Werbung muß aus dem technischen Bereich kommen und alle Äußerungen müssen in ihrer letzten Form mit dem zuständigen technischen Fachbereich abgestimmt werden, ehe daraus Druckschriften und Kataloge entstehen.

5. Ausstellungen, Messen, Aufbauten, Schaufenster, Verpackungen[1]

Messen und Ausstellungen sind künstliche Märkte; sie werden von Interessenten geschaffen, um Angebot und Nachfrage miteinander in Beziehung zu bringen. Für Messen und Ausstellungen gelten bestimmte Regeln, die von den Interessenten

[1] Vgl. hierzu WW Seite 327 ff. und Göschen Band 1231 Seite 94. Die Begriffsbestimmungen des ZAW und des AUMA über Messen und Ausstellungen sind im Anhang unter 5. wiedergegeben.

über Ort und Termin der Veranstaltung, Öffnungszeiten und Zulassungen verabredet werden. Über solche „Schauveranstaltungen“ haben die zuständigen Spitzengremien der Wirtschaft (Zentralausschuß der Werbewirtschaft – ZAW –, Ausstellungs- und Messeausschuß der Deutschen Wirtschaft e. V. – AUMA – und die Vertretungen der Messegesellschaften) allgemeine Richtlinien und Definitionen abgesprochen.

In diesen Richtlinien wird zwischen Ausstellungen und Messen unterschieden; bei den Messen aber (und bei Ausstellungen mit Messecharakter) haben wir seit langem eine deutliche Tendenz festzustellen: Der Zug geht von der allgemeinen Groß- oder Globalmesse zur straffer gegliederten und darum überschaubareren Spezial- und Fachmesse. In diese Fachmessen werden einige wenige Spezialgebiete aufgenommen, weil sie als integrierender Hilfs- oder Zulieferteil für die eigentliche Fachmesse unentbehrlich sind. So haben wir bei einer Ausstellung mit Messecharakter (Bergbau-Ausstellung) oder der ACHEMA (Ausstellung für Chemisches Apparatewesen) die Schweißtechnik als unentbehrlichen Hilfszweig und bei den internationalen Messen Druck und Papier (DRUPA) haben wir als wichtige Zulieferzweige die Chemie der Farben und die Industrie der Elektronika.

Es wäre erwünscht, wenn der starken Tendenz, Messeeinrichtungen auszubauen und leistungsfähiger zu machen – oft reicht die Anzahl der möglichen Telefonanschlüsse in Messezeiten einfach nicht aus! – eine noch stärkere Tendenz der Ökonomisierung folgen würde. Ökonomisierung von Messen und Ausstellungen mit Messecharakter muß heißen, Vertiefung der Leistungsfähigkeit dieser gewollten und sehr genau geplanten Veranstaltungen im Interesse der Hauptbeteiligten. Hauptbeteiligte aber sind die Aussteller (d. h. die Anbieter von Leistungen) und die Besucher (d. h. die Nachfrager nach Leistungen). Die Interessen der Städte, in denen diese „Schauveranstaltungen“ durchgeführt werden, oder der Messegesellschaften, die solche Veranstaltungen durchführen (daher

Durchführungsgesellschaften genannt), oder die Interessen der Stellen oder Persönlichkeiten, die eine Art von Protektorat oder „Ehrenschutz“ über eine Veranstaltung übernommen haben, rangieren *nach* den Interessen der Aussteller (die ja durch die von ihnen zu zahlenden Platzmieten alles erst zu finanzieren haben!) und nach den Interessen der Besucher und Einkäufer (die durch ihre Aufträge an die Aussteller zu den entstandenen Kosten einen Ausgleich beizutragen haben!).

Wir unterscheiden zwischen Konsumgüter-Messen und Investitionsgüter-Messen, auf denen durch sachliche Darstellungen eine einprägsame didaktische Anschauung von Neu- und Weiterentwicklungen in den Bereichen des Angebotes gegeben werden soll.

Messen sind Veranstaltungen der Wirtschaft im eigenen Interesse, aber sie wirken sich auch im Interesse der gesamten Volkswirtschaft aus. Ausstellungen dienen oft (besonders wenn sie im Ausland durchgeführt werden!) den weitergespannten Interessen der Gesamtheit. Hierher gehören auch die Beteiligungen an Weltausstellungen. Auch Weltausstellungen und geschlossene Ausstellungen von einzelnen Nationen in anderen Ländern dienen über die Grenzen hinweg der Völkerverständigung, und sie sind nicht selten Schrittmacher für politische Bemühungen; sie schaffen Möglichkeiten der Begegnung mit Menschen.

Mit vielen dieser Veranstaltungen verbinden sich die Namen der Persönlichkeiten, denen die Gestaltung anvertraut wurde. Sie hatten aus der Gesamtkonzeption eine visuelle Präsentation zu schaffen; eine Darbietung von höchster Einprägsamkeit. Mit der Weltausstellung in Barcelona 1928 ist der Name des Gestalters des deutschen Pavillons Professor Ludwig Mies van der Rohe und mit der Weltausstellung 1958 in Brüssel verbunden sind die Namen der Professoren Egon Eiermann, Sepp Ruf und Hanns Schwippert als Gestalter des Pavillons der BRD. Namen wie Le Corbusier, Bartning und Gropius wären in anderen Zusammenhängen zu nennen.

Messen und Ausstellungen sind einmal als „eine Formel, eine auf das Wesentliche konzentrierte und sichtbar gemachte Zusammenraffung eines (Produktions-)Programms“ bezeichnet worden (Gerstner [49]); Ausstellungen können immer nur ein Ausschnitt aus einem Programm, nur Teil einer Palette sein. Auf diesen „Schauveranstaltungen“ werden (wie Goethe schon beobachtete) „Muster aller Art und Preisverzeichnisse“ verteilt zur Unterstützung dessen, was nur hier allein möglich ist: Hier können nämlich Käsemuster gekostet, Tee- und Kaffeemischungen probiert, Stoffe betastet, Verfahren geprüft, Maschinen demonstriert und Informationsgespräche geführt werden. „Gelegenheit bietend“, haben sich diese „Schauveranstaltungen“ seit Jahrhunderten bewährt als künstlich geschaffene aber ganz natürlich weiterentwickelte Sammelbecken zum Austausch von Angebot und Nachfrage. Messen und Ausstellungen bedeuten „Teilnahme am Grenzenlosen“, denn auf ihnen erleben wir die Dynamik des Fortschritts und die Explosion menschlicher Wünsche und Begehrungen.

Das Buch von Günter D. Roth „Messen und Märkte“ [125] gibt aus der Geschichte des Handels von der Warenmesse zur Mustermesse einen guten Überblick.

Wohin diese Prozesse der Veränderung und der Wandlung geführt haben, zeigt am besten eine moderne „Schauveranstaltung“. Aus dieser letzten Form der hochspezialisierten Fachmessen sei nur ein typisches Beispiel herausgegriffen: „Die Fachmesse Schweißen und Schneiden“, die im September 1969 für etwa 10 Tage in Essen durch den Deutschen Verband für Schweißtechnik e. V. und die Gemeinnützige Ausstellungsgesellschaft mbH. in Essen organisiert worden war, hatte sich folgendes zum Ziel gesetzt:

„Ingenieure, Metallurgen, Physiker und Chemiker waren in den vergangenen vier Jahren seit der 6. Internationalen Fachmesse SCHWEISSEN UND SCHNEIDEN erfolgreich tätig. Neue Werkstoffe, zum Beispiel stickstoffhaltige austenitische chemisch beständige Stähle mit hoher Festigkeit, explosionsplattierte Bleche zur Weiterverarbeitung im chemischen Apparatebau, die Aluminiumlegierung AlZnMg 1 und thermoplastische Kunststoffe sowie neue Zusatzwerkstoffe, zum Beispiel niobstabilisierte Chrom-Nickel-Bandelektroden für Einlagenschweißplattierungen, wurden entwickelt. Den Konstrukteuren eröffnen sich hierdurch neue Möglichkeiten. Die verarbeitende Industrie und das Handwerk, gleichzeitig aber auch die Schweißgeräte herstellende Industrie, wurden durch diese Fortschritte vor neue Aufgaben gestellt, die gelöst worden sind. Firmen aller führenden Industrieländer der Erde werden ihre verbesserten Konstruktionen und Neuentwicklungen erstmalig vorstellen. Mehr als dreihundert Aussteller aus sechzehn Ländern und der DDR werden auf einer Hallenausstellungsfläche von insgesamt 47 000 m^2 und auf dem Freigelände ihre Leistungsfähigkeit unter Beweis stellen."

Diese Zahl von 300 Ausstellern und deren hier angebotene Erzeugnisse, Verfahren und Systeme sind auf mehr als 200 Seiten des Ausstellungskatalogs in einer Gliederung nach 36 verschiedenen Warenbegriffen verzeichnet.

Besteht zwischen diesen ins Große gewachsenen Darbietungen noch ein Zusammenhang zum einfachen Verkaufsstand auf einem Wochenmarkt und dem Schaufenster eines Krämers in einer Kleinstadt? In der Annahme, daß jede dieser Miniatur-Schauveranstaltungen bewußt in der Absicht verkaufen zu wollen, betrieben wird, muß die Antwort JA lauten. In jedem Falle (ob Messestand, Wochenmarkt oder Schaufenster) wird versucht werden, das günstigste Angebot in die optische Mitte zu rücken und es deutlich hervorzuheben. Auf den Messen, wo nach Mustern verkauft wird, haben zur Unterstützung dieser Absichten die Druckschriften, Faltblätter und Kataloge (oder wie Goethe schon sagte „Preisverzeichnisse") eine wichtige Funktion zu erfüllen; hinter dem Schaufenster liegt in aller Regel das gleiche Objekt zur sofortigen Abgabe bereit und auf dem Wochenmarkt sind wir gewohnt, die ausgewählte Ware, die wir nicht selten durch Betasten selbst bestimmen, sofort mitzunehmen. In jedem Falle wird der Anbieter aber versuchen, durch die entsprechende Gestaltung seiner Auslage die Aufmerksamkeit des potentiellen Käufers zu gewinnen.

Aus den Organisations-Beispielen (S. 45 ff.) geht hervor, wie stark die hier ausgebildeten Fachberufe bereits spezialisiert sind und auf wieviele Hilfsberufe und -funktionen sie sich stützen müssen.

Die Warendistribution der Gegenwart ist aber ohne eine unabdingbare Voraussetzung, von der zu „Wilhelm Meisters Wanderjahren" überhaupt noch nicht die Rede sein konnte, nicht denkbar. Voraussetzung der modernen Warendistribution ist die Verpackung.

Die Dissertation von Adolf Männicke „Die Warenverpackung als ein Faktor der betrieblichen Absatzpolitik" [103] ergänzt das, was bereits im Schema des Marketing (A I 2) gesagt worden ist. Im modernen Marketing ist die Verpackung ein entscheidendes Element.

Darüber hinaus aber haben wir vorbildliche Möglichkeiten der umfassenden Unterrichtung durch folgende Veröffentlichungen:

Fachnormenausschuß Verpackung im Deutschen Normenausschuß (DNA):

Mit dem Normblatt DIN 55 405 über „Begriffe im Verpackungswesen" ist eine ausgezeichnete Möglichkeit der Verständigung herbeigeführt worden.

Rationalisierungs-Gemeinschaft Verpackung beim Rationalisierungs-Kuratorium der Deutschen Wirtschaft (RKW)

Die von dieser Stelle herausgegebenen Schriften über rationelles Verpacken und Beispiele aus der Praxis geben über alle Fragen umfassende Auskunft. Eine einfache Schrift von nur 36 Druckseiten erläutert die wichtigsten Einzelaufgaben:

1. Das Erzeugnis	14 Einzelaufgaben
2. Das Verpackungsmaterial	15 Einzelaufgaben
3. Die Verpackung	16 Einzelaufgaben

4. Das Verpacken (Versandfertigmachen) 14 Einzelaufgaben
5. Der Versand 7 Einzelaufgaben
6. Der Vertrieb 10 Einzelaufgaben

Schließlich ist noch die

Verpackungswirtschaftliche Schriftenreihe aus Forschung und Praxis (Verlag für Fachliteratur GmbH., Berlin)

zu nennen, deren handliche Broschüren kaum ein Problem dieses wichtigen Gebietes unberührt lassen.

Wesentliche Beiträge aber leisten alle großen Hersteller von Verpackungsmaterialien, Folien, Kunststoffen und von Verpackungsmaschinen.

6. Diapositive, Tonspeicher, Filme, Rundfunk, Fernsehen[1]

Die bisher erwähnten Mittel der Wirtschaftswerbung sind auch Mittel der visuellen und/oder akustischen Präsentation, deshalb können die hier zu behandelnden Werbemittel oder Werbeträger nicht anders charakterisiert werden als mit ihrer Sachbezeichnung.

Die Ankündigung eines Gladiatorenkampfes durch Ämilius Celer am Forum von Pompeji oder das Firmen- oder Geschäftsschild eines Jean-Antoine Watteau sind nur klassische Vorläufer der heutigen Fotografie und Druckgrafik.

Diese visuelle Repräsentation dessen, was tatsächlich ist, hat eine wunderbare Bereicherung erfahren, als es Erfindern gelang, die menschliche Stimme, d. h. den Ton, einzufangen, ihn zu konservieren und wieder lebendig zu machen. Ein weiterer Schritt wurde getan, als es möglich wurde, im Film durch die schnelle Folge von Bildern auch noch die Bewegung zu reproduzieren[2]. Durch die Ausstrahlung von gespeichertem Ton über den Rundfunk und durch die Ausstrahlung von Ton und Bild über das Fernsehen (und das auch noch in Farbe!) sind

[1] Vgl. hierzu: WW Seite 327 und Göschen Band 1231 Seite 95.

[2] Zum Thema Film sei besonders aufmerksam gemacht auf die hervorragende Darstellung von Walter Hagemann [52]; ferner auf Bergner [11] und Gassler [45].

innerhalb weniger Jahrzehnte große Fortschritte gemacht worden.

Viele technische Verbesserungen, die auf allen Gebieten erreicht worden sind, scheinen manchmal kaum ins Gewicht zu fallen. Wir haben heute z. B. die Möglichkeit, feststehende Bilder (Diapositive) mit einem Tonband zu koppeln, sodaß bestimmte Texte durch mechanische Impulse zu bestimmten Bildern in einem völlig automatischen Vorgang reproduziert werden.

Die „Systematische Inhaltsanalyse" [129] von Alphons Silbermann ging der aufschlußreichen Arbeit „Bildschirm und Wirklichkeit" [130] vorauf. Während die zuerst genannte Arbeit die Methode und Systematik der Inhaltsanalyse untersucht, erschließt die zweite Arbeit Erkenntnisse über eine Gruppe von Mitteln der Werbung, über die wir bisher noch nicht verfügten.

Silbermann bezieht in die Arbeit „Bildschirm und Wirklichkeit" auch die Presse in einer Auswahl ein, und zwar geht es ihm bei der Analyse des Gesamtvolumens aller Informationen durch die beiden deutschen Fernsehanstalten ARD und ZDF und die vier überregionalen Tageszeitungen (FAZ, DIE WELT, SZ und Bild) um die erdrückende Fülle von Impulsen und Kontakten, Impressionen und Zerrungen, denen jeder einzelne heute ausgesetzt ist. Ein FS-spot von 30 oder 60 Sekunden Dauer, mit in sich abgeschlossener – komprimierter! – Handlung und dramatischer Steigerung jagt in rasender Bewegung das andere. Jeder einzelne Eindruck kann noch vertieft werden durch Ankündigungen in anderer Form, die wir in uns aufnehmen mußten, vielleicht während einer Rundfunksendung im Auto, als wir an den Außen-Anschlagstellen in einer Großstadt vorüberfuhren.

Als Marketing-Manager vermögen wir unseren Einfluß auf die Verkaufskräfte im Außendienst zu verstärken, wenn wir sie Instruktionsfilmen oder Tonbildschauen gegenüber exponieren. Wir haben durch moderne audiovisuelle Geräte starke Multiplikatoren der Ansprache und der Ermunterung, des Vorbilds und der Zielgebung in täglicher Reichweite (vgl. Elisabeth Hirsch [57]).

Es ist eine große Aufgabe, die jeder Werber zu lösen hat, sich in dieser Welt schriller Dissonanzen noch Gehör zu verschaffen; die Marketing-Funktion 12 zeigt als höchstes Ziel das der Alleinstellung auf. Donald M. Hobart [58] hat darauf-hingewiesen, daß es darauf ankommt, die Werbung dorthin zu tragen, wo die Menschen leben (vgl. Göschen Band 1231, S. 96/97). Der Rundfunk hat – nach der gedruckten Anzeige – hierzu eine neue Möglichkeit geschaffen, die vom Fernsehen noch gesteigert worden ist. Dieses Problem gewinnt bei der immer stärkeren Mechanisierung der modernen Warendistribution immer mehr an Bedeutung, und gerade von hier aus werden an die Gestalter von FS-spots, Werbetexten und gedruckten Ankündigungen immer höhere Anforderungen gestellt.

7. Gegenstände geringen Wertes

Hierzu soll nur auf das verwiesen werden, was bereits in Göschen Band 1231, S. 97 und 98 gesagt worden ist.

F. Die Formen und die Methoden der Wirtschaftswerbung

Unter *Form* (und Formen) soll die Werbung als auf ihre „Gestalt" bezogen gesehen werden (vgl. Göschen Band 1231, S. 17 f.). Unter diesem Aspekt kommt es auf das „Bild der Erscheinung" an, wodurch eine Idee (oder Werbebotschaft) derart sichtbar gemacht werden soll, als wäre sie Wirklichkeit. Diese Einstellung verlangt aber z. B. nicht einfach nach einer

„strengen" Form; sie schließt nicht einmal aus, daß in losester Form sogar „gags" wichtig sein können.

Unter *Methode* (oder methodisch) ist die Darstellungsweise zu verstehen; sie kann ihre Wurzeln in der schöpferischen Intuition aber auch in rationalen und planmäßigen Überlegungen haben. Ob wir nun Methode mit Manier, Ordnung, Programm, Schema oder Stil gleichsetzen oder ob wir diese Systematik integriert mit anderen Elementen oder in Opposition zu anderen Elementen sehen oder ob ihre Elemente des visuellen Ausdrucks sich der Linie, der Fläche, der Winkel, der Symmetrie oder der Asymmetrie bedienen, das liegt allein an dem Gestalter und an dessen Idee, wie er die ihm gestellte Aufgabe in Realität umsetzen will.

Form und Methode haben eine starke innere Affinität; Form und Methode sind Worte, die ihrem Sinngehalt nach bis zu einem gewissen Grade austauschbar sind.

Emil Peter Ehrlich [34] unterscheidet in der von ihm entwickelten Systematik der Wirtschaftswerbung (1) nach Werbung für Güter und Dienstleistungen, (2) nach einführender und festigender Werbung, (4) nach Einzelwerbung und Gemeinschaftswerbung, (5) nach Werbung für Konsumgüter und Investitionsgüter, (6) nach Werbung für den Binnenmarkt und für den Außenmarkt. Schließlich unterscheidet er (7) noch nach mittelbarer und unmittelbarer Werbung.

Diese Systematik wird deshalb zum Vergleich herangezogen, weil sie in einem neueren Lehrbuch eines sozialistischen Landes, der Volksrepublik Polen, zu finden ist; sie zeigt, daß sich die Probleme der Werbung in der ganzen Welt und in allen Wirtschaftssystemen doch sehr gleichen.

Da die meisten in dieser Systematik aufgeworfenen Probleme bereits behandelt worden sind, soll jetzt nur von den unter (4) erwähnten Formen und Methoden der Werbung gesprochen werden.

I. Einzelwerbung

Die in Kapitel D (Die Marketing-Funktionen der Werbung) aufgeführten und erläuterten 48 Beispiele sind mit nur einer einzigen Ausnahme (Beispiel 2: Arbeitsgemeinschaft „Die Spaltplatte") Beispiele der Einzel-, Eigen- oder Selbst-Werbung. Die Präfixe „Eigen" oder „Selbst" geben den stärksten Hinweis auf das (englische) Wortelement „self" oder „selves"[1]. Auf bestimmte Formen der Werbung bezogen bedeuten diese Wortelemente, daß die Werbung von einer Unternehmung (Person, Organisation) ausgeht und daß diese Werbung die eigene Unternehmung oder ihre Leistungen zum Gegenstand (Objekt) dieser Äußerungen macht. Diese Form der Werbung wird von jedem Werbungtreibenden „einzeln" und für sich selbst betrieben, um sich selbst oder die eigene Leistung darzustellen.

Die hier mitgeteilten Beispiele bedürfen keiner weiteren Erläuterungen mehr; sie sprechen für sich selbst.

II. Gemeinschaftswerbung

In der vom BDI und RKW herausgegebenen Schrift [21] über eine Tagung im Juni 1964 über das Generalthema „Ist die Beteiligung an einer Gemeinschaftswerbung sinnvoll?" wird mitgeteilt, daß sich 1964 fast 120 Organisationen und zentrale Werbegemeinschaften mit Aufgaben der Gemeinschaftswerbung befaßten. In dem Vorwort zu dieser Schrift heißt es:

„Die zwischenbetriebliche Zusammenarbeit im Bereich der Werbung mit dem Ziel, für die Beteiligten die Wettbewerbs-

[1] Das Wortelement „self" oder „selves" kommt aus dem Althochdeutschen „selb" und dem Mittelhochdeutschen „selp", und es ist in fast allen altsächsischen, altfriesischen und altnordischen Sprachen zu finden. Wir haben wohl englische Worte wie „self-communication" oder „self-disclosure", aber kein Wort „self-advertising". Das Wort „self" kennzeichnet: „The individual as an object to his own reflective consciousness".

fähigkeit zu steigern und den Absatz zu fördern, wird in zunehmendem Maße erkannt und genutzt. Die Gemeinschaftswerbung tritt dabei als Musterbeispiel einer Partnerschaft mit der ehemals hart bekämpften Konkurrenz auf.

Wichtig sind die Abgrenzung der Gemeinschaftswerbung von anderen Formen werblicher Zusammenarbeit; Erfassung der Motive zur Begründung einer Gemeinschaftswerbung; Voraussetzungen für die Durchführung einer Gemeinschaftswerbung."

Der Präsident des Zentralausschusses der Werbewirtschaft (ZAW), Dr. Wilhelm Tigges, sagt an gleicher Stelle (S. 10 ff.): „Es scheint, als ob man sich zur Gemeinschaftswerbung zunächst immer erst dann entschließen konnte, wenn vom Markt her ein unmittelbarer Zwang ausging und die Unternehmungen einer Branche sich in einer gewissen Notlage befanden. Wenn der Einzelunternehmer mit den Problemen allein nicht mehr fertig zu werden glaubte, fand er sich zur Zusammenarbeit mit seinen Konkurrenten bereit. Erst dann warb man mit vereinten Kräften für den Absatz aller. In letzter Zeit – und das wird wohl in Zukunft immer mehr der Fall sein – deutet sich ein anderes Motiv für die Gemeinschaftswerbung an. Es ist der Wunsch nach aktiver, dynamischer Absatzpolitik, der Unternehmungen mit gemeinsamen Interessen zur Gemeinschaftswerbung führt, auch ohne daß sie sich im Augenblick in einer Notlage befänden.

Hinter jeder Werbung – natürlich auch hinter der Gemeinschaftswerbung – steht der Wunsch, erfolgreicher zu verkaufen. Dieser Wunsch darf nun aber bei der Gemeinschaftswerbung nicht zu der Vorstellung führen, eine solche Werbung, an der so viele Unternehmen beteiligt sind, müsse auch binnen kurzer Zeit sichtbare Erfolge für den einzelnen bringen. Gemeinschaftswerbung – das sollte man nicht vergessen – ist in erster Linie nicht etwa eine direkte Verkaufswerbung; ihr Hauptziel ist vielmehr die grundsätzliche Beeinflussung des Verbraucherverhaltens. So hat man beispielsweise bei der Hut-Gemeinschaftswerbung auch nicht gesagt ‚Kauft Hüte', sondern man ging vielmehr den indirekten Weg und versuchte, den Hut als gesellschaftliches Requisit dadurch aufzuwerten, daß man dezent und gleichsam im Flüsterton sagte: ‚Übrigens, man geht nicht mehr ohne Hut!' Mit anderen Worten, Gemeinschaftswerbung soll zwar selbstverständlich auch umsatzsteigernd wirken, aber sie bezweckt zunächst eine Beeinflussung der Gewohnheiten und Verhaltensweise der Verbraucher mit dem Ziel der Festigung und Verbesserung der Marktposition."

Wilhelm Tigges faßt dann die Ziele einer Gemeinschaftswerbung wie folgt zusammen:

1. Das Schaffen neuer Märkte, insbesondere auch im Ausland.
2. Rückgewinnung oder Erhaltung von Marktanteilen.
3. Überwindung konjunktureller und saisonaler Schwankungen.
4. Das Aufzeigen neuer Anwendungsbereiche.
5. Gemeinschaftswerbung für Saisonprodukte.
6. Bildung eines günstigen Vorstellungsbildes von der Ware beim Verbraucher.
7. Überwindung ungünstiger Vorurteile und fest eingewurzelter Konsumgewohnheiten.

Die „unendlichen Schwierigkeiten der Finanzierung" werden erwähnt.

Über die „Strategie" einer solchen Gemeinschaftswerbung berichtet Heinz Todtmann, Direktor der Informationsstelle Edelstahl „rostfrei" (a. a. O. S. 21 ff.) wie folgt:

„Es ist zwar eine Seltenheit – zumindest hier in Deutschland –, wenn die Grundstoff- und Investitionsgüter-Industrie einen Markt, der ihren Absatz fördert, durch die direkte Ansprache des Endverbrauchers entwickelt, oder anders ausgedrückt, wenn sie mit ihrer stärkeren Potenz ihren eigenen Abnehmern, den Verarbeiterwerken, den Markt schafft und schaffen hilft, den diese zur Erweiterung des Absatzes brauchen.

Die Träger der Informationsstelle Edelstahl ‚rostfrei', rund 40 Mitgliedswerke und -firmen, sind sämtlich Hersteller von rostfreiem Roh- und Vormaterial – also von Blech, Band-, Stabstahl, Draht – und die in diesen Bereich gehörenden maßgebenden Handelsfirmen. Die verarbeitenden Werke gehören nicht zu unseren Mitgliedern, wenn auch eine enge Zusammenarbeit mit ihnen eines unserer Lebenselemente ist.

Unsere Industrie spricht mit dieser Gemeinschaftswerbung über ihre eigenen Abnehmer, die verarbeitenden Werke, hinweg direkt den Endverbraucher an. Der Endverbraucher ist in diesem Falle zunächst die Hausfrau, der Gastwirt, der Hotelier, der Pächter oder Inhaber eines Kantinenbetriebes, der Bauherr, der Direktor einer Krankenhausverwaltung, Wäschereien, die Schiffbauindustrie. Dazu kommen die wichtigsten Empfehlergruppen wie: Architekten, Hausfrauenverbände, Haushaltsschulen, Fachschulen, Dozenten.

Die Grunderkenntnis für unsere Konzeption lautet: wir werben nicht für einen Werkstoff, sondern ‚we sell an idea', wir verkaufen die Idee vom edlen Werkstoff Edelstahl ‚rostfrei'! Erzeugnisse aus diesem Edelstahl ‚rostfrei' muß man nicht nur haben, weil der Werkstoff so viele Gebrauchsvorteile bietet wie kaum ein anderer, sondern weil der Besitz solcher Erzeugnisse das Sozialprestige hebt. Aus der Marktsituation ergaben sich zwangsläufig die Zielgruppen: Hausfrauen, Gastronomen, Architekten, später auch der Fachhandel, und daraus wiederum ergaben sich zwangsläufig Werbemittel und Werbeträger. Das waren zunächst Anzeigenaktionen in den großen Illustrierten und in den Fachzeitschriften der Zielgruppen mit notwendigerweise sehr vielschichtiger Gestaltung und Argumentierung. Jede dieser Zielgruppen war anders anzusprechen. Bei den Hausfrauen operierten wir mit dem Slogan ‚Glanz für's Leben'; beim Handel mit dem Slogan ‚Schlüsselwort für Mehrverdienst'. Bei den Gastronomen berücksichtigen wir das legitime kommerzielle Interesse und das gerade bei diesem Gewerbezweig herrschende Elend der Personalnot. Wir sagten: ‚rostfrei macht sich bezahlt'. Beim Architekten entsprechend seiner Mittler- und Empfehlerstellung arbeiteten wir mit dem Begriff ‚rostfrei stellt alle zufrieden'. Als Motive stellten wir ‚Lokomotiven' heraus, also publikumswirksame Objekte, z. B. die rostfreie Spüle, die heute in über der Hälfte der 550 000 Neubau-Wohnungen, die jährlich in der Bundesrepublik erstellt werden, serienmäßig eingebaut wird, ferner Bestecke, die den Begriff ‚rostfrei' wohl zu allererst populär gemacht hatten, dann die Ausrüstungsteile der Waschmaschinentrommeln und -behälter.

Besondere Aufmerksamkeit haben wir der Verkäuferschulung geschenkt.

Aus alledem ergab sich ganz zwangsläufig unsere Strategie.

Stufe 1: Bedarfsweckung beim Konsumenten, Propagierung des Werkstoffbegriffes und der Gebrauchsvorteile und Propagierung des Geltungsnutzens, den der Besitz von ‚rostfrei'-Erzeugnissen verschafft.

Stufe 2: Die Bedarfsdeckung. Wir ermunterten die verarbeitende Industrie, ein entsprechendes Angebot herauszubringen, das sich – wie gesagt – in diesen 6 Jahren ungefähr verfünffacht hat.

Stufe 3: Ermutigung und Unterstützung des Fachhandels. Natürlich ist das zeitlich nicht streng abgegrenzt. Die zweite Stufe begannen wir schon während der ersten und die dritte während der zweiten und jetzt sind alle drei Stufen sozusagen im vollen Betrieb. So haben sich aus der Werbung ganz zwangsläufig andere Formen der Marktbeeinflussung entwickelt bis hin zur Verkaufsförderung."

Die Etats der einzelnen Werbestellen sind unterschiedlich gut dotiert; meist werden die Mittel durch Umlagen nach bestimmten Quoten aufgebracht. Hierüber gibt der Geschäftsführer des Deutschen Zigarreninstituts (DZI) Peter Hoenisch Auskunft. Rohtabakhändler, Zuliefererfirmen der Zigarrenindustrie und die Gruppe der Handelsvertreter zahlen unterschiedliche Beiträge, z. T. nach freiwilliger Selbsteinschätzung, in diesem Bericht (a. a. O. Seite 35 ff.) heißt es dann weiter:

„Die bedeutendste Gruppe ist die der Zigarrenhersteller. Dem DZI gehören ca. 60 Fabrikanten an. Dies scheint bei einer Gesamtzahl von 400 noch liefernden Betrieben sehr wenig, jedoch nur 19 Betriebe haben einen Umsatzanteil von fast 64 % am Gesamtumsatz der Zigarrenindustrie und ca. 60 Betriebe, mit diesen 19 Betrieben zusammengenommen, einen Umsatzanteil von über 90 %. Man kann also ohne Übertreibung sagen, daß das DZI einen Anteil am Gesamtumsatz von ca. 90 % repräsentiert. Nur ganz wenige Firmen von Bedeutung gehören dem Verein nicht an. Die dem DZI angehörenden Firmen zahlen einen Beitrag von 1,5 ‰ des Warenwertes, d. h. des unversteuerten Umsatzes. Als Bemessungsgrundlage dient der Umsatz des verflossenen Geschäftsjahres, der einer neutralen Instanz gemeldet wird, die auch die Rechnungen ausstellt, ohne daß ein anderer die Möglichkeit hat, Einblick zu nehmen.

Eine weitere sehr bedeutende Gruppe stellt der Handel dar, der in 2 verschiedenen Formen erfaßt wird. Das DZI hat einerseits Einzelmitglieder aus dem Händlerkreis, die einen Anerkennungsbeitrag von DM 50,– pro Jahr zahlen. Es handelt sich um ca. 70 zumeist Spitzenfirmen. Darüber hinaus zahlt der Handel, nämlich der Groß- und Einzelhandel, freiwillig einen Beitrag von 1,5 ‰ des Rechnungsbetrages bei unversteuerter und 1,1 ‰ bei versteuerter Lieferung. Die Berechnung erfolgt am Schluß der Rechnung des Fabrikanten mit der einheitlichen Bezeichnung DZI-Werbebeitrag. Die Rechnung unter 100,– DM wir auf 0,10 DM aufgerundet."

Den meisten dieser Informations- und Werbestellen ist eigen, daß alle mehr oder weniger um eine ausreichende Dotierung zu kämpfen haben.

Eine aufschlußreiche Information über die Gemeinschaftswerbung ist durch die „Auswertung einer Fragebogen-Aktion“ zu erhalten. Im Jahre 1967 wurden 130 Werbegemeinschaften mittels Fragebogen befragt; es wurden 64 Fragebogen vollständig beantwortet, die sich auf folgende Wirtschaftsbereiche verteilten:

– Textil, Bekleidung und Zubehör	20
– Landwirtschaft, Nahrungs- und Genußmittel	13
– Erzeugnisse für Haus und Heim	6
– Verpackungswesen	6
– Baugewerbe	10
– Investitionsgüter	2
– Dienstleistungen	7

Von den an der Auswertung beteiligten Gemeinschaftswerbungen bestanden 39 seit über 10 Jahren.

Über die Höhe der Werbebudgets wird folgendes berichtet:

„57 von 64 Gemeinschaftswerbungen gaben die Höhe der ihnen zur Verfügung stehenden Etats an, die im Jahre 1966 insgesamt rund *50 Millionen DM* ausmachten.

Tabelle 21. Budgets bei Gemeinschaftswerbungen

Werbebudgets von jeweils über	1 Million	DM . .	22 Gemeinschaften
Werbebudgets von jeweils über	750 000	DM . .	5 Gemeinschaften
Werbebudgets von jeweils über	500 000	DM . .	1 Gemeinschaft
Werbebudgets von jeweils über	250 000	DM . .	7 Gemeinschaften
Werbebudgets von unter	250 000	DM . .	22 Gemeinschaften

Das Ergebnis der Umfrage zeigt, daß über ein Drittel der Werbegemeinschaften mit einem Jahresetat von unter DM 250 000 arbeiten.

Die Finanzierung der Gemeinschaftsfonds erfolgt nach dem Umfrageergebnis in den meisten Fällen auf der Basis eines Pro-Mille-Satzes vom jeweiligen Jahresumsatz der Mitwirkenden. Neben Sonderumlagen nach festen oder gestaffelten Summen sowie freiwilligen Pauschalen werden recht vielfältige Formen der Beitragsleistung praktiziert. So sind beispielsweise Prozentsätze vom Inlandsumsatz (etwa Inland-Netto-Versandwert), vom Fakturen- oder auch Produktionswert anzutreffen. Bisweilen basieren die Finanzierungsanteile auf Zahlungen, die sich aus festgelegten Beträgen pro Einheit, d. h. pro Stück, pro Tonne, pro qm etc. zusammensetzen."

Von den 64 Werbegemeinschaften verfügten 55 über Werbeausschüsse, durch die eine Übereinstimmung mit den Absatz- und Produktionsinteressen der Träger dieser Gemeinschaften sichergestellt werden soll. Bei konsumnahen Erzeugnissen überwiegt die Anzeige in Zeitschriften und Zeitungen, bei konsumfernen Gütern haben Broschüren und sonstiges Informationsmaterial den Vorrang.

III. Verbund-Werbung

Der Gemeinschaftswerbung ähnlich ist die Werbung eines Verbundes von Werbungtreibenden, die unterschiedliche, inhomogene aber doch irgendwie komplementäre Produkte anbieten. Die „Gruppe 21" besteht aus 23 Herstellern von formvollendeten Gegenständen; die Gruppe hat eine Jury aus international bekannten Fachleuten berufen, die darüber entscheidet, welche Erzeugnisse (an denen die Gestaltungskunst weltbekannter „designer" spürbar ist) das Zeichen dieser Gruppe tragen dürfen. Eine Anzeige der Rosenthal AG, die eine Kaffeekanne des Designers Ambrogio Pozzi vorstellt ($^1/_1$ Seite Spiegel-Format), führt auf der gegenüberliegenden Seite eine Spalte ($^1/_3$ Seite) mit, in der Namen und Marken-/Firmen-Zeichen von 23 Herstellern aufgeführt werden. Hier sind

Unternehmungen vertreten, die in ihren speziellen Fachbereichen gleichen Ranges sind und deren Erzeugnisse einer gleichen Prüfung standhielten.

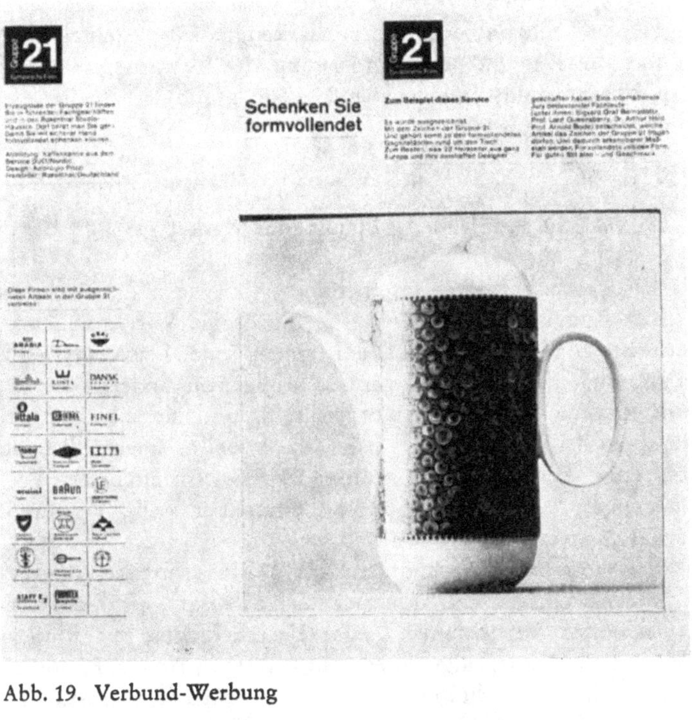

Abb. 19. Verbund-Werbung

Ähnliche Formen der Verbund-Werbung haben sich bei Zigarren und Feuerzeugen, Zigarren und Zellophanfolien, Bier und Feinblech usw. feststellen lassen. Die Aufteilung der Kosten wird, je enger der Kreis der Beteiligten gezogen ist, einfacher und je weiter er gezogen ist, schwieriger sein.

G. Probleme der Planung im Marketing und der Budgetierung in der Wirtschaftswerbung

Die Festlegung eines Werbeetats im voraus ist ein Akt des Planens, und dieser Akt ist damit auch ein Stück Planungsarbeit im Gesamtbereich des Marketing. Hier stehen allerdings die Elemente der Etatisierung der Wirtschaftswerbung im Vordergrund; trotzdem sind einige grundsätzliche Überlegungen voranzustellen.

I. Probleme der Planung im Marketing[1]

Eine wirtschaftliche Unternehmung ist, wie alle Einzelwirtschaften, auf zweifache Weise an die übrige Wirtschaft angeschlossen: Sie nimmt auf der einen Seite Leistungen auf, Leistungen, die teilweise für sie schon von anderen Einzelwirtschaften vorgeleistet worden sind, und sie gibt auf der anderen Seite Leistungen wieder ab, wobei es unerheblich ist, ob diese Leistungen für andere Einzelwirtschaften als Vorleistungen gelten oder ob sie unmittelbar dem Verbrauch zugeführt werden.

Die Leistungsaufnahme und die Leistungsabgabe, der betriebliche Einsatz und der betriebliche Absatz, sind die entscheidenden Verbindungen jeder Unternehmung zur übrigen Wirtschaft; denn alle außerdem bestehenden, z. B. durch finanzielle Verpflechtungen, dienen nur dem betrieblichen Einsatz und dem betrieblichen Absatz.

Die Aufgabe, betriebliche Leistungen im Markt zu verwerten, nennt die betriebswirtschaftliche Fachsprache, wenn auch nicht immer einheitlich, Absatz oder Absatzwirtschaft; seit einigen Jahren ist die Bezeichnung „Marketing" auch weit-

[1] Vgl. hierzu: Hundhausen [68].

gehend von der Betriebswirtschaftslehre akzeptiert worden. Auch der früher schon sehr häufig zu findende Begriff „Distribution" hat unter dem Einfluß der amerikanischen Werbefachsprache einen stärkeren Akzent erhalten.

Unter Hinweis auf das Marketing-Schema von Neil H. Borden [15] ist zu sagen, daß der Absatz- oder Marketing-Plan viele Teilpläne umfaßt:

Planung der absatzwirtschaftlichen Forschungsarbeit; Planung der Bedarfs- und Absatzobjekte; Planung des Produktions- und Umsatzvolumens aus absatzwirtschaftlicher Bedarfsermittlung; Planung der Vertriebswege und -methoden; Planung der Absatz- und Vertriebskosten; Planung der Absatz- und Verkaufswerbung; Planung der betrieblichen Exportleistungen; Planung des absatzwirtschaftlichen Kräfteeinsatzes.

Über jeden Teilbereich lassen sich natürlich Einzelpläne aufstellen; wichtig aber sind die Planungen der Absatz- oder Marketing-Politik überhaupt. Hierzu gehören, abgesehen von der wissenschaftlich/systematischen Durchdringung und Analyse des Marktes und des ganzen Markt-Geschehens, die absatzwirtschaftliche Ertragsplanung und die Abschätzung des unternehmerischen Wagnisses.

Einer der betrieblichen Gesamtpläne ist also der Absatzplan. Die Absatzplanung für eine Unternehmung ist gleichzusetzen der Planung des Unternehmungsertrages. Die Ertragsgestaltung ist mit um so größerer Sicherheit durchzuführen, je mehr die unternehmerischen Wagnisse und Risiken ausgeschaltet werden können. Wenn auch die Planung der betrieblichen Erträge, d. h. die Planung des Absatzes der Bedarfsobjekte nach weitgezogenen Richtlinien zu erfolgen hat, so muß doch eine flexible Absatzpolitik für die notwendige und zeitnahe Angleichung aller absatzpolitischen Maßnahmen Gewähr leisten.

Da die Ertragsgestaltung einer Unternehmung abhängig ist von dem Bedarf, der sich im Markte manifestiert, können die

Entscheidungen über die in den Ertragsbereich hinein wirkenden Faktoren nur dann markt- und unternehmungsgerecht getroffen werden, wenn die Grundlagen des Bedarfs (Bedürfnisstruktur und Kaufkraftschichtung) hinreichend erforscht sind. Die Durchführung des absatzwirtschaftlichen Forschungsplanes hat diese Grundlagen zu schaffen.

Durch die im voraus geplante Ausrichtung der in der Unternehmung erzeugten Bedarfsobjekte auf die Grundrichtung des sich im Markte manifestierenden Bedarfs legen wir Standards fest, die eine Voraussetzung ökonomischer Produktgestaltung sind. Diese Produktgestaltung muß mit einem Maximum auf den Bedarf ausgerichtet sein; sie sollte aber soviel an gestalterischer Eigenwilligkeit zeigen, daß ein optimaler Produktionsablauf gesichert ist und daß ihr Absatzmarkt neue Impulse erhält.

Die Planung des angestrebten Umsatzvolumens ist gleichbedeutend mit der Planung des betrieblichen Ertragsvolumens. Unter Auswertung allgemeiner konjunkturstatistischer Daten hat die Vorausschätzung der Gesamtumsätze einer Unternehmung aber konkrete Schätzungsfaktoren zugrunde zu legen, die für die einzelne Unternehmung verschieden sind. In laufendem Vergleich der Sollzahlen mit den wirklich erreichten Ergebnissen sind Quoten je weiter unterteilt zu setzen, je näher die daran mitwirkenden Kräfte dem einzelnen Umsatzakt stehen. Wenn auch der allgemein orientierende Zweck dieser Vorausschätzungen nicht zu verkennen ist, so geben sie doch ein Ziel an, und sie sind ein Erziehungsmittel zum Leistungseinsatz, wodurch für die Unternehmung im ganzen die Erreichung wirtschaftlicher Optimalleistungen angestrebt wird.

Die Planung des industriellen Vertriebs hat zwar für die in der Unternehmung erzeugten Bedarfsobjekte die Wege zu dem im Markte sich geltend machenden (von der Bedarfs- und Verbrauchsforschung zu erkennenden) Bedarf zu suchen; sie hat aber auch diese Wege gegenüber anderen Mitbewerbern im Absatzfeld und gegen die Einflüsse der Absatzmittler so durchzusetzen, wie es die wirtschaftlichen Gesamtaufgaben der Unternehmung fordern.

Die Unternehmungs- und marktgerecht gebildeten Preise für die an den Markt gebrachten Bedarfsobjekte müssen auf der einen Seite in der Preiskalkulation ihre Verankerung haben, auf der anderen aber auf die im Markte wirkenden Bedürfnisintensitäten und Kaufkraftpotentiale ausgerichtet sein. Während bei den sachlichen Vertriebskosten, als Teilen dieser Preise, nach der geringsten Kostenhöhe zu streben ist, müssen Erlösschmälerungen und persönliche Vertriebskosten, die durch ihren doppelseitigen Charakter ja auch die Ertragsgrundlagen der an ihnen beteiligten Absatzmittler sind, so gesetzt werden, daß sie zu einer stetigen Leistungssteigerung führen.

Die Wirtschaftswerbung ist – wie schon wiederholt gesagt – als Mittel der Absatzwirtschaft nicht Selbstzweck. Als reine Verkaufswerbung muß sie ihren Ausgang von der Ware nehmen. Je mehr aber diese Waren an den Standards einer ökonomischen Produktgestaltung geformt und je stärker diese Waren homogenisiert und gleichgerichtet werden, je mehr können sie zur Deckung eines homogenen und gleichgerichteten Bedarfs dienen. In diesem Falle hat die Wirtschaftswerbung als reine Absatzwerbung die Aufgabe, Bedürfnisverlagerungen entgegenzuwirken und den Bedarf auf diese gleichförmig gestalteten Waren ausgerichtet zu halten. Da die Aufgabe der Beeinflussung von Bedürfnissen aber nur auf längste Sicht zu lösen ist, kann die Absatzwerbung nur durch eine langfristige Planung gefördert werden. Sie hat dabei alle Erfordernisse einer sekundären Motivation zu beachten.

Infolge der Ökonomisierung der Produktgestaltung, die durch einen in gleicher Richtung verhaltenen Bedarf gefördert wurde, ist eine Versachlichung in den Absatzbeziehungen zwischen Herstellern und Absatzmittlern eingetreten, und auch die innere Absatzorganisation hat eine starke Vereinfachung erfahren, mit der Folge, daß die wesentlichsten Entscheidungen zentral und für lange Fristen getroffen werden.

Absatzwirtschaftliche Planung oder Planung aller Marketing-Elemente ist gleich betriebliche Ertragsplanung, denn ohne die absatzwirtschaftliche Verwertung der betrieblichen Leistungen sind diese Leistungen ohne Wert.

II. Etatisierung der Werbung und die Kosten der Werbung

In WW Seite 343 bis 387 werden unter dem Stichwort „Wirtschaftlichkeit der Werbung" folgende Probleme behandelt:

- Der Aufwand für Wirtschaftswerbung als Teil der Vertriebskosten
- Der Aufwand für Wirtschaftswerbung nach Kostenarten
- Der Aufwand für Wirtschaftswerbung bei einzelnen Werbungtreibenden
- Der Aufwand für Wirtschaftswerbung für einzelne Erzeugnisse und Erzeugnisgruppen.
- Der Aufwand für Wirtschaftswerbung getrennt nach den wichtigsten Medien.
- Der Aufwand für Wirtschaftswerbung in der Bundesrepublik Deutschland und in den Vereinigten Staaten von Amerika
- Wirtschaftlichkeit für den Hersteller der Werbung
- Wirtschaftlichkeit der Werbung für den Verbraucher
- Aufwand für Wirtschaftswerbung als Ertrag für andere Unternehmungen

Auf diese, z. T. sehr umfangreichen Exkurse, muß ausdrücklich verwiesen werden; sie haben auch seit 1963 nichts von ihrer Beweiskraft verloren.

Ein Vergleich der amerikanischen aus dem Jahre 1961 stammenden Zahlen der Tabellen 84 und 85 (WW S. 358) mit den Zahlen im Laboratory of Advertising Performance Nr. 8008,5 [96] von 1965 (die einer Erhebung bei 682 Unternehmungen

Tabelle 22. Entwicklung von Brutto-Werbeumsätzen

Entwicklung der Bruttowerbeumsätze ausgewählter Werbemittel in den Jahren 1952 bis 1969 (in Millionen DM)

Jahr	Anzeigen in Zeitungen	Anzeigen in Zeitschriften	Hörfunkwerbung	Fernsehwerbung	Anschlagwerbung	Zwischensumme Sp. 1–5	Anzeigen in Adreßbüchern	Werbung in Filmtheatern	Direkt-Werbung	zusammen Sp. 6–9
	1	2	3	4	5	6	7	8	9	10
1952	333,3	173,4	20,9	–	37,2	564,8	–	–	–	–
1953	432,9	212,9	23,1	–	43,4	712,3	–	–	–	–
1954	500,1	262,0	28,2	–	50,7	841,0	–	–	–	–
1955	566,2	311,9	32,1	–	59,4	969,6	–	–	–	–
1956	688,5	390,1	32,1	0,2	61,7	1 172,6	–	–	–	–
1957	898,4	487,7	39,1	3,7	68,7	1 497,6	–	78,0	–	–
1958	991,4	556,4	42,4	12,0	67,9	1 670,1	–	97,4	–	–
1959	1 074,0	644,7	52,3	56,8	74,6	1 902,4	–	105,6	–	–
1960	1 187,6	744,3	48,8	132,1	82,4	2 195,2	–	96,8	–	–
1961	1 356,2	936,7	52,6	221,8	96,2	2 663,5	–	88,8	–	–
1962	1 408,2	1 097,4	55,9	281,8	104,6	2 947,9	79,7	80,4	1 100,0	4 208,0
1963	1 510,6	1 244,7	64,4	366,0	109,4	3 295,1	81,7	77,8	1 200,0	4 654,0
1964	1 699,0	1 393,0	83,6	374,2	152,0	3 701,8	89,6	65,2	1 350,0	5 206,6
1965	1 932,6	1 507,0	91,5	470,9	182,0	4 184,0	95,6	64,2	1 800,0	6 143,8
1966	2 105,9	1 696,0	108,5	537,7	194,9	4 643,0	106,1	65,6	2 271,8	7 086,7
1967	2 190,7	1 717,9	134,5	557,6	215,8	4 816,5	111,7	64,1	2 417,9	7 410,2
1968*	2 507,0	1 507,0	152,0	546,9	229,5	4 942,4	123,8	55,7	2 528,6	7 650,5
1969	2 986,8	1 730,1	186,7	641,0	257,6	5 802,2	141,2	60,0	2 857,3	8 860,7

* bis 1967 einschließlich kumulativer Umsatzsteuer, ab 1968 ohne Mehrwertsteuer

zugrundeliegen) zeigt in der Tendenz nur geringfügige Veränderungen.

Der Werbeaufwand in der BRD wird vom ZAW wie folgt für das Jahr 1969 mitgeteilt (s. Tab. 22, S. 294).

Über die Dotierung von Werbebudgets sind in den vorstehend zitierten Abschnitten (WW S. 343 ff.) ausreichende Hinweise zu finden.

Inzwischen ist aber bei uns ein Rahmenschema geschaffen worden, das der Präsident des ZAW, Dr. Wilhelm Tigges, im Oktober 1966 wie folgt erläuterte (vgl. eine Sonderdrucksache

Anmerkungen und Quellen:

Spalten 1–4:	Bruttoinsertions- bzw. Bruttoeinschlatkosten, d. h. Kosten ohne Abzug von Rabatten, Vermittlergebühren, Skonti, ermittelt durch Messung der Anzeigenräume und Sendezeiten und Gewichtung durch Listenpreise, von „Schmidt & Pohlmann, Gesellschaft für Werbestatistik, Hamburg". Spalten 1 + 2: ohne Personal-, Stellen- und Kleinanzeigen. Spalte 3: einschließlich deutschsprachiger Sendungen von Radio Luxemburg.
Spalte 5:	Bruttoumsätze der Unternehmen des Plakatanschlags und der Verkehrsmittel- und Großflächenwerbung, d. h. ebenfalls nur Streukosten. Ermittelt durch Erhebungen des Fachverbandes Außenwerbung e. V., Düsseldorf, bei Mitgliedsfirmen.
Spalte 7:	Bruttoumsätze der Fachverbandsmitglieder aus Anzeigen in Telefon- und Adreßbüchern. Erhebungen des Adreßbuchverleger-Verbandes e. V., Düsseldorf.
Spalte 8:	Bruttoeinschaltkosten für Werbefilme und -diapositive in Filmtheatern. Werte von 1957 bis 1961 Schätzungen, ab 1962 Erhebungen des Fachverbandes Film- und Diapositiv-Werbung e. V., Hamburg.
Spalte 9:	Produktionskosten und Streukosten der durch die Post verteilten Direktwerbesendungen. Ermittelt durch „Adressenverleger- und Direktwerbeunternehmer-Verband e. V. (ADV), Berlin. (Verkehrszahlen des BPFM und Verbandsstatistiken.)

des ZAW „Gliederungsschema zur Erfassung der Werbekosten in der Industrie"):

„Im Jahre 1957 führte der Zentralausschuß der Werbewirtschaft e. V. (ZAW) eine Untersuchung durch, die unabhängig von Erwägungen der betriebswirtschaftlichen Theorie klären sollte, welche Kosten in der Praxis zu den Werbekosten gerechnet werden[1]. Zu diesem Zwecke wurden damals Firmen aller Branchen über die bei ihnen übliche Erfassung der Werbekosten befragt. Das vom ZAW in einem Sonderdruck vorgelegte Untersuchungsergebnis fand in der Öffentlichkeit große Beachtung. Es zeigte sowohl im Hinblick auf die als Werbemaßnahmen erklärten Aktionen als auch auf die verschiedenen Werbekostenarten ein recht uneinheitliches Bild. Es wurde deshalb von vielen Seiten angeregt, auf den gewonnenen Erfahrungen aufbauend ein zeitgemäßes Gliederungsschema für Werbekosten zu entwickeln, das sowohl den Werbeabteilungen als auch dem Rechnungswesen die Möglichkeit bieten sollte, die Kostenarten der Werbung genau zu erkennen und sie in einen sinnvoll aufgebauten Werbeplan wie auch in das Rechnungswesen einzuordnen.

Der ZAW hat, diesem Wunsche folgend, gemeinsam mit dem Rationalisierungskuratorium der Deutschen Wirtschaft (RKW) die „ZAW/RKW Arbeitsgruppe Werbekosten" gegründet. Ihr gehören außer Vertretern der Geschäftsführungen der beiden Gründerorganisationen Sachverständige aus dem Bereich der Mitglieder des ZAW sowie des RKW an. Die Arbeitsgruppe legt nun als Ergebnis ihrer Arbeit ein Gliederungsschema zur Erfassung der Werbekosten vor. Es soll der Industrie die vollständige Erfassung der für die Werbung entstandenen Kosten erleichtern und stellt einen Vorschlag zur sachgerechten und einheitlichen Gliederung dieser Kosten dar.

[1] Wie in Wirtschaftswerbung S. 349 gesagt, ging die Anregung zu dieser Erhebung vom Autor aus.

Das Schema will damit zwei wichtige Aufgaben übernehmen:

1. Für die Werbeleitung bzw. Vertriebs- oder Marketingleitung der Unternehmen soll es eine Richtlinie für die Werbeplanung, insbesondere für die Aufstellung des Werbeetats sein, und es soll gleichzeitig dem Rechnungswesen bzw. der Buchhaltung als Unterlage für Erfassung, Verrechnung und Auswertung der Werbekosten dienen;
2. Es soll die Grundlage für Branchen- und Betriebsvergleiche auf dem Gebiet der Werbekosten schaffen.

Als Rahmenschema läßt der Vorschlag Spielraum für eine individuelle Ausgestaltung in den einzelnen Unternehmen. Seine allgemeine Anwendung in der Industrie wird einen wesentlichen Schritt zur Vereinheitlichung der Werbekostenrechnung darstellen."

Die Frage, was Werbekosten sind, wird wie folgt beantwortet:

„Der Begriff ‚Werbekosten' ist nicht identisch mit dem steuerlichen Begriff ‚Werbungskosten'. Eine allgemeine Definition dessen, was als ‚Werbekosten' bezeichnet werden kann, gibt es nicht.

Man kann jedoch grundsätzlich davon ausgehen, daß alle Kosten dazu zählen, die der Unternehmung dadurch entstehen, daß Abnehmer oder Verbraucher durch spezifische Maßnahmen auf das Angebot oder das Unternehmen selbst hingewiesen werden.

Den Kreis dieser Maßnahmen, d. h. der Werbemaßnahmen, näher zu bestimmen, ist nicht zuletzt Aufgabe des vorliegenden Schemas. Er schließt alle werblichen Bemühungen eines Unternehmens ein, unabhängig davon, ob sie sich an

a) Endverbraucher bzw. Verwender
b) Weiterverarbeiter
c) Absatzmittler (Händler)

richten bzw. ob die Werbung auf direktem oder indirektem Wege (z. B. Weitergabe durch den Händler) an den Umworbenen gelangt."

Da das Gliederungsschema werbliche Maßnahmen nach Werbemittelgruppen gliedert, ist nur noch auf Besonderheiten zu den Merkmalen Gestaltung, Herstellung und Streuung hinzuweisen. Diese werden wie folgt erläutert:

„Gestaltungskosten
sind alle Kosten, die bis zur Fertigstellung des endgültigen Entwurfs (Form und Inhalt) für ein Werbemittel entstehen. Dies sind z. B. die Kosten für Texte, Übersetzungen, Layouts, Zeichnungen, Fotos, Modelle, Anfertigung der Abnahmekopie für Werbefunk, Werbefernsehen und Werbefilm.

Herstellkosten
sind alle Kosten, die notwendig sind, um den genehmigten Entwurf zu verwirklichen. Es handelt sich also zum Beispiel um Kosten für Klischees und Matern, um Druckkosten für Plakate, Beilagen und Werbedruckschriften, Kosten für die Herstellung der Einsatzkopien für die Werbung im Fernsehen, Rundfunk und Filmtheater, Kosten von Messeständen. Zu beachten ist hierbei, daß es sich nicht immer um Herstellkosten im wörtlichen Sinne handeln muß, sondern unter Umständen auch um Kosten, die durch den Kauf bestimmter Materialien (z. B. Papier), Waren oder Dienstleistungen entstanden sind.

Streukosten
(Durchführungs-, Einsatzkosten) sind schließlich alle Kosten, die dadurch entstehen, daß die Werbebotschaften durch Werbeträger oder auf andere Weise verbreitet werden. Es sind z. B. die Kosten für die Veröffentlichung von Anzeigen in Zeitungen und Zeitschriften, Kosten für den Plakatanschlag, für die Einschaltung von Werbedurchsagen und Werbespots in Werbefernsehen und Werbefunk, Kosten der Vorführung von Werbefilmen und Dias, Versand- und Ver-

teilungskosten für Werbedruckschriften, Kosten für An- und Abtransport des Messegutes".

Das Gliederungsschema hat nun für die Konsumgüterindustrie eine andere Gliederung (Reihenfolge) der Kostenarten gewählt als für die Investitionsgüterindustrie. Abgesehen von der unterschiedlichen Reihenfolge stimmen die Inhaltsbezeichnungen der einzelnen Kostenartengruppen, wie die nachstehende Konkordanz zeigt, überein.

Tabelle 23. Normal-Gliederungsschema des Werbeaufwands

0 Anzeigenwerbung (auch Beilagen)	00 Gestaltung (Entwürfe, Reinzeichnungen usw.)
	01 Herstellung (Druckunterlagen)
	02 Streuung (Insertion)
1 Fernsehwerbung	10 Gestaltung (Text, Musik, Storyboard, bis zur Abnahmekopie)
	11 Herstellung (Einsatzkopie)
	12 Streuung (Einschaltung)
2 Rundfunkwerbung	20 Gestaltung (Text, Musik, Storyboard, bis zur Abnahmekopie)
	21 Herstellung (Bandkopien)
	22 Streuung (Einschaltung)
3 Film- und Diapositivwerbung	30 Gestaltung (Abnahmekopien)
	31 Herstellung (Einsatzkopie)
	32 Streuung (Einschaltung, Vorführung)
4 Außenwerbung	40 Gestaltung (Entwürfe)
	41 Herstellung (Plakatdruck, Bemalung, Anlagen, Montage)
	42 Streuung (Anschlag, Befestigung, Mieten, Stromkosten, sonstige Entgelte)
5 Druckschriftenwerbung (nicht Zeitungs- und Zeitschriftenbeilagen)	50 Gestaltung (Entwurf, Reinzeichnung bis zur druckfertigen bzw. fertigungsreifen Vorlage)
	51 Herstellung (einschl. Materialkosten)
	52 Streuung
6 Werbung durch Messen und Ausstellungen	60 Gestaltung
	61 Herstellung
	62 Durchführung

7 Werbung am Ort des Wiederverkaufs	70 Gestaltung (Entwürfe) 71 Herstellung und Material 72 Einsatz (Dekorateure, Mieten und sonst. Entgelte, spezielle Versicherungen)
8 Werbesonderveranstaltungen und sonstige Werbemittel	80 Gestaltung 81 Herstellung (Kauf) 82 Durchführung, Streuung, Einsatz
9 Allgemeine Werbekosten	90 Allgemeine Gestaltungskosten der Werbemittel 91 Allgemeine Herstellkosten der Werbemittel 92 Allgemeine Streukosten der Werbemittel 93 Sonstige allgemeine Werbemittelkosten 94 Kosten der Werbeverwaltung

H. Streuung der Mittel der Wirtschaftswerbung und die Wirkungskontrollen

Das erstrebenswerteste Ziel aller Maßnahmen der Wirtschaftswerbung ist die unmittelbare, direkte Konfrontation der Zielperson mit der Werbebotschaft. Die angestrebte Exposition der Zielperson einer Werbebotschaft gegenüber schließt aber das Problem ein, durch welches „vehicle" wird diese Exposition am besten zu erreichen sein.

Nachdem in den Kapiteln D, E und F die Werbemittel behandelt worden sind, ist jetzt zu untersuchen, welche Bedeutung in den Prozessen der Werbung den Werbeträgern als „vehicles" zukommt.

I. Die Werbeträgeranalyse

Zu der Frage, welches Profil sich der einzelne Werbeträger selbst geschaffen hat, soll nur auf die durch einige Schaubilder illustrierte Darstellung in dem Buch von Lucas und Britt [102], verwiesen werden.

Der mit der Streuung (Verbreitung) von Werbebotschaften (Werbemitteln) beauftragte „Space Buyer“ – wie er in den USA auch heute noch genannt wird, – muß natürlich das eigene Profil eines jeden Werbeträgers mit in seine Überlegungen einbeziehen.

Das ökonomische Prinzip, das den „space buyer“ in erster Linie zu leiten hat, kann so formuliert werden: Mit einem vorgegebenen Etat soll eine maximale Zahl von Personen oder eine maximale Zahl von Kontakten erreicht werden. Umgekehrt: Eine maximale Zahl von Zielpersonen oder eine maximale Dichte an Kontakten soll mit einem möglichst niedrigen Aufwand erreicht werden. Da wir heute über EDV-Anlagen verfügen, lassen sich auch Annäherungswerte für eine optimale Lösung erzielen.

An diesem bisher noch ungelösten Problem arbeiten verschiedene Stellen: (1) der ZAW hat einen Arbeitsausschuß berufen, der ein „Rahmenschema für Werbeträgeranalysen von Fachzeitschriften“ erarbeiten soll; seine Studien werden hoffentlich einiges zur Klärung der Begriffe beitragen. Die Unterscheidungen bei Fachzeitschriften nach „Empfängerschaft“, „Leserschaft“ und „Reichweite der Leserschaft einer Fachzeitschrift innerhalb einer bestimmten Zielgruppe“ sind wichtig, denn Empfänger können Personen und auch Institutionen sein, während sich die gesuchten Informationen nur auf Personen beziehen können.

(2) Es ist erklärlich, daß Verlage, die ja Druckerzeugnisse als Werbeträger herausbringen, an allen „vehicles“ für Werbebotschaften interessiert sind, um so ihre eigene Wettbewerbsposition zu bestimmen. Ein Verlagshaus (Gruner & Jahr) hat Ende 1969 zu einem Wettbewerb aufgerufen, um „den Markt der Zeitungen und Zeitschriften, des Fernsehens und des Funks überschaubarer zu machen“. Für den Wettbewerb 1969/1970 wurden drei Themen festgelegt: (a) Das Problem

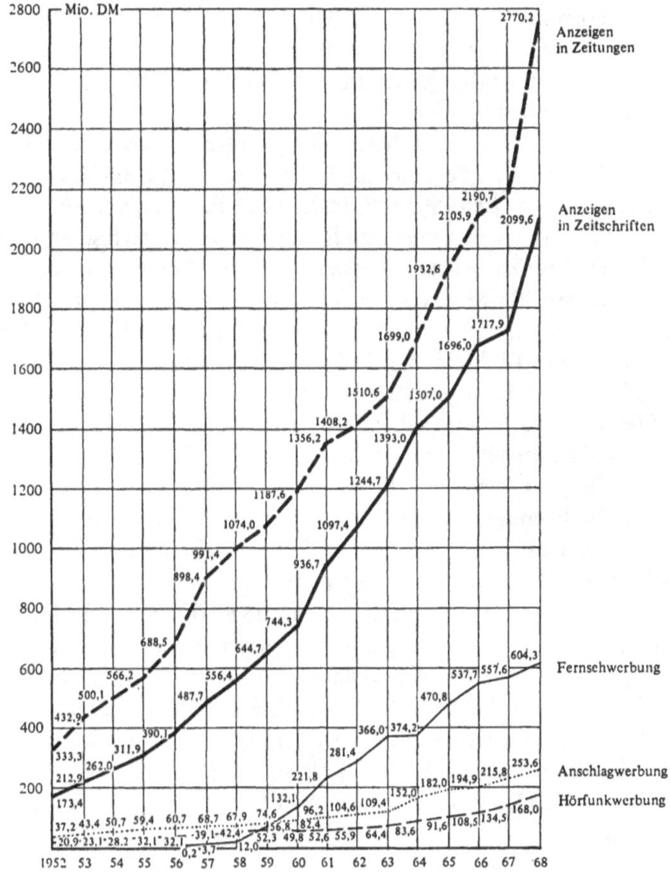

Abb. 20.

der vergleichbaren Messung von Kontakten mit verschiedenen Medien. (b) Das medien-selektive Verhalten des Rezipienten. (c) Die Bedeutung des redaktionellen und werblichen Umfeldes für die Wirkung von Werbebotschaften[1]. Alle drei Themen

[1] Vgl. hierzu WW S. 178 ff.

lassen erkennen, daß es sich bei der Werbeträgerforschung, die die Erkenntnisse für eine optimale Streuung der Mittel der Wirtschaftswerbung liefern soll, noch um recht undurchsichtige Aufgaben handelt.

Die hier einer Lösung harrenden Aufgaben haben mehrere Dimensionen: die Werbeträger können unterschiedlichster Art sein (Zeitungen, Zeitschriften, Plakatanschlag, Funk, Fernsehen u. a.), sie können in unterschiedlichem Ausmaß verfügbar sein (z. B. Beschränkung der Fernsehzeit), sie können die unterschiedlichsten Reichweiten haben, und sie können pro Einheit (Kontakt z. B.) große Preisunterschiede aufweisen. Das hier liegende Problem wird durch das Schaubild aus WW Seite 292 deutlich (s. Abb. 21, S. 305).

Wenn der Werbungtreibende hier eine 100 %ige „coverage" erreichen wollte, dann müßte er für den 5. Werbeträger 14 % seines Etats aufwenden. Würde er sich mit einer Streudichte von 84 % begnügen, dann hätte er nur 46 % der vorgegebenen Kosten aufzuwenden, dabei hätte er eine Überlappung (duplication) von 29 % in Kauf zu nehmen.

Überlegungen der Werbestrategie und Werbetaktik könnten dahin angestellt werden, mit weniger als der Hälfte des verfügbaren Etats einen zweifachen Stoß zu führen, in der Erwartung, daß dieser zweifache Stoß auch noch erhöhte Ausstrahlungen nach sich ziehen wird. Die Werbung von Mund zu Mund würde sicher dadurch Impulse erhalten.

Lucas und Britt (a. a. O. S. 407 f.) bringen ein einfaches Beispiel:

Life

A B C D

Look

Hierzu sagen sie: „Vervielfachung, Akkumulation und zusammengefaßte Reichweite lassen sich auf sehr einfache Weise für eine kleine Anzahl von Werbeträger-Einheiten zeigen.

Zwei Einheiten, wie z. B. eine Ausgabe der Zeitschrift Life und eine Nummer der Zeitschrift Look, können ein Auditorium haben, das durch zwei Linien dargestellt wird. Die Entfernung A bis C repräsentiert das gemessene Auditorium einer durchschnittlichen Nummer der Zeitschrift Life. Die Entfernung BD ist das gemessene Auditorium der Zeitschrift Look. Das vervielfachte Auditorium für diese beiden durchschnittlichen Nummern von zwei Publikationen ist die Entfernung BC. Das kombinierte Auditorium oder die Reichweite der beiden Zeitschriften ist die Entfernung A bis D."

Lucas und Britt [102] geben weitere Beispiele mit mehreren Werbeträgern, um dann auch Beispiele für die Akkumulation mehrerer Ausgaben einer einzelnen Zeitschrift zu geben. Auch die kombinierten Auditorien des Fernsehens und der Zeitschriften werden untersucht.

Wie komplex die Aufgabe sein kann, eine optimale Streudichte (coverage) zu erreichen, geht aus der großangelegten Leseranalyse 1969 hervor. Diese Veröffentlichung hat sich zum Ziel gesetzt: „... Erforschung der Massenkommunikation und die Sicherung eines hohen Leistungsstandards bei Media-Untersuchungen und Leserschaftsanalysen."

Es werden nach 34 Personen- und 26 Haushaltsmerkmalen Zielgruppenbestimmungen gegeben für 59 Zeitschriften nach Format, Einzelpreis, Auflagenstruktur, verkaufter Inlandsauflage, Reichweite in Millionen und Leser pro Exemplar.

Fünf weitere Medien werden wie folgt analysiert:

- Werbeträger Lesezirkel nach Leserschaft pro Ausgabe (Reichweite und Zusammensetzung)

- Kaufzeitungen (8)
- Tageszeitungen (3) (Gruppe T. E. A. M.) 75 Tageszeitungen (Gruppe Regionalpresse)

} wie vorstehend

– Werbefunk	nach Hörerschaft pro Sendetag (Reichweite und Zusammensetzung)
– Werbefernsehen	nach Seherschaft pro Sendetag (Reichweite und Zusammensetzung)

(Angaben nach Leseranalyse AG La-Media-Micro-Census 1969).

Eine optimale Streuung von Werbebotschaften zu erreichen, wobei Kosten – wie in Abb. 21 geschehen – ein ent-

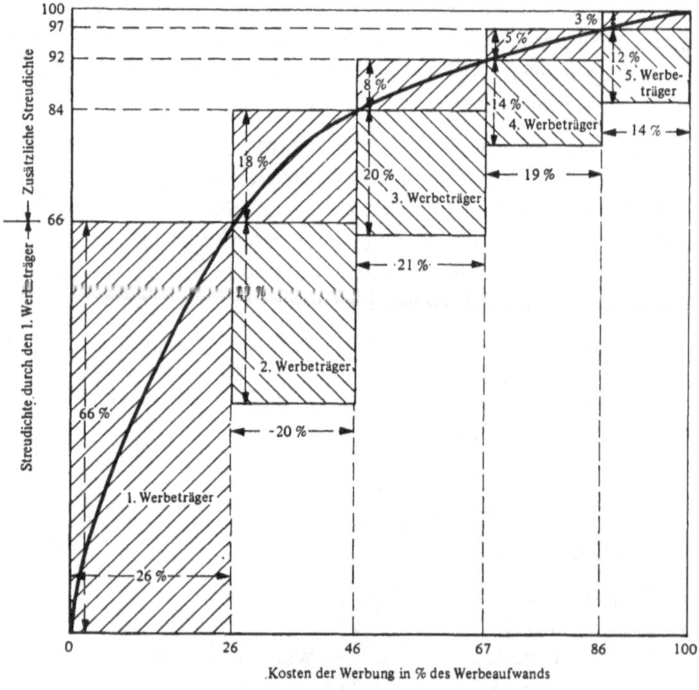

Abb. 21. Schema der Vervielfachung von Auditorien

scheidendes Kriterium sind, ist eine der wichtigsten Aufgaben in den Prozessen der Wirtschaftswerbung.

II. Die Wirkungskontrollen der Wirtschaftswerbung

Kein Bereich wirtschaftlichen Handelns ist mit Erfolg zu führen, wenn denjenigen, die Entscheidungen zu treffen haben, nicht klare Ziele gesetzt werden und wenn nicht von Zeit zu Zeit festgestellt wird, ob diese Ziele auch erreicht wurden. Wie gerade gesagt, sind die Zielsetzungen für den Ablauf von Prozessen der Wirtschaftswerbung nicht einmal exakt möglich. In jedem Falle, (auch dann, wenn unsere analytischen Methoden mit Hilfe von EDV-Anlagen einmal verbessert worden sind und wenn sie zu exakteren Ergebnissen geführt haben werden), müssen wir die Wirkungskontrollen auf wichtige Teilziele richten. Solche Teilziele sind:

- Die Werbeträger
  Wir haben zu fragen, ob wir die richtigen Werbeträger gewählt haben und ob wir sie nicht durch geeignetere ersetzen könnten.
- Die Werbemittel
  Wir sollten nicht unkritisch gegenüber Werbemitteln sein, die gelegentlich „en vogue" sind. Klassischen Werbemitteln muß ja eine besondere Kraft innewohnen, aber die neuen Werbemittel müssen mit noch stärkeren potentiellen Kräften ausgestattet sein, um sich durchzusetzen.
- Die zeitlichen Abläufe
  Nicht selten sind Prozesse des Werbens daran gescheitert, weil sie zeitlich falsch geplant waren und weil sie nach einem falschen „timing" abliefen.
- Die Erinnerungswerte
  der Werbebotschaften und die Werte des Marken- und Firmenbewußtseins bei den Zielgruppen sollte einer fortlaufenden Kontrolle unterliegen.

– Der finanzielle Aufwand
für jede Phase der Werbung sollte stets im Blick behalten werden. Der finanzielle Aufwand ist der kritische Rückspiegel, gegen den alle Phasen der Werbung der Kontrolle unterworfen werden müssen.

Bei vielen dieser Aufgaben bietet das Buch von Lucas und Britt [102] eine gute Handhabe.

III. Exkurs über die Direktwerbung (direct mail advertising)[1]

Wenn der amerikanische Begriff genau in deutscher Sprache umschrieben würde, dann müßte es heißen: „Werbung gezielt durch die Post gestreut." Diese Umschreibung und auch der sich herausgebildete praktische Begriffsinhalt schließt aus, jene wirklich unmittelbarste Form der Werbung: das direkte Gespräch mit der Zielperson oder Zielgruppe. Nicht ausgeschlossen ist der persönlich adressierte Brief, der durch eine vollständige (meist genaue) Anschrift und durch eine Anrede eingeleitet wird. Aber auch hier sollten die Einzelbriefe ausgeschlossen bleiben, die aus irgendwelchen (Einzel-)Anlässen individuell geschrieben werden, und die den (allerdings geschriebenen) Charakter des Beitrags zu einem direkten Gespräch haben.

Es bleibt aber eingeschlossen der adressierte (Massen-)Brief, der dadurch gekennzeichnet ist, daß er wohl an eine bestimmte Adresse gerichtet ist und daß er als Massen-Brief auch eine Anrede enthalten kann. Wenn z. B. der Text gleichen Wortlauts an eine größere Zahl von Wirtschaftsunternehmungen gerichtet wird, dann kann die Anrede durchaus einheitlich „Sehr geehrte Herren:" lauten. Diese Form des Massen-Briefes ist möglich geworden durch Briefschreibe-Automaten (Compu-

[1] Vgl. hierzu auch die regelmäßigen Berichte des ZAW, z. B. 1968, S. 164 ff.

ter), auf denen – nach Einfügung der Anschrift – der einheitliche Text mechanisch wiedergegeben wird. Solche Computer-Briefe gehören in den Bereich der Direktwerbung.

Natürlich sind hier auch die „unadressierten" Direktwerbemittel zu erwähnen, z. B. Prospekte, Faltblätter, katalogähnliche Drucksachen, technische Zeichnungen, Warenmuster u. ä., die mit einem „unadressierten" Begleitschreiben, an bestimmte Empfängergruppen direkt oder durch die Post gestreut (verteilt, vertragen – Haberbeck –) werden. Für dieses persönliche „vertragen" haben wir eigene, hierauf spezialisierte Agenturen.

Abgesehen von diesen Verteiler-Organisationen haben wir in der BRD eine Vielzahl von Unternehmungen, die „nach Katalog" Anschriften für solche Zwecke verkaufen, die aber auch als Expedient für ganze Aussendungs-Aktionen fungieren können. Der Werbungtreibende hat ihnen das zu verteilende Material zur Verfügung zu stellen, Groß-Firmen in diesem Bereich übernehmen auch die Herstellung von Computer-Briefen, um sie dann, fertig konfektioniert, zu versenden. Die Verbände der Adreßbuchverleger und der Direktwerbe-Organisationen haben hier (die technischen Möglichkeiten der Büromaschinen- und EDV-„Hardware"-Industrie nutzend) vorbildliche Erziehungsarbeit geleistet. Ob sich immer von einem „individuellen" Massenwerbemittel sprechen läßt, hängt von zwei Faktoren ab: Einmal ist die Genauigkeit der Anschriften wichtig (und die wichtigste Aufgabe dieser Anschriftenfirma liegt darin, den Adressenbestand laufend zu korrigieren) und ferner ist die richtige Auswahl der Zielgruppen wichtig. Hier handelt es sich um die gleichen Probleme wie bei der Markt-Segmentierung.

Diese Direkt-Werbe-Unternehmungen können als Service-Agentur die Abwicklung ganzer „Feldzüge" übernehmen und durchführen.

Auf diese Form der Wirtschaftswerbung kann auch die amerikanische Bezeichnung „salesmanship in print" angewendet werden. Für die Herstellung der hier zu streuenden oder zu „vertragenden" Drucksachen ist das in vollem Umfange anzuwenden, was in dem Abschnitt über „Druckschriften und Kataloge" gesagt worden ist.

Durch die verschiedenen Wettbewerbe über „Kampagnen der Direktwerbung" und über „bemerkenswerte Prospekte unserer Zeit" sind die Werbungtreibenden darauf hingewiesen worden, daß der künstlerisch-ästhetische Eindruck einer Drucksache nicht so entscheidend ist, wie der Gehalt an Information.

Haberbeck [51] ist zwar der Meinung, daß „die Direktwerbung... teurer ist als die übrigen Hauptwerbemedien", aber er spricht ihr – bei überlegter Anwendung – in bestimmten Marktsituationen doch gewisse Vorzüge zu.

I. Probleme der Exportwerbung[1]

Allen wirtschaftlichen Unternehmungen, die für ihre Erzeugnisse oder Dienstleistungen Werbung in einem anderen Lande als dem ihres (Haupt-)Domizils, also im Ausland, treiben wollen, wären gut beraten, wenn sie bei ihrer Auslandswerbung jene Kriterien anwenden würden, die Neil H. Borden [15] für das Marketing entwickelt hat (vgl. S. 30 ff.).

Produktplanung
Preisgestaltung
Markentechnik
Vertriebswege
Persönlicher Verkauf
Werbung
Verkaufsförderung
Verpackung

[1] Während der Drucklegung erschien das „Handbuch der Auslandswerbung für Investitionsgüter und das Entwicklungsgeschäft" von H. Walter und W. Lorenz [147], auf das besonders aufmerksam gemacht wird.

Display
Kundendienst
Distribution

Diese Elemente des Marketing müssen ausschließlich und allein von dem Markt her gesehen und beurteilt werden, in den exportiert werden soll. Das „Marketing-Mix-Schema", das Neil H. Borden entwickelt hat, kann hier als eine Check-List, als ein Schema der Netzplan-Technik benutzt oder dazu entwickelt werden.

Es bedarf keiner Betonung, daß das von Borden als letztes Element aufgeführte „Die Tatsachenfindung und ihre Analyse" eigentlich als Voraussetzung genannt werden müßte, aber es ist selbstverständlich, daß die Exportmarktanalyse am Anfang aller Überlegungen zu stehen hat, wenn eine Unternehmung daran denkt, einen ausländischen Markt zu gewinnen.

In der spärlichen Literatur über Werbung im Exportmarkt finden wir vielfach simple Verfahrensregeln: Es ist selbstverständlich, daß gerade die Werbebotschaften an potentielle Interessenten in einem fremden Markt auf die Zielgruppen dieses Marktes ausgerichtet sein müssen, und zwar in der Sprache, in der Diktion, in der Aufmachung und in der Illustration, ja bis zum Impressum über den Hersteller, wenn ein Prospekt den Namen der Druckerei (nach den Vorschriften des betreffenden Landes) zu nennen hat.

Für jede einzelne Phase eines Export-Programms mit dem Ziel, einmal in einen ausländischen Markt einzudringen, gibt es keine umfassendere Regel als diese:

> Alle Bemühungen müssen ausschließlich von diesem Markt aus gesehen und überlegt werden; alle Kräfte sind auf diesen Markt zu richten; alle organisatorischen Konstruktionen sind an den Gesetzen dieses Landes zu orientieren.

Eine richtig angelegte und umfassend gezielte Marketing-Analyse wird auch über die inländischen (und über andere ausländische) Wettbewerber im Exportmarkt die Informationen vermitteln, die erforderlich sind, einen strategischen Gesamtplan vom Ansatz her aufzubauen.

Unter diesen Voraussetzungen lassen sich inländische Erfahrungen nützlich verwerten; die Bedingungen des ausländischen Marktes sollten aber immer die letzte Entscheidung bestimmen.

K. Die Verantwortung der Werbungtreibenden vor der Öffentlichkeit[1]

Unter „Öffentlichkeit" soll hier die breitere, allgemeine Öffentlichkeit verstanden werden und nicht jene Ausschnitte oder Segmente der Öffentlichkeit, die dadurch gekennzeichnet sind, daß sie der Werbung gegenüber exponiert sind.

Zunächst ist die Frage zu stellen: Gibt es überhaupt eine Verantwortung der Werbungtreibenden, und zwar anderer Art, als die durch Gesetz für jedermann stipulierte? Wenn das bejaht würde, wäre weiter zu fragen, ob eine solche Verantwortung dann eine „öffentliche" ist (d. h. eine der Öffentlichkeit gegenüber), wie im einleitenden Satz festgelegt?

Einer der größten Männer der Werbung und bestimmt einer ihrer Bahnbrecher, Claude C. Hopkins, sagt in seinem Buche [60]: „Ich habe das erzielt, was Thomas A. Edison durch seine zwanzigstündige Tagesarbeit erreicht hat: die Befriedigung, daß ich einige unveränderliche Gesetze entdeckt habe" (Deutsche Ausgabe, S. 295). Das tragende Prinzip, das Hopkins bewußt geworden ist, ist das Prinzip des Wettbewerbs in der

[1] Zur Einführung in dieses Kapitel wird auf Göschen Band 1231 (S. 80 ff.) „Der ethische Gehalt der Werbung" und auf Göschen Band 1233 (S. 14 ff.) „Über Öffentlichkeit, öffentliches Interesse und öffentliche Meinung" verwiesen. Ferner auf den „Exkurs über Aufkommen und Wandlungen des Begriffes ‚Reklame'" (WW S. 52 bis 82). Eine hervorragende Darstellung zur Entwicklung einer „öffentlichen Verantwortung der Werbung" gibt das Buch von Otis Pease, „The Responsibility of American Advertising – Private Control and Public Influence 1920 bis 1940 –".

Werbung und durch die Werbung. „Propaganda ist ein Gebiet, auf dem ein ungeheurer Wettbewerb besteht. Jede Anzeige steht inmitten zahlloser anderer. Jedes Vorgehen auf diesem Gebiet setzt große Geldausgaben voraus. Wer auf diesem Gebiet siegen und führen will, kann es nur durch überlegene Kenntnisse und Erfahrungen. Er muß *mehr* wissen, auf *besseren* Grundlagen bauen und klüger sein als seine Gegner" (a. a. O. S. 275). „Wissenschaftliche Propaganda ... ist eine Propaganda, die sich auf feststehende Regeln stützt und die auf unveränderlichen Grundsätzen aufgebaut ist" (a. a. O. S. 255).

Hopkins diskutiert drei „Interessen", denen die Anzeigen-Agenturen in der Propaganda zu dienen haben (a. a. O. S. 243 ff.): „Erst kommt der Zeitungsverleger, der uns die Provision zahlt. ... Zweitens muß der Verfasser von Anzeigen seine Reklame-Agentur befriedigen. ... Den Dritten, den wir in der Propaganda befriedigen müssen, ist der Anzeigende selbst." Hopkins erwähnt keine weiteren allgemeinen oder öffentlichen Interessen, denen die Werbung (damals: Propaganda) zu dienen hätte; es ist keine Spur von „öffentlicher" Verantwortung zu finden.

Die gleiche Auffassung ist aus den meisten Büchern über „Reklame" oder „Propaganda", die vor einem halben Jahrhundert gelesen wurden, zu erkennen.

Frank Presbrey bezieht sich in seinem Buch [119] auf die Wettbewerbssituation in den frühen Jahren der Wirtschaftswerbung, indem er Phinias Taylor Barnum aus den Jahren 1830 bis 1840 wie folgt zitiert: „Jeder erwartete, daß er betrogen wurde" (S. 212). Frank Presbrey schloß sein Buch mit einer „Vision der Zukunft", die sich schon nach einigen Jahrzehnten erfüllte: „Bis zum Erscheinen dieses Buches wurde die Werbung hauptsächlich für wirtschaftliche Zwecke benutzt. Die Aufgabe, Produkte oder Dienstleistungen zu verkaufen, hatte allerdings auch eine soziale Seite. Der Weltkrieg zeigte dann, daß die Werbung eine Kraft ist, soziale Gefühle zu erwecken und die aktive persönliche Mitarbeit breiter Massen zum allgemeinen Wohl aufzurütteln. Hier liegt eine zukünftige Entwicklung von größtem Ausmaß, nämlich, daß die Werbung in ihrer ganzen Bedeutung einmal erkannt werden wird als eine treibende gesellschaftsfördernde und wirtschaftlich bedeutende Macht. Aufgrund ihrer Technik besitzt die Werbung in den weiten Bereichen der Erziehung eine besondere Kraft. Eine Ausweitung dieser Kraft auf Bereiche, von denen man bisher nicht zu träumen gewagt hat, scheint nicht ausgeschlossen zu sein." (S. 617)

Roy S. Durstine erwähnt in seinem Buch [32], daß die „American Association of Advertising Agencies AAAA" bereits 1917 einen „Code of Copy Ethics" aufgestellt hat; die AAAA ist eigentlich gegründet worden, um das Niveau (standards) der Werbung zu erhöhen. In dem Buch von Otto Kleppner [88] ist dieser „Code of Ethics" abgedruckt; er enthält im Prinzip bereits Formulierungen, wie sie später von der Internationalen Handelskammer angenommen worden sind. (Vgl. Göschen Band 1231, S. 82 ff.).

Es ist zu erkennen, daß sich die Aspekte der „öffentlichen" Verantwortung im Laufe von Jahrzehnten ganz wesentlich erweitert haben. Der Ruf „Truth in Advertising" wurde zuerst in den Vereinigten Staaten von Amerika erhoben; dieser Ruf ging dann mit überzeugender Ausstrahlung durch die ganze Welt.

Neil H. Borden [15] hat in seinem großen Werk ein ganzes Kapitel „The Relation of Advertising to Ethical and Moral Rules" genannt. Borden sagt hier, daß aus rein pragmatischen Gründen „ethical rules or standards" festgelegt werden sollten; man müsse sich aber darüber im klaren sein, daß diese aber immer einem Prozeß der Evolution unterworfen seien. „Diese Regeln entsprechen den Bedürfnissen der Menschen" (a. a. O. S. 802) und Borden befürwortet den „Fair Trade Code", den die National Association of the Better Business Bureaus aufgestellt hat, und er fordert: „Serve the public with honest values“ (S. 826).

Die „Vision“ von Frank Presbrey [119] aus dem Jahre 1929 ist nicht einmal so unrealistisch gewesen; mitten im letzten Weltkrieg hat sich in den USA der „Advertising Council“ gebildet, der mit erheblichem Einsatz der Werbung seine Ziele anspricht. Im Industriekurier vom 29. September 1949, mit „Gedanken und Anregungen zum Münchener Reklame-Kongreß 1949“ habe ich zum erstenmal über die Arbeit des „Advertising Council“ [70] ausführlich berichtet. 1949 war gerade der 7. Jahresbericht des „Advertising Council“ erschienen. In diesem ersten Vorschlag, eine ähnliche Einrichtung bei uns zu schaffen, wurden die Aktivitäten des „Advertising Council“ wie folgt erwähnt:

Kampf gegen die Tuberkulose
Kampf für bessere Schulen
Kampf um Verhütung von Waldbränden
Kampf um Verhütung von Verkehrsunfällen

Ein Jahrzehnt später, 1958, entstand bei uns die „Aktion Gemeinsinn“ (in Bad Godesberg), in deren „Bilanz der ersten 10 Jahre“ von 1969 gesagt wird: „Drei Etappen zeichnen sich in der Entwicklung dieser zehn Jahre ab. Die erste Etappe reicht etwa von 1958 bis 1961. In dieser Zeit trifft die Idee der Gründer des Vereins, mit den Methoden der modernen Werbung den Bürger zur Mitarbeit in unserem Staate anzuregen, auf erhebliche Skepsis; niemand will glauben, daß man dies erreichen könne, ohne öffentliche Mittel in Anspruch zu nehmen.“

Die „Vision“, die Frank Presbrey noch 1929 gehabt hat, hat sich – wie diese beiden Beispiele zeigen – in überwältigender Weise erfüllt. Von der Auffassung aber: „Jeder erwartete, daß er betrogen wurde“ bis zu dem Wirken des „Advertising Council“, einer Organisation, die sogar das Wort Werbung (advertising) im eigenen Firmennamen führt, ist auch im Laufe des rücksichtslosen Wettbewerbs ein stetiges Anwachsen der verantwortlichen Verpflichtung der Werbung und der Werbungtreibenden der Öffentlichkeit gegenüber festzustellen.

Die eingangs gestellte Frage, ob eine solche Verantwortung bestehe, muß also in vollem Umfange bejaht werden. Diese Verantwortung ist in den „Internationalen Verhaltensregeln für die Werbepraxis", die 1966 weltweit angenommen wurden, auch ausdrücklich festgelegt.

L. Die Wirtschaftswerbung in den Systemen der Volkswirtschaftslehre und der Betriebswirtschaftslehre

Für diesen letzten Teil ist das Kapitel A I („Die Wirtschaftswerbung als Mittel des Wettbewerbs") und der Teil D über „Die Marketing-Funktionen der Werbung" wichtig.

Meine vor zwei Jahrzehnten begonnenen Auseinandersetzungen mit den Funktionen der Werbung (vgl. Göschen Band 1231 S. 58 ff.) sind durch einige neuere Veröffentlichungen erneut angeregt worden: Erich Streissler, [134] und Robert Nieschlag, Erwin Dichtl, Hans Hörschgen, [110].

Die zuletzt genannte Untersuchung von Nieschlag, Dichtl und Hörschgen bringt einen retrospektiven Abschnitt „Die Funktionen der Absatzwirtschaft in traditioneller Sicht", der – besonders im Zusammenhang mit Äußerungen von Erich Streissler – von dogmengeschichtlichem Wert ist.

Bereits im Jahre 1930 ist die 1. Auflage der „Funktionen und Risiken des Warenhandels" von Karl Oberparleiter erschienen, die Fritz Redlich in seiner umfassenden Abhandlung „System der Handelsfunktionen" (Schmollers Jahrbuch, 1932, S. 27–50) *nicht* erwähnt. Von der ersteren aber sagt Arthur Lisowsky in einer Schrift [101], daß die „Grundsystematik" Oberparleiters „in Gestalt der ‚Funktionen- und Risikenlehre des Warenhandels' – Berlin und Wien 1930 – die bis heute tiefste und umfassendste Grundlegung der Theorie der Handelsfunktionen darstellt".[1]

Fritz Redlich hat in seiner Arbeit [121] einige interessante Hinweise auf andere Autoren gegeben; Redlich zitiert Edgar Landauer mit einer Arbeit „Über die Stellung des Handels in der modernen industriellen Entwicklung" (Archiv für Sozialwissenschaften und Sozialpolitik, 1912) wie folgt: „... die Stellung des Handels in der modernen industriellen Entwicklung (läßt) sich nur umreißen, wenn man von den Funktionen ausgeht, die er erfüllt." Redlich zitiert weiter, daß Landauer (in Anlehnung an Sombart) den Händler als „Träger der kommerziellen Funktionen des Wirtschaftsprozesses" bezeichnet. „Landauer unterscheidet weiter *distributive* und *integrierende Funktionen* des Handels. Jenes sind die Funktionen der Verteilung im Sinne John St. Mills, diese die Funktionen, die sich dadurch ergeben, daß der Handel die sich stark differenzierende Produktion zusammenzuhalten und *ihr vom Markt her Richtung zu geben hat*" (S. 27).

Redlich zitiert auch Franz Oppenheimer, der (auf den Handel bezogen) unterscheidet zwischen „statischer" Funktion („es ist die billigste Beschaffung und vor allem die zweck-

[1] Der folgenden Bemerkung von Streissler (a. a. O., S. 102) muß also widersprochen werden: „Erst bei Betrachtung der Marktprobleme inhomogener Güter stieß Chamberlin auf gewisse Funktionen der Werbung. Systematisch untersuchte *erstmals* N. Kaldor alle ihre Aspekte, wenn er freilich auch infolge vieler Rationalitätspostulate der Neoplassik zu einem einseitigen Urteil gelangt." Diese Bemerkung von Streissler, „Systematisch untersuchte erstmals N. Kaldor [81] alle ihre Aspekte" (d. h. die Aspekte der Werbung) muß mit Vorbehalt aufgenommen werden. Das Werk von Neil H. Borden [15] erschien bereits 1942 in New York; der oben erwähnte Essay von Kaldor aber erst 1949/50.

Kaldor sagt selbst (Essays on Value and Distribution, Fußnote S. 96), daß seine Studie 1943 geschrieben und 1949/50 oder 1950–51 erstmals veröffentlicht worden ist. In den USA mag sie bekanntgewesen sein, als die Studie der ANA im Jahre 1959 in Auftrag gegeben wurde, die durch R. H. Colley [23] erschien. Mir selbst ist sie erst durch die Zitate bei Streissler und Backman bekannt geworden.

Kaldor datiert die Review of Economic Studies auf 1949–1950; dagegen datiert Backman die Nr. 45 der ERS auf 1950–51. Meine ersten Veröffentlichungen über die Funktionen der Werbung erschienen Anfang 1950; die von Oberparleiter aber erschien schon 2 Jahrzehnte vor dem Essay von Kaldor.

mäßigste Verwaltung der Waren") und „der Funktion, die sich auf die *Kinetik*, die Entwicklung der Gesellschaft bezieht. (Sie) besteht darin, erstens immer neue Produzenten mit neuen Konsumenten dadurch in Verbindung zu bringen, daß er (der Handel) neuen Bedarf weckt; dadurch die Produktion anzuregen und zu vermehren – vielleicht seine wichtigste Funktion! – und die Bahnen zwischen den Erzeugern und den Verbrauchern immer mehr zu glätten und einzuschleifen" (Oppenheimer, Theorie der reinen und politischen Ökonomie, 4. Auflage, 1919, S. 22).

Redlich faßt gegen Schluß seiner Untersuchung noch einmal selbst die Handelsfunktionen wie folgt zusammen (S. 45): „Der Handel hat auf Grund seiner Kenntnis der Produktions- und Absatzverhältnisse Absatzmöglichkeiten für verschiedene Erzeugnisse, billigste Bezugsquellen für gesuchte Erzeugnisse zu ermitteln. Diese vom Handel organisch erfüllten Funktionen, mit denen die Funktion des Weckens neuen Bedarfs, des Werbens für den Absatz in engster Verbindung stand – auch diese Funktion erfüllte der Handel durch Wort und Brief –, sind ihm weitgehend genommen. Mechanische Hilfsmittel, Reklame, Branchen-Adreßbuch, Fachzeitschrift lassen die genannten Funktionen in den Hintergrund treten."

Oberparleiter [114] hat (a. a. O., S. 66–89) einen ganzen Abschnitt mit „Die Werbefunktion" überschrieben; Lisowsky (a. a. O, S. 13–16) nennt auch einen Abschnitt „Die Werbefunktion und ihre Sonderstellung".

Die hier zitierten Autoren haben vor fast vier Jahrzehnten versucht, das vielmaschige Gefüge der Funktionen der Werbung, so wie es heute gesehen werden muß, mit Schilderungen einzelner Phasen des Handels oder des Warenhandels zu erklären. Nieschlag [110] u. a. ist zuzustimmen, daß die „Lehre vom Marketing" (und damit auch der darin eingeschlossenen Werbung!) nur als eine „organische Synthese von Funktionen – . . . lehre zu begreifen" ist.

Nieschlag (und seine Co-Autoren) verstehen „Funktion als Aufgabe“, (S. 27) und sie deuten „das Wesen der Funktion mehr im Sinne von Aufgabe“ (S. 32).

Im Schema des Marketing-Mix, dessen Kennzeichnung von Neil H. Borden [15] stammt, haben aber die Vorstellungen von Oberparleiter und Lisowsky von *„Der“* Werbefunktion keinen Raum mehr. Wir müssen erkennen, daß die Werbung im Bereich der Wirtschaft ein so selbständiges, umfassendes und eigenwilliges Element geworden ist, daß sie sich in diesem veralteten Schema nicht mehr unterbringen läßt.

Im wirtschaftlichen Bereich (natürlich auch in den nichtwirtschaftlichen Bereichen!) hat die Werbung eine Vielzahl von Funktionen, und zwar Funktionen, die je nach der Marktsituation, je nach Rangstufen und Präferenzen klar und deutlich voneinander zu scheiden sind. Auch Kalder weist nach, daß die Werbung eine Vielzahl von Funktionen (und zwar „Funktionen als Aufgabe“ – Nieschlag –) wahrzunehmen und zu erfüllen hat.

Erich Streissler [134] sagt zwar, daß Nicholas Kaldor [81] „ein vernichtendes Urteil über die Effizienz von Werbe*investitionen* in der Schaffung gesamtwirtschaftlicher Werte fällte“. Erich Streissler sagt dann weiter: „Es muß somit als Standardmeinung der Volkswirtschaftslehre gelten, daß Werbe*investitionen* aufgrund eines Vergleichs ihrer hohen Kosten mit ihren geringen Vorteilen gesamtwirtschaftlich glatte Verschwendung darstellen.“

Die Vorstellung, daß der Aufwand für Werbung „Investitionen“ seien, beherrscht den ganzen Wiener Vortrag von Erich Streissler. Der Aufwand für Werbung hat absoluten Kostencharakter, genau wie der Aufwand für Energie, Betriebsmittel oder Rohstoffe. Der Aufwand für Werbung kann nicht mit dem Aufwand für Produktionsmittel verglichen werden; nur dieser Aufwand allein hat den Charakter der Investition.

Beiden Autoren ist die klare und unmißverständliche Definition des DUDEN entgegenzuhalten: „Investition – langfristige Anlage von Kapital in Sachgütern". Es lassen sich natürlich weitere Autoritäten aus vielen Enzyklopädien anführen, die das gleiche sagen. Wer aber einen der in der ganzen Welt bekannten nationalökonomischen Theoretiker hören möchte, dem sei empfohlen, von Erich Schneider [138] einmal zu lesen. Der Auffassung von Karl Alewell [1] kann mit den gleichen Argumenten entgegen getreten werden.

Wir sollten uns doch sehr hüten, feststehende Begriffe aus anderen Wissens- und Lebensbereichen derart unkritisch zu übernehmen. Gewiß sagen wir, ein junger Mensch „investiert etwas in seine Zukunft", wenn er studiert, wenn er spart, wenn er eine Sprache lernt oder wenn er sich auf eine sportliche Höchstleistung vorbereitet. Wir sagen das zwar, aber wir sollten uns doch sehr hüten, falsche Wortbilder oder nicht zutreffende Begriffe zu gebrauchen, wenn durch sie der Sinn entstellt wird.

Investitionen müssen in der Bilanz jeder Unternehmung aktiviert und in der Gewinn- und Verlustrechnung „abgeschrieben" werden. Die Folgen solcher Begriffsverwechslungen in den Bereichen der Wirtschaftswerbung sind unvorstellbar!

In seiner Arbeit [134] sagt Streissler: „In der neoklassischen Wirtschaftstheorie hat die Werbung keinen Platz; sie blieb in der ökonomischen Theorie daher lange vernachlässigt. In einer Welt homogener Güter, reiner Konkurrenz auf allen Märkten und vollständig informierter rationaler Konsumenten verkaufen sich alle Güter von selbst."

Angesichts der realen Wirklichkeit in kapitalistischen und auch in staatlich gelenkten Wirtschaftssystemen muß klar und deutlich gesagt werden, daß Deduktionen aus solchen völlig abstrakten Modell-Vorstellungen nur für Denk-Prozesse von Bedeutung sind; sie sind in jeder Hinsicht unrealistisch.

Streissler selbst hat in seinem Wiener Vortrag vieles von dem widerlegt, was Kaldor gesagt und was dieser aus seinen

Prämissen konkludiert hat; vieles ist ad absurdum geführt worden und durch die Untersuchung von Jules Backman „Advertising and Competition“ (New York, 1967, 239 Seiten). Backman hat sich mit Kaldor eingehend auseinandergesetzt.

Ausgehend von der nicht zu widerlegenden Feststellung von Jules Backman „Advertising cannot be considered in a vacuum“ [5] ist noch einmal zu betonen, daß Werbeaufwendungen keine Investitionen sind, auch nicht im Blick auf die gesamtwirtschaftlichen Belange einer Volkswirtschaft.

Anhang

I. Erläuterung der Methode der Erhebung des Spiegel-Verlages vom Herbst 1969 (Beispiel 13, Tabelle 12)

(Nachdruck mit Genehmigung des Spiegel-Verlages)

Zur Methode

Die Feldarbeit wurde von IFAK und Infratest je zur Hälfte vorgenommen, ebenso die Auswertung der Fragebögen bis zur Fertigstellung der Lochkarten.

Beim Infratest-Institut lag die spezielle Aufgabe der Koordinierung der Anlage der Stichproben.

1. Durchführung der Befragung

Die Erhebungen wurden vom 31. 3. bis 25. 4. 1969 durchgeführt. Angestrebt wurde eine möglichst gleichmäßige Verteilung der Interviews auf die einzelnen Wochentage. Alle Mitarbeiter waren im Hinblick auf Frageformulierung und Protokollierung an einheitliche Richtlinien gebunden.

2. Die Stichprobe

a) Art der Stichprobe

Zu ziehen war eine Haushaltsstichprobe, die durch Gewichtung zur Personenstichprobe wurde. Ausgangsbasis war die Gesamtheit aller Männer in der Bundesrepublik und in West-Berlin, soweit sie in Privat-Haushalten leben und zwischen 20 und 65 Jahren alt waren.

b) Schichtung

Die 24 368 Gemeinden der Bundesrepublik Deutschland wurden nach Bundesländern und Gemeindegrößenklassen vorgeschichtet. Beim Ifak-Institut wurden hierbei 7 Gemeindegrößenklassen beim Infratest-Institut 8 Gemeindegrößenklassen gewählt. Infratest bezog außerdem die Regierungsbezirke in die Vorschichtung mit ein. Ein Vergleich der Auswahlorte, die vom Ifak-Institut gezogen wurden, ergab jedoch hinsichtlich der regionalen Struktur keine wesentlichen Unterschiede zu der Struktur der von Infratest gewonnenen Auswahlorte.

c) Auswahlstufen

In der 1. Stufe wurden proportional zur Anzahl der Haushalte in den einzelnen Schichten Auswahlpunkte in systematischer Zufallsauswahl gezogen. Vom Ifak-Institut wurden insgesamt 271 Auswahlpunkte, vom Infratest-Institut 295 festgelegt. Auswahleinheit war in der Regel die Gemeinde, in Hamburg und in Berlin der Stadtteil.

In der 2. Auswahlstufe wurden entweder Stimmbezirke ausgewählt oder aber Ortsteile. Innerhalb der Stimmbezirke bzw. innerhalb der bei den Ortsteilen ausgewählten Straßen erfolgte dann eine Auflistung von Anschriften der Privat-Haushalte. Befand sich an der Wohnungstür kein Namensschild, wurde dort oder beim Nachbarn nachgefragt, ob und welche Haushalte hier vorhanden waren. Aus den so erhobenen Adressen wurden 15 Haushaltsadressen je Auswahlpunkt den Interviewern für die Befragung vorgegeben.

Eine 3. Auswahlstufe wurde dann nötig, wenn in einem Haushalt mehr als ein Mann im Alter zwischen 20 und 65 Jahren vorhanden war. In diesem Falle wurden alle Männer nach dem Alter geordnet in ein Adressen-Protokoll eingetragen. Mit Hilfe eines speziellen Auswahlschlüssels wurde dann die Wahl der Zielpersonen vorgenommen, um allen aufgelisteten Personen die gleiche systematisch gewährleistete Auswahlchance zu sichern.

3. Ausschöpfung der Stichprobe

Ausschöpfung der Stichprobe

	IFAK		INFRATEST	
Ausgangsstichprobe (vorgegebene Adressen)	4 065	100 %	4 435	100 %
Qualitätsneutrale Ausfälle: Karteifehler, keine Männer im Alter zwischen 20 und 65 Jahren im Haushalt	654	16 %	1 289	29 %
Kein Nachfolge-Mieter vorhanden	58	1 %	132	3 %
Bereinigte Stichprobe	3 353	100 %	3 014	100 %
Vorausfälle (d. h. Ausfälle vor Interview): Trotz 4 Besuchen niemand angetroffen	263	8 %	150	5 %
Auskunft über Zielperson verweigert	112	3 %	59	2 %
Nach-Ausfälle (d. h. Zielperson war bestimmt): Zielperson nicht angetroffen	207	6 %	253	8,5 %
Interview verweigert	328	10 %	211	7 %
Zielperson krank oder sonstige Ausfälle	94	3 %	97	3,2 %
Getätigte Interviews	2 349	70 %	2 244	74,3 %
Davon als unvollständig aussortierte Fragebogen	43	1 %	–	–
Lochkarten insgesamt	2 306	69 %	2 244	74,3 %

4. Entzerrung der Stichproben

Das beschriebene Auswahlverfahren führt zu einer Haushaltsstichprobe, d. h. die Auswahlchance der Zielpersonen steht im umgekehrten Verhältnis zur Anzahl der im Haushalt lebenden Männer im Alter zwischen 20 und 65 Jahren. Um die Chancengleichheit wieder herzustellen, wurde in einem Entzerrungsvorgang durch Faktorengewichtung mit der Zahl der in jedem Haushalt lebenden Männer von 20 bis 65 Jahren multipliziert. Gegenüber dem Verfahren zur Entzerrung der

Stichprobe durch Doppeln und Ziehen von Lochkarten hat dieses Vorgehen den Vorteil, daß keine Interviews verloren gehen.

Die hier beschriebene Entzerrung der Stichprobe wurde mit dem Gesamtkartensatz, also mit allen 4550 Lochkarten vorgenommen.

5. Zellengewichtung zur Verbesserung der Repräsentanz der Gesamtstichprobe

Auch bei hoher Ausschöpfung einer Bevölkerungsstichprobe treten Abweichungen gegenüber den Zahlen der amtlichen Statistik auf, d. h. einzelne Gruppen schwer erreichbarer Personen, vor allem jüngere Menschen, Berufstätige in bestimmten Altersschichten, sind unterrepräsentiert, andere Gruppen überrepräsentiert. Durch eine nachträgliche Gewichtung der Ergebnisse erhalten die korrigierten Merkmale genau das Gewicht, das sie in der Grundgesamtheit haben. Die Gewichtung erfolgte anhand eines Zellenplanes auf der Grundlage der Ergebnisse der LA 1968. Die Lochkarten wurden für diesen Zweck nach 5 Altersgruppen, 5 Wohnortgrößen und innerhalb von 10 Ländern bzw. Ländergebieten (die Länder Rheinland-Pfalz und Saarland wurden zusammengefaßt) gefächert. Wegen der Nichtbesetzung aller Gemeindegrößenklassen in allen Ländern ergaben sich somit 182 Zellen, von denen 6 wegen zu geringer Besetzungszahl noch mit anderen zusammengefaßt wurden. Für jede dieser Zellen wurde ein Faktor errechnet („Soll" laut LA 1968 geteilt durch „Ist" dieser Studie), der unter Berücksichtigung der auf Grund der „Entzerrung" notwendigen Gewichtung in jede Lochkarte eingestanzt wurde. Ursprünglich waren für die Gewichtung 3 Spalten vorgesehen, um Faktoren mit mehr als 9,9 Gewicht (unter Berücksichtigung der auf Grund der „Entzerrung" notwendigen Gewichtung) einstanzen zu können. Es zeigte sich jedoch, daß 2 Spalten ausreichten, da in keinem Falle ein höheres Gewicht benötigt wurde. Auch hier ergibt sich natürlich gegenüber der Gewichtung durch Doppeln und Ziehen von Lochkarten der Vorteil, daß kein Interview eliminiert wird, also keine Information verlorengeht. Die Gesamtbasis der Untersuchung änderte sich durch Entzerrung und Zellengewichtung von 4550 auf 4931,7.

6. Kontrolle der Feldarbeit

Alle Fragebogen wurden bei Rücklauf geprüft. Zusätzliche Maschinenkontrolle nach Ablochung sollte verhindern, daß systematische Fehler vorkommen. Es wurden außerdem schriftliche Kontrollen bei etwa 10 % der Befragten vorgenommen.

7. Auswertung und Darstellung der Ergebnisse

Die Datenverarbeitung erfolgte auf einer IBM 360–40. Durch Auf- bzw. Abrundung bei den maschinellen Rechenvorgängen addieren die Summen zum Teil über oder unter 100 %. Mehrfachnennungen sind jeweils in der Darstellung gekennzeichnet.

0 Prozent bedeutet, daß keine Nennungen erfolgt sind bzw. die Zahl der Nennungen zu einem Wert von unter 0,5 Prozent führte.

0,0 als Durchschnittswert bei den Angaben zu Produktwertigkeit, Geschmacksbeurteilung bzw. DM-Beträgen bedeutet, daß es hier keine der Definition entsprechende Zielgruppe gibt.

In allen Tabellen sind die projizierten Größen der Leserschaften bzw. sozio-demographischen Gruppen als Basis angegeben.

Bei projizierten Werten bedeutet:

0.0, daß keine Nennungen angefallen sind,

0.00, daß die Projektion zu einem Wert von weniger als 5000 Personen geführt hat[1].

Die Interpretation der Ergebnisse derjenigen Tabellen, in denen Skalenwerte (Produktwertigkeit, Geschmacksbeurteilung) angegeben werden, wird durch die Wiedergabe der Fragestellung erleichtert.

Die Angaben zum Anschaffungsjahr bei bestimmten Produkten beziehen sich 1969 auf die ersten vier Monate.

II. Richtlinien für das Anzeigenwesen

Anzeigenpreislisten

Zur Erleichterung des Geschäftsverkehrs im Anzeigenwesen wird für jede periodische Druckschrift, die Anzeigen annimmt, eine nach Anordnung und Gestaltung einheitlich gedruckte Anzeigenpreisliste geführt. In laufend erscheinenden Druckschriften wird jeweils im Impressum die laufende Nummer der Preisliste erwähnt, die bei Erscheinen der Druckschrift Geltung hat.

Anzeigenpreislisten werden nach einheitlichem Muster im Format DIN A 5 quer (148 × 210 mm), 2- oder 4seitig, hergestellt. Für alle Preislisten wird weißer Karton 190 g/qm verwendet, damit die Registrierung in Karteiform erfolgen kann. Den Werbeagenturen und Werbungsmittlern werden jeweils zwei komplette Preislistensätze zugeleitet, um die Möglichkeit zu schaffen, einen Preislistensatz komplett und einen weiteren Satz aufgeteilt nach Sachgebieten abzulegen.

(Es folgen mehrere Formblätter und dazu zahlreiche Erläuterungen über „Anzeigenpreislisten für Zeitungen“ und „Anzeigenpreislisten für Allgemeine Zeitschriften und Konfessionelle Zeitschriften“.)

[1] Durch relativ niedrige Fallzahlen sind die ausgewiesenen Werte bei den Objekten Handelsblatt, Industriekurier, Konkret, Capital, Epoca, Merian nur bedingt aussagefähig.

1. Normung von Satzspiegel und Spaltenbreite der Tageszeitungen

Unterschiedliche Satzspiegelgrößen und Spaltenbreiten der Tageszeitungen machen es in der Anzeigenwerbung erforderlich, für die einzelnen Anzeigen Druckunterlagen verschiedener Größe herzustellen. Dies führt bei Werbungtreibenden und Werbeträgern zu Kostenerhöhungen. Die hierfür aufgewendeten erheblichen Beträge vermindern also die Mittel, die zur Bestreitung der Anzeigen-Veröffentlichungskosten zur Verfügung stehen. Der ZAW-Fachausschuß für Anzeigenwesen hat nach Untersuchung der im Zeitungswesen verwendeten Abmessungen auf die Schwierigkeiten hingewiesen, die durch unterschiedliche Zeitungsformate bedingt sind. Er stellt fest, daß diese Schwierigkeiten in erheblichem Maße dadurch verringert werden können, daß Satzspiegelgrößen und Spaltenbreiten für die Zeitungen gleichen Formats vereinheitlicht werden. Die Gestaltung und Anfertigung von Druckunterlagen würde wesentlich erleichtert, wenn sich die deutschen Tageszeitungen jeweils innerhalb der drei Gruppen der vorhandenen Zeitungsformate (Berliner Format, Rheinisches Format, Hamburger Format) zur Verwendung einheitlicher Satzspiegel und Spaltenbreiten entschließen könnten.

2. Gebräuchliche Abmessungen des Satzspiegels bei Tageszeitungen sind:

Berliner Format	420 × 280 mm
Rheinisches Format	480 × 325 mm
Hamburger Format	520 × 373 mm

3. Die vorgenannten Formate sollten möglichst nicht unterschritten werden, damit für Zeitungen leicht abweichenden Satzspiegels keine zusätzlichen Matern hergestellt werden müssen.

4. Hinsichtlich der Spaltenbreite hat sich das Norm-Format von 46 mm für die gesetzte Zeile durchgesetzt.

5. Diejenigen Zeitungen, die von diesem Norm-Format geringfügig abweichen, werden aufgefordert, alle technischen Möglichkeiten zu überprüfen und auszuschöpfen, um die Spaltenbreite von 46 mm (für die gesetzte Zeile) mit einheitlichem Zwischenschlag einzuführen.

Media-Informationen für Fachzeitschriften

Vergleichbare Media-Informationen nach einheitlicher Nomenklatur und mit einheitlicher Gestaltung und Anordnung erleichtern die Werbeplanung durch die hierdurch geschaffene Einheitlichkeit und Vergleichbarkeit der Verlagsauskünfte. Fachzeitschriften verwenden das nachfolgende Muster. Ebenso wie bei den Preislisten wird das Format DIN A 5 quer sowie weißer Karton 170 gr/qm verwendet. Die Beibehaltung der den einzelnen Begriffen vorangestellten Ziffern gewährleistet die angestrebte Vergleichbarkeit.

Auftragsformulare für das Anzeigengeschäft

(Der Inhalt dieser Auftragsformulare wird mit allen Einzelheiten festgelegt.)

Richtlinien für redaktionelle Hinweise in Zeitungen und Zeitschriften

Herausgegeben vom Bundesverband Deutscher Zeitungsverleger e. V. und Verband Deutscher Zeitschriften-Verleger e. V. in Zusammenarbeit mit dem Deutschen Journalisten-Verband e. V. und dem Zentralausschuß der Werbewirtschaft (ZAW).

Um die im Interesse der Öffentlichkeit, der Werbungtreibenden, aber auch der Zeitungen und Zeitschriften selbst unbedingt notwendige klare Abgrenzung der Textteile und der Anzeigenteile der periodischen Druckwerke voneinander zu erreichen, sind die obengenannten Verbände übereingekommen, ihren Mitgliedern dringend nahezulegen, die folgenden Richtlinien anzuwenden. Die Verleger werden sie in die Geschäftsanweisung aufnehmen, die sie ihren Redaktionen erteilen. Die Redakteure sollen sich bei der Anwendung der Richtlinien von dem Grundsatz leiten lassen, daß der Textteil unter keinen Umständen die Gegenleistung der Zeitung oder Zeitschrift für gleichzeitig oder vorher oder nachher veröffentlichte Anzeigen sein darf.

Vorwort

Verleger und Redakteure (Journalisten) wirken bei der Gestaltung der öffentlichen Meinung mit. Um ihre publizistische Aufgabe erfüllen zu können, brauchen sie das Vertrauen ihrer Leser. Dieses Vertrauen kann insbesondere dann nicht entstehen oder erhalten bleiben, wenn die Leser in den Textteilen der Zeitungen und Zeitschriften redaktionelle Hinweise finden, die, ohne äußerlich als bezahlte Wirtschaftswerbung in Erscheinung zu treten, privatwirtschaftlichen Belangen dienen. Als Teil der Textgestaltung gehören die redaktionellen Hinweise zum Verantwortungsbereich der Schriftleitung. Aufgabe des Redakteurs ist es daher, aus der Berichterstattung über ein Unternehmen und seine Leistung alles auszusondern, was über den Rahmen einer sachlichen Unterrichtung hinausgeht. Zugeständnisse, die in Verbindung mit Anzeigenaufträgen in Form günstiger Beurteilung privatwirtschaftlicher Unternehmungen, ihrer Erzeugnisse, Leistungen oder Veranstaltungen im Textteil des Druckwerkes eine zusätzliche Leistung des Verlages darstellen, sind geeignet, die Grundsätze der Sauberkeit in der Werbung, der Unabhängigkeit der Presse und der Freiheit der Meinungsäußerung zu gefährden, und sollten deshalb weder von Werbungtreibenden erwartet noch von Verlagen gewährt werden, zumal sie darüber hinaus gegen die Preistreue verstoßen.

Die so gekennzeichneten „Richtlinien" beziehen sich auf folgende Informationen, Bekanntmachungen oder Verlautbarungen, die den Schriftleitungen von Zeitungen und Zeitschriften gegeben werden:

1. Amtliche Bekanntmachungen und Verlautbarungen
2. Veranstaltungen, Sport, Mode, Theater, Film u. a.
3. Programmübersichten u. ä.
4. Kurorte, Vergnügungsreisen usw.
5. Sportliche Veranstaltungen
6. Theater, Film und andere Veranstaltungen
7. Textil-Modegewerbe
8. Lotterien
9. Versteigerungen
10. Besprechungen von Büchern und Schallplatten
11. Veranstaltungen von Firmen und Verbänden
12. Allgemeine Entwicklung der Wirtschaft, Technik u. ä.
13. Marktberichte
14. Messen und Ausstellungen
15. Berichterstattung über Neuheiten
16. Auskunfts-Rubriken
17. Kraftfahrzeuge und Zubehör
18. Jubiläen, Geburtstage usw.
19. Mitarbeit von Fachleuten der Wirtschaft
20. Firmenveranstaltungen, Vorträge, Besichtigungen usw.
21. Fachliche Fotoerläuterungen
22. Mitteilungen über Wirtschaftswerbung
23. Neubauten
24. Beilagenhinweise

Hierzu werden Gerichtsurteile aus der Rechtsprechung zur „getarnten" Werbung im redaktionellen Teil mitgeteilt.

In diesem Zusammenhang ist noch hinzuweisen auf folgende Beschlüsse des Präsidiums des ZAW:

Klarstellung zu den ZAW-Richtlinien für redaktionell gestaltete Anzeigen. (Dazu werden Hinweise auf entsprechende Gerichtsurteile gegeben.)
Geheimhaltung bei Anzeigenaufträgen (Beschlüsse vom Januar 1967)
Werbung mit Hinweis auf „Kontrollierte Verbreitung". (Beschluß vom Oktober 1967.)

Von besonderer Wichtigkeit sind noch die

Richtlinien für redaktionell gestaltete Anzeigen

Verabschiedet vom Präsidialrat des ZAW am 9. April 1964
Entgeltliche Veröffentlichungen in Zeitungen und Zeitschriften, die wie redaktionelle Mitteilungen gestaltet sind und nicht erkennen lassen, daß sie gegen Entgelt abgedruckt sind, erwekken beim unvoreingenommenen Leser den Eindruck unabhängiger redaktioneller Berichterstattung, während sie in Wirklichkeit Anzeigen darstellen. Wegen ihres irreführenden Charakters verstoßen sie gegen die Grundsätze lauterer Werbung und gefährden das Ansehen und die Unabhängigkeit der redaktionellen Arbeit. Wahrheit und Klarheit der Werbung fordern die klare Unterscheidbarkeit von redaktionellem Text und Werbung. Auch eine fortschrittliche Anzeigengestaltung kann hierauf Rücksicht nehmen.

Der Zentralausschuß der Werbewirtschaft stellt daher fest:

1. Anzeigen und sonstige entgeltliche Veröffentlichungen in periodischen Druckwerken, die durch ihre Anordnung und Gestaltung in Bild und Schrift wie Beiträge des redaktionellen Teils erscheinen, ohne den Anzeigencharakter, d. h. den Charakter einer entgeltlichen Veröffentlichung, für den flüchtigen Durchschnittsleser erkennen zu lassen, sind unlauter gegenüber Lesern und Mitbewerbern.

2. Eine redaktionell gestaltete Anzeige darf daher nicht den Eindruck erwecken, als sei sie Bestandteil der redaktionellen

Berichterstattung. Kommt eine Anzeige nach Form und Inhalt dem von der Redaktion unter eigener Verantwortung bearbeiteten Textteil so nahe, daß sie vom flüchtigen Durchschnittsleser mit einer redaktionellen Äußerung verwechselt wird, dann ist sie als Anzeige kenntlich zu machen.

3. Hat der Verleger eines periodischen Druckwerkes oder der für den Anzeigenteil Verantwortliche für eine Veröffentlichung ein Entgelt erhalten, gefordert oder sich versprechen lassen, so hat er diese Veröffentlichung, soweit sie nicht schon durch Anordnung und Gestaltung allgemein als Anzeige zu erkennen ist, deutlich mit dem Wort „Anzeige" zu bezeichnen.

4. Ein Hinweis lediglich im Impressum genügt nicht zur Kennzeichnung des Werbecharakters einer entgeltlichen Veröffentlichung.

5. Die namentliche Nennung des werbenden Unternehmers, seiner Erzeugnisse und Leistungen im redaktionell gestalteten werbenden Text reicht für sich allein zur Kennzeichnung des Werbecharakters nicht aus.

6. Die Worte „public relations", „public-relations-Reportage", „Werbereportage", „Public-Reportage" und ähnliche Ausdrücke genügen nicht zur Kennzeichnung des Werbecharakters, wenn nicht die Entgeltlichkeit der Veröffentlichung bereits aus anderen Merkmalen hervorgeht.

7. Redaktionelle Beiträge in Bild und Text außerhalb des Anzeigenteils einer periodischen Druckschrift, die

a) als zusätzliche Gegenleistung des Verlegers in Zusammenhang mit der Erteilung eines Anzeigenauftrages angeboten, gefordert oder veröffentlicht werden,

b) dabei in Form günstiger Beurteilung oder mit dem Anschein der Objektivität den Anzeigenauftraggeber, seine Erzeugnisse, Leistungen oder Veranstaltungen erwähnen und

c) hierdurch dem privaten Erwerbsstreben dienen, ohne diese Absicht erkennen zu lassen,

sind unlauter und stellen außerdem einen Verstoß gegen die

Zugabeverordnung dar. Diese Kopplungs-Angebote sind daher verboten.

III. Richtlinien für die Durchführung des Plakatanschlags

Begriffe im Anschlagwesen

1. Plakatanschlag im Sinne dieser Richtlinien ist *Außenwerbung aus Papierbogen,* die an Anschlagstellen angebracht sind. Einem Papierbogen stehen Bogen aus anderen Stoffen gleich, die geeignet sind, an Säulen und Tafeln angeschlagen zu werden.

2. Allgemeine Anschlagstellen *(Säulen und Tafeln)* sind solche Anschlagstellen, die dem Plakatanschlag mehrerer Werbungtreibender vorbehalten und aufgrund eines Pachtvertrages des Anschlagunternehmens mit der zuständigen Gemeinde in der Regel auf öffentlichem Grund und Boden errichtet sind.

3. *Ganzstellen (grundsätzlich Säulen)* sind solche Anschlagstellen, die dem Plakatanschlag jeweils *nur eines Werbungtreibenden* vorbehalten und aufgrund eines Pachtvertrages des Anschlagunternehmens mit der zuständigen Gemeinde in der Regel auf öffentlichem Grund und Boden errichtet sind.

4. *Großflächen (Tafeln)* sind solche Anschlagstellen, die dem Plakatanschlag jeweils nur eines Werbungtreibenden vorbehalten, überwiegend auf privatem Grund und Boden errichtet und für den Anschlag bis 18/1 Bogen (356 cm breit × 252 cm hoch) vorgesehen sind.

5. *Kleintafeln* sind solche Anschlagstellen, die dem Plakatanschlag jeweils nur eines Werbungtreibenden vorbehalten, in der Regel auf privatem Grund und Boden errichtet und für den Anschlag von 4/1 Bogen (119 cm breit × 168 cm hoch) bzw. 6/1 Bogen (119 cm breit × 252 cm hoch) vorgesehen sind.

6. Spezialstellen sind sonstige Säulen, Tafeln oder Flächen, die im Hinblick auf Format, Errichtungs- oder Anbringungs-

dauer, Verwendungsmöglichkeit, Standort oder sonstige Besonderheiten Abweichungen aufweisen.

7. Eine Stadtgruppe ist eine Gruppe von Allgemeinen Anschlagstellen bzw. Ganzstellen, die gleichmäßig über das ganze Gebiet einer Stadt verteilt sind.

8. Ein Bogentag ist die Bezeichnung für den eintägigen Anschlag eines Bogens (59 cm × 84 cm = DIN A 1) an einer Allgemeinen Anschlagstelle.

DIN-Normierung

9. Die Maße der Anschlagbogen ergeben sich aus DIN 683. Hiernach muß ein Anschlagbogen mindestens 30 cm × 42 cm (1/4 Bogen = DIN A 3) groß sein oder eine Form haben, die sich aus dem Mehrfachen dieser Größe ergibt. Er kann aus der Hoch- oder Querlage entwickelt sein. Im einzelnen sind folgende Formate üblich:

1/4 Bogen
DIN A 3

1/2 Bogen
DIN A 2

1/1 Bogen
DIN A 1

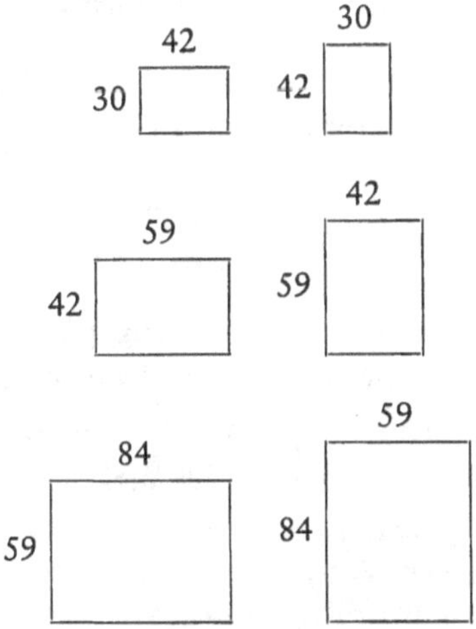

Weiter sind Formate von 6/1, 8/1, 16/1, und 18/1 Bogen möglich.

10. Die Abmessungen der Anschlagstellen sind so zu wählen, daß ein Anschlag von DIN-Normplakaten möglich ist.

11. Genormte Abmessungen für Allgemeine Anschlagstellen und Ganzstellen sind in DIN 683 festgelegt. Anschlagunternehmen, die noch Anschlagstellen mit abweichenden Abmessungen verwenden, geben deren Maße in den Standortverzeichnissen bzw. in den Preislisten an.

12. Großflächen weisen Abmessungen auf, die für den Anschlag bis 18/1 Bogen erforderlich sind. Die Klebeflächen sollten daher 360 cm breit × 260 cm hoch sein. Plakate anderer Formate können angebracht werden.

Ordnungsmäßigkeit des Plakatanschlags

13. Plakatanschlag soll nur an Anschlagstellen durchgeführt werden, die nach dem jeweiligen materiellen und formellen Baurecht errichtet sind und unterhalten werden.

Richtlinien für die Durchführung der Verkehrsmittelwerbung

1. Begriffe in der Verkehrsmittelwerbung

Die Verkehrsmittelwerbung gliedert sich im allgemeinen in

a) Außenwerbung an Nahverkehrsmitteln,

b) Innenwerbung in Nahverkehrsmitteln,

c) sonstige Objekte der Verkehrsmittelwerbung.

Eine Normung von Lage und Größe der Werbeflächen ist aufgrund der Verschiedenartigkeit der einzelnen Verkehrsmittel sowie teilweise aufgrund besonderer Auflagen von Verkehrsbetrieben nur schwer möglich, wird aber trotzdem angestrebt. Insbesondere haben sich bereits für die Innenwerbung Standardabmessungen eingebürgert.

Die Abmessungen und Formate sind in den jeweiligen Preislisten aufgeführt.

2. Außenwerbung an Nahverkehrsmitteln

a) Rumpfflächenwerbung

Für die Außenwerbung an Schienenfahrzeugen stehen in der Regel die beiden Längsflächen zur Verfügung. Die Grundflächenbänder von etwa 5–18 m Länge und etwa 50–70 cm Höhe je Wagentyp werden durch die erste und letzte Tür begrenzt. Auf der linken Wagenseite – in Fahrtrichtung gesehen – sind die für die Ausstattung mit einer Werbung zugelassenen Flächen entsprechend länger. Amtliche Hinweise des Verkehrsbetriebes am Wagenrumpf werden ausgespart.

Bei Omnibussen jeder Bauart (zweiachsige Omnibusse, Gelenk-, Eineinhalbdeck- und Doppelstock-Omnibusse, Obusse) steht, soweit möglich, neben den beiden Längsflächen von etwa 40–60 cm Höhe auch die Heckfläche für eine Werbebeschriftung zur Verfügung, bei Doppelstock-Omnibussen auch der obere Wagenteil. Die Rumpfflächenwerbung soll sich in der Placierung und Größe der Form und dem Typ des jeweiligen Fahrzeugs anpassen.

Die Rumpfflächen werden durch direkte Beschriftung oder die Anbringung bedruckter Folien genutzt.

b) Dachschilder

Bei zahlreichen Verkehrsbetrieben besteht an den Straßenbahnwagen aller Typen die Möglichkeit der Anbringung von Dachschildern. Die Maße dieser Schilder liegen in der Regel bei 5–8 m Länge und etwa 50 cm Höhe.

c) Perronflächen

Eine kurzfristige Werbung an Straßenbahnen ist an Perronflächen möglich. Diese Flächen in der Größe DIN A 1 Hochformat (59 × 84 cm) befinden sich im allgemeinen links bzw. rechts an den Türen.

3. Innenwerbung in Nahverkehrsmitteln

Für eine Innenwerbung an Schienenfahrzeugen, Omnibussen und Wasserfahrzeugen des Nahverkehrs stehen die seitlichen Fahrzeugfenster, die Deckenwölbung oberhalb der Fenster sowie sonstige geeignete Wandflächen zur Verfügung. An den für die Werbung freigegebenen Seitenfenstern werden doppelseitig bedruckte Plakate (Seitenscheibenplakate), in der Deckenwölbung einseitig bedruckte Plakate (Deckenplakate) angebracht.

a) Seitenscheibenplakate

Für Seitenscheibenplakate ist das Maß von 15 × 50 cm Querformat weitgehend üblich, daneben auch das Maß DIN A 4 Querformat (21 × 30 cm). Als Material haben sich Selbstklebefolien oder Abziehbilder bewährt.

b) Deckenplakate

Für die Deckenwölbung werden vorwiegend Plakate in der Größe von 29 × 41 cm Hochformat bzw. DIN A 2 Querformat (42 × 65 cm) verwendet. In der Regel werden Selbstklebefolien mit einer lösbaren Haftbeschichtung, teilweise Karton vorgeschrieben.

4. Sonstige Objekte der Verkehrsmittelwerbung

Hierunter fällt die Werbung auf Fahrscheinen, Fahrscheinheften, Fahrplänen, an Haltestellensäulen und Wartehallen sowie an sonstigen Einrichtungen der Verkehrsbetriebe; sie wird den örtlichen Gegebenheiten entsprechend durchgeführt.

Grundsätze zur Ordnung der Außenwerbung

Leitsätze

1. Die Außenwerbung ist in der Marktwirtschaft als Mittlerin zwischen Wirtschaft und Verbraucher und zur Erhaltung

und Steigerung der wirtschaftlichen Leistungsfähigkeit notwendig. Das gilt für den Plakatanschlag und die Großflächenwerbung ebenso wie für die Dauerwerbung.

2. Da die Außenwerbung die Aufmerksamkeit der Öffentlichkeit auf sich ziehen will, jedoch übergeordnete Interessen der Allgemeinheit nicht verletzen darf, ist es erforderlich, nach einem verständnisvollen Ausgleich der widerstreitenden Interessen zu suchen.

3. Ein solcher Ausgleich wird immer dann hergestellt, wenn das Interesse der Allgemeinheit am Schutz des Orts- und Landschaftsbildes mit dem hiervon verschiedenen, jedoch ebenso bedeutsamen Interesse der Wirtschaft an einer wirksamen, aber auch ansprechend gestalteten Außenwerbung in Einklang gebracht ist. Richtschnur für diesen Interessenausgleich muß sein, daß Außenwerbung das Orts- und Landschaftsbild nicht verunstalten darf.

4. Die Werbewirtschaft ist sich ihrer Verantwortung bewußt, wenn sie mit der Außenwerbung im öffentlichen Raum in Erscheinung tritt. Daher kennt sie ihre Verpflichtung an, verunstaltende Außenwerbung zu unterlassen, beschädigte Außenwerbungsanlagen wiederherzustellen und verwahrloste oder gegenstandslos gewordene Anlagen zu beseitigen. Sie respektiert die Notwendigkeiten der Verkehrssicherheit.

5. Da die Werbewirtschaft seit jeher eine verunstaltende oder verkehrsgefährdende Außenwerbung ablehnt, billigt sie alle Maßnahmen von Gesetzgebung, Rechtsprechung und Verwaltung, die Verunstaltungen durch Außenwerbung verhindern und beseitigen sowie die Verkehrssicherheit aufrechterhalten sollen.

6. Im Interesse der Rechtssicherheit und der Rechtseinheit tritt die Werbewirtschaft dafür ein, daß überall im Bundesgebiet einheitliche Vorschriften für die Außenwerbung eingeführt werden, die nicht nur in den Grundzügen, sondern auch in den Einzelheiten übereinstimmen. Aus den gleichen Gründen sollten die Gemeinden auf zusätzliche und über die

gesetzlichen Vorschriften hinausgehende Beschränkungen durch Ortssatzungen verzichten und besondere örtliche Verbote nur erlassen, wenn sie durch die örtlichen Verhältnisse veranlaßt sind.

7. Bei der Planung und Gestaltung von Bauwerken und von Gemeindegebieten sollten die verantwortlichen Stellen von vornherein berücksichtigen, daß die Bewohner und die Wirtschaft der Außenwerbung als Orientierungshilfe bedürfen. Es ist besser, Möglichkeiten für Außenwerbung schon bei der Bauplanung und bei der Errichtung von Gebäuden vorzusehen, als Werbeanlagen nachträglich hinzuzufügen. Auf diese Weise ist es leichter, die gewünschten Werbeanlagen ohne Störung des gesamten architektonischen Bildes anzubringen. Insbesondere kann die Lichtwerbung als städtebauliches Gestaltungselement eingeplant werden.

8. Die Werbewirtschaft ist bereit, sich der Aufgabe anzunehmen, bei allen Neuplanungen frühzeitig eine Verbindung zwischen Bauherren, Architekten und Planern auf der einen Seite und den an Außenwerbung Interessierten auf der anderen Seite herzustellen.

Grundsätze der Verunstaltungsabwehr

Werbeanlagen sind dann als verunstaltend anzusehen, wenn sie einen häßlichen, das ästhetische Empfinden des Beschauers verletzenden Zustand herbeiführen. Bei der Auslegung des Verunstaltungsbegriffs ist von der Rechtsprechung des Bundesverwaltungsgerichts auszugehen, daß bloße Störungen der architektonischen Harmonie außer Betracht zu bleiben haben. Der Maßstab, mit dem das Vorliegen von Verunstaltungen zu messen ist, kann aus verfassungsmäßigen Gründen nur „der für ästhetische Eindrücke offene, durchschnittlich gebildete Betrachter“ sein.

10. Aus Gründen der Rechtseinheit und Rechtssicherheit fordert die Werbewirtschaft, daß alle zuständigen Verwal-

tungsbehörden den Verunstaltungsbegriff entsprechend der ständigen Rechtsprechung aller deutschen Gerichte einheitlich und in rechtsstaatlich zulässiger Weise auslegen.

11. Gestützt auf die gesicherten Ergebnisse der Rechtsprechung wird die Werbewirtschaft bei ihrer Mitwirkung zur Verhütung von Verunstaltungen von folgenden Grundsätzen ausgehen:

a) Die Interessen des Heimatschutzes und der Wirtschaft sind gegeneinander abzuwägen; dabei ist zu beachten, daß eine Werbung, die sich der Umgebung so einfügt, daß sie überhaupt nicht mehr auffällt, ihren Sinn verliert.

b) Grundsätzlich ist davon auszugehen, daß der gebildete Durchschnittsmensch die Notwendigkeit der Außenwerbung anerkennt; er wird durch Werbeanlagen, die sich von der Umgebung abheben, in seinem ästhetischen Gefühl nicht verletzt.

c) Darum betrachtet er es auch nicht als Verunstaltung, wenn durch Ausnutzung moderner technischer Mittel Formen angewandt werden, die von hergebrachten Gestaltungsmöglichkeiten abweichen und für manchen Beschauer ungewohnt wirken. Kontraste brauchen ein harmonisches Gesamtbild nicht auszuschließen.

d) Neue Werbeanlagen können nicht als Störung der Einheitlichkeit des Ortsgebildes empfunden werden, wenn das Ortsbild bereits eine bestimmte Prägung erfahren hat, die die neue Werbung nicht verändert, der sie sich vielmehr anpaßt.

e) Als Maßstab für die Beurteilung des Charakters der Umgebung, mit der eine Werbeanlage in Einklang gebracht werden soll, können nicht ganze Stadtviertel oder Straßenzüge genommen werden; entscheidend ist vielmehr die Eigenart der jeweils in Betracht kommenden Straßenteile.

f) Auf das Vorhandensein von Bau- und Naturdenkmalen ist besonders Rücksicht zu nehmen.

g) Auch in Orten mit erhaltungswertem altem Stadtbild ist es erforderlich, jedem Geschäftsinhaber Werbung an der Stätte seiner Leistung in einer die örtlichen Verhältnisse berücksichtigenden Gestaltung und Größe zuzubilligen.

Außenwerbung in besonderen Gebieten

12. Verbote der Außenwerbung in der freien Landschaft müssen die folgenden verfassungsmäßigen Ausnahmen berücksichtigen:

a) Werbung an der Stätte der Leistung,

b) Sammelhinweise vor Ortsdurchfahrten, die Inhaber und Art gewerblicher Betriebe kennzeichnen,

c) Hinweisschilder an Verkehrsstraßen und Wegabzweigungen, die auf außerhalb der Ortsdurchfahrt liegende gewerbliche Betriebe oder versteckt gelegene Stätten aufmerksam machen,

d) Werbeanlagen an und auf Flugplätzen, auf und im Zusammenhang mit Ausstellungen und Messen, auf Sportanlagen und abgegrenzten Versammlungsstätten.

13 a. Innerhalb geschlossener Ortschaften ist den zuständigen Behörden die Aufgabe gestellt, Verunstaltungen zu verhindern, nicht aber dem Werbungtreibenden vorzuschreiben, wie er nach Form und Inhalt zu werben hat. Der Ortsgesetzgeber sollte daher – entsprechend der Rechtsprechung des Bundesverwaltungsgerichts – davon absehen, in Ortssatzungen die Außenwerbung nach eigenen geschmacklichen Vorstellungen zu regeln.

Literaturnachweis

Nicht alle in diesem Nachweis aufgeführten Autoren sind zitiert worden.

Verweisungen bei Zitaten erfolgen durch die laufende Nummer in diesem Nachweis.

Firmennamen, Markennamen und Literaturquellen von Unternehmungen und Verlagen sind in diesem Nachweis nicht aufgeführt.

[1] *Alewell, Karl:* 319, Die Bilanzierung von Werbeinvestitionen in Zeitschrift für Betriebswirtschaft. 1964.

[2] American Management Association (AMA): 86, Developing a Product Strategy Planning-Production-Promotion. Hrsg. von E. Martin. New York 1959.

[3] *Aschpurwis, Liselotte:* 5, 23, Die Entwicklung der Markenwerbung in einzelnen Industriebereichen 1961–1964. In: Die Absatzwirtschaft. 1. Märzausgabe 1965. 1965–1968. 1. Juniausgabe 1969.

[4] *Atteslander, Peter:* 135, 157, 161, 168, 170, Methoden der empirischen Sozialforschung. Göschen Band 1229/1229 a. Berlin 1969.

[5] *Backman, Jules:* 8, 25, 320, Advertising and Competition. New York 1967.

[6] *Baumbach-Hefermehl:* 94, Wettbewerbs- und Warenzeichenrecht. Band II. Warenzeichenrecht und internationales Wettbewerbs- und Zeichenrecht. 9. Aufl. München 1967.

[7] *Behrens, Karl Christian:* 135, 138, 148, Demoskopische Marktforschung. 2. Aufl. Wiesbaden 1966.

[8] *Bense, Max:* 253, Theorie der Texte. Köln 1962.

[9] *Berelson, B.*, und *Steiner, Gary A.*, 135, 148, Herausgeber von: Human Behavior. An Inventory of Scientific Findings. New York 1964.

[10] *Bergler, Georg:* 135, 139, Verbrauchsforschung zwischen Mensch und Wirtschaft. München 1961.

[11] *Bergner, Heinz:* 276, Versuch einer Filmwirtschaftslehre. Berlin 1962.

[12] *Berth, Rolf:* 135, Marktforschung zwischen Zahl und Psyche. Eine Analyse der befragenden Marktbeobachtung in Westdeutschland. Stuttgart 1959.

[13] *Beveridge, Oscar M.:* Financial Public Relations Tested Techniques for Communicating with Financial Publics. New York 1963.

[14] *Bill, Max:* 80, 83, Form. Basel 1952.

[15] *Borden, Neil H.:* 8, 11, 36, 42, 290, 309, 313, 316, 318, The Economic Effects of Advertising. 4. Aufl. Chicago 1947.

[16] – 135, The Concept of the Marketing Mix, in: Journal of Advertising Research. 1964.

[17] *Britt, St. H.,* Herausgeber von: 135, 148, Consumer Behavior and the Behavioral Sciences. Theories and Applications. New York 1966.

[18] *Broll, Helmut:* Die betriebswirtschaftliche Bedeutung der Anwendungstechnik in der chemischen Industrie, in: Zeitschrift für betriebswirtschaftliche Forschung. 1967.

[19] *Brückner, Peter:* Die informierende Funktion der Wirtschaftswerbung. Berlin 1967.

[20] *Buchli, Hanns:* 263, 6000 Jahre Werbung. Geschichte der Wirtschaftswerbung und Propaganda. Bd. I: Altertum und Mittelalter, Berlin 1962; Bd. II: Die Neuere Zeit, Berlin 1962; Bd. III: Die Zeitalter der Revolutionen; Bd. IV: In Vorbereitung.

[21] BDI Bundesverband der Deutschen Industrie. RKW Rationalisierungs-Kuratorium der Deutschen Wirtschaft. Gemeinschaftswerbung. 280, Bericht einer Tagung vom 11. 6. 1964. Köln 1964.

[22] *Chmielewicz, Klaus:* Grundlagen der industriellen Produktgestaltung. Berlin 1968.

[23] *Colley, R. H.:* 316, Defining Advertising Goals for measured advertising results. New York 1961.

[24] *Corey, Raymond E.:* 196, 266, Industrial Marketing – Cases and Concepts. Englewood Cliffs 1962.

[25] Department of Commerce, Washington, D. C.: Check Sheet, Introduction of New Consumer Products. 1935.

[26] – Check List for the Introduction of New Consumer Products. 1944.

[27] – Check List to Help You Introduce Your New Industrial Products. 1946. (s. auch: Gustav E. Larson)

[28] *Doege, Wilhelm:* Von der Linse bis zum Leser. Das farbige Bild in Presse und Werbung. Hannover, ohne Jahr.

[29] *Domizlaff, Hans:* Die Gewinnung öffentlichen Vertrauens. Ein Lehrbuch der Markentechnik. Band I. Hamburg 1939. Lehrbeispiele aus der Markenartikel-Industrie. II. Band. Hamburg 1941.

[30] – Begegnungen mit ... Festschrift zu seinem 75. Geburtstag. Essen 1967.

[31] *Dreier, Wilhelm:* Funktion und Ethos der Konsumwerbung. Münster 1965.

[32] *Durstine, Roy S.:*313, This Advertising Business. New York 1928.

[33] *Egner, Erich:* 176, Konsumentenschutz, in: Handwörterbuch der Sozialwissenschaften. Band 6.

[34] *Ehrlich, Emil Peter:* 279, Reklama, Targi i Wystawy, Marketing w Eksporcie. Warschau 1970.

[35] – 9, Bericht über die 15. Werbewirtschaftliche Woche in Wien. 1968.

[36] *Eichler, Fritz:* Brief an Wilh. Wagenfeld, in: Form. Heft 22. 1962.

[37] *Elertsen, Heinz:* 251, Taschenbuch für Verkaufstechnik, Teil I: Organisation und Verkaufstraining für den Außendienst; Teil II: Verkaufskunde und Verkaufstraining für den großen und kleinen Einzelhandel. Heidelberg 1967.

[38] EUROSPACE: 16, Europäische Industriegruppe für Raumfahrtstudien. Eurospace-Hefte. Die Auswirkungen der Raumfahrttätigkeit Heft Nr. 5. Paris 1967.

[39] *Foppa, Klaus:* 97, Lernen, Gedächtnis, Verhalten. Ergebnisse und Probleme der Lernpsychologie. Köln 1965.

[40] *Freidank, Michael:* 135, 138, Langfristige Entwicklungstendenzen auf den Märkten ausgewählter Haushaltungsmaschinen, unter besonderer Berücksichtigung des Phänomens der Marktsättigung. Zürich 1966.

[41] *Freudenmann, Helmut:* 76, Planung neuer Produkte. Stuttgart 1965.

[42] *Fuchs, Reimar:* 135, Marktvolumen und Marktanteil. Möglichkeiten und Grenzen der Bestimmung der Marktposition einer Unternehmung durch sekundärstatistische Verfahren. Stuttgart 1963.

[43] *Galbraith, John, K.:* 19, Die moderne Industriegesellschaft. München 1967.

[44] *v. Gamm, Dr. Otto-Friedrich Frhr.:* 94, Warenzeichengesetz, Kommentar. München 1965.

[45] *Gassler, Viktor J.:* 276, Betriebswirtschaftliche Darstellung des Films als Werbemittel. Winterthur 1955.

[46] *Gayer, Kurt:* 135, 144, Das große Verhör. Fug und Unfug der Demoskopie. Gütersloh 1969.

[47] *Geist, Manfred:* 112, Selektive Absatzpolitik auf Grundlage der Absatzsegmentrechnung. Stuttgart 1963.

[48] *Gelner, Carl:* Die Kunst des Verhandelns in der Wirtschaft und im öffentlichen Leben. Heidelberg 1967.

[49] *Gerstner, Karl,* und *Kutter, Markus:* 273, Die neue Grafik nach ihren Ursprüngen, ihrem Werden, ihren Eigenheiten, ihren Aufgaben, ihren Problemen, ihren Erscheinungsformen und ihren zukünftigen Möglichkeiten, zusammengestellt und kommentiert von ... Teufen AR (Schweiz) 1959.

[49 a] *Goethe, J. W.:* 250

[50] *Gutenberg, Erich:* 62, 77, Grundlagen der Betriebswirtschaftslehre. 1. Band: Die Produktion. 3. Aufl. Berlin 1957.

[51] *Haberbeck, Harro:* 309, Möglichkeiten und Grenzen der Direktwerbung im Wettbewerb der Werbemedien. Winterthur 1968.

[52] *Hagemann, Walter:* 276, Der Film. Wesen und Gestalt. Heidelberg 1952.

[53] *Hansen, Ursula:* Stilbildung als absatzwirtschaftliches Problem der Konsumgüterindustrie. Berlin 1969.

[54] *Harenberg, Werner,* 135, Herausgeber von: Was glauben die Deutschen? Die Emnid-Umfrage, Ergebnisse, Kommentare. München 1968.

[55] *Hebb, D. O.:* 28, Die Triebe und das C. N. S. (Conceptual nervous system), in: Die Motivation menschlichen Handelns. Hrsg. von H. Thomae. 3. Aufl. Köln 1966.

[56] *Heyn, W.:* 135, Stichprobenverfahren in der Marktforschung. Würzburg 1960.

[57] *Hirsch, Elisabeth:* 251, 278, Der programmgesteuerte Verkauf. Schriften zum Marketing. Bd. 3. Düsseldorf 1969.

[58] *Hobart, Donald M.:* 135, 137, 140, 278, Praxis der Marktforschung. (Titel des amerikanischen Originals: Marketing Research Practice) Deutsch von Carl Hundhausen. Essen 1952.

[58 a] *Hoenisch, Peter:* 288

[59] *v. Holzschuher, Ludwig Frhr.:* Psychologische Grundlagen der Werbung (Mitarbeit von J. Jaworski). 2. neu überarb. u. erw. Aufl. Essen 1969.

[60] *Hopkins, Claude C.:* 311, Propaganda. Meine Lebensarbeit. Deutsch von E. Krahnen. 4. Aufl. Stuttgart 1929.

[61] *Hüttner, Manfred:* 135, 148, 157, 161, Grundzüge der Marktforschung. Ein Leitfaden für Studium und Praxis. Wiesbaden 1965.

[62] *Hundhausen, Carl:* 94, Kundenwerbung amerikanischer Banken. – Financial Advertising – Berlin 1929.
[63] – 71, Anleihen und Aktien in der amerikanischen Effektenfinanzierung, in: Zeitschrift für handelswissenschaftliche Forschung I/1931. II/1932.
[64] – 132, J. P. Morgan & Co.: Einblicke in die Aufgaben, die Geschichte, den Status und die Verfassung eines Privatbankhauses. Zeitschrift für Handelswissenschaftliche Forschung. 1933.
[65] – 109, Vorausschätzung von Umsatz, in: Zeitschrift für Betriebswirtschaft. 1937.
[66] – 135, Marktforschung als Grundlage der Wirtschaftsführung und der Wirtschaftswerbung in den Vereinigten Staaten, in: Die Deutsche Fertigware. 1938.
[67] – 135, 150, 176, Verbrauchsforschung. Ein Meinungsaustausch mit Wilhelm Vershofen, in: Markt und Verbrauch. 12. Jahrg. von Die Deutsche Fertigware. 1940.
[68] – 109, 135, 189, Planung in der industriellen Absatzwirtschaft, in: Zeitschrift für Betriebswirtschaft. 1941.
[69] – 109, Absatz und Umsatz. Über die Begriffe Produktion und betriebliche Leistung und über die Abgabe dieser Leistung an den Markt, in: Festschrift für Fritz Schmidt. Berlin 1942.
[70] – 314, Sind wir so reich? Über den Advertising Council in USA, in: Industrie Kurier. 1949.
[71] – 204, werben oder beherrschen? 2. Aufl. Essen 1950.
[72] – 109, Die Vertriebskosten als Problem der Industrie, in: Zeitschrift für handelswissenschaftliche Forschung. 1953.
[73] – 204, Wesen und Formen der Werbung. Essen 1954.
[74] – Wirtschaftswerbung. Essen 1963.
[75] – Die betriebswirtschaftliche Bedeutung der Produktgestaltung. Schriften zur Industrieform. Essen 1964.
[76] – Die Werbung im Dienst des Konsumenten, in: Jahrbuch der Absatz- und Verbrauchsforschung. Heft 3. 1965.
[77] – Anzeigen in Fachzeitschriften und ihr Informationsgehalt, in: Stahl und Eisen. 1965.
[78] – Organisation der Public Relations, in: Handwörterbuch der Organisation. Stuttgart 1969.
[79] – 311, The Advertiser's Public Responsibility in Relation to Economic Progress and Advertising Research, in: I. U. A. A. Monthly Letter Nr. 76. Brüssel 1970.
[80] – 28, Tausendfache, freiwillige Waren-Tests. Marktanalysen in den Vereinigten Staaten als Vorbild, in: Blick durch die Wirtschaft vom 19. März 1970.

[81] *Kaldor, N.:* 209, 245, 316, 318, Essays on Value and Distribution. London 1966.

[82] *Kapferer, Clodwig:* 135, Marktforschung in Europa. Methoden einzelner Länder. Hamburg 1963.

[83] – und *Disch, Wolfgang K. A.:* 135, Absatzprognose. Köln 1966.

[84] – Absatzwirtschaftliche Produktpolitik. Köln 1967.

[85] *Keller, Arthur:* Die Gemeinschaftswerbung. Wesen, Arten und betriebswirtschaftliche Bedeutung. Zürich 1955.

[86] *Kellerer, Hans:* 135, 163, Statistik im modernen Wirtschafts- und Sozialleben. Reinbek 1967.

[87] *Kersting, Walter:* Marken (Trade Marks). Essen 1955.

[88] *Kleppner, Otto:* 313, Advertising Procedure. 17. Aufl. New York 1937.

[89] *Knecht, Albin:* 135, Marktforschung für Kunststoffprodukte im Wohnungsbau. Bern 1964.

[89 a] *Knies, Karl:* 28

[90] *Koch, Waldemar:* 135, Grundlagen und Technik des Vertriebes. 2. Bd. Berlin 1960.

[91] *König, René* (Herausg.): 135, 150, 151, Praktische Sozialforschung. Bd. 1 Das Interview. Dortmund/Zürich 1952.

[92] – 135, Praktische Sozialforschung. Bd. 2 Beobachtung und Experiment in der Sozialforschung. 3. Aufl. Köln 1965.

[93] – 135, 138, Hrsg. von: Handbuch der empirischen Sozialforschung. Bd. 1. 2. Aufl. Stuttgart 1967. Bd. 2. 1969.

[94] *Kolbeck, Rosemarie:* 71, Leasing als finanzierungs- und investitionstechnisches Problem, in: Zeitschrift für betriebswirtschaftliche Forschung. 1968.

[95] *Küspert, E.:* 110, Industrielle Vertriebskosten. Bedingungen, Abrechnung, Kalkulation. Stuttgart 1938.

[96] Laboratory of Advertising Performance. 293, Untersuchungen hrsg. vom Verlag McGraw-Hill, Inc. New York.

[97] *Larson, Gustav E.:* Developing and Selling New Products. A Guidebook. 1. Aufl. Washington, D. C. 1950. 2. Aufl. Washington, D. C. 1953 (s. auch: Department of Commerce).

[98] *Levitt, Theodore:* 12, Innovation in Marketing. New York 1962.

[99] *Linhardt, Hanns:* 35, Marktorganisation, in: Handwörterbuch der Organisation. Stuttgart 1969.

[100] – Bankorganisation, in: Handwörterbuch der Organisation. Stuttgart 1969.

[101] *Lisowskij, Arthur:* 315, Zur Theorie und Systematik der Handelsfunktionen. Wien 1937.

[101 a] *List, Friedrich*, 193

[101 b] *Litfaß, E. Th.:* 266

[102] *Lucas, D. B.*, und *Britt, St. H.:* 172, 248, 249, 257, 258, 301, 304, 307, Messung der Werbewirkung. Deutsche Ausgabe durch Carl Hundhausen. Essen 1966.

[103] *Männicke, Adolf:* 275, Die Warenverpackung als ein Faktor der betrieblichen Absatzpolitik. Berlin 1957.

[104] *Mathieu, J., Endter, J.-G., Roos, C. A.:* 135, Der Ingenieur im industriellen Vertrieb. Köln 1963.

[105] *Mellerowicz, Konrad:* 4, 132, Allgemeine Betriebswirtschaftslehre Bd. I–IV. Sammlung Göschen Nr. (Band) 1008/1008 a, 1153/1153 a, 1154/1154 a, 1186/1186 a. 12. u. 13., durchges., erw. u. veränd. Aufl. Berlin 1966/69.

[106] *Menger, Carl:* 60, Grundsätze der Volkswirtschaftslehre. 2. Aufl. Wien 1923.

[107] *Miller, T. T.:* A Major Shift in Emphasis, in: AMA, Developing a Product Strategy.

[108] *Michligk, Paul:* Geheimnisse der Werbesprache. Essen 1967.

[109] *Nieder-Schabbehard, Jochen:* 264, Die Werbewirksamkeit von Prospekten und Katalogen – Heute und Morgen – Kongreß der Werbung 1969, Bericht, München, 1970.

[110] *Nieschlag, Robert, Dichtl, Erwin, Hörschgen, Hans:* 209, 315, 317, Einführung in die Lehre von der Absatzwirtschaft. Berlin 1968.

[111] *Noelle, Elisabeth:* 135, 148, Öffentliche Meinung und soziale Kontrolle, in: Jahrbuch der öffentlichen Meinung. 1965/67.

[112] – 135, 153, 157, 161, 163, 170, 171, Umfragen in der Massengesellschaft. Einführung in die Methoden der Demoskopie. Hamburg 1967.

[113] – 135, 153, Amerikanische Massenbefragungen über Politik und Presse. (Titel der Buchveröffentlichung: Meinungs- und Massenforschung in USA – Umfragen über Politik und Presse.) Frankfurt 1940.

[114] *Oberparleiter, Karl:* 245, 249, 317, Funktionen- und Risikenlehre des Warenhandels. 1. Aufl. Wien 1930. 2. Aufl. Wien 1955.

[115] *Olivetti, Ing. C. & C. S. p. A.:* 81, Stile Olivetti. Geschichte und Formen einer italienischen Industrie. Mailand 1961.

[116] *Patrick, L. M.:* 88, The Extent of Engineering Responsibility, in: AMA, Developing a Product Strategy.

[117] *Pease, Otis:* 311, The Responsibility of American Advertising Private Control and Public Influence, 1920–1940. Yale University Press, New Haven 1958.

[118] *Pfeiffer, Werner:* 135, Absatzpolitik bei Investitionsgütern der Einzelfertigung. Möglichkeiten und Grenzen des Einsatzes absatzpolitischer Instrumente im Sondermaschinenbau. Stuttgart 1965.

[119] *Presbrey, Frank:* 312, 314, The History and Development of Advertising. New York 1929.

[120] *Proesler, Hans:* 135, Handbuch der Verbrauchsforschung. 2. Band. Gesamtauswertung 1. Teil. Berlin 1940.

[121] *Redlich, Fritz:* 316, System der Handelsfunktionen, in: Schmollers Jahrbuch 1932.

[122] *Reimann, Hans:* 260, Die Schwarze Liste. Ein heikles Bilderbuch. Leipzig 1916.

[123] *Rembeck, Max,* und *Eichholz, G. P.:* 135, Im Dienste der Marktforschung. Marktforschungsinstitute in Europa. Bad Wörishofen 1962.

[124] *Rohracher, H.:* 29, Einführung in die Psychologie. 8. umgearb. Aufl. Wien 1963.

[125] *Roth, Günter D.:* 273, Messen und Märkte. Aus der Geschichte des Handels: Von der Warenmesse zur Mustermesse. München 1965.

[126] *Sevin, Charles H.:* 114, How Manufacturers Reduce Their Distribution Costs. Washington, D. C. 1948.

[127] *Seyffert, Rudolf:* 135, Wirtschaftslehre des Handels. 2. Aufl. Köln 1965.

[128] – Werbelehre, Theorie und Praxis der Werbung. 2 Bände. Stuttgart 1966.

[129] *Silbermann, Alphons:* 277, Systematische Inhaltsanalyse, in: Handbuch der Empirischen Sozialforschung Band I. 2. Aufl. Köln 1967.

[130] – 277, Bildschirm und Wirklichkeit. Über Presse und Fernsehen in Gegenwart und Zukunft. Berlin 1966.

[131] *Stankowski, Anton:* 101, 109, Funktion und ihre Darstellung in der Werbegrafik. Die Sichtbarmachung unsichtbarer Vorgänge. Teufen A R (Schweiz).

[132] *Steinbuch, Karl:* 135, 145, Falsch programmiert. Über das Versagen unserer Gesellschaft in der Gegenwart und vor der Zukunft und was eigentlich geschehen müßte. 5. Aufl. Stuttgart 1968.

[133] *Stewart, P. W., Dewhurst, J. F., Field, L.:* 109, Does Distribution Cost too Much? Twentieth Century Fund. New York 1939.

[134] *Streissler, Erich:* 209, 245, 315, 318, 319, Bedeutung der Werbung für den Konsum, in: Konsum und Nachfrage. Hrsg. v. Erich und Monika Streissler. Köln 1966.

[135] *Schäfer, Erich:* 135, 136, 138, 154, Grundlagen der Marktforschung. Marktuntersuchung und Marktbeobachtung. 4. Aufl. Köln 1966.

[136] *Scheuch, Erwin K.,* Herausgeber von: 19, Die Wiedertäufer der Wohlstandsgesellschaft. Eine kritische Untersuchung der „Neuen Linken" und ihrer Dogmen. Köln 1968.

[137] *Schmalenbach, Eugen:* 177, Der freien Wirtschaft zum Gedächtnis. 3. Aufl. 1958.

[138] *Schneider, E.:* 319, Wirtschaftlichkeitsrechnung. Theorie der Investition. 3. Aufl. Tübingen 1961.

[139] *Thomae, Hans,* Herausgeber von: 135, 148, Die Motivation menschlichen Handelns. 3. Aufl. Köln 1966.

[139 a] *Tigges, Wilhelm:* 284, 298

[139 b] *Todtmann, Heinz:* 285

[140] *van de Velde, Henry:* 78, Credo.

[141] – 78, Amo. Erschienen in: Henry van de Velde. Zum neuen Stil. Aus seinen Schriften ausgewählt und eingeleitet von Hans Curjel. München 1955.

[142] Verein Deutscher Ingenieure: 135, 266, VDI-Taschenbuch Industrieller Vertrieb. Düsseldorf 1957.

[143] Verein Deutscher Maschinenbau-Anstalten e. V. (VDMA): 14, 68, 74, 135, 267, Frankfurt/M. Produktive Investitionen. Frankfurt 1968.

[144] *Vershofen, Wilhelm:* 61, 64, 139, 175, Handbuch der Verbrauchsforschung. Neuausgabe unter dem Titel: Die Marktentnahme als Kernstück der Wirtschaftsforschung. Berlin 1959.

[145] – Das Jahr eines Ungläubigen. Stuttgart 1942.

[146] – 176, Wirtschaft als Schicksal und Aufgabe. Wiesbaden 1950.

[147] *Walter, Herbert,* und *Lorenz, Wilhelm:* 309, Handbuch der Auslandswerbung für Investitionsgüter und das Entwicklungsgeschäft. Berlin 1970.

[148] *Wendt, Hermann:* Warenzeichen-Fibel Praktische Anwendung des Warenzeichen- und Ausstattungsschutzes. Weinheim/B. 1954.

[149] *Wenzel, Willibald:* Die Gestaltungselemente der Verkaufswerbepolitik für Investitionsgüter. Berlin 1964.

[150] *von Wieser, Friedrich, Frhr.:* 60, Theorie der gesellschaftlichen Wirtschaft. 2. Aufl. Tübingen 1924.

[151] *Wills, Franz Hermann:* Layout. Handbuch für die Gestaltungsarbeit an Werbemitteln, Zeitschriften, Bildzeitungen und Büchern. Essen 1960.

[152] – 99, Bildmarken, Wortmarken. Düsseldorf 1968.

[153] *Winterfeldt, Wolfgang:* 251, Besser texten – mehr verkaufen. Bad Wörishofen 1965.

[154] *Wirz, Adolf:* 251, Kleine Schule des schöpferischen Denkens. Basel 1963.

[155] *Wyss, Werner:* Produktgestaltung. Eine Darstellung der Gestaltungsprobleme aus der Sicht des Unternehmers. Winterthur 1964.

[156] *Zangen, Wilhelm:* 66, Die Praxis der industriellen Unternehmensführung. Essen 1961.

[157] *Zweig, Stefan:* 21, Die Monotonisierung der Welt. Geschrieben 1925 und wiederveröffentlicht, in: Begegnungen mit Menschen, Büchern und Städten. Berlin 1955.

Sachregister

FSC
www.fsc.org
MIX
Papier | Fördert
gute Waldnutzung
FSC® C083411

Kolibri 360 GmbH
Ferdinand-Jühlke-Straße 7
99095 Erfurt, Deutschland
produktsicherheit@kolibri360.de